U0546271

著作文摘

楊國樞文集

第一冊

瞿海源 主編

朱瑞玲、余安邦、葉光輝、鄭伯壎 協編

目錄

楊國樞先生文集序 ·· i

第一部分　文摘

第一篇　人格與社會心理研究
成敗歸因與情緒反應 ·· 3
臺灣民眾的疏離感及其先決因素 ·· 11
Cognitive dissonance and recall of interrupted and completed tasks ······ 19

第二篇　國民性與個人現代性研究
中國「人」的現代化：有關個人現代性的研究 ···················· 33
中國人的性格與行為：形成及蛻變 ···································· 41
臺灣民眾之性格與行為的變遷 ·· 51
大學生人生觀的變遷：二十年後 ·· 59
中國人的個人傳統性與現代性：概念與測量 ···················· 67
Chinese responses to modernization: A psychological analysis ············ 75

第三篇　教育與學習
影響國中學生問題行為的學校因素 ···································· 85
能力分班對學業成績與心理健康的影響 ···························· 91

第四篇　成就動機研究

　　社會取向成就動機與個我取向成就動機：概念分析與實徵研究 ⋯ 99
　　成就動機本土化的省思 ⋯⋯⋯⋯⋯⋯⋯⋯⋯⋯⋯⋯⋯⋯⋯⋯⋯ 107

第五篇　企業與員工

　　現代性員工與傳統性員工的環境知覺、工作滿足及工作士氣 ⋯⋯ 117
　　傳統價值觀、個人現代性及組織行為：後儒家假設的一項微觀驗證 123
　　家族化歷程、泛家族主義及組織管理 ⋯⋯⋯⋯⋯⋯⋯⋯⋯⋯⋯ 129

第六篇　孝道研究

　　現代社會的新孝道 ⋯⋯⋯⋯⋯⋯⋯⋯⋯⋯⋯⋯⋯⋯⋯⋯⋯⋯ 135
　　孝道的心理學研究：理論、方法及發現 ⋯⋯⋯⋯⋯⋯⋯⋯⋯⋯ 141
　　孝道的社會態度與行為：理論與測量 ⋯⋯⋯⋯⋯⋯⋯⋯⋯⋯⋯ 149
　　孝道心理學研究的回顧與前瞻 ⋯⋯⋯⋯⋯⋯⋯⋯⋯⋯⋯⋯⋯ 155

第七篇　家庭與家族（教養）

　　家庭因素與子女行為：臺灣研究的評析 ⋯⋯⋯⋯⋯⋯⋯⋯⋯⋯ 163
　　家族主義與泛家族主義 ⋯⋯⋯⋯⋯⋯⋯⋯⋯⋯⋯⋯⋯⋯⋯⋯ 173

第八篇　華人本土化心理學

　　心理學研究的中國化：層次與方向 ⋯⋯⋯⋯⋯⋯⋯⋯⋯⋯⋯⋯ 183
　　心理學研究的本土契合性及其相關問題 ⋯⋯⋯⋯⋯⋯⋯⋯⋯⋯ 191
　　三論本土契合性：進一步的澄清 ⋯⋯⋯⋯⋯⋯⋯⋯⋯⋯⋯⋯⋯ 199
　　人際關係中的緣觀 ⋯⋯⋯⋯⋯⋯⋯⋯⋯⋯⋯⋯⋯⋯⋯⋯⋯⋯ 207
　　本土化心理學的意義與發展 ⋯⋯⋯⋯⋯⋯⋯⋯⋯⋯⋯⋯⋯⋯ 215
　　當代華人的傳統與現代雙文化自我：其現身、組成與變遷 ⋯⋯⋯ 221
　　劉邵的人格理論及其詮釋 ⋯⋯⋯⋯⋯⋯⋯⋯⋯⋯⋯⋯⋯⋯⋯ 229
　　臺灣與大陸華人基本性格向度的比較 ⋯⋯⋯⋯⋯⋯⋯⋯⋯⋯⋯ 237
　　華人自我的理論分析與實徵研究：社會取向與個人取向的觀點 ⋯ 245
　　Beyond Maslow's culture-bound linear theory：A preliminary statement
　　　　of the double-Y model of basic human needs ⋯⋯⋯⋯⋯⋯ 253

第二部分　時論

- 青年關心國是的幾個原則 273
- 革心與革新 277
- 幾項基本觀念的商榷 283
- 新孝道與新慈道 289
- 開來重於繼往 299
- 地方選舉引起的感想 305
- 從大學青年的一些心態談起（上） 311
- 從大學青年的一些心態談起（中） 315
- 從大學青年的一些心態談起（下） 319
- 社會變遷中的青少年問題 323
- 臺灣・香港・腓尼基──一個文化層面的警覺 327
- 中國必須統一於「臺灣模式」（上） 333
- 中國必須統一於「臺灣模式」（下） 339
- 沉潛致遠・以小化大──當前幾項基本觀念的檢討 343
- 肯定理性價值・民主是為愛國──由中泰賓館事件談若干政治人物言行的偏差 351
- 贏取安定和諧──以真正公平的選舉 359
- 如何提高大專院校的師資素質與學術水準 361
- 我們需要人文化的科技 369
- 臺灣還不是一個多元社會嗎？ 371
- 邁向民有民治民享的真正多元社會──「邁向開創的年代」系列專欄之五 375
- 山窮水盡疑無路・柳暗花明又一村──試談黨外今後應有的一些做法 381
- 黨內外處理組黨問題的上策、中策及下策 385
- 充實中央民意機構的基本觀念 389
- 知識分子不可做政治幫閒 393

再談知識分子及其相關問題 ………………………………… 397
三談知識分子及其相關問題 ………………………………… 403
迎接政治蛻化的新紀元——解嚴後所面臨的三大政治習題 ……… 407
從「強人政治」到「常人政治」 …………………………… 413
我們為什麼要組織「澄社」——試談個人的一些認知與體驗 …… 415
對待臺獨問題應有的態度與作法 …………………………… 417
我們需要什麼樣的「第三黨」？ …………………………… 421
我們沒有灰心的本錢——知識分子應繼續為促進民主發展而努力 425
臺大哲學系事件　不是孤立事件 …………………………… 431
世紀願景——院士系列
　　臺灣社會的跨世紀願景——從當前四大問題的省思談起 …… 435

楊國樞先生文集序

楊國樞教授自臺大心理學系畢業後，一直從事社會及人格心理學研究，倡導現代化、本土化、科際整合研究，帶領社會科學相關研究，撰寫出版學術論文172篇，編著專書42本。楊國樞教授向以知識分子自許，在臺灣戒嚴時期推動自由化民主化，主持雜誌、撰寫時論專欄、發表演講，總計有146篇報紙專欄、雜誌專文、座談會有記錄的有283篇。這部全集計收入學術論文128篇、報紙專欄146篇，雜誌文章及座談會記錄有173篇。

楊國樞先生1959年於國立臺灣大學心理學系畢業後，即留在系裡擔任助教，繼續從事心理實驗研究，1960年在中國測驗年刊發表第一篇學術論文〈《捉對比較法》中各對刺激之適當出現次序〉，接著在國立臺灣大學理學院心理學系研究報告與老師張肖松教授連名發表了六篇有關兒童操弄性動機和老鼠習慣退化性的研究報告。楊教授自述稱「從大學畢業到出國進修之間的七個年頭，我的教學與研究生活，基本上是分為幾個方面。一方面，我仍然維持著大學階段對探討人類基本行為法則的學習心理學的興趣，開始做了一些有關學習心理學的研究，以及動物心理學的研究，有的研究則是兩者的整合。所以，那個時期我多半是以動物（主要是老鼠，間或用猴子）為對象，做學習現象或其他行為的研究。當時做過的研究包括：老鼠的探索驅力、猴子的操弄動機與學習的關係，及老鼠的過度學習對行為表現的影響等。這些研究大都是與張肖松教授合作完成」。

在擔任助教時期，楊國樞糾合了大學部高年級幾位有興趣的學生組成了一個研究隊，專門探索「羅氏墨漬測驗」，並連續發表了幾篇有關的文章，其中"Rorschach responses of normal Chinese adults: II. the popular responses" (With H. Y. Tzuo and C. Y. Wu) 發表在 *The Journal of Social Psychology*，是楊先生第一篇

在國際心理學期刊發表的論文。

「升任講師後,我的興趣又開始轉移到性格心理學。當時,曾做過多項性格心理學的研究,其中一項是中文筆跡和性格的關係,第二項是自我觀念與少年犯罪的關係,第三項是來自不同地區的僑生在性格類型上的差異。這些研究大都是孤立的實徵探討,並沒有系統性的理論根據。現在回想那時的情形,才瞭解當初之所以有這種興趣的轉變,應是由心理測驗的研究延伸而來。我曾花過相當多的時間來研究「羅氏墨漬測驗」,而羅氏測驗是一種測量性格的工具,於是對一般的性格心理學也就慢慢有了興趣。同時,在擔任講師的階段,我開始關注較大的社會問題與現象,並作了一些社會心理學方面的研究。這些研究主要是關於中國人對他國人民或種族的態度,包括中國人對他國人民所懷有的「社會距離」(social distance)(一種心理距離)的研究,以及中國人對他國人民的「刻板印象」(ethic stereotype)」。

「我對社會心理學另一方面的興趣,是有關認知失調(cognitive dissonance)的探討。『認知失調』的理論是 L. Festinger 在 1957 年所發表。當時,臺大心理學系圖書館並沒有費氏的這本著作,後來一位美國教授路過臺灣,帶來了這本書,鄭發育教授先行借到,我再由鄭老師處借閱。閱讀後大感興趣,特在系裡每週舉行的研討會中大力介紹,這是臺灣心理學界探討認知失調理論的開端。我對此一理論的興趣延伸了很久,後來我出國進修,作博士論文的題目仍與認知失調理論有關」。

「另一方面,我也開始著手從事一項與性格心理學及社會心理學有關,而更具有現實意義的研究——中國人性格的探討。當時,我除了將羅氏測驗結果所顯示的中國人性格,加以討論與引申外,同時也利用其他工具蒐集中國人的性格與行為的資料。此外,我也開始針對中國人的性格,從事非實徵性的分析與思索,特別是我一直極感興趣的一個課題——從中國人的性格探討民主與科學不易在中國生根發展的原因」。1964 年先生在文星發表兩篇長文:〈中國國民性與中國科學化:問題與方法〉,以及〈中國國民性與中國科學化:中國人的好奇心〉,稍後,又在思與言發表〈時不我與〉,繼續討論中國人性格與科學發展的問題,特別強調權威性人格延宕了中國科學家研究和創作。

自始楊先生就關心科學的發展與中國人性格的關係,根本上也就是憂心中

國現代化緩慢乃至不順利和中國國民性有關。自五四以來，知識分子推動科學與民主為主的「現代化」，常有推動不順利的感覺，楊先生就推敲中國人的性格，或是稱之為國民性，是阻滯科學發展的重要心理因素。在 1965 年楊先生澈底檢視回顧有關〈現代心理學中有關中國國民性的研究〉，就中國人的心智慧、氣質、需要與態度、興趣與理想的生活方式等四大方面探究了近四十篇研究論文，寫成了極為重要的有關中國人性格研究文獻的綜合評析。在先生回國後就致力於中國人性格之研究，同時在回國後帶動現代性的研究，實際上兩者不但相關，大多時候其實是中國人性格和現代性二合一的研究。這二合一的研究在先生出國攻讀心理學博士學位前就已萌芽。

1969 年先生獲美國伊利諾大學心理學哲學博士，博士論文為 *Cognitive dissonance and recall of interrupted and completed task*。同年 8 月即返回國立臺灣大學心理學系，任副教授。9 月起開始主持個人現代性研究，11 月擔任科學月刊社務委員會副主委。1970 年 4 月與中央研究院民族學研究所李亦園所長主辦中國人的性格研討會，同年受聘擔任政戰總部軍事行為研究中心顧問。1971 年先生接任大學雜誌總編輯。在學術研究方面，楊先生自述「我在 1969 年返回臺大心理系，擔任副教授，士氣高昂，日以繼夜做研究，論文產量不少」，歸結 1969 回國 14 年的研究，發表了 67 篇學術論文，「比較主要的是性格動力的研究、中國人性格與蛻變的研究及青少年心理的研究」。

楊先生在性格動力的研究主要是認知失調作用、焦慮對學習與行為的影響、成就動機、以及歸因歷程與情緒反應。有關認知失調作用的論文主要是將博士論文改寫成期刊論文。

關於成就動機之研究，先生在出國攻讀博士學位前就已著手做了些調查，特別是利用 EPPS 調查了一般大學生和僑生包括成就需求在內的十五種心理需求，於 1965-1967 年之間發表多篇論文，發現各國僑生的成就需求和臺灣本地生並沒有顯著的差異。在稍早的〈現代心理學中有關中國國民性的研究〉一文中，將先前學者在中國、印度和美國做的 EPPS 調查，進行進一步的比較分析，發現臺灣男大學生和印美兩國的在成就需求上幾乎沒什麼差異，女大學生的成

就需求就顯著地高於美國和印度的女大學生。

在 1970 年左右的個人現代性研究計畫中，發現成就動機和現代性呈正相關。在 1973 年 1 月 2 日在聯合報發表〈革心與革新〉專欄，楊先生從心理學的角度，分析了三個和革新進步有關的心理因素，即自發成就動機、關懷公眾動機、及依賴指示動機，前兩者有利於革新進步，而第三者顯然是有害的，楊先生認為很不幸的是中國人自發成就動機和關懷公眾動機都很弱，而依賴指示的動機卻很強。

顯然楊國樞先生致力於成就動機的學術研究是有實用動機的，是想有助於社會現代化。於是在 1975-1980 年之間再繼續指導碩士生完成國中生和大學生成就動機的研究，在 1977 年與鄭慧玲發表了〈成就歸因歷程對成就動機與學業成就的影響〉。隨後在提倡心理學中國化之後，又進一步對成就動機更深更廣的研究。

在中國人性格的研究方面「主要是探討中國人的思想、觀念、性格與行為，及其在現代化過程中的蛻變。這是我十多年來投入心力最多的一個研究方向」，和碩士研究生與心理學系同事一起探討，「到目前為止，我們已完成了將近二十項有關中國人個人現代性（individual modernity）的研究，累積了有關中國人在社會變遷中的現代化情形及其相關因素的大量資料」。

1974 年先生在中央研究院民族學研究所集刊與瞿海源連名發表〈中國人的現代化：有關個人現代性的研究〉綜合了十多項有關研究做了第一階段現代性研究的「總結」。在這篇楊國樞先生主稿的論文中從這些研究結果，可以得到兩個一般性的結論：「(1) 透過各種環境與社會的因素，現代化歷程使不同的中國人現代化的程度不同，而此種個人現代性的差異又可直接或間接（經由其他相關人格特質）影響實際生活中的種種行為與活動。因此，知道了一個人的環境與背景因素，便可據以推斷他的現代化程度，若知道了他的現代化程度，便可進而瞭解與預測他的行為。(2) 個人現代性並非一種孤立的個人特質，它與人格其他方面的很多特質有關，這表示現代化歷程所引起的整個人格的改變，而不只是某些表層態度與觀念的改變。從後一事實看來，中國人的個人現代性的內涵或『成分』不應只限於態度的範疇，態度以外的其他人格特徵應包

括在內。有關個人現代性之『成分』的瞭解是沒有止境的,我們所從事的研究愈多,所發現的『成分』的性質也愈能有比較清楚的認識。換言之,『中國人的個人現代性』的任何定義都應當是生長性的——隨著研究的累積而增長與改變」。

除了以現代性檢證中國人的性格外,楊國樞先生還有系統地利用人格、需要、興趣與生活方式等測驗前後兩次施測來探究中國人的性格變遷。在中國人的性格研討會上,先生就發表〈中國大學生的人生觀〉,利用 Morris 的生活方式問卷探究臺灣大學生在 1965 年對十三種生活方式的喜好程度、真實程度、傳統性和利他及利己程度來解析,並與 1948 年 Morris 在中國大陸調查中國大學生的結果相比較,勾勒出中國大學生的人生觀及其變遷。在 1965 年〈現代心理學中有關中國國民性的研究〉一文中,楊先生就已回顧了 Morris 1948 年的調查研究,可以說是從心理測驗來檢視中國人性格的濫觴。後來在 1984 年,楊先生及其學生利用兩次間隔 20 年的心理測驗來檢視臺灣大學生在人生觀與價值觀的變遷。

最後,楊國樞先生試圖從農業社會和工業社會結構來論析中國人性格的蛻變,在 1978 的一篇會議論文〈工業化過程中國人在性格與行為上的矛盾現象〉(此文後來在 1979 年先生與葉啟政主編的臺灣社會問題專書出版)就從結構功能論觀點指出農業和工業社會三組對立乃至矛盾的性格:權威－平權、特殊主義－普遍主義、他人取向－自我取向。在 1981 年〈中國人的性格與行為:形成及蛻變〉提出文化生態學與生態心理學的觀點探究中國人的性格與行為的形成與演變,主張農業和工業生態環境造成社會結構的變遷,再經由傳統與現代的社會化方式影響到中國人的性格與行為而形成蛻變。

楊國樞教授常利用報章雜誌及公開演講推廣學術研究發現,努力促進現代化,在開始進行個人現代性和中國人性格一兩年後,就在通俗書刊發表有關中國國民性與現代化的文章,例如在 1971 年,楊先生寫了〈中國國民性與現代生活的適應〉,在葉英堃和曾文星主編的《現代生活與心理衛生》發表,文中就把中國人的性格和現代化兩個主題結合起來,他在結論中指出「中國人的若干共同特性不但能夠影響個人適應現代生活的能力,而且還會妨礙整個中國現代化的速度。中國要現代化是一個必然的趨勢,為了使我們的國家能夠早日晉

達真正現代化的境地，我們應該經由教育的途徑，有計畫・有系統地來削弱可能會妨礙現代化的舊性格，並同時培養可能會促進現代化的新特徵。」

楊先生持續地寫了推動現代化解析中國人性格的文章在報章雜誌發表，後來在1976集成《中國人的現代化》和1978年的《現代社會的心理適應》兩本專書。從這些文章就很清楚地看到楊國樞先生致力於中國人性格和現代化的研究有很強烈的實用的個性，他企圖釐清對現代化有利和有礙的中國人性格的特徵。其間，楊先生接受雜誌記者訪問談〈從中國人的性格談民主在中國的前途〉（1977），指出國人權威性格、外在控制心理、懶於變革心理、過去取向心理不利於民主化，而民主社會理想性格應該是平權性格：尊重合法合理的權威、注重平行關係、不喜單獨二分、信任他人、尊重多元等等，他又指出根據七、八年的研究中國人權威性格降低、社會取向減弱、外控態度減弱、變遷需要增強以及過去取向趨弱，最後表示不利於民主的權威性格等隨著現代化而逐漸消失，「從中國人的性格來看，我對民主在中國的前途懷有百分之百的信心」。這篇訪問稿後來再三刊登在不同的書刊。

在1970年代，楊國樞先生也花了許多時間嚴肅地深入研究青少年心理和問題，顯示他對青少年和教育的高度關心，研究主題心理特質與學業成就的關係、青少年的態度與行為、能力分班對學業與心理的影響、學生心理衛生的問題、以及青少年問題。1978年楊國樞先生還積極地和文崇一、李亦園主辦了「社會變遷與青少年問題的大型研討會」。在聯合報（1978年6月20日）發表專欄指出青少年問題原因乃在於嚴重的社會解組、自利主義的取向、親子代間差距、價值觀念的窄化、大眾傳播不良影響、工商業社會的這種易於隱遁的特質等等。

有關青少年心理的研究，楊先生就心理特質與學業成就的關係、青少年的態度與行為、能力分班對學業與心理的影響、學生心理衛生的問題、以及青少年問題行為從事了多項實徵性研究。在行為發展的研究方面，先生「曾做過學前與學齡兒童的語言發展的研究、以及中學生的自我概念發展的研究」。也曾邀集了幾位對兒童發展有研究興趣的心理學同仁，完成了一系列的有關研究。這些研究成果，後來都收入楊先生與張春興教授合編的《中國兒童行為的發

展》一書。

　　在 1970 年代中，楊國樞教授也開始研究工廠組織與工人，與鄭伯壎發表〈影響工人工作滿足感的因素：領導方式、情境因素及人格特質〉（1978），探討情境因素、領導方式及工人人格特質對各種工作滿足感的影響。利用翻譯修訂的英文量表 SBD、CPI 之支配性量表、JDI 等到某大塑膠工業公司調查。結果發現：班長之體恤因素或結構因素較高，則工人的整體工作滿足感較高；體恤因素與工作性質的交互作用，對工作本身的滿足感有影響；班長的結構因素較高，則工人對薪水滿足感較高；工作性質與支配性的交互作用對薪水滿足感也有影響；工作性質與領導方式的交互作用，對工人的陞遷滿足感有影響；班長的體恤因素較高，則工人對工作伙伴的滿足感較高。1979 年與黃光國發表〈企業組織中員工的工作環境知覺與工作士氣〉，探討「臺灣企業組織中的員工對其工作環境的兩種知覺組型，及其與工作士氣和情緒困擾之間的關係」。結果發現企業員工的各種背景特徵和他們在「工作環境量表」及「個人情緒及行為量表」某些因素上所得的因素分數均有一定的相關。

　　1971 年，先生與丘宏達、陳少廷、張紹文、張俊宏等人接辦大學雜誌擔任總編輯，主導大學雜誌成為《自由中國》之後大力批判時政推動革新的重要刊物，國民黨中央黨部稱之為「言論偏激刊物」。身為總編輯，楊先生本人卻少有文章在大學雜誌刊出，但大學雜誌在他主持下，先後刊出〈國是諍言〉〈國是九論〉〈臺灣社會力的分析〉等專輯，對社會有很大的影響，也因此為黨政所不容。在 1972 年大學雜誌批評《一個小市民的心聲》專輯中，先生發表了〈信任與尊重我們的年青人〉和〈偏安的心態與中興的心態〉兩篇專文。

　　在 1972 年 10 月 10 日，先生應邀在聯合報國慶特刊發表第一篇報紙專欄〈青年關心國是的幾個原則〉，認為青年人關心國是要顧及五個原則，「便會有益無弊，更不致於犯什麼大錯」，這五個原則是：一、有長遠的理想，包括追求全民在經濟、政治、法律、教育與發展機會上的平等，建立開放創造的社會。二、要有法治的精神。放棄消極性、破壞性的擾亂活動，改採積極性、建設性的與活動，亦即以合法的方式取代不合法的方式。三、要有相對的期望。

對國事期望的高低應善加斟酌。四、要有開明的態度，包括對異己容忍尊重、要有服輸的精神、自己意見未被採納，應探究不被採納的原因、論事要訴諸理性、要重視證據與事實和要將人與事分開。五、要有必需的知識。

　　楊先生這第一篇報紙專欄基本上是承續大學雜誌自由主義青年知識分子「關心」國是精神，文中所揭示五項原則其實就是楊先生對現代知識分子的期許，在往後的許多論政專欄中也多在呼籲關心政治要有類似的基本原則。

　　自 1972 年起，楊國樞教授不斷地持續地受邀在重要報紙發表專欄。他本人在 1983 年的〈學院生活的追索〉中，稱時論的寫作是他第一類的「言論」工作，他說：「我過去即是本著想做知識分子的熱誠，作過一些言論的工作。第一類的言論工作是時論的寫作。我除了心理學專業論文的撰寫以外，有暇也在報章雜誌發表時論性的文章。這些文章大部分是針對當時的社會問題、政治問題及青年問題所發的議論。綜觀我個人在意見參與方面的經歷，似可劃分為四個階段：大學時期，我是「自由中國雜誌」的讀者；助教講師時期，我是「文星雜誌」的作者；返國後的最初幾年，我是「大學雜誌」的編者；此後，我是不同雜誌與報紙的自由撰稿人」。「事實上，限於個人的時間、學識及能力，我對自己十餘年來的言論工作並不滿意」。「文章所表示的意見，有很多未盡滿意之處，只能算是我個人自我發展與社會關懷的一點紀錄。過去對現實問題所作的很多批評與建議雖然不夠成熟，但我在表達這些意見時的態度卻是誠懇而認真的」。

　　從 1972 年至 1976 年間，楊先生主要是在聯合報發表專欄，偶爾也替新生報、中華日報寫文章。先生在聯合報的專欄多半在談教育與管教，他就管教態度與子女性格就連續寫了九篇，也可以說是寫了一篇約一萬字長文（本文係為救國團「張老師青少年輔導中心」所編「親職教育」一書而寫，特徵得編者同意先予發表）。這些文章先生是以自己心理學的專業寫給社會大眾，在往後的報章雜誌乃至公開演講也還一再發表。在 1972 年雙十節寫了青年關心國是原則後，直到 1976 年元旦才又在聯合報發表論政專欄〈怎樣走向「全民團結」全民團結有三大礎石：容忍差異、機會均等、社會意識〉。美國福特總統訪問中國引發國人全民團結的需求，楊先生提出「容忍差異」的重要，他呼籲只有「社會上各個異己的異見」受到尊重與保護，才有真正的團結。其次，實質機

會的均等，尤其是給予基層民眾更多的關注，政府更要提高基層民眾「運用機會的機會」。最後，楊先生強調要加強國人關心社會參與公共事務的「社會意識」。在呼籲強化全民團結的基礎其實也是在倡導民主改革。

大體上，自由派學者在聯合報撰寫文章一開始都是在國定假日特刊上發表，並不是正常版面上的專欄。據當年也為兩大報撰寫專欄的葉啟政教授稱「當時，政府只允許在特別的國定假日出『特刊』，兩大報通常就利用這個機會刊登一些篇幅較長、且行文可以較『嚴肅』的文章，經常是針對該特別節日的性質來借題發揮」。此外，楊國樞先生等自由派學者是聯合報系中國論壇期刊的編輯委員，常受邀在聯合報發表專欄。到1977年，中國時報也開始向先生邀稿。

楊國樞教授自稱他從事的第二類的言論工作是演講與座談。「多年以來，我在演講與座談方面花費了不少時間。我演講與座談的目的有二，一是站在知識分子的立場，對現實的社會、政治或青年問題提出口頭的批評與建議；二是為了向社會大眾推廣心理學的知識與觀念。基於推廣心理學的目的而舉行的公開演講，自然是以心理學為主要內容。然而此處所謂的心理學，並不是學術性的心理學，而是指透過談論現實人生或生活中的各種問題，把心理學的很多觀念、知識及方法介紹出去，以幫助聽講者增進個人的適應，特別是現代生活的適應。尤有進者，透過這一類演講，不但可使一般社會大眾認識心理學的性質，減少對心理學的誤解，而且可使更多的青少年對心理學產生興趣，進而願意進入心理學系學習心理學，這對心理學在臺灣的成長當有相當的助益。近年來，心理學系在大學聯招丙組中的錄取分數逐漸提高，現在已幾乎僅次於醫學院的各個科系，而高於農學院的大部分科系。我認為這與心理學界同仁多年以公開演講與通俗寫作的方式大力推廣心理學有相當的關係」。

單單就1971、1972兩年聯合報報導的楊先生的演講及座談主講就有七次之多，講的主題包括「現代心理學」、經濟問題、家庭生活、寂寞十七歲、暴戾行為。楊先生主編大學雜誌及後來參與中國論壇，都經常主辦及參與相當頻繁的座談會。我們收集到的有記錄的演講及座談會的就有283場。這些演講和座談如楊先生自己所揭示的在於對現實的政治社會提出批判與建言，以及積極推廣心理學。

根據楊先生1998年回顧本身的學術研究，在1973到1980年七年間是「看山不是山」，對研究很困惑。他明言「但到了一九七三年，我的心情出現了一個很大的轉變，對我的學術生涯產生了巨大的影響」。這個轉變就是「醞釀心理學研究中國化」。他認為之前的研究「只是盲目的套用西方的理論、方法、工具、觀念，最後所形成的研究根本是一種西化的心理學研究，所建立的『華人心理學』也不過是一個西化的華人心理學，這個心理學根本無法反映我們中國人的心理及行為，我們也不能根據這些東西來改革什麼，更不能解決或瞭解社會問題，提出有效的建議」。（1998）

　　在1977年中國論壇上，楊先生發表〈一個行為科學者的感想〉，這是一篇從1975年演講錄音整理出來的文章，楊先生說：「主要是因為我所作的研究、所發表的論文，對解釋、瞭解及預測中國人的心理與生活並無多大助益。也就是說，對中國人的心理與生活來說，我所做的研究並無多少相干性」「我感覺到，我們國內行為科學界的當務之急，就是加緊從事基本行為資料的建立，以及基本行為法則的驗證」。這是行為科學中國化的第一步。「超越基本資料的建立與基本法則的驗證，我們應該進而推陳出新，發展獨特的理論，也就是不同於西方的理論。希望在很多研究的領域裡，能夠慢慢脫離西方行為科學對我們的思考方式的影響」。「我們在從事行為科學的研究時，不知不覺就會想到那些名詞與概念，用到那些方法與理論。西方行為科學者所用的名詞、概念、方法及理論，往往是反映著西方的文化及哲學背景，中國的行為科學者若以這些名詞、概念、方法及理論自限，便無法經由中國文化及哲學背景的反映，而在研究中創造出新的名詞、概念、方法及理論。於是，中國的行為科學者便失去了在世界行為科學界提供獨特貢獻的機會，而淪為西方行為科學的附庸，充其量只是為外國式的行為科學錦上添花，難有重大的突破」。

　　查考楊國樞先生的各種文字記錄，我們找不到1973年和1975年間有記錄楊先生本人有關心理學中國化的論說。在1983年回顧14年研究生涯的專文〈學院生活的追索〉只簡單地提有協助舉辦社會及行為科學中國化研討會及心理學教科書中文化的問題。似乎楊先生在1998年比在1983年更在意心理學本土化的問題。在1973至1980年間對學術研究很困惑，開始提倡心理學中國化，但從1973到1983年間出版的論文來看，絕大部分著作都還沒有「中國化」，也

還都是1960年代,尤其是1969年留學歸國後的「西方」式乃至「美國」式研究。

在1980年12月楊先生本人在他和文崇一先生主辦的「社會及行為科學中國化研討會」上發表了「心理學研究的中國化:層次與方向」專文,應是心理學本土化,乃至於也可說是社會科學本土化最早的正式宣言。在文中,楊先生正式指出「他們沿用西方心理學的理論,採取西方心理學的概念,運用西方心理學的方法,來研究西方心理學所已探討的問題。幾乎淪為西方心理學研究活動的附庸」。「中國心理學者在研究的問題、理論及方法上如不能有異於西方心理學者,則對整個心理學將永無提供獨特貢獻的可能。反之,能在問題、理論及方法上推陳出新。心理學研究的中國化,實在是一件勢在必行的事」。在實際做法上,楊先生倡導:

一、重新驗證國外的研究發現,二、研究國人的重要與特有現象,包括國人特別的認知與反應,與當前社會問題有關的心理與行為,具有顯著實用價值的心理與行為問題,三、修改或創立概念理論、四、改良舊方法與設計新方法。

《社會及行為科學研究的中國化》論文集1982年正式出版後,楊先生這篇宣言式的論文就廣為學界所引用,也就成為推動心理學及社會科學中國化最重要的動力根源。

1977年4月5日在聯合報蔣介石逝世一週年特刊上,楊國樞教授發表了〈新孝道與新慈道〉專文深入分析並倡導「新」孝慈之道,文長逾7000字,幾乎就是一篇學術論文。此文先後被收入不同書刊,文中主要的論述也成了後來先生帶領的孝道研究的主題。

在這篇報紙專論中,楊先生強調:「在過去的社會中,孝道的功能範圍擴及到整個的國家,但在現在與未來的社會中,孝道的功能範圍則應以家庭為限。我們應該還其本來面目,讓孝道成為一種純粹的家庭倫理,而另為家庭以外的團體生活,建立其他的倫理規範」。

在本文中先生已指出孝道三個成分「孝的意願」「孝的原則」「孝的能力」「孝的行為」。這是後來孝道研究所專注的研究主題。楊先生又強調孝道要合情、合理、合法三個基本原則,在實踐上則有善待雙親、儘力與父母溝通、敬愛父母等十四項原則。相對於孝道,楊先生認為父母也要有「慈道」,舉出合

情、合理、合法慈道基本原則，甚至列出廿項實踐慈道的原則。楊先生倡導新孝道和新慈道「使親子關係和諧而密切」「形成真正和諧的家庭」「建立真正和諧的社會」。

1985 年 3 月 5 日先生在中研院民族學研究所學術討論會提出孝道研究架構，指出研究現代孝道態度及行為，可就現代心理學觀點配合整理有關孝道典籍，建立孝道理論架構，及研究孝道態度、行為的孝道量表。楊國樞並寄望能從孝道研究的進行方向與策略，作為社會及行為科學研究，邁入研究中國化的實例，並顯示整合人文學研究與社會科學的可能方向。這個演講稍後寫成論文〈現代社會的新孝道〉，在中華文化復興運動推行委員會和行政院文化建設委員會主辦的《現代生活態度研討會》發表，1986 年正式在中華文化復興月刊出版。這篇學術論文是可以說就是後續有關孝道研究的主要架構。

從 1977 年到 1979 年美麗島事件之間，楊先生應兩大報之邀發表多篇重要時論文章。其中，楊先生從香港中文大學講學歸來，就接受兩報專訪，中國時報在 1979 年 5 月 24 及 25 日兩天刊載〈中國「必須」統一於台灣模式〉，聯合報在 5 月 24 日發表〈台灣・香港・腓尼基——一個文化層面的警覺〉。在中泰賓館事件之後，楊先生又接受聯合報專訪談理性與民主，在 1979 年 9 月 12 報紙刊出〈肯定理性價值・民主是為愛國　由中泰賓館事件談若干政治人物言行的偏差〉。這三篇專訪顯示了楊國樞先生對民主理念的闡釋與堅持。在 1979 年美麗島事件後，據說先生與胡佛、李鴻禧、張忠棟連名發表專文，但報社拒登。不過，迄今尚未發現這篇文章的文稿，不能確定四人是否聯合寫過這篇專文。

在〈中國「必須」統一於台灣模式〉的專訪中，楊先生說「從海外人士討論中國統一的談話，更觀察到一個重大的轉變：多數人都不主張採用武力來達到統一的目的。這個轉變，在以往是無法想像的，甚至對中國大陸同情的人，或政治立場極端左傾的人，也不再贊成在大陸與臺灣的統一過程中，要引發一場武力的衝突」。「海外人士的這種轉變，非常值得我們重視。一則可見，多數人已拋棄了採用軍事解決臺灣與大陸問題的看法，而考慮到社會型態的問題。再則，更重要的意義乃是，海外人士已肯定了臺灣三十年的成就。……多

數海外華人,認為臺灣三十年所建立的政治、社會或經濟型態,確實比中國大陸要好得太多,臺灣這種現狀是值得珍惜的,基於這種認識,他們實在是不希望臺灣的成就在一場武力衝突中被摧毀」。

楊先生指出臺灣三十年的成就「不只侷限於臺灣的經濟成就」,更重要的是「臺灣提供了民主憲政施的可能性」。於是他強調「政府仍然要更加努力地朝向民主法治的路途,繼續邁進」,「確保臺灣三十年的成果」,「拉大臺灣和大陸社會及政治素質距離」,「逼使中共改變,朝向民主、自由、法治的方向修正」。在專訪中,楊國樞又強調海外「許多知識分子都覺得臺灣三十年來,在社會文化方面的成就,也很值得中國人珍惜」,於是臺灣也要積極從事「文化反攻」。

1971~72年楊先生主編大學雜誌批判臺灣政治和社會,疾呼民主改革,到了1979年卻強調臺灣三十年的成就,相隔不過七、八年,從批判到肯定,似乎改變不小。不過,在往後臺灣民主化過程中,楊先生仍然長期批判政府,倡導改革,甚至推動國民黨和黨外溝通,維護新成立的民進黨。在1979年這篇專訪中肯定臺灣三十年的成就,顯然是在與中共統治中國做了比較的結果。

1979年9月間,「黨外」辦《美麗島雜誌》集結反對國民黨勢力,強力爭取民主自由和爭奪政治權力,極端保守派團體起而反制,爆發了中泰賓館事件,楊先生在事件爆發後接受聯合報記者專訪,「肯定理性價值」,強調「民主是為愛國」。楊先生首先批判「反共愛國人士說理性是懦弱的」要「打倒」或「消滅」黨外,也批評「黨外政治人士」認為「在強者無限壓制之下,讓弱者來談理性是沒有意義的」。楊先生進而指出「理性」是關鍵,他認為從政必須講「理性」,黨外人士應該堅守反共的立場、放棄地方主義色彩、不走暴力路線、不宜全盤否定執政黨及政府過去的成就、尊重憲政體制、在民主政治的理論與實踐兩方面好好下功夫。期望反共愛國人士不以自己的反共愛國而懷疑別人不反共不愛國、應該多多體認多元化社會的特質容忍合法的不同意見、不要以暴易暴、體認法治的意義與重要,愛國更要守法。

楊國樞在1980年代初倡議臺灣已發展成一個「開放的多元化社會」,1980年5月4日中國論壇舉辦多元社會與多元價值座談會,楊先生即提出相

當完整的有關多元社會的論述。他指出多元社會有五個特點，即職業、社團、文化、思想、與價值的自發化與多元化。他認為在消極方面多元社會在政治上，可防止權威主義；在經濟上，可防止壟斷現象；在社會上，可防止階級主義；在文化上，可防止僵滯現象；在思想上，可防止武斷主義。在積極方面多元社會可使每個人都能發揮自己的潛力與活力；整個社會的潛力與活力較易提高；社會利益的分配比較公開而均等；能促成社會內部的真正團結。最後他強調多元社會應有的行為規範：容忍與尊重異己、容忍與尊重異見、取決多數尊重少數、合理競爭自然淘汰。楊先生在1981年1月8日聯合報〈瞭望民國七十年代〉專文〈開放的多元化社會〉裡論稱「我們的社會發展至今，政治已漸民主化，經濟已漸均富化，社會已漸分殊化，文化已漸精緻化，思想已漸活潑化，可說已具現代多元開放社會的雛型」。強調「職業、社團、思想、價值的多元化以及參與及資訊的公開化與普及化」。最後期求「多元開放社會必須建立在理性的基礎上、有賴於自由表達的氣氛，多元開放社會的發展與統合，要靠有效的溝通」。

1984年1月10日聯合報刊出〈把未來掌握在我們的手中　展望豐收的中華民國七十三年——多元化的社會・多元化的成就〉，楊國樞教授接受訪談指出，多元化社會的特徵乃「一個由單一民族所形成的社會，在現代化的社會變遷過程中，經由自發性的社會分殊化與社會統合化所晉達的一種境界。」他認為在多元社會裡人們能夠擺脫政治、宗教、社會等方面的不合理束縛，而有機會的多元化，並因此造成了職業分工、社團自主、政治參與、思想信仰、社會資源分配等方面的多元化。據他觀察，臺灣至少已是一個雛形的多元社會，這種說法也為多數學界人士所接受。楊先生最後指出「多元社會中最重要特徵應是發展機會的多元化。根據社會心理學大師馬師婁的『需要層次理論』，自我發展與自我實現乃是滿足人類人性最高層次的需要。每個人都有成就動機，都想追求自我的獨特性。有了自由發展自我的機會，社會將更有變化，總體表現也將更多采多姿」。

1984年3月25日楊先生在中國時報發表〈邁向民有民治民享的真正多元社會〉，再度呼籲建構真正的多元社會。文中除重申多元社會的消極和積極優點外，特地為臺灣社會多元化各方面打分數，在職業、社團、文化思想、經濟

參與、教育分配、財富分配、價值分配、消費型態和休閒活動等方面獲得70分以上,至於社會思想、政治參與、社會參與、資訊分配則都勉強及格,但在權力分配就只有60分,而政治思想多元化就不及格了,只得51分。於是楊先生認為權力分配和政治思想多元化是臺灣多元化社會發展的瓶頸,必須「健全代議民主與增進公平法治」,「進一步的社會發展顯已受制於政治發展,我們便不能不轉而祈靈於政治與法治的突破,熱切希望在未來十年中,能以政治發展帶動社會發展」。同時還需要非制度面的「容忍、溝通、讓步及共識」來助成「民有民治民享的真正多元社會」。

1982年10月22日聯合報刊出〈誠懇的溝通・穩固的共識——楊國樞教授談建立共識之道〉,楊先生強調「成功的政治溝通的基礎是,參與溝通者,(不論是執政黨,在野黨無黨籍人士、民眾或知識分子)必需有下列幾項最低限度的肯定:肯定民主政治、肯定中華民國憲法、肯定和諧團結、肯定將來統一、肯定不斷進步、肯定對方價值,肯定對方貢獻。」楊先生進一步建議「破除政治禁忌、以理服人;不以勢壓人、雙方以平等地位溝通、溝通者要懂得妥協忍讓、避免過分的自我防衛、溝通者應有耐性,持續不斷地進行、時時溝通,處處溝通,多途徑的溝通」。要在「立法院及各級議會、大眾傳播的溝通、民間團體的溝通、國建會式的溝通」。

楊國樞教授自1971年主編大學雜誌以來及至1986年促成政黨政治,始終呼籲及強調「溝通」的重要和必要性。在1980年初先生提倡多元社會可說是互為表裡。

1986年1月20日楊先生在自立晚報發表專欄論「黨內外處理組黨問題的上策、中策及下策」,呼籲「政府與執政黨應以理智而富彈性的方式處理黨外的組黨問題。黨外亦宜本諸相忍為國的精神,儘量體諒國家處境的艱難,採取漸進的策略,以避免正面的衝突與立即的損失」。先生為執政黨為執政黨籌謀五策,建議上上策「開放黨禁,人民可依法自行組黨」。為黨外籌謀五策,建議上上策「黨外以漸進方式積極發展並健全「公政會的結構功能,且依制度化的辦法逐步成立地方分會,同時另向內政部申請成立政治性新社團。」先生希望黨內外「雙方最好都能同時採取各自的上上策(第一策)或中上策(第二

策）」。

到了 5 月，先生與陶百川、胡佛、李鴻禧致力執政黨及黨外公政會之間的溝通。大體上就在促請雙方採取先生所建議的雙方的上上策。在 5 月 11 日促成國民黨和黨外公政會達成三項決議：對中華民國憲法的實施都具有共識，對公政會與分會的成立都表示同意，一致同意，在蹉商期間共同為政治的和諧而努力。

9 月 15 日楊國樞為中國論壇「知識分子與臺灣發展」學術研討會作總結報告時指出，知識分子應是社會問題的診斷者、社會事務的批評者、社會改革的建議者，及社會理想的提供者。楊國樞肯定這卅餘年來臺灣地區知識分子所扮演的主導角色，不論在政治或社會的改革及文化的變遷方面，皆由知識分子呼籲，產生一定的觸媒及啟發作用。從上萬言書的時代到群眾時代，楊國樞呼籲知識分子不能迷失在權力或群眾的激情活動裡；有些知識分子因兩面不討好而產生疏感及無力感，不如在表達方式上作相當的修正。知識分子同時應有自我制衡的雅量，作善意的切磋檢討反省，平時互通聲氣共同抗拒外來壓力。因此，楊國樞建議知識分子應在今天黨內外的中間地帶，提供民眾進行價值判斷及選擇的依據。

雖然在 5 月之後，陶百川等人推動國民黨和黨外溝通失敗，9 月 28 日民主進步黨成立，國民黨政府未加取締，次年解嚴，開放黨禁。大體上，如楊先生在 1986 年初所建議的雙方採取上上策，促成了臺灣政黨政治。

在 1986 年 10 月 11 月間，楊先生在自立晚報三談知識分子及其相關問題，重提知識分子的八個條件是為了反駁圍剿他的國民黨保守分子，主要目的也是因為對當時民進黨創黨成功所形成的新局面中知識分子的角色有很深的感觸，所提出進一步對知識分子角色的新期待。其中有三個重點應該在這裡提出來略做討論。其一，是第一篇專欄指出的「知識分子不可做政治幫閒」強調知識分子獨立的精神，認為總是袒護政府或一味反對當道都不能算是真正的知識分子。這種對知識分子的期許，在民進黨成立時提出確實有深意。其二，楊先生特別強調知識分子在臺灣除了受政治權威、大眾傳播和工商企業三方面誘惑外，也受到群眾的誘惑與壓力。他認為「為了對抗來自現實政治權威的誘惑與

壓力，知識分子特別需要群眾的認同與支持，因而也特別容易受到群眾的影響，而喪失了分析判斷的獨立性與客觀性」。顯然，楊先生開始左批保守的政治幫閒者，也右批深受群眾誘惑參與反對運動者。其實，如果一個人受群眾誘惑而喪失獨立判斷能力時，就不再是一個知識分子。楊先生痛惜投身社會運動的知識分子的迷失，才有此批判。

最後，卻也是最重要的，楊先生對知識分子到底應否起而直接採取實際的行動。在這個問題上，楊先生似乎有些矛盾和困惑，所幸他最後提出的具體答案似乎解決了這些矛盾和困惑。不過，證諸後來楊先生親身帶領澄社的行動，似乎矛盾和困惑並未盡除。以致，澄社一直壓低直接行動的作為，但楊先生最後也得帶領大家進行靜坐抗議行動。這些後來發生的事，竟可在這篇專欄中得到預示。基本上，楊先生認為知識分子是一種觀念人，而不是一種行動人，甚至他認為知識分子的作用應該是「坐而言」而不是「起而行」，楊先生更直指第三世界知識分子親身參與改革或革命多失敗來強調知識分子不應該是行動人。

然而，他又指稱分析、批評及建議也是一種行動，「但卻是坐而言的行動，而不是起而行的行動」。於是他最後又提出知識分子的四類行動：一、推廣知識的行動，二、團結性的行動，即成立有組織的社團發揮影響力，此時楊先生以陶百川先生倡議成立類似費邊社為例，似正預示澄社的成立，三、實驗性的行動，驗證改革的可行性與有效性，四、抗議性的行動，以和平的方式抗議不公不義。摘錄了這些楊先生的宣示性說法，似乎也沒有必要再做引申。實際上，兩年後澄社在楊先生帶領下就在實踐四類行動。澄社行動實際上以第一、二、四類為主，在初期甚至也試圖推動民主列車和澄社書院進行第三類的實驗行動，但未能成功。

1987年7月1日臺灣正式解嚴，楊國樞教授在7月4日在中國時報發表〈迎接政治蛻化的新紀元　解嚴後所面臨的三大政治習題〉，指出新政黨結社的問題、回歸憲法的問題、執政黨的內部蛻化問題。呼籲展開進取性的改革。

早在1971年楊先生指導黃光國碩士論文〈社會取向與個人現代性〉時，就認為華人「社會取向」的特徵，將許烺光指稱華人情境中心特徵之社會關係

表現界定為社會取向（social-directed），指出華人「重視自己在社會中所扮演適當的角色和行為，為了要維護他在族群中的適當地位，他在和別人發生關係而有所行動之前，總要先考慮自己行為可能招致的社會後果」。在 1976 年朱真茹和楊國樞的論文〈個人現代性與相對作業量對報酬分配行為的影響〉報告實驗的結果稱「當別人的作業量多於自己時，大多數受試者都贊成採取按比例分配的方式；反之，當別人的作業量少於自己時，則贊成採取互相平分的方式」。這種「『寧可自己吃虧，不占別人便宜』的傳統做人原則」即是中國人社會取向的重要特徵。

　　到 1981 年楊先生在 *Journal of Social Psycholgy* 發表 "Social orientation and individual modernity among Chinese students in Taiwan" 就綜合已有之研究成果確認「社會取向為個人的行為符合社會期望而壓抑個人的心意」，而「在社會現代化過程裡，社會取向逐漸在減弱」。

　　到 1992 年楊先生發表〈中國人的社會取向：社會互動的觀點〉，聲稱早期研究社會取向只是把社會取向看作是一種行為傾向，自 1977 年從心理研究中國化的思考將社會取向的概念加以擴充，將家族主義、關係、威權和他人四種取向納入為華人社會取向的內涵。論文中又深入探究這四種取向的重要內涵，指出關係傾向包括了「關係形式化、關係互依性、關係和諧性、關係宿命觀和關係決定論」，權威取向包括了「權威敏感、權威崇拜、權威依賴」，而他人取向則含有「顧慮人意、順從他人、關注規範、重視名譽」等特質。論文又指出：精耕農業、家族共產、父系傳承及階序結構等四項社會結構是形成社會取向之各次級取向的主要原因。最後，論文強調由於現代社會變遷的影響「社會取向的強度都在逐漸減低，而個我取向的互動方式與人格特質則逐漸形成及加強」。大約十二年後，楊國樞建構華人自我四元論，就是將社會取向的四個次級取向及個人取向再加以綜合而成。

　　1978 年開始，楊國樞即嘗試修改西方學者所發展的成就動機概念與理論，在香港中文大學就「三種成就動機」發表演講。在 1982 年〈心理學研究的中國化：層次與方向〉一文中將修改西方成就動機理論做為心理學中國化的重要例子，他將「成就動機的概念加以擴展，並將之界定為與內在或外在「優秀」

標準相競爭的衝動。在此擴大的概念下，楊氏並進而將成就動機分為兩類，即自我取向或個人取向的成就動機與他人取向或集體取向的成就動機」，並釐訂兩者之特徵：自我取向的成就動機「優秀」的標準由自己界定，他人取向的成就動機「優秀」的標準由他人來界定、自我取向的成就的價值觀念內化較強、功能獨立性較強、工具性較低。楊國樞教授再進而對個人與社會取向兩種成就動機「成就訓練」做了具體的分析，他指出兩種成就動機在施行成就訓練者的對成就的價值觀念、為兒童所模仿的成就行為、訂定優秀標準的考慮、與成就有關的活動範圍、對兒童成就行為的干預與幫助、對兒童表現的評價都不同。這個分析也就成了後來成就動機本土化研究的重要的基本架構。

　　楊先生當年也在報紙專欄中論及成就動機與現代化關係，到 1980 年代倡導心理學研究中國化之後，他帶動了新一波的成就動機研究。他和余安邦完成了有本土化特色的重要的論述。首先是 1987 年的〈社會取向成就動機與個我取向成就動機：概念分析與實徵研究〉，指出「成就動機不是一種單向度的心理建構，而是具有多向度的特質與內涵的概念；成就動機的內涵與特徵會因社會文化的不同而有差異」。「中國人的成就動機主要是一種社會取向的成就動機，而西方人的成就動機主要是一種個我取向的」。這項研究主要是在成功地建構了「社會取向與個我取向成就動機量表」，兩個量表都有信度和建構效度，具有良好的區辨力。

　　1991 年余安邦和楊國樞發表「成就動機本土化的省思」，文中先就歐美的成就動機理論、測量乃至於成就動機理論哲學背景做了詳盡的敘介與檢討，接著兩位作者對國內 110 餘篇有關成就動機之論文進行了分析檢討，先檢討了這些研究的理論和測量上的問題，再整理出個人背景、心理、家庭和學校因素與成就動機之間的關係，發現自我概念、社經地位、教師的期待等等會影響學生的成就動機，但作者認為這些研究「大多缺乏理論概念的指引與綜合」「大多數的研究皆直接採用（或修正）自西方學者所建立的問卷或量表」「因此，從成就動機的理論建構及測量工具兩方面的發展而言，以往臺灣地區的研究成果實在相當有限」。論文再討論「成就動機本土化研究」的現況與研究方向，敘介自我及社會取向成就動機的理論和相關新量表的編製，最後再就「成就目標」「成就行為」「對行為結果的評價」「動機的整體特徵」四方面來比較分

析自我及社會化成就動機。

1994年余安邦和楊國樞在"The nature of achievement motivation in collectivist societies" 英文論文中簡捷而明確地論述西方成就動機研究及東亞社會成就動機的特性，進而提出自我取向成就動機和社會取向動機兩個量表編製過程及結果。結論聲稱東亞人民旺盛強烈的成就取向乃是社會取向的成就動機。

1987年楊國樞教授在哈佛大學演講，發展心理學家Jerome Kagan問了楊先生我一個問題：「我非常好奇的想瞭解一下，假如你們沒有在美國心理學、西方心理學這樣一個優勢的壓力之下，不必一開始便不動腦筋、不加批評的套用西方的理論，而是讓你們獨立發展出一套屬於自己的本土心理學，那麼中國人的心理學會是一個什麼樣的心理學？」

「我聽了這個問題，幾乎愣住了，一時竟然不知如何回答。回過神來後，我勉強回答說：如無西方心理學（特別是美國心理學）的支配性影響，在中國人的社會裡應會自然發展出一種集體主義取向的心理學，它不同於全美國的個我主義取向的心理學。老實說，當時及事後，我對自己的回答很不滿意，我必須承認，Kagan教授的問題給了我一個前所未有的機會，讓我能直截了當地面對一個赤裸的事實：將西方心理學的成分與影響去除後，西化華人心理學就幾乎什麼也沒有了！再者，從與會學者的討論中，我也清楚體認到另一個重要事實：美國心理學是一種本土心理學，而且是一種貨真價實的內生性本土心理學」。（1998.12.2）

「『哈佛經驗』給了我很大的刺激，使我不得不認真考慮發展『華人本土心理學』的合理性與可行性。我益發感到將美國本土心理學視為全人類的心理學，是非西方心理學者所犯的最大錯誤。如果美國心理學者可以有他們的本土心理學，為什麼我們華人心理學者不能有自己的本土心理學？美國本土心理學已為人類心理學的發展提供了重大貢獻，為什麼華人本土心理學將來不能提供同樣的貢獻？對於這些問題，我的答案都是正面的。當此之時，我仍然相信世界心理學只有一個，但是通往人類心理學的捷徑應是經由全世界多個有代表性的本土心理學的建立。世界心理學絕不能奠基在單一的本土心理學（如美國心

理學）之上，而是由各個社會或國家的心理學者各自發展自己的本土心理學，過程中再逐漸加以統合，最後形成一個真正的全球心理學」。

「1988 年秋，我懷著發展華人本土心理學的夢想回到了臺灣。我清晰地感到糾合同道導共同推動及發展華人本土心理學是我責無旁貸的使命」。「我決定重新出發，傾全力推動華人心理與行為研究的本土化，以發展華人本土心理學為『中繼目的』，以建立全人類心理學為『終極目標』」。於是，楊先生邀集了各大學心理學系教授及研究生二十餘位組成本土心理學研究群，在臺大心理系成立本土心理學研究室」。

1993 年 6 月楊國樞教授創辦本土心理學研究，並擔任第一任總編輯，先生撰寫發刊詞：「《本土心理學研究》是一本純學術性中文期刊……。主要發表採取本土化研究觀點與策略所完成的論文」。創刊宗旨是結合各個華人社會各類學者「共同提倡與推動中國人心理與行為之本土化研究的學術運動，以建立華人的本土心理學，並達成全人類心理學之健全發展的最終目的」。更具體地說，即就華人之心理與行為的本土化研究探索適當方向及課題、建構概念及理論、設計有效策略及方法、提供學術論文的發表園地、建立華人本土心理學，並彰顯其在世界心理學發展史中的角色。

在本土心理學研究 1993 年的創刊號，楊先生發表〈我們為什麼要建立中國人的本土心理學？〉，在文中，首次提出「本土契合性」的概念，強調為了做好本土化的心理學研究，最重要的是做到「七不」與「十要」等十七項原則。1997 年發表〈心理學研究的本土契合性及其相關問題〉、1998 年〈三論本土契合性：進一步的澄清〉。簡單地說，「本土契合性」是指「研究者之研究活動及研究成果與被研究者之心理與行為及其生態、經濟、社會、文化、歷史脈絡密切或高度配合、符合或調和的狀態」。本土契合性可分為三大類，即「焦點」、「脈絡」、及「反映」契合性。楊先生認為「『本土契合性』可以作為判斷心理學研究是否具有本土性的一項主要標準。只要其研究活動（課題選擇、概念釐定、方法設計、資料蒐集、及理論建構）或成果（研究發現、概念與理論、及方法與工具）具有足夠的本土契合性，便是本土化的研究；否則，便不是本土化的研究」。

「七不」是指：(1) 不套用他國理論與方法；(2) 不忽略他國理論與方法；

(3) 不排斥他人所用的（本土化）方法；(4) 不採用缺乏本土化的跨文化研究策略；(5) 不採用抽象程度過高的研究項目；(6) 不採用外國語進行研究思考；(7) 不將學術研究泛政治化。「十要」，是指：(1) 要忍受懸疑未決的狀態；(2) 要儘量反映當地人的想法；(3) 要批評地運用西方理論；(4) 要強調社會文化的脈絡；(5) 要研究當地特有的心理與行為；(6) 要詳細描述所研究的現象；(7) 要同樣重視內容與機制；(8) 要與華人學術思想傳統銜接；(9) 要兼顧傳統面與現代面；(10) 要兼研今人與古人心理。

1988 年楊先生和瞿海源主編出版《變遷中的臺灣社會：第一次社會變遷基本調查資料的分析》，在書中，先生與朱瑞玲發表〈臺灣民眾的心理需求及其相關因素〉，指稱疏離感的三大成分即孤立感、無力感及失範感之間是獨立的，臺灣民眾孤立感、無力感及失範感大都不強，相對來說孤立感可能最高，失範感次之，無力感最低。從教育程度、性別、年齡、職業對疏離感的影響，作者推測「幹練」乃是影響疏離感的主要因素。

在 1970 年代楊國樞教授就關心華人的孝順問題，在 1986 年發表〈現代社會的新孝道〉為孝道研究提出了基本架構。根據這個架構，楊先生和他的學生從事了系統的孝道的研究，在 1980 年代底到 1990 年初前後發表〈孝道的社會態度與行為：理論與測量〉（楊國樞、葉光輝、黃曬莉，1988）；〈孝道的認知結構與發展：概念與衡鑑〉（葉光輝與楊國樞，1988）；孝道的心理學研究：理論方法及發現（楊國樞與葉光輝，1991）；孝道認知結構組型之分析（葉光輝與楊國樞，1991）傳統孝道的變遷與實踐：一項社會心理學之探討（莊耀嘉與楊國樞，1991）。

大體而論，楊先生和他的學生完成了兩個系列的孝道研究。第一個系列研究是有關孝道的社會態度，是「將孝道視為一套以父母為對象的社會態度與社會行為的組合」來探究。在這個系列裡，研究者先「結合人文學與社會科學的研究成果及方法，建構有關孝道之可加驗證的概念架構」，然後根據概念架構「編製以傳統孝道為基準的孝道量表」。在概念的建構方面，孝道被「視為一套與善待父母有關的社會態度與行為，其中包含孝知、孝感、孝意及孝行四個

層次,前三者屬孝道態度,最後者屬孝道行為」。「孝知、孝意及孝行各包含十五項孝的傳統內涵,孝感的內涵則以敬與愛兩者為核心」。在編製孝道量表方面,研究者編製了「以父親為對象」和「以母親為對象」的兩套「孝知、孝感、孝意、孝行」的四組標準化孝道量表,以國中生、高中生、大學生及社會成人四類樣本施測,受測總人數在一萬以上。結果發現在「孝知與孝意兩個層次上皆有四個相同的孝道因素」,即「尊親懇親、抑己順親、奉養祭念及護親榮親」。在「孝感層次有兩個因素」「即正向感情與負向感情」。在孝道態度的兩個主要層次(孝知與孝意)之間的關係比較密切,而孝道態度與孝道行為之間的關係則不太密切。

　　第二個系列的研究是探討孝道的認知發展面向,即「有系統地研究孝道內涵背後所隱含的複雜認知活動或歷程」。研究者「將個體完整的孝道行動表現區分成『行動者』、『規範原則』、『互動對象』、『肇始原因』、『互動方向』及『目的結果』六個組成向度,並據以建構出一套『孝道認知結構』的分類架構」。根據這個架構研究者編製了五個「孝道兩難故事」,請212位不同教育及年齡層的民眾就五個故事。結果發現「在孝道認知結構的各個向度上,隨著教育與年齡層的遞增,個體的孝道認知結構呈現由他律性的規範原則、原級性的互動對象、非自我取向的肇始原因、單向性的互動方向及物質性的目的結果,朝向自律性的規範原則、次級性的互動對象、自我取向的肇始原因、雙向性的互動方向及精神性的目的結果發展」。

　　在〈傳統孝道的變遷與實踐:一項社會心理學之探討〉,莊耀嘉與楊國樞(1991)「探討傳統孝道內涵的變遷與持續、孝道理念與實踐的差距及其成因、及從孝道觀點來檢驗臺灣社會的家庭結構是否仍以父子關係為主軸」。結果發現:「就子對父、子對母、女對父及女對母等四種孝道關係而論,祭念雙親、使親無憂、顯揚親名及事親以禮等傳統孝道內涵,受調查者認為應該遵行的程度頗高,而隨侍在側、為親留後及順從雙親等則已不被認為應全然遵守」。「孝道的基本核心(養親、悅親及尊親)時至今日依然保留不變」,但「傳統孝道已因社會變遷而逐漸從家族取向轉為自我取向,從他律取向轉為自律取向,從單向獨益性轉為雙向互益性」。調查結果顯示「在孝知、孝行及孝感上,子對父之孝道均未強於子對母、女對父、及女對母的孝道」,於是「『父子軸』的

假說或許已不盡適用於臺灣社會」。

　　1989 年先生與胡佛、韋政通、文崇一、李鴻禧、何懷碩與張忠棟發起組織澄社，於 4 月 17 日正式成立，先生獲選為第一屆執行委員及社長。6 月 22 日中國時報刊出澄社專欄「澄思集」第一篇專欄，楊國樞撰寫的〈我們為什麼要組織「澄社」——試談個人的一些認知與體驗〉。在文中，先生指出「澄社在宗旨中所揭櫫的自由、公平、民主、多元及均富的現代社會，實在就是一種自由主義的社會」。「澄社今後的作風，就是要以純淨的動機、用透明的方式來論政與論事，以達到澄清觀念與問題的目的。我相信我們能做到這一點，因為澄社社員具有幾項與此相關的有利特點：(1) 學有專長，有厚實的知識基礎；(2) 論事理性，有良好的分析能力；(3) 關懷社會，有純正的動機目的；(4) 超然獨立，有足夠的抗壓彈性；(5) 有所不為，有高度的反省意願；(6) 胸襟開敞，有豁達的處事態度」。

　　在組織運作方面，楊先生強調「澄社主要是一個知識分子論政的團體，採取的論政而不參政的原則，試圖以獨立而客觀的立場批評時政，並針對社會上不公、不平、不義之事，加以分析與呼籲，進而提出積極的改革意見」。最後，楊先生指稱「澄社不只是一個『坐而言』的團體，而且是一個『起而行』的團體。也就是說，我們主要是以言論提出自己的主張，但必要時也會用適當的行動來表達或推廣這些主張」。

　　1989 年 11 月 13 日，楊國樞在自立早報發表〈對待臺獨問題應有的態度與作法〉專文，認為臺獨問題無法長久迴避，我們應該在在陽光下討論臺獨問題。他強調「臺獨問題是一個具有相當前瞻性的問題，只要我們想到臺灣的未來前途或出路，就不可避免地會想到這個問題」。「臺獨問題既然是一個我們無法長久迴避的問題，倒不如勇敢地去面對它，去分析它，去討論它」。「當我們將臺獨問題拿到陽光之下來檢視的時候，我們就能更清楚地看出其中的道理與問題」。先生認為臺獨論者最常強調的島內因素，是在現有體制之下無法有效或充分實行對內民主，最有效的「反制秘方」就是加速政治民主化的步伐，一是資深中央民代一直未能全部退職，一是戡亂時期臨時條款未能及早廢除。

　　1990 年先生續任澄社社長，5 月李登輝總統提名郝伯村上將為行政院長，

澄社於 5 月 7 日舉行記者會，發表「我們堅決反對軍事強人出任閣揆」聲明，學界、醫界和律師界組成「知識界反軍人組閣行動聯盟」積極反對，楊先生被推選為召集人。5 月 17 日聯盟發表「知識界為反對軍人組閣致全體國民書」，申言軍人組閣妨害民主憲政、破壞文人政治、惡化權力鬥爭、激化政黨抗爭、貽誤改革契機、阻礙社會開放、製造恐懼不安、錯估治安問題。聯盟自 5 月 18 日至 20 日在省立博物館靜坐抗議。20 日聯盟參加社會反軍人干政大遊行。

1983 年 7 月 3 日中國時報與國立政治大學企業管理研究所合辦《建立中國式管理的途徑──引進國外管理技術》研討會，楊國樞教授是主辦者，他在研討會開幕式發表演講，指出在引進國外管理技術的過程中，重要的觀念是「契合（Compromise）」。「管理是人在企業環境下，為達到目標出現的行為，因此欲求有效的管理，人的特性與環境的特點，得到最好的契合，才會有好的組織行為產生」。「干預、監督、催促琢磨……可說都是中國式的成就價值觀的產物，因為中國人的成就動機很顯著是社會傾向，達到外界的要求，才會得到適當的評價，不像西方的成就動機著重個人的自我超越、自我評價。因此身為中國人，一旦成為領導階層，在栽培後代，也都難免採此方式，以促使被領導的人，能夠往社會評價高的項目努力」。「由於家庭觀念濃厚，因此在選人時，很重要的一點是考慮將來能否成為家庭成員的一部分，也就是把商店、公司看成家庭，忠實地履行成員的義務，不會加以挑戰，破壞原有的人際關係，以利商店、公司比照家庭的結構營運下去。這種注重關係取向的行為，非常注重關係的維護，因此維護成本相當高，有時甚至為此而犧牲效率」。「這是領導風格的問題，領導可概分為目標取向與社會取向，西方式的領導較注重任務的達成，而忽略人際關係，屬於前者，中國人注重關係的和諧，有顯著的社會取向」。「管理，基本上可從社會心理學、性格心理學加以探討，個人一向對中國人性格與社會行為變遷，頗有研究興趣。我一直在想「社會取向」的問題，可劃分為集體主義取向與他人取向，我們中國人的習性，與其強調個人，不如說是群體，特別是「家庭」，就是重要的社會集團。每一個人莫不為家庭的存在延續、和諧、穩定而奉獻」。

先生在研討會上發表〈現代性員工與傳統性員工的環境知覺、工作滿足及

工作士氣〉，指稱「在一個相當現代化的企業組織中，現代性工作者在工作環境知覺、工作滿足及工作士氣等方面皆較傳統性工作者為佳。從這個原則加以引申，一個企業機構的組織與管理現代化程度愈高，愈應錄用現代性較高的工作人員」。「在人員甄選時，這個原則具有相當程度的參考價值。另外，如果已有的工作者難以配合組織與管理的現代化程度，則可設計適當的訓練方案加以強化，以提升員工的現代化程度」。

1987與鄭伯壎、莊仲仁發表〈工作取向領導行為與部屬工作績效：補足模式及其驗證〉，是鄭伯壎博士論文一部分改寫而成。這篇論文「提出一個新的領導行為模式，來說明工作取向領導行為對部屬工作績效的影響，乃是透過部屬的工作瞭解、工作技能、及工作意願等三個中介變項的作用。並提出部屬的工作結構、工作倫理、及工作經驗等變項會取代領導行為功能的主張」研究結果發現：

部屬的工作瞭解、工作技能、工作意願是預測部屬工作績效的良好指標；角色澄清行為、工作指導行為對部屬的工作瞭解、工作意願、上司滿足感均有顯著的影響；部屬的工作結構、工作倫理及工作經驗，對部屬的工作瞭解、工作技能及工作意願均有顯著的影響。

1989年與鄭伯壎發表〈傳統價值觀、個人現代性及組織行為：後儒家假說的一項微觀驗證〉，研究發現「儒家化傳統價值觀較強的工作者，其疏離自了的態度雖較弱，但其平權開放、唯情傾向及兩性平等則自行變動，與傳統價值觀並不相干。至於個人現代性中的樂觀進取之與儒家化傳統價值觀成正相關，具有特別的意義，顯示在現代化的社會變遷歷程中，儒家化傳統價值觀非但不會妨害現代人之樂觀進取的精神的培養，可能反而會促進此種精神的增長」。「儒家化傳統價值觀較強的工作者，在選擇工作時對組織結構明確、工作環境良好、工作酬賞優厚、上司體恤部屬、同事關係和睦，以及工作特質豐富等方面的期望或要求皆較高，在工作過程中其組織認同、留職意願、工作表現及守規盡職的程度也較大」。「綜合而言，本研究所得的結果提供了支持後儒家假說的初步證據，表示儒家倫理的華人傳統文化價值變項，可以積極促進正面的組織行為，使得員工認同組織內的領導統御、團隊運作及工作目標，而有利於組織效能的提高；從而，有助於本地或華人社會的經濟發展」。

1995年先生與鄭伯壎連名發表〈家族化歷程、泛家族主義、及組織管理〉。文中先討論了華人之家族主義的認知、感情及意願三者的關係,接著論析家族化歷程是經由刺激類化的途徑將家族的組織特徵、人際特徵、及行為特徵推廣到家族以外的團體。最後,則指出華人的家族主義係經由家族化歷程而變為泛家族主義,並進而探討泛家族主義與華人企業之組織管理的關係。

　　1995年5月29日先生在「臺大哲學系事件」調查小組提出調查報告後,於中國時報發表〈臺大哲學系事件　不是孤立事件〉,指稱臺大哲學系事件「代表臺灣知識、學術、思想界長久以來受情治單位壓力,影響十分深遠」,「對臺灣言論自由的發展產生非常有效的抑制及危害作用」。先生進一步指出「學而優則仕」的觀念深植人心」,學者「更不應該的是為政治、情治單位設想,反過頭來整肅學術界同仁,藉此達到個人名與利的目的」。學統應不附麗於政統、不逢迎政治當道。臺大哲學系事件使得國內學哲學的人幾乎無法在思想上做一種開創性的努力,特別是對現實中發生的重大問題,無法提供思想上的啟發與指導。先生最後期盼政府在平反事件受害人之外,「再進而作妥善的處理與補救,就可以熨平學術界的歷史性的憂傷,使大家能以便健康的態度從事學術與思想的工作」。

　　1998年12月12日立緒出版社和聯合報聯合舉辦《知識分子的社會參與》演講,請楊國樞先生講〈知識分子與社會良知〉,聯合報在1999年1月10日刊出了演講記錄。這是楊先生就「知識分子」這個主題做的最後一次公開論述,可以說是結論。他認為知識分子「有古典的色彩、浪漫的情懷、人文的關懷、社會的意識,他能超越自己的專業領域,關心整個社會、國家、民族的問題」。知識分子應該具有十項特徵:較強的社會關懷、理想主義、服膺改革主義、較高的知識與智慧、敏感能力強、分析能力強、創發能力、獨立精神、富有批判精神、以及堅忍精神。就社會參與而論,知識分子是社會理想的創造者、社會問題的診斷者、社會現象的分析者、社會事務的批判者、社會改革的建議者、社會改革的行動者。但是楊先生對知識分子做為社會改革的「行動者」還是有所保留。他認為像「革命」之類的行動過於激烈太過主觀。

　　楊先生認為知識分子的十種性格特點和五種社會角色(改革的行動者不

算），由於種種社會條件，在中國人的社會中不容易出現。最後，他擔憂專業知識分子愈來愈多，人文知識分子愈來愈少。知識分子的超然性、獨立性、中立性愈來愈衰退，知識分子到政府行政機構任官的情形日益嚴重。知識分子「失足」的機會不比以前少。臺灣人文知識分子愈來愈少、愈來愈不容易產生，因為一切都變得商業化。他覺得現在不只是大知識分子，就連中、小型的知識分子也是屈指可數。

早期的華人本土心理學的研究多半在研討社會關係與連結或社會互動，對個體氣質或特質等方面的性格心理學研究就較不受到重視，到了二十一世紀初，楊國樞研究團隊著手進行了一系列華人性格特質的研究，已就華人性格特質的基本結構與效度檢核以及性格特質的普同性等議題有了初步的研究成果。1993年楊國樞就三國時代魏人劉劭所著的《人物志》中關於性情與才能之種類以及如何知人與觀人之方法做了深入的分析與討論。楊先生論稱，「從現代心理學的觀點來看，劉氏的理論也許有不少缺點，但卻是一相當有規模的特質理論。在整個中國心理學史中，劉氏的特質論可說前無古人，後無來者。這一理論應是中國人所建構之最重要的特質論，也是中國人所創造之最主要的人格或性格理論之一」。

1990年代末楊國樞研究團隊以性格形容詞研究取向在臺灣和大陸調查了大學生和社會人士。根據這些調查資料，許功餘、王登峰與楊國樞在2001年撰成〈臺灣與大陸華人基本性格向度的比較〉，2017年許功餘主稿撰成〈建立華人性格特質之架構〉。在這個兩岸大規模的研究調查中，研究者先匯集了1520個中文性格形容詞，先請大學生評定這一千五百多個形容語句的意義度、熟悉度、社會讚許度與洋化度。根據大學生的評定，研究者分別刪除意義度過低，熟悉度過低，社會讚許度過低以及洋化度過高的形容詞，再就形容詞有關同義詞與反義詞等關係加以整理與歸類，篩選出533個，最後由研究者精選出410性格形容詞建構了「華人自評式性格量表」。在正式研究調查時，量表切割成對等的四個次量表，以四個次量表在臺灣施測，收集到有效樣本大學生456人，社會人士252人。

經過因素分析，研究者發現了七項華人性格向度，即「精明幹練：愚鈍懦弱」、「勤儉恆毅：懶散放縱」、「溫順隨和：暴躁倔強」、「誠信淡泊：狡

詐卑鄙」、「外向活躍：內向沉靜」、「豪邁直爽：計較自私」、「樂觀自在：悲觀善感」。

研究者也發現「兩地華人在性格向度上的差異似乎並不大，主要是差異出現在『知足淡泊』上」，即「臺灣地區華人在『淡泊知足』上高於大陸地區華人」。

2016 年許功餘再分析華人與北美性格向度對應關係的實徵研究資料，發現了「部分華人性格向度與北美性格向度有清楚的對應關係，為性格特質的文化普同性提供了部分的研究證據」。

在 1978〈現代社會的心理適應〉一文中，稱「一切操之在我的想法，可以誘發一種追求成就的動機，推動人去隨時改進，隨時學習。這樣，不但能在現代社會裡生存得很好，而且還易於達到自我實現的境地」。「講到自我實現，那可以說是人生最高的理想與境界，而現代社會則為自我實現提供了有史以來的最佳機會」。

在 2003 年，楊先生指出馬斯洛的基本人類需求論被批評是單面向線性的，是跨文化的。他修訂了余氏的 Y 模式論提出雙 Y 模式論來取代馬斯洛的理論。Y 的主幹是馬斯洛的生理需求（不包括性的需求）和安全需求。人類必須滿足這兩種基本需求才得以生存。在 Y 的左上臂是人際和歸屬需求、自尊需求、和自我實現需求。人們的言行和思想要能滿足這些需求才能有所表現。最後，Y 的右臂就是性的需求、育兒的需求、教養子女的需求。人們的言行和思想要能滿足這些需求才能成功地傳衍。

生存和傳衍的需求是人類共同的，而表現的需求則是受文化限定的。在表現需求上，有兩種不同的受文化約制的情形，即在東亞國家，在人際親和性與歸屬、自尊和自我實現等需求上是集體性的，相對地，在北美和某些歐洲國家，這些需求多是個人性的。於是楊先生建立了兩個 Y 模式，在第一個模式，即集體的 Yc 模式，Y 左臂的三種表現性需求是集體性的，在第二個模式，即個人的 Yi 模式，三種表現性需求是個人的。

2004 年楊先生與陸洛發表〈社會取向自我實現者與個人取向自我實現者

的心理特徵：概念分析與實徵衡鑑〉，就擬定了社會和個人取向自我實現的心理特徵，進而設計了兩組量表來測量這兩種自我實現。在概念上，根據儒家有關君子、理想人格等擬定了社會取向自我實現者的心理特徵（即仁慈愛人之心、道德正義之氣、莊重有禮之矩、廣聞博識之智、安貧樂道之志等五大項 29 項特徵）；個人取向的自我實現心理特徵則是綜合馬斯洛、羅吉斯等心理學者所列舉的自我實現者或理想人格者的心理特徵而成（即與自我、與他人、與現實及與經驗四大項 23 項特徵）。研究者在臺灣及大陸就大學生及成人施測各一千多人。結果建構了社會和個人取向兩組量表。臺灣和大陸量表相似但不完全相同，量表的因素結構則大同小異。作者最後下結論聲稱對「社會取向與個人取向自我實現者的心理特徵在概念層次上所從事的理論分析，與在測量層次上所進行的實徵分析，所得結果是相當一致的」。「整體看來，海峽兩岸華人對自我實現者心理特徵的認知不論是社會取向或個人取向的，都是同大於異，而相異之處所反映的也正是兩個社會獨特的歷史發展脈絡、經濟現況、及風土民情」。

在 2004 年，楊先生發表〈華人自我的理論分析與實徵研究：社會取向與個人取向的觀點〉，就 1992 年建構的中國人社會取向的四個次級取向，即家族、關係、權威和他人取向和個人取向再重新建構為個人、家族、關係和他人取向四個客體我，是把華人社會取向和西方個人取向統合起來。楊國樞指稱「在正常情形下主體我是一個人的主動性心智施行者，客體我則是一個人的被動性身心客體或目標」。在當代華人社會中，個人取向自我與社會取向自我的幾種次級自我間是有衝突的，但隨著社會之現代化，個人取向自我與社會取向自我已有相互混合與融合的情形。

在論文中，楊先生舉出十三項研究有關華人自我的研究，指出有三項的結果是彰顯華人社會取向自我在華人社會生活中的重要性，有五項的結果顯示個人取向自我與社會取向自我已經並存於華人的自我系統。楊先生論稱「這大致證實了四元論的一項最基本假設：對當代華人而言，社會取向自我固然重要，但他們同時具備了個人取向與社會取向兩種自我。有些研究並發現：在華人的自我系統中，兩種自我的作用不同，社會取向自我的影響仍大於個人取向自我」。

2008年陸洛和楊國樞發表〈當代華人的傳統與現代雙文化自我：其現身、組成與變遷〉，指稱「在當代華人社會裡，傳統的『互依包容的自我』與現代的『獨立自主的自我』同時存在」。論文確認了「華人自我四元論的模式：個人取向自我、關係取向自我、家族（團體）取向自我以及他人取向自我」。作者進而指出在傳統和現代雙文化環境中，個人可能處在心理轉變歷程不同階段，乃至於有人以區隔化防衛機轉而形成「區隔化混合型」，有些人處於暫時忍受，陷在緊張、痛苦、耗損心力的狀態而成為「容忍混合型」，也有些人處在因應策略再三失敗，因而留在停滯的狀態，而成為「停滯混合型」。有幸的是有許多人經過掙扎與努力終於整合成了傳統與現代兩者的文化成分，造就了「初級混合型」，即完善運作的華人四元自我。文中引證了孫蒨茹、楊國樞、程千芳和陸洛等人有關自尊、自我評價、幸福感、以及自我實現等華人雙文化自我的證據。論文最後指出「如果固守傳統觀念的中國人確實具有『社會取向』的特性，而此種性『社會取向』的特性又隨其現代化的程度而逐漸轉變成『個人取向』」。

2010年楊國樞與劉奕蘭、張淑慧、王琳發表「華人雙文化自我的個體發展階段：理論建構的嘗試」，就華人個人取向及社會取向兩種自我的發展建構了Y型發展階段理論。在發展前期兩種自我的發展都經歷了前順從和順從兩階段，之後個人取向的自我經歷了「個人主義化公正」、「自主」及「個人主義統合」階段，而社會取向的自我發展經歷了「集體主義化公正」、「融合」、及「集體主義化統合」階段。

全集編輯委員就楊國樞先生的172篇學術論文逐一檢視，議決十八篇論文不收入全集，其中有1篇楊先生為單一作者，有5篇是第二作者，有12篇是第三及更後面的作者。編輯委員會再將初步通過要收入全集的154篇論文分成13類：「實驗心理學與心理測驗」、「人格與社會心理研究」、「國民性與個人現代性研究」、「青少年（中小學生）學習與心理研究」、「動機與成就動機研究」、「企業及員工」、「孝道研究」、「緣、狐狸精、忍……」、「家庭與家族」、「本土化心理學」、「人格社會心理理論」、「論學術、社會科學、心理學」，以及「其他」，由五位編輯委員分別審視這十三類論文，確定

各篇論文是否收入全集，編輯委員最後決定收錄 128 篇論文。有 26 篇論文因為是早期研究論文已無學術參考價值、論文本身不完整或只寫了方法部分未報告研究結果、還是有些論文是第四及更後面的作者而無明顯的貢獻。

在報紙專欄及雜誌時論文章方面，編輯委員決定全集收錄所有 146 篇報紙專欄，183 篇雜誌時論和座談會記錄。之所以收錄楊先生全部報紙專欄，是因為從 1970 年代中期到 1990 年初期，報紙專欄在報禁時期，有很大的影響力，而楊先生寫的專欄多見解精闢、切中時弊、更有力推動民主化，對臺灣社會開放與民主有重大的影響。我們不收錄楊先生百分之三十五的座談和演講記錄乃至雜誌文章，主要是因為楊先生在有些座談會上的發言不多或重複，有不少演講是推廣性質，也有些重複，還有些雜誌文章影響力有限。

編輯委員會特地在全集第一冊編排了學術論文的文摘及報紙專欄的選集。我們從全部學術論文中選出 32 篇，請 12 位學者，多是楊先生的學生，特別是和楊先生合作研究各相關主題的，做成每篇論文 5000 字的文摘。同時，我們也從 146 篇專欄中精選出 34 篇立論精闢深具影響的報紙專欄。全集篇幅浩繁鉅大，讀者閱讀第一冊的學術論文文摘和專欄選集，就大體可以瞭解楊國樞先生重要的學術和時論論述。參與學術論文文摘的學者有朱瑞玲、瞿海源、黃曬莉、余安邦、林文瑛、鄭伯壎、葉明華、葉光輝、陸洛、許功餘、高旭繁。

我們要特別感謝華藝出版社投入龐大資金和編輯人力主動編輯出版楊國樞先生全集紙本版和電子版。華藝編輯團隊費心規劃全集的編排出版，我們也在此敬致謝意。

出版楊國樞全集編輯工作極為繁重，除了五位編輯委員投入編輯決策作業外，很需要有專職的編輯助理以及編輯經費來支助完成，幸蒙中央研究院王汎森副院長關心全集出版並核撥專款資助編輯工作，是全集得以順利出版的重大助力，我們要在此表示特別感謝之意。繼任的黃進興副院長大力促成完成編輯專案，我們也非常感謝。

文集第二冊〈楊國樞先生生平紀事〉引用了大量的聯合報系新聞，也刊印了一些聯合報系攝製的照片，都獲得聯合線上公司的授權。在此，也特別誌謝。

全集出版需要大量人力做好校對工作，很感謝楊先生的「學生教授」們，即曾受教於楊先生的學生，現在擔任教授也者，費心費力幫忙校對所有的學術

論文，我們要特別感謝李美枝教授、朱瑞玲教授、鄭伯壎教授、林文瑛教授、陸洛教授、余安邦教授、葉光輝教授、孫蒨如教授、黃囇莉教授、林以正教授、許功餘教授、高旭繁教授。

　　謝心慧小姐投入編輯工作 20 月，整編全部出版著作目錄，蒐全了楊先生全部著作，尤其是把散在眾多雜誌書籍的著作都搜集起來，徵得眾多國內外合著者的書面同意，協助規劃並連絡楊先生眾學生教授編寫論文文摘以及繁重的校對工作。我們要特別感謝心慧盡心盡力投入全集的編輯工作。

　　最後，我們要感謝與楊先生合著論文的作者都簽署同意出版有關論著，也要感謝黃旭田律師和高涌誠律師協助簽訂文集出版合約。

瞿海源　謹序於南港中央研究院

2017 年 3 月 7 日

第一部分——文摘

楊國樞學術論文代表著作文摘
從西化、現代化、到本土化

實驗與測驗
國民性
現代化
孝道
成就動機
本土化

成敗歸因與情緒反應

原論文刊於《中華心理學刊》，24(2): 65-83，1982；後刊於《中山學術文化集刊》，30: 1-41，1983。

　　晚近有關動機與情緒的研究中，認知因素的影響愈來愈受重視。在此趨勢中，受到 Heider 與 Rotter 等學者的影響，Weiner 等人發展出一套有關動機與情緒的認知理論。此一理論相當複雜，同時包含了五個層次的變項 (variable)：(1) 先前條件（刺激），(2) 歸因內容（如能力、努力、他人及動機等），(3) 原因向度（如穩定性、內外性、控制性等），(4) 基本後效（如期望改變、情緒衍生及人際判斷等），其 (5) 其他後效（工具性反應）。這五個層次自前到後形成了一連串的因果鍊，最前者為刺激，最後者為反應，其中間三者則皆為認知內涵；亦即，因果鍊的兩端皆為客觀變項，中間則皆為主觀變項。

　　在 Weiner 的理論中，如將因果鍊中基本後效內的情緒（emotion 或 affect）衍生當作依變項（dependent variable），而探討先前條件、歸因內容及原因向度三者的影響，則可成為一套有關情緒的認知理論。根據有關的研究，在涉及成就的成敗情境中，先前條件、歸因內容及原因向度三者對情緒的產生都有影響。通常，先前條件中的事件結果（如成敗）會首先影響或產生情緒。大體而言，如果結果是成功的，則不管將之歸於何種原因，當事人都會感到快樂；如果結果是失敗的，則不管將之歸於何種原因，都會感到不快或失望。接著而來的才是歸因的影響，由此而生的情緒比較特殊，常因成敗歸因的不同而有異。例如，如將成功歸因於能力則會產生勝任（competence）與得意的情緒，歸因於運氣則會產生驚詫與罪感的情緒，歸因於性格則會產生得意的情緒，歸因於他人則會產生感激與感謝的情緒。如將失敗歸因於能力則會產生不能勝任與放棄的情緒，歸因於努力則會產生罪感的情緒，歸因於運氣則會產生驚詫的情緒，歸因於他人則會產生忿怒的情緒。

影響情緒的第三類因素是歸因的向度（causal dimension）。歸因的主要向度有穩定性（stability）、內外性（locus or internality）及控制性（controllability）。大體而言，在失敗的情形下，內在而穩定的歸因（如能力）較易導致抑鬱、無助、冷漠及放棄等情緒，這可能是因為此類歸因會使人自尊心降低；在成功的情形下，內在而穩定的歸因則易導致自信、樂觀及得意等情緒，這可能是因為此類歸因會使人自尊心升高。內在而不能控制的歸因可能也有類似的影響。一般而言，歸因向度對情緒所造成的影響比較持久，因而對個人生活的重要性也較大。

就其對情緒的影響而言，能力與努力這兩種內在的歸因似乎最為重要。這兩種內在歸因對各種情緒的絕對與相對影響，是建立情緒的歸因認知理論的核心問題，因而值得仔細加以研究。在成敗情境中，能力與努力兩種歸因在產生情緒方面所具有的力量，是 Weiner 等人的研究重點之一。他們的理論與研究顯示，能力與努力這兩種內在歸因因素，對情緒的影響顯著地高於作業難度（task difficulty）與運氣。同時，他們早期的研究也發現：努力歸因所引發的情緒高於能力歸因；也就是說，努力歸因引發情緒的力量大於能力。但是，後來 Nicholls 卻發現：在長期成就的條件下，產生較強情緒者不是努力而是能力。因此，他認為 Weiner 等人的發現可能只適用於立即的成就情境。稍後，Sohn 則從實驗程序上批評 Weiner 等人的研究，認為他們的實驗並未直接比較努力與能力對情緒的影響，因而邏輯上無法獲得前者的影響力大於後者的結論。為了從事直接的比較，Sohn 特別另外設計一連串的小型實驗，研究的結果發現：(1) 在學業成敗的情境中，與努力歸因相比較，能力歸因能產生同樣多的高興的情緒（成功時）及較多的不高興的情緒（失敗時）；(2) 在學業成敗的情境中，與努力歸因相比較，能力歸因能產生較少的自豪的情緒（成功時）及較少的羞恥的情緒（失敗時）。綜合而言，能力對非道德性的（即道德上中性的）情緒（如高興與不高興）影響力較大，努力則對道德性的情緒（如自豪與羞恥）影響力較大。當初 Weiner 等人的研究中所探討的主要是歸因對道德性情緒的影響，因而會獲得努力影響較大的結論。

在成功與失敗兩種情境下，努力與能力兩種歸因對情緒的影響在日常生活中占有極其重要的地位，因而也是瞭解歸因如何影響情緒所應探討的首要

問題。但 Weiner 與 Sohn 等人所已從事的研究，僅只是初步的嘗試性探索，循此重要的開端，應該從事更有系統的研究。而且，以往的有關研究全是以美國的受試者為對象，所得的結果是否具有文化比較上的不變性（cross-cultural invariance），也是一個問題。本研究的從事目的即在就成敗情境下努力與能力兩種歸因對情緒的影響作系統性的探討，以進一步瞭解歸因與情緒的關係，獲得開拓情緒的歸因理論所需要的基本知識。

壹、研究目的與方法

本研究採用 Sohn 的研究方式，探討大學生將考試成敗歸因於努力與能力的相對傾向及其對各種情緒的影響。主要目的在探討下列問題：(1) 將考試成敗歸因於努力與能力的相對傾向如何？(2) 將考試成敗歸因於努力與能力對各種情緒的相對影響如何？(3) 在假定學習能力的條件下，將考試成敗歸因於努力與能力對各種情緒的相對影響如何？(4) 考試成敗的結果本身對各種情緒的影響如何？

本研究的受試者共為大學學生 415 人，其中男生為 204 人，女生為 211 人。資料的蒐集是以問卷提供若干與考試成敗有關的假想情況，由受試者以角色扮演的方式想像自己在每一情況下所最可能採取的成敗歸因，以及因而所最可能產生的情緒。研究項目可簡列如下：

一、將考試成敗歸因於努力與能力的相對傾向：有關這一方面的研究共有六個題目，分就「你」、「一個學生」及「一個老師」三種身分，想像在考試成功與失敗兩種情況下歸因於努力與能力的相對傾向。以「你」為主詞的兩個題目是：

（一）假如你在某科考試中獲得優異的成績，你希望這是由於你的努力與能力的那一種百分組合？（勾選一項）

（二）假如你在某科考試中獲得低劣的成績，你不希望這是由於你的努力不夠與能力不及的那一種百分組合？

48 個題目分別組成 (A)、(B) 兩問卷，印妥後予以交叉排列，進行施測時連續分發，直到測得足夠人數為止。

貳、結果與討論

所得資料經統計分析後，獲得以下的主要結果：一、受試者將考試成功歸因於努力與能力的傾向相等；亦即，在考試成功的情況下，努力與能力產生正面情緒的力量相等。受試者將考試失敗歸因於努力不夠與能力不及的傾向不等，避免將失敗歸因於能力不及的傾向顯然大於避免歸因於努力不夠的傾向。二、在成功的情形下，就道德上中性之正面情緒（如快樂、興奮、放鬆）的產生而言，努力歸因的影響大於或等於能力歸因；就道德上非中性之正面情緒（如自負）的產生而言，能力歸因的影響大於努力歸因。又努力歸因產生快樂與放鬆兩種情緒的傾向大於興奮與自負兩種情緒，可能努力歸因所產生的快樂與放鬆也會大於興奮與自負；能力歸因產生興奮與自負兩種情緒的傾向大於快樂與放鬆兩種情緒，可能能力歸因所產生的興奮與自負也大於快樂與放鬆。三、在失敗的情形下，努力歸因對道德上非中性情緒（如自負與羞恥）的影響大於能力歸因，亦即努力歸因較易產生道德上非中性的情緒；能力歸因對道德上中性情緒（如焦慮、信心喪失、無能感、不快、灰心及憤怒）的影響大於或等於努力歸因，亦即能力歸因產生道德上中性的情緒的力量大於或等於努力歸因。又努力歸因所產生的自責與羞恥多於不快、灰心、憤怒及焦慮，能力歸因所產生的信心喪失與無能感則多於不快、灰心、憤怒及焦慮。四、無論就那一種正面情緒而言，在中能力與高能力的假設下，努力歸因與能力歸因的相對影響各不相同。除了自負（道德上非中性的情緒）以外，在快樂、興奮及放鬆三種道德上的中性情緒上，在未作能力假定下所得的結果皆與中能力假定下所得的結果相同。在中能力的假定下，努力歸因對四種正面情緒的影響都大於能力歸因；但在高能力的假定下，則努力歸因對四種正面情緒的影響都小於或等於能力歸因。五、除了不快與焦慮，在其他六種負面情緒（自責、羞恥、灰心、憤怒、信心喪失及無能感）上，在無假設、中能力假設及高能力假設三類條件下，努力與能力兩種歸因的相對影響皆相似。六、考試成功所引發的主要情緒依次為快樂、興奮、自負及放鬆。考試失敗所引發的主要情緒依次為不快、自責、焦慮、羞恥及灰心。

參、綜合討論

根據以上的結果與討論，還可專就成功與失敗情形下努力與能力兩種歸因所產生之情緒的強度差異，從事進一步的綜合討論。Weiner 等人曾將歸因與情緒的關係假設如圖 1。Weiner 特別強調，此等假設性的關係主要是以自負（pride）與羞恥（shame）兩種情緒為主。圖中的實線部分所代表的關係問題較小，比較令人置疑的是虛線部分所代表的關係，本研究所探討者主要與此一部分有關。

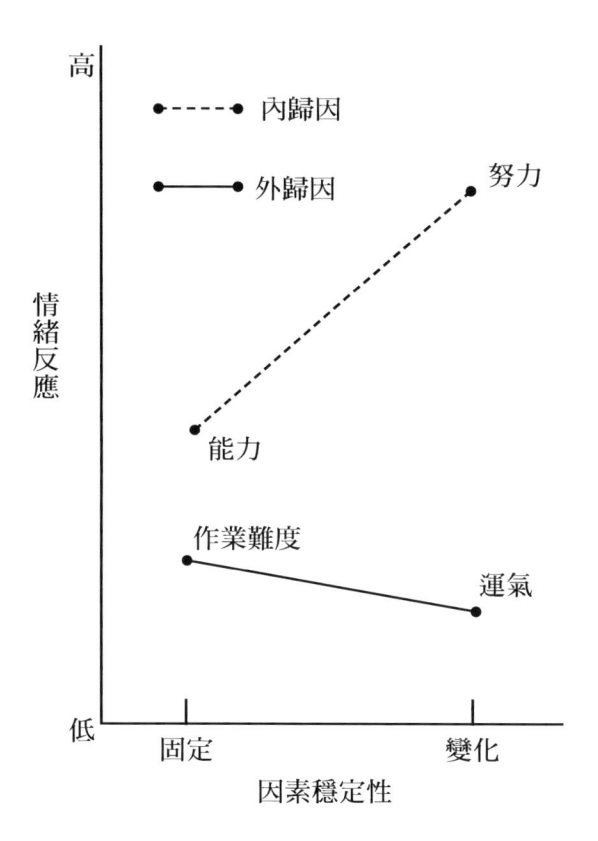

圖 1　成敗歸因與情緒反應強度的假設性關係

圖 1 虛線部分意謂在成功與失敗的情形下，努力歸因所引起的情緒大於能力歸因。如以自負與羞恥兩種情緒而論，Sohn 的研究確實支持 Weiner 的此一假設：將成功歸因於努力產生自負的傾向大於歸因於能力；將失敗歸因於努力因素產生羞恥的傾向也大於歸因於能力因素。但是，即使就此兩種情緒而論，本研究所得的結果也未能支持 Weiner 的假設。本研究發現：將失敗歸因於努力不夠產生羞恥的傾向雖大於歸因於能力不及，但將成功歸因於努力產生自負的傾向卻小於歸因於努力。事實上，Weiner、Russell、及 Lerman 的研究也發現類似於本研究所得的結果，雖然在成功的情境下「努力歸因引起自負的傾向小於能力歸因」之差異並未達到統計上的顯著水準。由此看來，即以自負與羞恥兩種情緒而言，圖 1 中的虛線部分也難完全成立。

　　尤有進者，如果將圖 1 所涵蓋的情緒範圍擴大到自負與羞恥以外的其他情緒，則情形尤其複雜。以本研究所得的結果而言，將成功歸因於努力產生快樂與放鬆的傾向大於歸因於能力；產生自負的傾向小於歸因於能力；產生興奮的傾向等於歸因於能力。將失敗歸因於努力不夠產生自責與羞恥的傾向大於歸因於能力不及；產生焦慮、信心喪失及無能感的傾向小於歸因於能力不及；產生不快、灰心及憤怒的傾向等於歸因於能力不及。上述有關歸因與情緒的各類關係可簡示於圖 2。

　　由圖 2 可知，在努力歸因影響較大的各項情緒中，有的是道德上中性的情緒（如快樂與放鬆），有的則是道德上非中性的情緒（如自責與羞恥）；在努力歸因影響較小的各項情緒中，有的是道德上中性的情緒（如焦慮、信心喪失及無能感），有的則是道德上非中性的情緒（如自負）；在努力與能力兩種歸因影響相等的各項情緒中，似乎皆是道德上中性的情緒（如興奮、不快、灰心及憤怒）。綜合而言，情緒之是否為道德上的中性，並不能單獨影響成敗之後努力與能力兩類歸因產生此情緒的相對力量。但是，情緒的中性與否、考試的成敗與否及歸因於努力或能力三個獨變項（independent variable），對情緒的產生似乎具有高次的配合性或互涉性效果（high-order interaction effect）。更具體地說，此處的互涉性效果所顯示的事實是：將考試成功歸因於努力產生道德上中性之情緒（如快樂、放鬆及興奮）的傾向大於或等於歸因於能力；產生道德上非中性之情緒（如自負）的傾向則小於歸因於能力。將考試失敗歸因於

努力不夠產生道德上非中性之情緒（如自責與羞恥）的傾向大於歸因於能力不及；產生道德上中性之情緒（如焦慮、信心喪失、無能感、不快、灰心及憤怒）的傾向則小於或等於歸因於能力不及。由此觀之，歸因與情緒的關係是很複雜的，在前者影響或產生後者的歷程中，涉及具有干預作用（moderator effect）的其他變項（如事件成功或失敗及情緒中性與否）；亦即，在歸因產生情緒的過程中，事件成功或失敗及情緒中性與否是兩個重要的干預變項（moderator variable）。

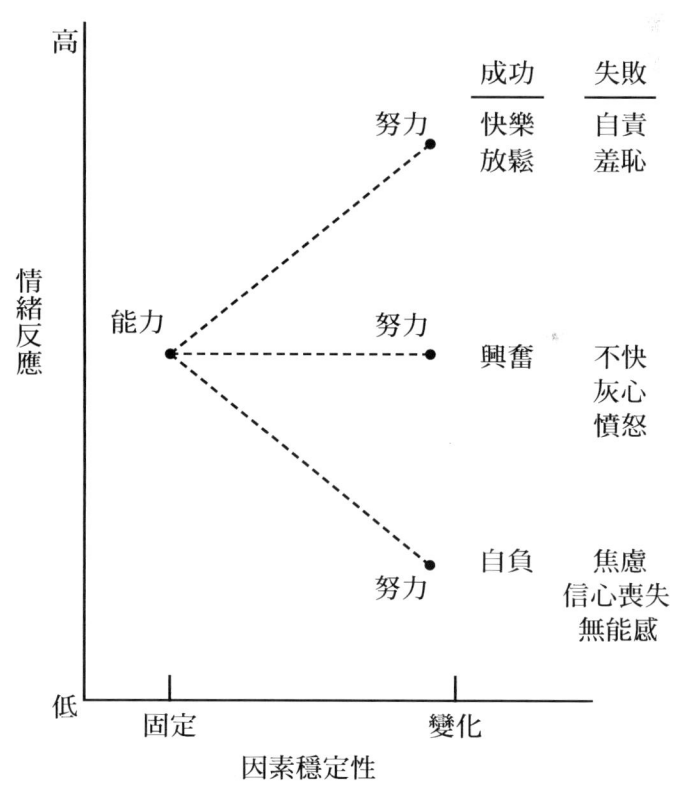

	成功	失敗
努力	快樂 放鬆	自責 羞恥
能力／努力	興奮	不快 灰心 憤怒
努力	自負	焦慮 信心喪失 無能感

（縱軸：情緒反應 高／低；橫軸：因素穩定性 固定／變化）

圖 2　成敗的內歸因與情緒反應強度的實徵性關係

（本文由朱瑞玲教授摘錄）

臺灣民眾的疏離感及其先決因素

原論文刊於楊國樞、瞿海源（主編），《變遷中的臺灣社會：第一次社會變遷基本調查資料的分析》，頁 473-506，臺北：中央研究院民族學研究所，1988。

　　過去的社會學者及其他社會科學研究者，對疏離現象之普遍性的看法並不一致。其中有些學者認為疏離是高度都市化之工業社會所特有的現象，有些學者則認為疏離是所有人類社會所共有的現象。時至今日，似乎有愈來愈多的研究支持後一觀點。

　　有關疏離問題的探討，可分兩個層次。一是將疏離視為一種社會現象，而從社會的觀點研究其客觀的整體功能；一是將疏離視為一種個人現象，而從（行動者）個人的觀點研究其主觀的心理感受。前一層次強調社會運作，是一種巨觀的取向；後一層次強調社會心理，是一種微觀的取向。近年以來，至少在實徵研究方面，社會心理的觀點日漸突出，業已獲得相當的成果。從社會心理學的觀點探討疏離問題的學者頗多，但對疏離概念之釐清貢獻較大者，當為 Davids、Seeman、及 Dean。經由概念的與實徵的分析，Davids 認為疏離包含五種穩定的性格特質，即自我中心、不信任、悲觀、焦慮及憤怒，而且此五者間互相皆有中等程度的正相關，大致顯示它們共同組成一種動機性的徵候群（syndrome）。Davids 是一位心理學者，他直截了當的將疏離界定為一種性格類型，而具有此種性格的個體，其社會知覺與不具此種性格者頗不相同。

　　對疏離之概念的釐清，貢獻最大的是 Seeman。他根據以往的有關文獻，指出疏離的五種意義，即無力感（powerlessness）、無意義感（meaninglessness）、失範感（normlessness）、孤立感（isolation）及自疏感（self-estrangement）。他不僅指出每種涵義在社會學文獻中的出處，而且進而自 Rotter 之社會學習的觀念一一加以系統性的界定。Seeman 的概念架構對日

後有關疏離之測量與研究影響甚大，Neal 等人曾依據此一架構，編製了一套測量疏離感四種主要成分（無意義感、無力感、失範感及社會孤立感）的工具。

至於 Dean，則是特別強調 Seeman 所提出之五種疏離意義中的三種，即無力感、失範感及社會孤立感。他認為無力感是一種無助感（helplessness），即在經濟的、政治的、社會或職業的活動中，個人對自己生活與幸福之所繫的事情感到無法加以理解與影響。此一意義下的無力感，實即 Hegel、Marx 及 Weber 在社會學文獻中所說的疏離感。至於無範感，則與 Durkheim 所說的迷惘（anomie）有關。Dean 指出有關文獻中實有兩類無範感，一為無目的感（purposelessness），主要是感到缺乏使生活有目的、有方向的價值；一為規範衝突感，主要是感到難以在內心中將互相矛盾的外在規範加以統合。至於社會孤立感，亦與 Durkheim 之迷惘的概念有關。在 Durkheim 的概念中，迷惘不僅含有無意義、無目標的感受，而且也含有與團體或團體標準分離的感受。前者是一種無目的的感受，是屬於無範感的一部分；後者則是一種孤離於社會團體或團體標準的感受，是屬於社會孤立感。

過去國外之有關疏離感的研究，很多都是在上述理論概念的影響下所從事。大體而言，這些實徵研究可以分為三大類：(1) 以疏離感為應變項（dependent variable），探討可能影響疏離感的先決變項（antecedent variable）；(2) 以疏離感為自變項（independent variable），探討可能受疏離感影響的後果變項（consequent variable）；(3) 以疏離感為共變項（covarying variable），探討與疏離感有共變關係而無因果關係的同時變項（concurrent variable）。

業已發表的研究大都是屬於第一類，其中又以探討社會地位與階層對疏離的影響為最多。至於國外學者所從事的第二、三兩類研究，則為數頗少。但有些自稱屬於第一類的研究，也可以說是第二或第三類研究。例如，在 Rotto 與 Featherman 的研究中，係將個人適應（personal adjustment）視為疏離感的自變項或先決變項，實則前者可能只是後者的後果變項（屬第二類研究），也可能是同時變項（屬第三類研究）。再如在 Srivastava 的研究中，雖號稱是探討自尊與學業成就對疏離的「效果」（effect），但前兩者未必純然是後者的因，也可能是後者的果（屬第二類研究），或者與後者僅有共變關係而無因果關係

（屬第三類研究）。在過去的有關文獻中，清楚屬於第二類的正式研究為數頗少，有之則多為心理學家以類似無力感之概念在實驗室中探討其對行為的影響。直接以疏離感之概念來探討其對其他變項的影響者，似乎只有 Davids 的研究，而所得的結果則發現疏離感能夠影響個人的選擇性知覺與記憶。

以上所述，是國外研究的大致情形。到目前為止，以臺灣的中國人為對象而探討疏離問題者，只完成過三項研究，而正式以論文發表者僅得其二。徐正光首度以此間的工廠工人為對象，從事工作疏離感的實徵研究。工作疏離感係局限於工作情境或組織情境，與一般性或概括性的疏離感不同。馬立秦以臺灣的大學生為對象。

楊國樞以大學學生與社會成人兩樣本，探討個人傳統性與現代性兩者與疏離感的關係。他發現在五項個人傳統性的成分中，安分守成與宿命自保兩者與孤立感、無力感及失範感成正相關；在五項個人現代性的成分中，獨立自顧與孤立感、無力感二者成正相關，樂觀進取與無力感成負相關。不似徐正光與馬立秦二氏的研究，楊氏的探討是以疏離感之同時變項的分析為主，是屬於上文所說的第三類研究。

在上述四項臺灣研究中，馬氏所從事者是以大學生為對象，徐氏的研究是以工作疏離的探討為主，楊氏的分析則以疏離感的同時變項為重，皆有明顯的局限性。此次在臺灣地區所完成的社會變遷基本調查，訪問的對象是社會上的一般成年人；所蒐集之有關疏離感的資料是屬於一般性的疏離。因此，所獲得之有關疏離感的結果與發現，正可彌補以往研究之不足，以擴展我們對臺灣民眾之疏離現象的理解。本文只就下列三個問題加以分析與討論：(1) 臺灣民眾之疏離感各成分間的關係如何？(2) 臺灣民眾之疏離感的強弱程度如何？(3) 臺灣民眾之疏離感的先決因素為何？

壹、研究方法

本文中有關疏離感之資料，係來自民國七十三年「臺灣地區社會變遷基本調查」問卷(II)之訪問調查，此項調查的有效合併樣本共有4,199人（男性2,597人，女性1,602人）。

測量疏離感的題目包含 12 個小題。此等小題多係取自 Dean 的疏離量表，少數題目則係根據國內的社會文化背景而另行撰寫。民國六十三年，楊國樞等人首將 Dean 的疏離量表譯為中文，並根據此間的社會文化背景加增減修訂，共得二十餘題，施測大學生約 1,600 人。經就此等題目加以因素分析，證實確有 Dean 所說的三個疏離感成分。根據此項分析，取出每一因素上負荷量最大的題目，共得 12 題。作答形式是李卡特式評定尺度，共有七個刻度或程度。

貳、結果與討論

一、疏離感的因素結構

12 個有關疏離感的小題，假設分別衡鑑疏離感的三個主要向度或成分，即無力感、失範感及孤立感。在男、女兩樣本中，三個直交因素所能解釋的總變異量皆在 50% 以上。各變項或題目上的因素負荷量亦甚相近。

在本研究中，三成分間皆無明顯的關係。換言之，疏離感的三大成分間具有相當程度的獨立性。此一發現與 Dean 以美國大學生為對象所得的研究結果有所不同。提醒我們在解釋疏離感成分間之相關程度的差異時，應該特別注意受試者的文化背景、（所處的）社會階層、教育程度、年齡大小，以及所用測量工具的特徵。但是，更可能是兩者界定三成分的方法不同。本研究是以因素分析法界定各成分，Dean 則以概念分析法界定各成分。大體而言，以因素分析法所得各成分比較純淨，從而顯示之各成分間的關係，應較概念分析法所得者可靠。基於此種理由，本研究所發現之疏離感各成分間相關頗低的事實，值得受到重視。

二、疏離感的強弱程度

男性與女性的平均數皆大於或近於評定尺度的中點（4 分），表示臺灣民眾所具有的孤立感、無力感及失範感大都不強。就三成分的相對高低或強弱而言，臺灣民眾的孤立感可能最高，失範感次之，無力感最低。

三、疏離感的先決變項

此處僅擬探討以下變項對疏離感的影響：1. 性別，2. 年齡，3. 教育程度，4. 配偶教育，5. 父親教育，6. 母親教育，7. 城鄉背景，8. 職業類別，9. 宗教信仰。

本文探討先決變項之影響的主要統計分析方法，是多元類別分析法（multiple classification analysis, MCA）。經兩個階段的預備性分析後，發現配偶教育、父親教育、母親教育、城鄉背景及宗教信仰五者對疏離感三成分皆無顯著的主要效果（影響），而其他四者（性別、年齡、教育程度及職業類別）之間的二因子與三因子互涉性效果皆不顯著，故最後決定以後四者作為正式多元類別分析的先決變項。以此四因素為自變項，以疏離感的每一成分為應變項，從事四因子的變異量分析與多元類別分析。

綜合而言，性別對無力感無影響，對孤立感與失範感則有影響，其差異方向是女性的孤立感與失範感大於男性。年齡對孤立感與失範感皆無影響，對無力感的影響方向則是年齡愈大無力感愈低。教育程度對疏離感的三個成分皆有影響，而且影響的方向皆一致，即教育程度較高者其孤立感、無力感及失範感皆較低。尤有進者，在孤立感與無力感兩者上，差異最大者皆是在初中（國中）與小學（國小）之間；在失範感上，差異最大者則是在高中（高職）與大學（學院）之間。至於職業類別，則只對無力感有所影響；農林漁牧等傳統性勞動者的無力感最高，買賣、操作及體力等現代性勞工次之，服務、行政等非勞力性人員更次之，專業性、技術性人員及軍警則最低。

在性別、年齡、教育程度及職業類別四個有影響力的因素中，以教育程度的作用最大。教育程度對疏離感的三個成分皆有影響，其他三因素的影響則皆較小。

參、綜合討論

首先要談的是疏離感的內部結構問題。本研究的結果顯示，疏離的主要成分間並無密切的關聯，甚至互有相當的獨立性。彼此相關並不密切的幾類感受，當然不能組成一種徵候群（syndrome），而僅可形成一套組型（pattern）。

就其最寬鬆的涵義而言，組型可由幾種成分以不同的數量混合而成，其內並無特定的組織法則。這樣的一種組型，自然難以形成一種結構上的單元，當然更不易形成一種功能上的單元。若果如此，作為一科學研究的概念（concept）或構念（construct），疏離感所代表的這樣一種心理組型究竟有何意義？究竟有何用處？事實上，Seeman（1959）在有系統的整理「疏離」的各種涵義時，所強調的是以往學者在使用「疏離」一詞時所指謂的不同心理或社會現象，包括無力感、失範感、無意義感、孤立感及自疏感等。這些心理現象彼此差異甚大，但過去的學者卻皆以「疏離」一詞名之。這實在是一種語意上的歧義現象，而 Seeman 的貢獻即在釐清「疏離」的各種歧義，原無意將之視為疏離的組成成分。但後來的研究者（包括本文的作者）卻逐漸將之視為組成疏離的結構元素或層次，且將疏離視為一種有組織的結構性與功能性單元。本研究的結果顯示，實際的情形未必如此。較好的辦法也許是在學術研究中根本放棄「疏離」一詞，而直接分別使用無力感、失範感、自疏感、孤立感等名詞，來指謂不同的心理或社會現象。然後分別視為不同的個別心理現象或變項，單獨建立個別的理論概念。

其次要討論的問題是疏離感各「成分」的形成歷程。本研究發現男性的孤立感與失範感小於女性，年齡愈大者無力感愈低，教育程度愈高者孤立感、無力感及失範感愈弱，職業愈高愈好者無力感愈小。這幾項實徵的發現似乎有一共同之處，即可能皆與幹練（competence）的因素有關。從心理分析的自我心理學一動機促使個體努力以有效的或幹練的方式來與環境打交道。如能順利而有效的應付、處理及適應環境，個體即會產生一種勝任的快感。社會環境中最主要的三個部分是一般社會事物、團體與團體標準、社會規範與價值觀念。個體處理與適應一般社會事物無效時，所導致的無能感與無能意識，可能就是所謂的無力感；處理與適應團體或團體標準無效時所導致的無能感與無能意識，可能就是所謂的孤立感；處理與適應社會規範與價值觀念無效時所導致的無能感與無能意識，可能就是所謂的失範感。個體處理與適應某一方面的社會環境是否能順利而有效，自然與其所具有的幹練程度有關。

從以上的新觀點來看本研究所得的結果，便覺易於瞭解。女性的幹練程度較男性為低，其孤立感與失範感較大；年輕者的幹練程度較年長者為低，故其

無力感較大；受教育少者的幹練程度較低，故其孤立感、無力感及失範感較大；職業低者的幹練程度較為低，故其無力感較大。也就是說，只要用與幹練有關的同一套概念及理論，即可解釋本研究所發現之主要先決變項對疏離感各「成分」的影響。

當然，以上的解釋全然是事後的。事實上，幹練因素在疏離感各「成分」之產生過程中所可能扮演的角色，是由本研究有關先決變項的發現所推論而得的。

不過，僅靠幹練及其相關心理因素來發展一套疏離感的理論，還是不夠的。社會環境的類型與差異必須同時考慮，這就涉及到社會的類型與差異。不同社會的社會環境在一般社會事務、團體與團體標準、社會規範與價值系統三大方面的複雜程度各不相同，它們在世界性的現代化社會變遷過程中所處的階段也有異。簡而言之，幹練程度很低的個體，生活在變遷快速的複雜社會中，最難順利而有效的處理與適應其社會環境，因而也最易產生無力感、孤立感或失範感。這種強調個體與社會互動歷程的疏離理論，不僅可以用來瞭解本研究所得的結果，而且也可以之理解前人研究所得的結果。

（本文由朱瑞玲教授摘錄）

Cognitive Dissonance and Recall of Interrupted and Completed Tasks

Originally published in *Psychological Reports*, *29*: 63-75.

Summary.—The dissonance view of interruption was the basis of a prediction that volition for task commitment and expectation of task completion would affect differential recall of interrupted and completed tasks. 140 university students were randomly assigned to 4 treatment combinations of the 2 independent variables, and individually asked to perform 20 paper-and-pencil tasks, half of which were interrupted. It was found that volition and expectation were related to recall of interrupted, but not completed, tasks in an interactive way. That is, higher volition led to better recall of interrupted tasks under low expectation while there was no differential effect under higher expectation. The interactive results, taken as a whole, suggested an inverted-U relation between magnitude of dissonance and recall of interrupted tasks.

In recent years there have been several studies on the relationship between cognitive dissonance and immediate recall of dissonant cognitions or stimuli. Brehm and Cohen, working directly within the framework of dissonance theory, conducted an experiment in which discrepant fictitious ratings of one's personality characteristics, supposedly made by a friend, were better re-called than consonant rating. Along the same line, Schlachet showed that high dissonance (commitment to a greater likelihood of failure) resulted in more recall of dissonant (failure) stimuli in comparison with low dissonance (commitment to less certain failure) or non-dissonance controls. Evidence of the same sort has also been reported by Gerard and Fleischer. Starting with a Zeigarnik-effect analogue, these investigators found that the re-call of unbalanced stories with a positive P-to-O[1] triadic relation in the Heiderian sense took precedence over the recall of balanced ones. Since the concept of imbalance and that of dissonance seem related regardless of whether imbalance is viewed as a kind of dissonance or vice versa, Gerard and Fleischer's finding may be taken as evidence that dissonance could promote immediate recall of discrepant material.

Quite contrary, however, were experimental results obtained by Buss and Brock. These investigators had college students who were opposed to the use of electric shock in research read either a positive communication (shock is beneficial) or a negative one (shock is harmful) and then deliver intense shock to other (victims). It was found that the negative communication, which was dissonant with the shocking behavior, was recalled better than the positive one, indicating a repression effect assumed to be dissonance-reducing.

The inconsistency of Buss and Brock's findings with those of the other three studies suggests the existence of an inverted-U relation between severity of dissonance manipulations and immediate recall of dissonant cognitions or stimuli. In the Buss and Brosk study, S was confronted with a drastic discrepancy between his firmly established belief in the noxious attributes of shock and his shocking behavior that has strong ethical and self-conceptual implications. In this case, the dissonance generated should be high, so that hasty reduction of dissonance through such effective ways as selective forgetting of dissonant cognitions was called for. As a result, the negative communication regarding the noxious attributes of shock was recalled more poorly than the positive one in immediate recall. In contrast, the dissonance manipulations in the other three studies seemed to have relatively

---

[1] P-to-O means that a person (P) has an attitude or sentiment towards some other person (O).

lower personal relevance and importance for Ss and therefore should have induced rather weak dissonance that most Ss could tolerate without engaging in dissonance-resolving activities. Under these circumstances, dissonance would make for better recall of dissonant cognitions because of the relatively lasting enhancement of salience of these elements.

Thus, prior evidence does suggest that there exists a relation, presumably a curvilinear one, between magnitude of dissonance and immediate recall of dissonant cognitions or stimuli. This dissonance-affects-recall hypothesis, in its loose form, has recently been cited by Yang as one of the basic premises in his dissonance analysis of consequences of task interruption in a typical Zeigarnik situation. According to his preliminary statement of a dissonance view of Zeigarnik manipulations, performance interruption would lead to dissonance, and interrupted (I) and completed (C) tasks are dissonant and consonant stimuli, respectively. If this proposition is true, it follows from the dissonance-affects-recall hypothesis that dissonance due to interruption should be somewhat related to recall of interrupted, but not completed, tasks. Based upon the general dissonance theory and research, a number of variables have been suggested by Yang as potential determinants of dissonance induced by interruption manipulations. The experiment to be reported here concerned the influence of only two such variables, volition for task commitment and expectation of task completion, on recall of interrupted (IR) and completed (CR) tasks and on a Zeigarnik difference (IR minus CR) as well.

METHOD

1. Subjects and Design

A total of 156 male undergraduate students at the University of Illinois served as Ss. All of them were drawn from the psychology subject pool and received course credit for their participation. Of these, 12 Ss were discarded on account of incomplete data and 4 because of their suspicion of the dissonance manipulations employed. The number of Ss retained for the actual data analysis was thus 140.

There were two independent variables of two conditions or levels each: volition for task commitment (Assignment vs Choice Condition) and expectation of task completion (Low vs High Expectation Condition). Ss were randomly assigned to each of the four treatment combinations by means of a table of random numbers.

2. Paper-and-Pencil Tasks

To obtain task-recall data, 20 pairs of heterogeneous, simple paper-and-pencil tasks with minor modifications, were utilized. Each of the 40 tasks was on a separate sheet of paper with ample space for S to write or draw as directed. The title and instructions for each task were printed at the top of the sheer along with a fictitious percentage of students completing that task, supposedly obtained in a previous preliminary study.

The tasks were paired in such a way that the two tasks in each pair were approximately matched in the length of title and of instructions, and in most cases the paired tasks were highly similar to each other in nature. Two levels of faked percentages were chosen; the tasks with high percentages (equal to or more than 90) were used for Ss in the High-expectation Condition and the same tasks with low percentages (equal to or less than 36) for Ss in the Low-expectation.

3. Procedure

Manipulation of expectation. - Ss were run individually. Upon arrival S was treated informally by E and made to feel at ease. After several minutes of general conversation, S was given one of the following two sets of written instructions for the purpose of creating either low or high expectation of task completion:

Manipulation of volition. - After this, S was presented with one of the two sets of written instructions, depending upon the volition condition, Assignment or Choice.

The set of 20 tasks assigned to S in the Assignment Condition was identical to the set of tasks chosen by some S in the Choice Condition.

Administration of tasks. - The 20 pairs of tasks were then given one after another under the four combinations of conditions designed to vary expectation and volition. Upon the presentation of each pair, either S or E made the choice between the two tasks and S was then asked to work on the chosen task at the signal from E. Without actually telling S the "time limit" E, with a stopwatch in hand, timed S and recorded the title of the chosen task. S was either allowed to complete the task or interrupted at a point where approximately three-fourths of the task had been done.

For each S, performance was interrupted on half the chosen tasks and completed on the others.

Collection of task-recall and other data. - After the 20th task, S was asked to recall as many of the tasks as he could of those he had so far. No time limit was set on it. When S reported he could remember no others, the recall period was considered ended.

After the recall period, S was administered a post-questionnaire comprising 6 rating items, while Items 1, 2, and 3 provided some supplementary data on the effects of interruption, the other 3 items enable E to check on the dissonance-arousal manipulations.

Detection of suspicious Ss. - At the conclusion of the experiment, questions were asked by E to detect those Ss who either had become aware of the actual purpose of the experiment or had not believed the deceptive procedures used. On the basis of each S's reactions to these questions an immediate decision was made as to whether or not he would be excluded from the sample to be used in the final data analysis.

Finally, each S was carefully debriefed and asked not to talk about the experiment to anybody else after leaving the laboratory.

RESULTS

1. Checks on Experimental Manipulations

The two independent variables, volition and expectation, were experimentally manipulated. Check has to be made as to whether or not the manipulations used were indeed effective in creating the intended differential levels of these variables before the effects of them were actually appraised. Items 4, 5, and 6 in the post-questionnaire were primarily designed for this purpose. Ratings on Item 4 reflected the degree of choice which Ss felt that they really had in choosing which of the two tasks in a pair to perform. The mean rating for Ss in the Assignment Condition (Assignment Group) was 2.66 (SD = 2.45), for Ss in the Choice Condition (Choice Group) it was 7.66 (SD = 2.05), on a scale with the low end reflecting no choice at all. The difference between the two means was extremely significant ($t = 14.80$, $df = 138$, $p < .001$). This indicates that the experimental manipulations used to create the different levels of felt volition in Ss were very successful.

Ratings on both Items 5 and 6 can be used to check on the manipulations for inducing differential expectation of task completion. On Item 5, which measured the difficulty of the performed paper-and-pencil tasks, the mean rating for Ss in the Low-expectation Condition (Low-expectation Group) was 4.34 (SD = 1.92), while that for Ss in the High-expectation Condition. (High-expectation Group) was 3.28 (SD = 1.67). The High-expectation Group did rate the tasks as easier than the Low-expectation Group ($t = 3.49$, $df = 138$, $p < .001$). The same tendency was observed on Ss' ratings of likelihood of completing a task like those they had worked on in a certain time limit (Item 6). The mean probabilities for the Low- and High-expectation Groups were .53 (SD = .21) and .70 (SD = .20), respectively, the difference being statistically significant beyond the .001 level ($t = 4.98$, $df = 138$). Therefore, ratings of both task difficulty and completion probability evidence the effectiveness of the experimental manipulations for creating the two different levels of expectation of task completion.

2. Effects of Volition and Expectation

The effects of volition for task commitment and expectation of task completion were evaluated by submitting task-recall and other dependent data to separate 2 X 2 factorial analyses of variance by the method of unweighted means (Myers, 1966).

Task recall. - The mean number of completed (CR) and interrupted (IR) tasks recalled and the mean Zeigarnik difference (IR – CR) are presented in Table 1. Analysis of variance of the CR data shows neither significant main effects nor a significant interaction due to volition and expectation (Table 2).

Thus, the experimental manipulations for the two independent variables has no influence on the recall of completed tasks.

Table 2 also shows the results of analysis of variance of data on IR. While the main effects of volition and expectation fell short of significance, the interaction effect was reliable ($p < .05$). This significant interaction, as can be seen from Table 1, indicated that under low expectation Ss in the Choice Condition recalled more I tasks than Ss in the Assignment Condition ($t = 2.63$, $df = 66$, $p < .01$); when the level of expectation was comparatively high, however, there was no significant difference in IR between the two volition conditions.

With respect to Zeigarnik difference (IR – CR), the findings are essentially parallel to what were found with IR. This difference variable provides a measure

TABLE 1   MEAN NUMBER OF COMPLETED (CR) AND INTERRUPTED (IR) TASKS RECALLED AND MEAN ZEIGARNIK DIFFERENCE (IR – CR)

Volition		Expectation	
		Low	High
CR	Assignment	6.24	6.14
	Choice	6.12	6.35
IR	Assignment	5.62	6.20
	Choice	6.65	6.03
IR - CR	Assignment	-.62	.06
	Choice	.53	-.32

TABLE 2   ANALYSIS OF VARIANCE OF RECALL DATA

Source	df	MS	F	p
Number of completed tasks recalled (CR)				
Volition (A)	1	.07	.03	
Expectation (B)	1	.17	.07	
A × B	1	.93	.38	
Residual	136	2.43		
Number of interrupted tasks recalled (IR)				
Volition (A)	1	6.41	2.46	
Expectation (B)	1	.01	.01	
A × B	1	12.64	4.85	<.05
Residual	136	2.61		
IR minus CR				
Volition (A)	1	5.12	1.12	
Expectation (B)	1	.28	.06	
A × B	1	20.42	4.46	<.05
Residual	136	4.58		

of interrupted-task recall that is independent of individual differences in memory ability. Here again, the main effects of volition and expectation were not significant, but the interaction between the two variables was significant ($p < .05$, Table 2). Separate t tests indicated that the Choice Condition resulted in higher IR – CR than the Assignment Condition under low expectation ($t = 2.19$, $df = 66$, $p < .05$) while no significant difference was found between the two volition conditions under high expectation.

Obviously, the findings on IR – CR essentially reflect those for interrupted tasks. This is not surprising in the light of the fact that no discernible main and interaction effects due to volition and expectation were observed in the analysis of data on completed tasks.

Task repetition tendency, task attractiveness, and task importance. - In addition to task recall, data were also collected, by means of the post-questionnaire, for tendency to repeat tasks (Item 1), task attractiveness (Item 3), and task importance

(Item 2). Out of the 20 ratings on each of the three items, two separate average scores were computed for each S. one for the I tasks and the other for the C ones. Besides, an I – C difference between the two average scores was also obtained for each S. This means there were six absolute and three relative measures in regard to task repetition, attractiveness, and importance.

To investigate the effects of volition and expectation on these nine additional dependent variables, separate analyses of variance were performed. The results of these analyses were consistently negative. It can thus be concluded that volition and expectation had no influence on tendency to repeat, and attractiveness and importance of, I and C tasks.

DISCUSSION

The results of the present experiment are consistent with the notion that cognitive dissonance has something to do with differential recall of interrupted and completed tasks. Both of the two dissonance-arousal variables, volition and expectation, were related in an interactive way to IR (but not CR) and IR – CR. This Volition × Expectation interaction demonstrates that higher volition made for greater IR and IR – CR only in the Low-expectation Condition; under high expectation there was no significant difference between the Assignment and Choice Conditions.

The finding of higher volition resulting in more IR and IR – CR under low expectation agrees with data reported from an experiment by Green, in which Ss volunteering for the experiment recalled a greater proportion of I tasks than did non-volunteers. Green explained his finding in terms of the assumption that volunteers tend to become task (rather than ego) involved more readily than non-volunteers in a Zeigarnik situation. In our opinion, this assumption is rather remote; volunteering in the Green study was more direct as a manipulation of volition than as one of task vs ego orientation. Definitely, the volition manipulations employed in the present study cannot be considered as attempts to vary task vs ego involvement. It seems reasonable to say that findings from both experiments disclose the same fact that volition promotes recall. According to a dissonance interpretation, increasing volition in choosing to perform interrupted task should yield increasing dissonance.

There are several possible factors that might be capable of mediating between dissonance and enhancement of recall of IR and IR – CR. One possibility is that cognitive dissonance has non-specific energizing effects upon human performance and stronger dissonance will therefore lead to higher level of task recall as a kind of performance. If this had been the responsible mediating factor in the present experiment, higher volition would have been found to result in not only more IR but also more CR, at least in the Low-expectation Condition. Since volition actually had had no effect upon CR, the non-specific energizing effect of dissonance should be disregarded as a factor responsible for the increase in IR and IR – CR due to higher choice under low expectation.

According to the dissonance view of interruption as advanced by Yang, IR may be differentially favored by two specific factors, namely, (a) increased salience of I tasks due to dissonance arousal and (b) intensified attractiveness of I tasks due to dissonance reduction. It is of theoretical importance to know which of these factors is more likely to be responsible for the obtained results from the Assignment vs Choice comparison in the Low-expectation Condition. The second of these two factors can be ruled out because the analysis of variance of attractiveness ratings showed no main and interactive effects due to volition. With this second factor eliminated, the first one, immediate increased salience of I tasks due to dissonance arousal, probably is the major factor responsible for the increase in IR and IR – CR.

The finding of no difference in IR and IR – CR between the Assignment-High-expectation and the Choice-High-expectation groups is of no less interest. As this result was obtained under high expectation, one might attribute it to the function of a ceiling effect. But, this explanation is rendered implausible by the fact the Choice-High-expectation group was lower on IR and IR – CR than the Choice-Low-expectation group, indicating the availability of still more room for the former to further raise its level of recall of I tasks.

Rather, the finding of no difference in IR and IR – CR in the High-expectation Condition between the two volition levels demonstrates the presence of some repressive activities on the part of the Ss in the Choice-High-expectation group. In his dissonance analysis of the Zeigarnik situation Yang pointed out the possibility that in an interruption-of-tasks experiment high dissonance due to interruption would tend to demand prompt reduction by such means as lowering the importance of I tasks (dissonant stimuli) or reducing the ratio of I to C tasks. In the present experiment Ss under the combination of Choice and High-expectation Conditions (High-High) should have experienced rather strong dissonance due to interruption. Thus, when the recall test took place, these Ss might have already resorted to one or both of these dissonance-resolving techniques so that their average IR was suppressed to approximately the same level as that of Ss in the Assignment-High-expectation group (Low-High). The question is which of the two techniques might have most likely been utilized by the Ss in the Choice-High-expectation group. Apparently, if these Ss had relied on reducing the importance of I tasks as a means, they would have rated the importance of tasks lower than Ss in the Assignment-High-expectation group. Since relevant results showed that this was not the case, importance reduction should be eliminated from the list. What is left, then, is reducing the ratio of I to C tasks, which can be accomplished through selectively remembering C tasks or selectively forgetting I tasks. However, analysis of variance of the data on CR detected no significant main and interaction effects due to volition and expectation. Thus, selective forgetting of I tasks seems to be the only means left for the Ss in the Choice-High-expectation group to have reduced their relatively intense dissonance.

Taken as a whole, the interactive results on IR and IR – CR for the four combinations of volition and expectation seem to suggest a curvilinear relationship between magnitude of dissonance and IR and IR –CR. When ranked in terms of power of arousing dissonance, the Assignment-Low-Expectation (Low-Low) and Choice-High-expectation (High-High) combinations should occupy the lowest and highest positions, with the other two combinations in between. A three-point dimension of dissonance level can thus be constructed on which the middle point is a combination of Assignment-High-expectation (Low-High) and Choice-Low-expectation (High-Low). For these three combined groups (points) the IR means were 5.62, 6.42, and 6.03; and the IR – CR means, -.62, .29, and -.32 (see Fig. 1). Separate statistical tests showed that the difference between the first and second points was significant both on IR ($t = 2.31$, $df = 101$, $p < .05$) and on IR – CR ($t = 2.25$, $df = 101$, $p < .05$). In the comparison of the second and third points, the

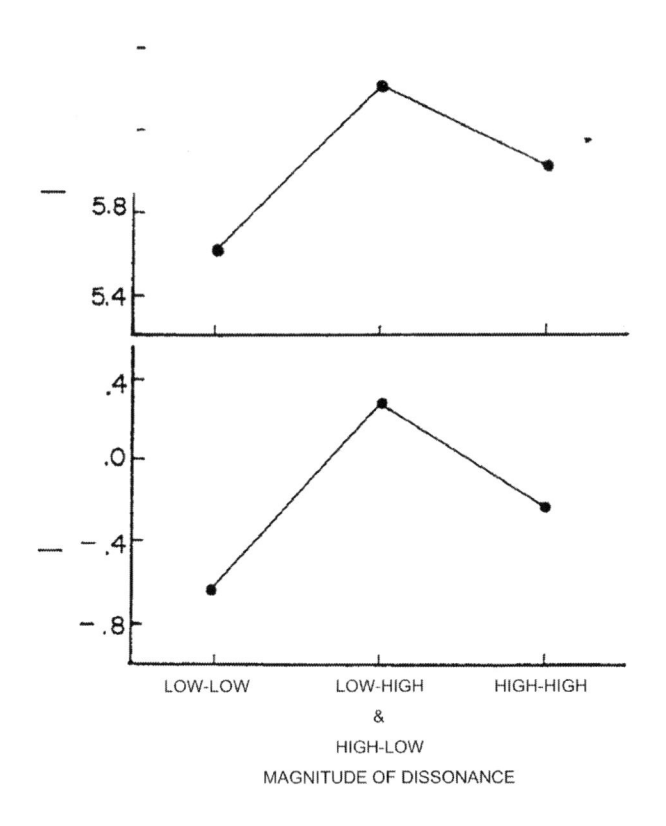

FIG. 1. The curvilinear relarion of magnicude of dissonance ro the interrupted task (IR) and the Zeigarnik difference (IR - CR)

difference was significant neither on IR nor on IR – CR. Nevertheless, since the Choice-Low-expectation group, which is one of the two groups forming the second point, showed significantly more IR and IR – CR than the Choice-High-expectation group (the third point), the drop of IR and IR – CR from the second to the third point should not be viewed as a pure chance occurrence.

Form these over-all interactive results, an inverted-U function can thus be inferred between magnitude of dissonance and recall of I tasks: Within a certain limit increased dissonance resulted in higher IR and IR – CR, and beyond that greater dissonance led to lower IR and IR – CR. From the standpoint of dissonance view of interruption, this curvilinear relationship is important because it offers a reasonable explanation for the instability of the Zeigarnik effect, i.e., the superiority in recall of interrupted over completed tasks.

The instability of Zeigarnik effect may well be accounted for by the possibility that varied experimental settings employed in the previous studies induced considerably different levels of dissonance due to interruption, scattering all over the range of magnitude of dissonance covered by the inverted-U function. This seems particularly true of studies of the effect of ego-involvement on recall of interruption tasks as well as the Zeigarnik effect. It has been found that under stressful, skill, or ego-involving conditions IR may increase (e.g., Atkinson, 1953; Kanungo, 1968), remain the same (e.g., Alper, 1957; Butterfield, 1965), and decrease (Apler, 1946; Eriksen, 1954). With ego-involving instructions, Zeigarnik effect may be obtained but it often disappears or is even reversed. As a matter of fact, the method of varying ego-involvement in the interruption literature is exactly the same as the method used to change level of importance in the dissonance literature-both involve instructional manipulations of some central aspects of the individual's self-esteem. The reason for the contradictory findings of effects of ego-involvement on recall of interruption tasks and Zeigharnik effect, obtained in various previous studies, may thus be that ego-involving conditions used in these studies resulted in higher levels of dissonance which either facilitated or inhibited these effects, depending upon how intense this higher dissonance was, i.e., depending upon whether it was a case of the first or the second phase of the inverted-U relationship of magnitude of dissonance to IR and IR − CR.

In conclusion, the present experiment does provide us with some direct evidence for the dissonance interpretation of differential recall of interrupted and completed tasks, as proposed by Yang. Before anything conclusive can be said about the effect of dissonance on recall of interrupted and completed tasks, however, further research will have to be undertaken in which other hypotheses specifically derived from the dissonance view of task interruption are systematically tested. Hopefully, this line of research will yield a better understanding of the influence of interruption or failure on recall and will lead to the emergence of more testable propositions. It remains our conviction that the dissonance view of the interrupted-task paradigm, at least as a hypothesis-generating device, will reanimate this seemingly antiquated area of research.

(Excerpted by Chu, Ruey-Ling.)

中國「人」的現代化——
有關個人現代性的研究

原論文（與瞿海源合著）刊於《中央研究院民族學研究所集刊》，37:1-38，1974；後刊於《中國人的現代化》，頁 16-88，臺北：眾成出版社，1976；又刊於《中國人的蛻變》，頁 305-371，臺北：桂冠圖書公司，1988。

壹、引言

　　現代化是晚近人類在生活各方面所發生的一種整體性的變遷，其複雜程度已經包括了人類在經濟、政治、教育、宗教、藝術及娛樂等各方面的活動。更確切地說，現代化是指十五世紀以來，始自西歐的一種人類生活方式上的重大轉變歷程。

　　現代化歷程所帶來的後果，可以籠統地分為社會的與個人的兩方面。就一個社會或國家而言，現代化所帶來的後果，主要有都市化、工業化、民主政治、高教育水準、高科學水準、高國民所得、高社會流動率、及有效率的大眾傳播網等。一個社會或國家如果具有了這些特徵，便可以稱為一個現代的社會或國家。另一方面，就單一的個人而言，現代化所帶來的後果，往往是一套有利於在現代社會中生活的態度意見、價值觀念、及行為模式。任何一個人，如果具有了這些心理與行為的特徵，便可以稱為一個現代人，或者說這個人具有現代性。

　　在當代的社會及行為科學中，對個人現代性問題從事實徵性的研究，才是最近十多年的事。直接或間接研究此一問題者雖不乏人，但其中卻以 Inkeles、Kahl、Doob、及 Dawson 等人的成果較為豐碩。Inkeles 同時在智利、阿根廷、以色列、奈及利亞、印度、及巴基斯坦等六個發展中國家，調查訪問了 6,000

人,以探討現代化歷程對個人所造成的影響。結果發現各國的"現代人"在態度意見、價值觀念、及行為模式等方面都有相似的特徵:(1) 樂於接受新的經驗;(2) 比較不受父母等傳統性權威的影響,而比較受政府領袖、商業工會、公共事務等的影響;(3) 相信科學與醫藥的功效,放棄宿命論而能在生活中採取主動;(4) 在教育與職業上對自身及其子女期望較高;(5) 喜歡人們守時,凡事在事先從事周詳的計劃;(6) 對社區事務與地方政治有濃厚的興趣,而且能夠主動地參與;(7) 對於新聞與消息表現出強烈的興趣。Inkeles 進一步探討發現教育程度、工廠經驗、都市生活及大眾傳播等,最能增進個人現代化的程度。

本研究特就中國人的個人現代性探討:
一、何種社會與個人因素使有些中國人現代化得多些而有些中國人現代化得少些?
二、現代化程度不同的中國人在其他人格特質上有何差異?
三、個人現代化程度的高低對個人行為有何影響?

貳、研究的方法

自民國五十九年以來,我們從事了系統性的個人現代性研究。我們整個研究所根據的概念架構見圖1。關於此一指導研究用的概念架構,有幾點應該加以解說。首先應該指出,在整個的研究中,我們是將個人現代性視為一種實際存在的個人特質,此一特質目前雖然無法予以直接觀察,但其程度卻可透過某些可加觀察的個人反應或行為而間接推知。而且,作為一種假設性的建構,我們認為個人現代性既有其來由,也有其後果;所謂來由是指能夠決定或影響它的因素,所謂後果是指它所能決定或影響的事項。於是,個人現代性的相關因素至少有三類:(1) 先決變項;(2) 特質變項;(3) 後果變項。

在我們所從事的研究中,個人現代性是核心變項,為了測量此一變項,特別編製了「個人現代性量表」。在編製個人現代性量表時,我們採取以主要社會論題為範圍的擬題方式,廣泛蒐集與教育、政治、法律、家庭、性、文化及經濟等社會論題有關的態度題目。研究者並不先行嚴格界定與限制「中國人的

個人現代性」的內涵，而是採用一種比較寬鬆的蒐題標準：現在生活於臺灣的中國人與過去傳統的中國人在態度或意見上可能有所不同的任何事項，均可擬為題目收入最初的「題池」。

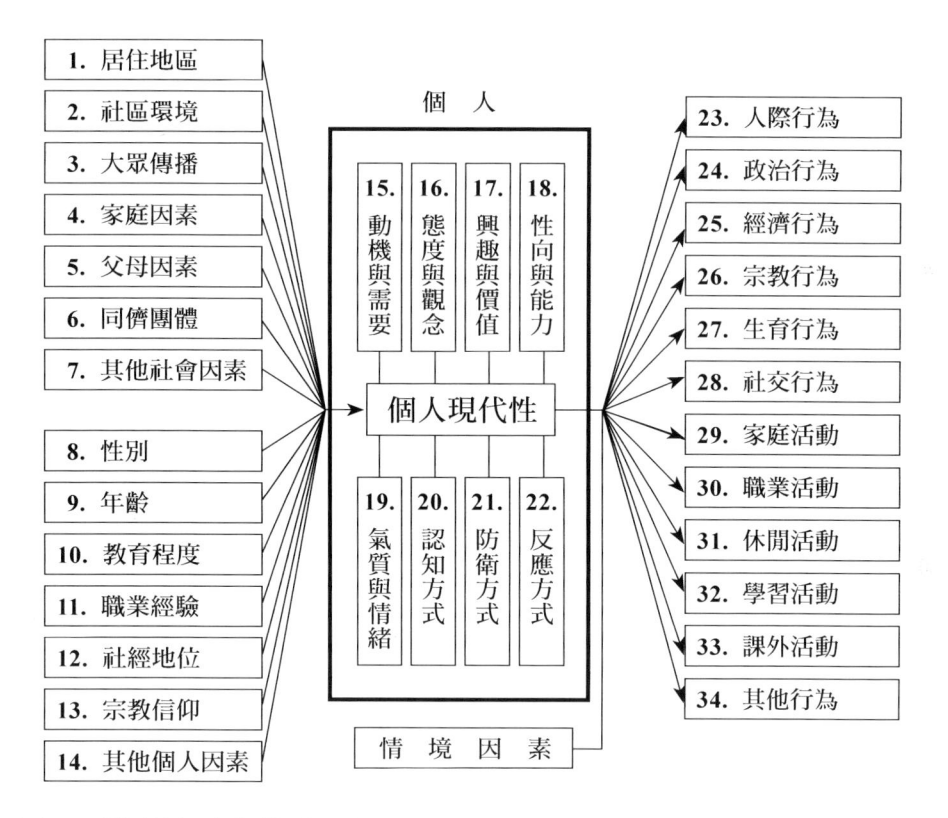

```
                           個　人
┌─────────┐         ┌──────────────────────┐         ┌─────────┐
│1. 居住地區│         │ 15.  16.  17.  18.   │         │23. 人際行為│
├─────────┤         │ 動機 態度 興趣 性向  │         ├─────────┤
│2. 社區環境│         │ 與   與   與   與    │         │24. 政治行為│
├─────────┤         │ 需要 觀念 價值 能力  │         ├─────────┤
│3. 大眾傳播│         │                      │         │25. 經濟行為│
├─────────┤         │      個人現代性      │         ├─────────┤
│4. 家庭因素│  ──→  │                      │  ──→  │26. 宗教行為│
├─────────┤         │                      │         ├─────────┤
│5. 父母因素│         │ 19.  20.  21.  22.   │         │27. 生育行為│
├─────────┤         │ 氣質 認知 防衛 反應  │         ├─────────┤
│6. 同儕團體│         │ 與   方式 方式 方式  │         │28. 社交行為│
├─────────┤         │ 情緒                 │         ├─────────┤
│7. 其他社會因素│      └──────────────────────┘         │29. 家庭活動│
├─────────┤                    ↑                      ├─────────┤
│8. 性別  │                情境因素                    │30. 職業活動│
├─────────┤                                            ├─────────┤
│9. 年齡  │                                            │31. 休閒活動│
├─────────┤                                            ├─────────┤
│10. 教育程度│                                          │32. 學習活動│
├─────────┤                                            ├─────────┤
│11. 職業經驗│                                          │33. 課外活動│
├─────────┤                                            ├─────────┤
│12. 社經地位│                                          │34. 其他行為│
├─────────┤                                            └─────────┘
│13. 宗教信仰│
├─────────┤
│14. 其他個人因素│
└─────────┘
```

圖 1　所用的概念架構（→表示影響方向，—表示影響方向不明）

　　為了初步判定各題是否與現代化程度有關，特邀請十四位背景與訓練不同而又相當熟習中國人之傳統與現代行為特徵的學者個別就每項題目作一評斷，以得知其究竟是屬現代化的方向或傳統化的方向。根據十四位學者的評斷，我們選出 71 個大家意見一致的題目；在此 71 個題目上，每題至少有十二位學者所作的評斷相同。

全部 212 題定稿後，附加作法說明，印製妥當，即以一至四年級的大學生為對象，進行初測。初測的結果共獲得 548 分完整的資料。根據全體受測者的資料，分析得到 55 題，是為「個人現代性量表」。此一量表的再測信度是 0.73（間隔兩週），折半信度是 0.79。

個人現代性而外，其他各種變項的測量或衡鑑，則有賴於以下幾類工具的運用：(1) 調查問卷；(2) 標準化的測驗或量表；(3) 投射測驗：有關某些特質變項的資料；(4) 實驗室。

參、影響個人現代性的因素

依據圖 1 中的順序，首先討論影響個人現代性的因素。到目前為止，在圖 1 所列的十二種先決變項中，已經研究到的有第 1（居住地區）、第 4（家庭因素）、第 5（父母因素）、第 7（其他社會因素）、第 8（性別）、第 9（年齡）、第 10（教育程度）、第 11（職業經驗）、第 12（社經地位）、及第 13（宗教信仰）等十類因素。總括而言，居住於城市、生長於小家庭、家庭社經地位高、父母教育程度高、及歸屬社會化寬鬆的次文化團體等，都是促進個人現代化的社會性條件，而身為男性、年齡較輕、教育程度高、從事非農業性或非傳統性職業、個人社經地位高、及信仰天主教或基督教或無宗教信仰等，都是使個人比較現代化的個人性條件。

肆、個人現代性與人格特質

依照圖 1 的概念架構所顯示的順序，第二組可能與個人現代性有關係的變項是各種人格特質。到目前為止，研究大致發現：
一、現代化程度愈高者，其個人適應愈好。
二、現代化程度愈高者，其外向氣質（輕鬆活潑、積極健談、坦率自然等）愈強。
三、現代化程度愈高者，其獨立性與支配性（獨立好強、求新急進、喜歡支配等）愈大。

四、現代化程度愈高者,其「與人和諧相處」的特質愈少。
五、現代化程度愈高者,其思想行為的可塑性與適應性愈大,對變革與新奇事物的愛好也愈強。
六、現代化程度愈高者(女性),愈能對他人不同於自己的信仰、意見、及價值觀念少存偏見。
七、現代化程度愈高者(女性),其男性化的氣質愈多。

從以上的研究發現可知,個人現代性並不是一種孤立的人格特質,它牽涉到整個人格的其他方面。換一句話說,現代化的歷程並非只是使人在觀念與態度(個人現代性量表所測者以觀念與態度為主)上有所改變,而是使整個人格的各方面都發生改變。因此,我們可以說,人創造了一種新的生活方式(現代化生活方式),但是這種生活方式也創造了一種新的人。社會及生活的現代化與「人」的現代化是密切關聯的。

伍、個人現代性對行為的影響

根據圖1的概念架構,第三個有關個人現代性的主要問題是個人現代性與行為(後果變項)的關係。在上一節中,我們發現個人現代性的差異,涉及到整個人格的差異。人格是由各方面的內在心理結構與歷程所構成,而此等內在的特質與歷程具有影響個人行為的能力。比較現代化者與比較傳統化者,在人格上既然有所不同,那麼基於人格影響行為的假設,個人現代性不同的中國人,在相同的情境下,應該有不同的行為表現。此一問題的探討,有賴於個人現代性與各類後果變項間關係的研究。

總括言之,在人際行為方面,個人現代性愈高者,向好朋友(特別是同性朋友)表露自己的傾向愈大,而向父親表露自己的傾向則愈小。在政治行為方面,現代化較強者對地方政治比較關心,參與的活動也較多。在生育行為方面,個人現代性較高的人子女較少,而且實行生育控制的人也較多。在社交活動方面,我們發現現代性較高的男生開始交異性朋友的時間較早,如果約會異性時第一次就遭到拒絕,他們「不灰心,再接再厲」的人數不如現代性低者

多。至於女生，當一位男士第一次前來約會時，個人現代性較高者，大都會爽快地予以接受，但當拒絕對方時，她們所持的理由往往比較能根據自己的真實感受——「不中意對方，根本不願交往」；相反地，當男士第一次約會一位個人傳統性較高的女生時，她往往會拒絕對方，而拒絕的理由竟然是「害怕別人的看法」占相當多數。在休閒活動方面，研究所得的結果顯示，現代性較高者讀文藝小說的人較多，而現代性較低者讀偵探小說的人較多，至於不愛看小說的人，則以比較現代化者居多，在學習活動方面，現代性較高的學生，在聯考時多以理工學科為第一志願，而現代性較低者，則多以人文學科為第一志願；這表示愈是現代化的人，愈相信與喜歡科學工藝。此外，過去也有研究發現，個人現代性愈高的大學生，其學科考試成績愈好，這可能是因為個人愈現代化其成就動機愈強。至於在「其他行為」方面，已有三項研究共同顯示：個人現代性愈高的人，其尊重自我與忠於自我的行為表現愈強。

陸、結語

為了對中國「人」的現代化問題作一全盤性的瞭解，我們曾經試圖從事一連串系統性的研究。在實際進行研究時，我們是將個人現代性視為一種存在於個人體內的假設性建構，是屬於整個人格結構中的一種特質。作為一種人格特質，個人現代性可能有三類相關的因素：(1) 能夠影響個人現代性的環境性、社會性、及個人性的因素，(2) 與個人現代性相關聯的其他人格特質，及 (3) 個人現代性所能影響的行為與活動（見圖1）。從系列的些研究結果，可以得到兩點一般性的結論：(1) 透過各種環境的與社會的因素，現代化歷程使不同的中國人現代化的程度不同，而此種個人現代性的差異又可直接或間接影響實際生活中的種種行為與活動。(2) 個人現代性並非一種孤立的個人特質，它與人格中其他方面的很多特質有關，這表示現代化歷程所引起的是整個人格的改變，而不只是某些表層態度與觀念的改變。從後一事實看來，中國人的個人現代性的內涵或「成分」不應只限於態度的範疇，態度以外的其他人格特徵也應包括在內。有關個人現代性之「成分」的瞭解是沒有止境的，我們所從事的研究愈多，所發現的「成分」便愈多，對各「成分」的性質也愈能有比較清楚的認識。

到現在為止,有關中國人的個人現代性問題的研究,還在初期階段,因此本文中所敘述的很多結果與結論,只是暫時性的。目前,我們自己對個人現代性的系統研究正在繼續積極進行中。一俟獲得更多的資料後,自可對有關中國人個人現代性的種種問題,提出更可靠的看法。

　　在未來的研究中,有幾件事情是要特別注意的。首先,我們過去所用的個人現代性量表,還有很多值得再加改進的地方,特別是在正、負題目的數目與題目的形式方面。同時,為了便於進一步的系統研究,也有必要對個人現代性量表所測量的內涵有所瞭解。基於上述兩項需要,我們已經重新修訂原先的個人現代性量表。在修訂後的新量表中,正、負題數必須相同。將來,不但要重新建立新量表的信度與效度,而且還要用因素分析的方法,來探討新量表所實際測量的內涵。

　　其次,過去所完成的有關研究,大都是以大專學生為對象。在目前中國的人口中,大專學生是比較獨特的一部分,以他們為對象所獲得的研究結果,不一定能直接推廣到人口中的其他部分。為了補救此一缺點,在未來的研究中,我們將儘可能多以學校以外的人士作為研究的對象。

　　接著我們要指出,個人現代性問題的研究,不只是為瞭解決有關現代化的理論性問題,而且也是為了探求實用的知識。社會現代化與個人現代化之間的因果關係,是屬於「雞生蛋、蛋生雞」式的。社會的現代化固能促進個人的現代化,個人現代性的增高,也可進而加速社會的現代化。因此,要想使整個中國加速現代化,除了努力改進社會的、政治的、及經濟的條件以外,設法提高中國國民的個人現代性,也是一個重要的途徑。談到個人現代性的增高,最直接而有效的方法當然是教育水準的提高與教育方式的改進。後者尤其重要,因為就國民現代性的促進而言,教育歷程中的態度方法、人際關係、及運作方式等的功效,並不亞於教學的內容。尤有進者,過去的研究顯示,就其影響個人現代性的教育效果而言,成年以後的社會化與早期的社會化同樣的重要。總之,家庭教育、學校教育、及社會教育是提高國民現代性的主要途徑,但在借重此等途徑以增進國人的現代性時,必須在教育的內容與方式上多加改善。有效的改進自然需要很多有關的知識,而個人現代性問題的研究正可提供這一方面的知識。

另一個有關的重要問題，是個人現代性與經濟及社會發展的關係。過去，已有很多學者從理論分析與實際研究上，來探討心理因素對社會經濟發展的影響，甚至進行過大規模的研究計劃，嘗試以短期訓練的方式來提高工商企業人士的個人現代性與成就動機，而這些個人心理特質常是有助於經濟及社會發展的。在未來的研究中，我們亦將探討個人現代性及其有關特質對國人經濟行為與組織行為的影響，從而可以推知此等心理因素與社會經濟發展的關係。

　　最後應該指出，我們的長期研究計劃包括了三個密切關連的階段：(1) 初步瞭解有關中國人之個人現代性的現象與問題，(2) 建構有關中國人之個人現代性的理論，及 (3) 驗證理論中尚未研究過的推論與假設。到目前為止，我們的研究還只停留在第一個階段。我們希望透過這個階段的研究成果，而能對中國人的現代化問題有一個切實的瞭解，以為進一步建立有關理論的根據。

（本文由瞿海源教授摘錄）

中國人的性格與行為：形成及蛻變

原論文刊於《中華心理學刊》，23(1): 39-55，1981。

　　在自農業社會朝向工業社會變遷的歷程中，經濟型態與活動的改變占有主導的地位，從而引起了社會結構與生活的改變，最後乃產生觀念、性格及行為方式的蛻變。本文的目的，即在描述與討論臺灣地區三十年來社會變遷在觀念與行為上所產生的種種改變，並為此等改變提出一套可能的解釋。

壹、宜農的與宜工的生態環境

　　本文的基本觀點是以文化生態學（cultural ecology）與生態心理學（ecological psychology）為基礎。就此一觀點而言，性格與行為可以視為文化因素（如社會結構與社會化方式）的函數，而文化因素則是人類適應生態環境所形成的結果。

　　自古以來，傳統的中國社會的生計經濟（subsistence economy）主要是農業。農業的經濟型態有其特徵，而此等特徵則會形成特殊的生活方式：

一、農業是以土地為生產工具，而土地的面積是有限的，土地的保護與耕種及作物的照料與收穫，必須以持久而穩定的小團體作為運作的單位。最能持久而穩定的小團體當然是以血統為基礎的家族，於是家族的維護、和諧及團結乃成為最重要的事情，進而自易形成以家族為重的集體主義（collectivism）。而且，由於家族是經濟與社會生活的核心，因而易於將其他團體也以家族視之，將其內的人際關係加以家庭化，此即形成所謂家族主義（familism）。

二、土地不能移動，營農業生活者必須定居。農業社會在價值觀念上會強調「安土重遷」。為了將子孫拴在土地上，農業社會強調祖先崇拜。

三、土地上的農作物成長緩慢，農業社會的成員必須養成無比的耐心與耐力，而且要養成服從與盡責的習慣。
四、農作物秉性脆弱而成長緩慢，耕作者必須小心遵守以前的耕作方法，而不敢輕作技術上的改進，勢必養成謹慎、畏縮及保守的心態與行為。
五、以土地有限的生產力應付眾多的人口，自易產生匱乏不足的狀態，必然養成勤儉節約的觀念與行為。
六、有限的土地生產力與浩繁的食指相配合，還會產生分配上的特殊問題。任何的分配都是不易公平的，農業社會乃不得不強調階層關係與宿命觀念。
工業經濟類型的幾項對應特徵：
一、工業以機器為生產工具。機器的數量則是無限的，機器的操作則靠技術而非勞力。機器與工廠的運作與管理需要具有不同知識與技術的個人所組成的非血緣性團體，每人自身的知識、技能及性格，決定其所受的待遇與未來的前途。此乃形成以個人為重的個人主義（individualism）。
二、人是知識與技能的擁有者，經濟活動以就業就職為主，而為了就業就職，個人自不得不常常遷居，「安土重遷」的觀念乃形消失。一旦離開土地與故鄉以後，對祖先的崇拜自然削弱。
三、機器的生產歷程不受自然生長歷程的限制，工業社會的成員所應養成的既不是耐力，也不是服從，而是知識技術與反應速度。
四、知識與技術的改進常會帶來更大的利益。在此情形下，畏縮、保守及過分謹慎的性格與行為既無用處。
五、以機器無限的生產力應付有限的人口，形成一種「富裕社會」（affluent society）。在一個富裕的社會中，所需要的消費享受的想法與活動。
六、在富裕的工業社會中，每個人既然都會將別人視為競爭的對象，人際關係中的上下關係乃形減少，平等或平行的關係自受重視。

貳、農業的與工業的社會結構

一、集體主義與個人主義。
二、家族主義與制度主義。

三、著重上下關係的高度階式結構與平等或平行的關係。
四、一元同質與多元異質。
五、結構緊固與結構鬆活。

參、傳統的與現代的社會化方式

一、依賴訓練與獨立訓練。
二、順同訓練與尚異訓練。
三、自抑訓練與自表訓練。
四、謙讓訓練與競爭訓練。
五、安分訓練與成就訓練。
六、懲罰與獎勵。
七、父母中心與兒童（及青少年）中心。

肆、傳統的性格行為及其蛻變

根據過去的有關研究看來，臺灣的中國人正在自下列的傳統性格轉變為下列的現代性格：

一、社會取向與個我取向

在自農業社會轉變到工業社會的過程中，中國人的社會取向正在逐漸減弱。個人現代性與社會價值有成負相關的傾向，與利己性成就動機成正相關，與自主需要有成正相關的傾向。也有實驗研究與調查發現在重要的生活事項（如婚姻對象、發表意見）上，個人現代性較低者，做決定時比較考慮他人的意見；而個人現代性較高者，則傾向於依據自己的判斷來決定自己的事情。在向他人言及社會所禁忌的事情時，現代化程度較低者顧慮較大，往往不敢或不好意思出口；現代化程度較高者，不大在乎別人的觀感，較能照實表露。與現代性低的人相較，現代性高的人比較願意或敢於說出自己真正的意見與感受，即使可能會因此而冒犯對方。也有研究發現現代性較高者在受到挫折時，其責

人反應比現代性較低者為多。在羅氏墨跡測驗上個人現代化程度較低者,在社會情境下即使對看似無意義的刺激做反應,也是謹慎小心,儘量去做大家都會做的反應;但個人現代化程度較高者,此種傾向則較小。

從以上各項實徵研究看來,隨著現代化程度的增加,人們的社會取向漸減,而個我取向則漸增。過去的有關研究大多偏重他人取向與自我取向的探討,未來的實徵研究則宜加強團體(家族)取向與個人取向的探討。總括而言,在從農業社會轉變到工業社會的過程中,人們在社會取向與個我取向上的蛻變,可以簡示如圖1。

二、權威性格與平權性格

從過去的有關研究看來,傳統中國人的權威性格是相當強的。有的研究甚至發現:當一個中國人處身於平等的角色關係時,也會採用對待權威的態度行為來應付。但是,近來所從事的實徵研究已經發現:個人現代化的程度愈高,其權威性格便愈低。在自農業社會轉變到工業社會的現代化過程中,臺灣地區的中國人現代化程度愈高,其權威性格便愈弱。權威性格與平權性格是同一連續變項的兩端,前者的減低往往同時會傾向於後者的增強。

權威性格通常有礙於民主政治的接受與實踐,而平權性格則有利於民主政治的接受與實踐。上述臺灣地區的人民在權威性格上的減低與平權性格上的增強,對在此一地區推行民主政治是很有幫助的。

三、外控態度與內控態度

傳統農業社會所形成的主要是外控態度,而現代工商社會所形成的主要是

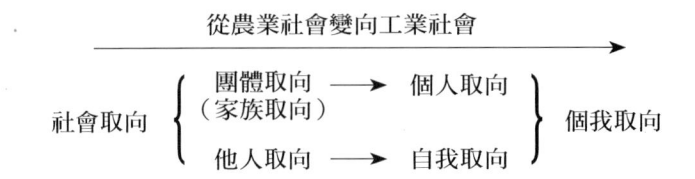

```
            從農業社會變向工業社會
        ─────────────────────→

                 ⎧ 團體取向  ──→ 個人取向 ⎫
    社會取向 ⎨ (家族取向)              ⎬ 個我取向
                 ⎩ 他人取向  ──→ 自我取向 ⎭
```

圖1　從社會取向變向個我取向

內控態度,那麼在臺灣地區從農業社會轉變到工業社會的過程中,中國人在控制所在的態度變項上應該是從外控態度變向內控態度。過去,已有研究證實了此一推論。研究發現內外控量表分數與個人現代性有成負相關的傾向,亦即現代化程度愈高的成人,其外控的態度愈弱或內控的態度愈強。從此等橫斷研究的資料推論,在臺灣地區從農業社會轉變到工業社會的過程中,民眾逐漸自外控態度變向內控態度。

四、順服自然與支配自然

在現代化的過程中,臺灣地區的中國人對人與自然間關係的看法有何改變?在這一方面,有關的實徵資料比較零星。Morris 曾經以其「生活方式問卷」在大陸各地施測大中學生,發現當時的中國學生最喜歡的生活方式是「服從宇宙的旨意」,亦即強調「藐視個人、敬服宇宙」。這當然是一種「順服自然」的價值取向,所代表的仍然是傳統中國人對人與自然間關係的看法。但是,到了 1965 年,楊國樞以同樣的工具施測臺灣的大學生時,卻發現第十三種生活方式(服從宇宙的旨意)不僅不再是他們最喜歡的生活方式,而且降為最不喜歡的兩種方式之一。在大約同一時期,Singh 等人以同樣的工具施測自臺赴美留學的學生,也發現他們不再最喜歡第十三種生活方式,而是降為第七的位置。更為有趣的是,臺灣的大學生壓倒多數的人(約為 80%)都偏好「支配自然」的取向。楊國樞與文崇一在桃園縣岩村所從事的同類研究,發現鄉民也有同樣的情形。這表示 1970 年代的臺灣民眾多半已不再懷有「順服自然」與「天人合一」的觀念,而是強調「肯定個人、征服宇宙」。

五、過去取向與未來取向

傳統的中國人多是過去取向者,近來臺灣地區的中國人則以現在取向者與未來取向者占多數。這也可從實徵研究所得的結果得其端倪。在楊國樞與張分磊(民國 66 年)以臺灣的大學生所完成的研究中,男生偏好過去取向、現在取向及未來取向者的人數百分率分別為 0%、29% 及 62%(其他為不能分類者);女生偏好過去取向、現在取向及未來取向者的人數百分率分別為 0%、43% 及

45%（其他為不能分類者）。由此可知，臺灣地區的大學生絕大多數都是現在取向者與未來取向者。

六、冥想內修與行動成就

傳統農業社會的人所重視的是冥想內修，現代工業社會的人所強調的是行動成就。楊國樞與張分磊所做的研究顯示：時至今日，中國大學生冥想內修的取向仍是強於行動成就的取向。但是，同一研究卻也發現，個人現代性較高者其冥想內修的取向較弱，顯示隨著現代化程度的提高，沉思內修的取向在逐漸減低。楊國樞與梁望惠所從事的研究則發現：個人現代性與成就動機成正相關。李本華也完成過一項有關的研究，所得的結果顯示：現代化程度愈高者，其外向氣質（輕鬆活潑、積極健談、坦率自然）愈強。以上的幾項實徵性的研究，都顯示出同一趨勢：在自傳統農業社會轉變到現代工業社會的過程中，臺灣地區的中國人是從強調冥想內修變向強調行動成就。

七、依賴心態與獨立心態

Scofield & Sun 等人的研究，的確發現中國人的依賴性很強而支配性與自足性（self-sufficiency）較弱。但是，在工業化的過程中，臺灣地區的中國人似乎有從依賴心態變向獨立心態的趨勢。例如，李本華所從事的研究發現：現代化程度較高者，其獨立性與支配性（獨立好強、喜歡支配等）較大。黃光國與楊國樞則發現：在重要的生活事項（如婚姻對象、課外活動、註冊選課）上，個人現代性較低者，做決定時較會參考他人的意見。

到此為止，我們所討論的是第一組傳統性格與現代性格，其自傳統特質朝向對應特質的蛻變，皆有可資依據的實證性研究結果。至於第二組傳統性格與現代性格，雖乏正式的實徵研究結果可資查考，但卻可經由觀察臺灣地區中國人的日常生活，而得知其蛻變的事實與方向。這些傳統性格與現代性格為數甚多，此處只欲提出以下三者：（一）偏好趨同與容忍歧異：在傳統的農業社會中，中國人偏好大家在思想、觀念及行為上相同，而不能容忍別人在這些方面與己有異。隨著現代化與工業化的進展，臺灣地區的中國人似已較能容忍別人

不同於自己的思想、觀念及行為。（二）特殊主義與普遍主義：在傳統的農業社會中，中國人持有強烈的特殊主義的態度，認為法律、規章及辦法的執行可以因人而異，常依人情或特權而予以特殊的通融與待遇。隨著現代化與工業化的進展，臺灣地區中國人的特殊主義的態度漸減，而代之以普遍主義的態度，亦即轉而認為法律、規章及辦法之前人人平等，不應受到人情或特權的影響而因人而異。（三）懷疑外人與信任外人：在傳統農業社會中，由於「差序格局」觀念的影響，中國人喜歡將人分為截然不同的兩類，即自己人與外人，然後對自己人加以信任，即外人則加以懷疑。隨著現代化與工業化的進展，臺灣地區的中國人似已較能信任外人，對於陌生人也較能坦然相處（不得不如此，因為現代工業社會主要是一個充滿陌生人的社會）。

伍、綜合與結語

在上文中，我們指出宜農的生態環境決定了傳統中國人務農為生的經濟型態，而農業經濟型態又形成特殊的社會結構，後者再進而需要特殊的社會化方式，從而培養出特殊的傳統性格。但過去三十多年來，臺灣地區已自農業社會進入雛形的工業社會，此種現代化歷程所造成的經濟型態的變遷，不但改變了社會結構，也影響了社會化方式，進而更引起了思想、性格及行為的蛻變。在本文中，作者提出了一套兼具理論意義與實徵內涵的架構，藉以描述與說明中國人的性格行為的形成與蛻變。此一架構可簡示於圖2。

圖2中由上而下的箭頭是表示在眾趨性格與行為的形成過程中各主要相關因素的影響方向：左邊是傳統農業社會內中國人性格與行為的形成因素及影響順序，右邊是現代工業社會內中國人性格與行為的形成因素及影響順序。圖中由左向右的箭頭是表示工業化過程中生態環境、經濟型態、社會結構、社會化方式及性格行為的蛻變方向。圖中虛線箭頭所表示的都是回饋性的影響，所表示的事實則是：在傳統農業社會中，適合於農業社會生活的傳統性格與行為，會反回來影響（維護與增強）宜農生態環境、農業經濟型態、農業社會結構及傳統社會化方式；在現代工業社會中，適合於工業社會生活的現代性格與行為，也會反回來影響（維護與增強）宜工生態環境、工業經濟型態、工業社會結構

```
┌─────────────────────────────────────────────────────────┐
│  ┌──────────────┐      ┌──────────────┐                │
│→ │  宜農生態環境  │ ───→ │  宜工生態環境  │ ←─────────────│
│  └──────┬───────┘      └──────┬───────┘                │
│         ↓                      ↓                        │
│  ┌──────────────┐      ┌──────────────┐                │
│  │  農業經濟型態  │      │  工業經濟型態  │ ←─────────────│
│  └──────┬───────┘      └──────┬───────┘                │
│         ↓                      ↓                        │
│  ┌──────────────┐      ┌──────────────┐                │
│  │  農業社會結構  │ ───→ │  工業社會結構  │ ←─────────────│
│  │ 1. 集體主義   │      │ 1. 個人主義   │                │
│  │ 2. 家族主義   │      │ 2. 制度主義   │                │
│→ │ 3. 上下排比   │      │ 3. 平行關係   │                │
│  │ 4. 一元同質   │      │ 4. 多元異質   │                │
│  │ 5. 結構緊固   │      │ 5. 結構鬆活   │                │
│  └──────┬───────┘      └──────┬───────┘                │
│         ↓                      ↓                        │
│  ┌──────────────┐      ┌──────────────┐                │
│  │ 傳統社會化方式 │      │ 現代社會化方式 │                │
│  │ 1. 依賴訓練   │      │ 1. 獨立訓練   │                │
│  │ 2. 順同訓練   │      │ 2. 尚異訓練   │                │
│  │ 3. 自抑訓練   │      │ 3. 自表訓練   │                │
│→ │ 4. 謙讓訓練   │      │ 4. 競爭訓練   │ ←─────────────│
│  │ 5. 安分訓練   │      │ 5. 成就訓練   │                │
│  │ 6. 懲罰取向   │      │ 6. 獎勵取向   │                │
│  │ 7. 父母中心   │      │ 7. 兒童中心   │                │
│  └──────┬───────┘      └──────┬───────┘                │
│         ↓                      ↓                        │
│  ┌──────────────┐      ┌──────────────┐                │
│  │ 傳統性格與行為 │      │ 現代性格與行為 │                │
│  │ 1. 社會取向   │      │ 1. 個我取向   │                │
│  │ 2. 權威性格   │      │ 2. 平權性格   │                │
│  │ 3. 外控態度   │      │ 3. 內控態度   │                │
│  │ 4. 順服自然   │      │ 4. 支配自然   │                │
│→ │ 5. 過去取向   │ ───→ │ 5. 未來取向   │                │
│  │ 6. 冥想內修   │      │ 6. 行動成就   │                │
│  │ 7. 依賴心態   │      │ 7. 獨立心態   │                │
│  │ 8. 偏好趨同   │      │ 8. 容忍歧異   │                │
│  │ 9. 特殊主義   │      │ 9. 普遍主義   │                │
│  │10. 懷疑外人   │      │10. 信任外人   │                │
│  └──────────────┘      └──────────────┘                │
└─────────────────────────────────────────────────────────┘
```

圖 2　中國人性格與行為的形成及蛻變（臺灣地區）

及現代社會化方式。這些虛線箭頭所代表的回饋性影響,前文並未加以說明與討論,此處所以指出,目的在表明本文的基本觀點並非單純的生態決定論或經濟決定論,而是一種文化生態學的觀點——認為性格與行為是生態環境與社會文化交互作用的成果。

　　圖2所示種種,實際上是一種高度簡化的模式。事實上,在工業化過程中,中國人性格與行為的形成與蛻變,並非如此單純而順利。嚴格的說,本文及圖2只說明了中國人性格與行為的蛻變方向(從何種性格變向何種性格),而並未說明與討論蛻變過程中所經歷的心理動力歷程。例如,在工業化所導致的社會變遷過程中,在觀念、動機、性格及行為上,人人都會經驗到衝突或矛盾,然則為何有人所經驗到的衝突或矛盾較大,而有人所經驗到者則較小?又不同的個人會採用何種不同的方法來解決自己新舊思想觀念與性格行為的衝突或矛盾?因而會對個人性格與行為的蛻變產生何種不同的影響?凡此種種問題,過去所從事的實徵性研究甚少,此處實在無法加以論斷。希望不久的將來能有人從事這一方面的研究,以獲得系統性的有關資料,到時自可據以修改圖2中的關係模式,在「傳統性格與行為」與「現代性格與行為」之間,加入有關蛻變之動力歷程的項目,以使整個架構更為完備。

　　最後,有兩點應加說明。第一,本文自始至終都是以對比的方式來作說明與討論,經濟型態與社會結構的敘述如此,社會化方式與性格行為的敘述也是如此。作者之所以如此,主要是為了說明與討論上的方便。事實上,在大多數情形下,對比的兩邊並不是兩種斷然對立的事項,而是兩個互相關聯的現象;通常,兩者僅只是同一雙極變項(bipolar variable)的兩端,其間不僅是漸進的,而且是連續的,實是一種由量變導致質變的續譜。第二,在說明農業社會與工業社會的經濟型態、社會結構、社會化方式及性格行為時,作者所採取的是一種中性的態度,儘量少將個人的價值判斷涉入,而著重事象的分析與理解。當然,作者對本文所討論的問題,並非缺乏自己的價值觀念,只是認為在這種學術性的論說中,少放進去一些個人的好惡與感情,可能會免除很多不必要的蔽障。

(本文由瞿海源教授摘錄)

臺灣民眾之性格與行為的變遷

原論文刊於中央研究院三民主義研究所（主編），《臺灣地區之現代化及其問題研討會論文集》，臺北：中央研究院三民主義研究所，1985；後刊於楊國樞（著），《中國人的蛻變》，頁419-456，臺北：桂冠圖書公司，1988。

  目前，世界各國都在以不同的方式與速度進行現代化的歷程。在這一歷程中，現代化所涉及的主要是兩個層次，即社會的層次與個人的層次，前者稱為社會現代化（societal modernization），後者稱為個人現代化（individual modernization）。以社會變遷的形式所表現的社會現代化，會在社會層次造成種種新的特徵，這些在經濟、政治、文化、教育、職業及家庭等方面的特徵，可以總稱為社會現代性（societal modernity）。現代性的生活環境會導致個人現代化的歷程，後者在個人層次所形成的種種新特徵，則可稱為個人現代性（indvidual modernity）。在此整個歷程中，社會現代化所涉及的是社會變遷，個人現代化所涉及的是個人變遷，而性格蛻化與價值變遷則是屬於後者的範疇。一般而論，尤其是在現代化的早期，社會現代化常是在前而為因，個人現代化常是在後而為果。但在正常的現代化歷程中，社會現代化與個人現代化常能互相影響，形成良性之互動而進的連續歷程。

  臺灣地區的社會現代化歷程雖然為時已久，但變遷最快的時期則為最近的二十幾年。在最後二十多年來，臺灣地區在各方面快速成長所顯示的社會變遷，應能對民眾的心理性格與價值觀念產生相當的影響。本文的目的即在根據過去的實徵研究，就臺灣之社會變遷所導致的性格蛻變與價值變遷，作一個系統性的說明與討論，以獲知在現代化過程中臺灣的中國人在心理與行為上轉化的大致方向。

  過去二十年來，已有為數不少的實徵研究，是以此間民眾之心理與行為

的變遷為主要的探討課題。多數的有關研究是以同時性或橫斷性的方法完成。不同的研究採用不同的橫斷變項來代表社會現代化的不同程度。其中，有的研究採用不同的社區來代表不同程度的社會現代化，有的研究則採用不同的世代（如父代與子代）來代表不同程度的社會現代化，更有的研究則採用個人現代化程度來代表社會現代化程度。採取第三種橫斷變項的研究為數較多，且皆係以個人現代化的高低來代表個人現代化的程度。實徵研究顯示：個人現代性與性格行為的關係與社會現代化與性格行為的關係間，確實具有一種線性對應性。換言之，在據以推知社會現代化對性格與行為的影響時，個人現代性與性格行為的關係具有相當的關係效度。

到目前為止，採取貫時性或同時性方法探討臺灣民眾之性格與行為變遷的研究，已有二十多項。特分就以下各類心理與行為的變遷加以說明與討論，以瞭解在現代化的社會變遷過程中臺灣民眾之心理蛻變的情形：一、動機與需求的變遷，二、價值與態度的變遷，三、氣質特性的變遷，及四、心理健康的變遷。

壹、動機與需求的變遷

過去所發表有關需求變遷的研究，有採同時性方法者，亦有採貫時性方法者。楊國樞瞿海源採取同時性方法，楊國樞・瞿海源、黃光國、梁望惠發現個人現代性量表與自主需要、異性戀需要、個人取向的成就需要成正相關，而與順服需要、謙卑需要、社會贊許需要・社會取向的成就需要成負相關。夫妻以傳統方式獲取身分與感情的需要上有逐漸減低的趨勢。現代性員工的工作動機與機構認同較高，離職傾向與工作厭倦則較低。

黃堅厚 1963 年曾以中譯之艾氏個人偏好測驗在師大施測，再於 1975 年施測師大學生。將兩次施測所得的資料加以比較後，發現兩個年代的大學生在表露需要、內省需要、自主需要及異性戀需要四者有增強的趨勢，而在秩序需要、撫助需要、持久需要及順服需要四者則有減弱的趨勢。此處有關自主需要與異性戀需要漸強及順服需要漸弱的發現，與上文所述楊國樞等人同時性的研究結果是一致的。

綜合而言，隨著社會變遷的進展，臺灣民眾在表露需要、自主需要、內省需要、異性戀需要、自我取向成就需要及工作動機或士氣有逐漸增加的趨勢；在順服需要、秩序需要、謙卑需要、撫助需要、持久需要、社會贊許需要、社會取向成就需要、以及傳統方式獲取身分與感情的需要上有逐漸減低的趨勢。換言之，在社會變遷過程中，他們變得更關心自我表現、自我肯定、獨立自主及個人成就，更能從自我壓抑中解脫出來，而且對與異性相處更有興趣。但另一方面，他們對下列事項的興趣則逐漸減弱：服從社會習俗、追求秩序與組織、責怪與輕視自我、幫助與同情他人、堅忍持久不成不休、自他人或社會獲得贊許、為他人或社會追求成就。

貳、價值與態度的變遷

楊國樞與張分磊研究發現個人現代性得分較高者，其實行取向較大，其內修取向則較小；個人取向較大而集體取向則較小。楊國樞和黃曬莉曾同時以貫時性方法與同時性方法探討社會變遷對價值觀念的影響。他們比較 1964 年和 1984 臺大學生在人生觀上的差異，發現在 1984 年的大學在保存人類最好的成就、對他人表示同情的關懷、藉參加團體活動來實踐與享受人生、經常掌握變動不居的環境、堅忍的控制著自我、靜觀自己內心的生活及從事冒險性活動喜好程度比較低；在輪流體驗歡樂與孤獨、將行動、享樂及沉思加以統合、在無憂而衛生的享受中生活及在安靜的接納中等待的喜好比較高。另一方面，經由同時性的分析，他們發現：個人現代性與 1984 年比 1964 年喜好程度低者成負相關，而與喜好程度增加者成正相關。

雷霆與楊國樞（1984）所從事的一項有關研究發現 1984 年的大學生在審美價值與政治價值上得分高於 1964 年的大學生。以 1984 年的資料從事同時性的分析，發現個人現代性與審美價值成正相關，而與經濟價值、宗教價值二者成負相關。黃素菲的研究發現：個人現代性與「追求安全與逃避危險」、「遵守規範與約束自我」兩項基本生活目標的重要性成負相關。

在社會變遷的過程中，臺灣民眾在價值與態度方面已經產生以下的轉化：他們的價值系統從內修取向與集體取向（強調上下關係）變向實行取向（強調

外在成就)與個人取向(強調個人自主性)。對於強調社會約束與自我控制的生活方式及強調行動為樂與進步是尚的生活方式,他們的喜歡程度有逐漸減低的趨勢;對於強調自我縱容與感官享受的生活方式,他們的喜歡程度則有逐漸增高的趨勢。隨著社會變遷,他們對美感經驗與權力影響的興趣日益增強,對理論思考、經濟價值、社會關愛及宗教經驗的興趣則日漸減弱。在基本生活目標方面,他們不但重視追求安全與逃避危險的程度逐漸減低,而且重視遵守規範與約束自我的程度也在變弱。此外,他們的權威態度與外控態度漸減,而民主態度、內控態度及疏離感受則漸增。

參、氣質特性的變遷

瞿海源發現個人現代性與神經質成負相關,與內外向則無統計上的顯著相關。葉明華個人現代性與對生活壓力或刺激之忍受力的關係,發現二者有顯著的正相關。黃光國與楊國樞實驗的結果顯示:在認知與性有關的各禁忌詞時,高現代性組的受試者認對所需的時間較低現代性組的受試者為短;在認知各中性詞時,兩組受試者認對所需的時間則相同。從這一實驗結果,可以推知現代化程度較高的大學生在社會情境下抑制自感不太適當之行為的傾向較小。在另一實驗中,顯示現代化程度較高的青年其自制性與謹慎性較低。

楊國樞研究結果顯示:對挫折之外罰反應與個人現代性成正相關,對挫折之內罰反應與個人現代性成負相關。研究者發現現代化程度較高者對九張墨跡圖片所做的反應總數較多,從眾反應的數目則較少。同時,所得的結果也顯示:現代程度較高者對每一圖片所做的第一個反應所需的反應時間或潛伏時間較短,此後所做的每個反應所需的平均時間也較短。從這些發現看來,現代化程度較高者其在社會情境下自我抑制與謹慎的傾向較弱。

總括以上有關氣質變遷的實徵研究,我們可以暫作以下的結論:在社會變遷的影響下,臺灣民眾在社交性(或外向性)、支配性(或優越性)、穩定性、興奮性、敢為性、伸縮性、容忍性及男性化等各項氣質特徵上有逐漸增強的趨勢,在情緒性(或憂慮性)、自制性(或謹慎性)、友善性(或和諧性)、內律性及女性化等各項氣質特徵上有逐漸減弱的趨勢。

肆、心理健康的變遷

　　貫時性的研究大都發現在社會變遷過程中臺灣民眾的心理或精神病態罹患率有逐漸增加的趨勢，橫斷性的研究則大都發現個人現代性愈高者其心理或精神健康的程度愈大。在臺灣的社會變遷過程中，民眾的個人現代性會愈來愈高，因個人現代性愈高者心理健康的程度愈大，故可推論在現代化的社會變遷過程中，臺灣民眾的心理健康會愈來愈能有所增進。這一推論結果似乎與貫時性研究所得的結果（即精神病態罹患率漸增）互相矛盾。這種看似矛盾的情形。瞿海源認為毛病是出在研究現代性的學者不應因個人現代性與心理健康成正相關，即推論社會現代化或現代化的社會變遷對個人心理適應有益。他認為這是犯了與區位謬誤相反的個人謬誤。

　　楊國樞等人認為社會中有兩類民眾，一類是內外條件不良（能力、知識及壓力忍受力特低或個人際遇特壞的人），一類是其他的一般民眾（占絕大多數），而這兩類民眾在現代化的社會變遷中所經歷的情形也頗不相同。在社會現代化的過程中，兩類民眾所可能運用的內在資料（知識、技能及動機等）與外在資源（如金錢、資訊及工具等）都是逐漸增加，但條件不良者增加的速率顯著的小於一般民眾。同時，在社會現代化的過程中，兩類民眾所可能承受的內外壓力都會逐漸增加，但條件不良者增加的速率顯著的大於一般民眾。個人心理健康的程度是個人生活適應的成果，而個人生活適應的程度是內外資源的正函數，同時也是內外壓力的負函數，其高低視後兩者的相互消長而定。就條件不良者而言，在社會現代化的過程中，同內外資源的增加速率較小。而內外壓力的增加速率較大，前者愈來愈無法因應後者，其個人生活適應的水準自會逐漸下降，個人心理健康的程度也將隨而減低。反之，就一般民眾而言，在社會現代化的過程中，其內外資源的增加率較大，而內外壓力的增加速率較小，前者愈來愈能因應後者而有餘，其個人生活適應的水準自會逐漸上升，個人心理健康的程度也將隨而增高。

　　如將一般民眾（人數特多）與條件不良者（人數頗少）合併為全體民眾，則其平均心理健康程度將呈逐漸增高的趨勢。由以上的分析看來，在現代化的社會變遷過程中，心理疾病罹患率（主要來自條件不良者）逐漸升高與一般民眾心理健康程度逐漸增進，兩者間並不見得互相矛盾。

伍、綜合性的結論

到此為止，我們已根據貫時性與同時性的實徵研究結果，分就動機與需求的變遷、價值與態度的變遷、氣質特性的變遷及心理健康的變遷四方面，陳述了臺灣民眾在社會變遷中心理與行為的蛻變情形。為簡明起見，特將這四方面之蛻變的主要內容臚列如下：

逐漸減弱者	逐漸增強者
動機與需求方面的特徵	
順服需要	表露需要
謙卑需要	自主需要
秩序需要	內省需要
撫助需要	異性戀需要
持久需要	成就需要（個人取向的）
成就需要（社會取向的）	
社會讚許需要	
價值與態度方面的特徵	
對內修之偏好	對成就（活動）之偏好
對集體取向人際關係之偏好	對個體取向人際關係之偏好
對社會約束與自我控制之偏好	對自我縱容與感官享樂之偏好
對遵守規範與約束自我之偏好	審美價值
對追求安全與逃避危險之偏好	內控信念
理論價值民主態度	
社會價值疏離感受	
宗教價值	
外控信念	
權威態度	
氣質特性方面的特徵	
自制性與謹慎性	社交性與外向性

友善性與和諧性	支配性與優越性
內律性	穩定性
憂慮性	興奮性
女性化	敢為性
	急進性
	伸縮性
	容忍性
	男性化

心理健康方面的特徵

神經質	精神官能症
身體化症狀	情感性精神病
強迫性行為	酗酒
人際敏感反應	心因性胃腸潰瘍病
抑鬱反應	壓力忍受力
焦慮反應	穩定性
敵意行為	自在性
恐懼性焦慮	幸福感
妄想意識	組織適應
精神病傾向	
社會適應	

　　臺灣地區民眾之心理與性格的上述各項變遷，既不完備也非確定。這些心理與性格的蛻變，只是反映過去有關研究的部分結果，將來隨著新的研究發現，勢須不斷修正其內涵。實徵研究所發現的上述蛻變，其內涵雖屬粗略，但是我們仍可從中歸納出臺灣地區現代化過程中中國人性格變遷的大致方向。就動機與需求、價值與態度、氣質特性三大方面而言，各項逐漸減弱的特徵可以歸納成以下主要心理與性格向度：集體主義取向、他人取向、關係取向、權威取向、順服傾向、壓抑傾向及女性化傾向；各項逐漸增強的特徵可以歸納成以下主要心理與性格向度：個體主義取向、自我取向、競爭取向、平權取向、自

主傾向、表現傾向及男性化傾向。前一套心理與性格向度可用楊國樞之社會取向的概念加以總括，後一套心理與性格向度可用個我取向的概念加以總括。社會取向的性格是適應農業社會之所需，個人取向的性格則為適應工商社會之所需。以上所列各項逐漸減弱的特徵，顯示在現代化過程中臺灣民眾社會取向的性格漸弱；所列各項逐漸增強的特徵，則顯示在現代化過程中臺灣民眾個我取向的性格漸強。大體而言，在社會變遷的過程中，臺灣民眾之性格與行為的基本蛻變方向是從社會取向到個我取向。這種性格蛻化與價值變遷的方向，對臺灣民眾適應其工商業化中的新社會是很有幫助的。

（本文由瞿海源教授摘錄）

大學生人生觀的變遷：二十年後

原論文（與黃囇莉合著）刊於瞿海源、章英華（主編），《臺灣的社會與文化變遷》，頁 443-477，臺北：中央研究院民族學研究所，1986。

　　人生觀是對美好生活的看法或觀念，它是個人價值系統（value system）的一部分。價值（觀念）是一種持久性的信念，個人可藉以判斷何種行為當為，何種行為不當為；或何種目的、目標或狀態良好，何種目的、目標或狀態不佳。價值與價值系統不僅是個人性的特徵，且是一種集體性的特徵。屬於同一社會的民眾，自幼社會化的共同經驗，往往具有相似的價值觀而成為該社會成員的共同特點。價值系統常是社會經濟文化中的上層結構；目的即在使自己的成員都能習得順利適應下層結構（包括經濟結構與社會結構）所界定的生活局限。而一個社會的社經結構一旦產生重大改變，民眾的共同價值觀念便可能有所改變。也就是說，社會變遷會導致價值變遷。

　　世界各國都在以不同的方式與速度進行現代化的歷程。現代化涉及兩個層次，即社會層次與個人層次。價值變遷屬於後者。一般而論，社會現代化常在前而為因，個人現代化常在後而為果，當然，社會現代化與個人現代化更常是互相影響的模式。

　　1964 年，楊國樞曾用 Morris 的生活方式問卷（Ways to Live Questionnaire）為工具，探討臺灣青年對十三種生活方式之好惡程度的問題。為了從事有關價值變遷之貫時式研究，二十年後再以同一問卷施測相同大學之學生，以瞭解二十年來臺灣地區社會變遷的影響。

　　青年人與知識分子常會成為現代化社會變遷與價值變遷的動力，因為他們的價值信念較未定型。大學生既是青年人又是知識分子，他們在生活方式與價值觀念方面的嘗試與實驗精神最為強烈，因而易於形成影響社會的青年文化。總之，大學生對社會變遷比較敏感，樂於嘗試新的價值觀。因此，以他們來做研究價值變遷的對象，應當最易顯示社會變遷的影響。

過去二十年內，臺灣地區在經濟方面，GNP 成長約 18 倍，國民所得成長約 12 倍；在教育方面，高等教育者成長約 3.5 倍；在職業結構方面，非農業（工商與服務等業）人口所占百分比成長約 19.7%（從 53.9% 到 73.6%）；在大眾傳播方面，出版單位成長約 3 倍，期刊雜誌成長亦約 3 倍。這些快速成長顯示的社會變遷應能對民眾的價值觀產生相當影響。

壹、方法

一、研究對象

　　1964 年的人生觀研究，係以臺灣大學、政治大學、師範大學、中國文化學院及護理專科學校等校的部分學生為施測對象，1984 年受試者的取樣亦係以前四所大學（中國文化學院已改為大學）為範圍（未在護理專科學校施測），而且儘量使兩次研究施測的院系相同。1964 年之研究共 787 人，其中男生 493 人，女生 294 人；1984 年共 969 人，男生 479 人，女生 490 人。

二、研究工具

（一）十三種生活方式問卷：兩次施測的工具，即 Charles Morris 的生活方式問卷（Ways to Live Questionnaire）。問卷中，共包括十三種生活方式，分別以十三段長度相近的文字描述，每段約 240 字。十三種生活方式強調重點如下：1. 保存人類最好的成就；2. 培養人與物的獨立性；3. 對他人表示同情的關懷；4. 輪流體驗歡樂與孤獨；5. 藉參加團體活動來實踐與享受人生；6. 經常掌握變動不居的環境；7. 將行動、享樂、沉思加以統合；8. 在無憂而衛生的享受中生活；9. 在安靜的接納中等待；10. 堅忍地控制著自己；11. 靜觀內心的生活；12. 從事冒險性的活動；13. 服從宇宙的旨意。然後，請受試者閱讀每一生活方式，並喜歡或不喜歡該生活方式的程度。(7) 代表非常喜歡，(6) 相當喜歡，(5) 有點喜歡，(4) 不能決定是否喜歡，(3) 有點不喜歡，(2) 相當不喜歡，(1) 非常不喜歡。

（二）個人現代性量表：原量表係由楊國樞與瞿海源編製而成，用以測量受測者個人現代化或傳統化的程度。此個人現代性量表共 50 題。量表為 1-6

大學生人生觀的變遷：二十年後   61

表 1　對十三種生活方式之喜歡程度：不同年代間的比較

生活方式	男生 1948 大陸 M_1	SD_1	1964 臺灣 M_2	SD_2	1984 臺灣 M_3	SD_3	事前檢定 (a) $tM_3 + M_2 - 2M_1$	(b) $tM_2 - M_2$	女生 1948 大陸 M_1	#SD_1	1964 臺灣 M_2	SD_2	1984 臺灣 M_3	SD_3	事前檢定 (c) $tM_3 - M_2$
1. 保存人類最好的成就	4.89(5)+	0.96	5.69(1)	1.27	5.48(2)	1.29	10.74***	-2.75**	5.22(3)		5.76(1)	1.25	5.62(2)	1.48	-1.38
2. 培養人與物的獨立性	2.95(11)	1.04	4.15(10)	1.68	4.39(9)	1.65	11.00***	1.66	2.99(12)		4.01(12)	1.70	4.20(9)	1.55	1.52
3. 對他人表示同情的關懷	5.10(4)	0.88	5.26(2)	1.24	4.91(4)	1.42	-0.23	-4.55***	5.34(2)		5.28(2)	1.29	4.97(4)	1.31	-3.15**
4. 輪流體驗歡樂與孤獨	3.17(10)	1.09	3.11(13)	1.69	3.98(12)	1.67	4.61***	9.03***	3.57(10)		2.90(13)	1.56	3.76(13)	1.54	7.29***
5. 藉參加團體活動來實踐與享受人生	5.14(3)	0.95	4.60(8)	1.52	4.46(8)	1.46	-8.47***	-1.49	5.05(4)		4.77(6)	1.50	4.39(6)	1.40	-3.41***
6. 經常掌握變動不居的環境	5.31(2)	0.84	4.68(7)	1.77	4.35(10)	1.65	-9.99***	-3.50***	4.99(5)		4.74(7)	1.70	4.06(10)	1.60	-5.37***
7. 將行動、享樂、沉思加以統合	4.72(6)	1.06	4.95(3)	1.43	5.54(1)	1.26	7.74***	7.35***	4.85(6)		5.10(3)	1.47	5.80(1)	1.62	6.04***
8. 在無憂而衛生的享受中生活	3.98(8)	1.20	4.71(6)	1.75	5.04(3)	1.58	10.38***	3.37**	4.17(8)		4.91(4)	1.69	5.39(3)	1.43	3.94***
9. 在安靜的接納的中等待	2.57(13)	1.09	4.34(9)	1.45	4.83(5)	1.37	28.39***	5.83***	3.01(11)		4.68(9)	1.52	4.94(5)	1.37	2.33
10. 堅忍地控制著自己	3.69(9)	1.15	4.93(4)	1.55	4.48(7)	1.56	13.13***	-4.91***	3.76(9)		4.81(5)	1.46	4.00(11)	1.50	-7.23***
11. 靜觀內心的生活	2.58(12)	0.96	3.99(11)	1.63	3.71(13)	1.60	16.47***	-3.07**	2.73(13)		4.03(11)	1.68	3.79(12)	1.57	-1.92
12. 從事冒險性的活動	4.54(7)	0.86	4.90(5)	1.50	4.56(6)	1.44	2.26	-3.41***	4.34(7)		4.70(8)	1.58	4.38(7)	1.41	-2.77**
13. 服從宇宙的旨意	5.47(1)	0.88	3.83(12)	1.77	4.05(11)	1.61	-14.30***	2.21	5.65(1)		4.26(10)	1.70	4.37(8)	1.50	0.89

+ 平均數（M）後之括號內為等第順序（簡稱立序）。　　** $p < 0.01$，雙側檢定。
# Morris（1956）並未提供有關女生之標準差（SD）資料　　*** $p < 0.001$，雙側檢定。

的李克式尺度，從「非常不同意」到「非常同意」六種程度，分數愈高，表示個人現代化程度愈大。

貳、結果與討論

一、不同年代的大學生對各種生活方式的好惡（貫時式比較）

1964年與1984年兩次施測大學生人生觀所得的結果，分就男女兩性並列於表一。同時，1948年Morris在中國大陸施測大學生所得列於同表。從表1 (a) 欄中各項t值可知，在第1，2，4，7，8，9，10及11八種生活方式上，臺灣大學男生的平均數在統計上顯著地高於大陸大學男生。在第5，6及13三種生活方式上，臺灣大學男生平均數皆在統計上顯著地小於大陸大學男生。臺灣女生與大陸女生在各種生活方式上的差異大小及方向，與臺灣男生與大陸男生在各種生活方式上的差異大小及方向大致相似。

此外，1948年大陸青年（無論男女）最喜歡的是第13，3及5三種方式：13. 服從宇宙的旨意，3. 對他人表示同情的關懷，5. 藉參加團體活動來實踐與享受人生。1964年與1984年的臺灣青年（無論男女）最喜歡的是第1，7及3三種方式：1. 保存人類最好的成就，7. 將行動、享樂、沉思加以統合，3. 對他人表示同情的關懷。兩個年代的兩地青年只有一種方式（第3種）是共同最喜歡的。

大陸青年（無論男女）最不喜歡的是第11，9及2三種方式：11. 靜觀內心的生活，9. 在安靜的接納中等待，2. 培養人與物的獨立性，臺灣青年（無論男女）最不喜歡的是第4，11及13三種方式：4. 輪流體驗歡樂與孤獨，11. 靜觀內心的生活，13. 服從宇宙的旨意。兩個年代的兩地青年也只有一種方式（第11種）是共同最不喜歡的。

第二，根據Morris本人及Varga的因素分析結果，十三種生活方式共可抽得五個主要因素：（一）社會約束與自我控制（social restraint and self-control），（二）行動為樂與進步是尚（enjoyment and progress in action），（三）退隱內省與簡純自足（withdrawal and self-sufficiency），（四）感應開放與同情關懷（receptivity and sympathetic concern），及（五）自我縱容與感官享樂（self-indulgence and sensuous enjoyment）。

資料分析結果，隨著社會變遷，臺灣的青年知識分子在生活中喜歡社會約束與自我控制、行動為樂與進步是尚的程度有所減降，而喜歡自我縱容與感官享樂的程度則有所增加。這樣的遠自抑而近逸樂的傾向，男生雖有，但在程度上不如女生之強。

二、不同現代化程度的大學生對各種生活方式的好惡（同時式比較）

在本節中，將以 1984 年之人生觀資料從事同時式的比較，這是先依個人現代性程度將受測者分為數組，用以代表不同程度之社會變遷的效果。首先，先分就男女兩性將受試者依其個人現代性分數的高低分為低（209 分以下）、中（210～226 分）及高（227 分以上）三組，然後以 F 檢定與 Scheff 檢定來檢驗同一性別中三組間在生活方式上之好惡分數的差異。表 2 所載即為男女兩樣本中個人現代性與生活方式好惡的相關係數。

從表 2 可知，在 1984 年的臺灣男大學生中，個人現代性與第 7 種生活方式（將行動、享樂、沉思加以統合）的好惡成顯著正相關，而與下列五種生活

表 2　1984 年臺灣大學生之個人現代性與十三種生活方式好惡程度的相關

	男（n=468）	女（n=475）
1. 保存人類最好的成就	-0.13**	-0.23***
2. 培養人與物的獨立性	0.05	0.02
3. 對他人表示同情的關懷	-0.17***	-0.17***
4. 輪流體驗歡樂與孤獨	0.10	0.19***
5. 藉參加團體活動來實踐與享受人生	-0.07	-0.21***
6. 經常掌握變動不居的環境	0.01	-0.05
7. 將行動、享樂、沉思加以統合	0.14**	0.21***
8. 在無憂而衛生的享受中生活	0.05	0.03
9. 在安靜的接納中等待	0.03	0.01
10. 堅忍地控制著自己	-0.17***	-0.10
11. 靜觀內心的生活	-0.16***	0.01
12. 從事冒險性的活動	-0.05	-0.13**
13. 服從宇宙的旨意	-0.16***	-0.15**

**$p < 0.01$，雙側檢定。　***$p < 0.001$，雙側檢定。

表 3　1984 年臺灣大學生對十三種生活方式的好惡程度，不同性別、省籍及院別的比較

生活方式	性別				省籍				院別			
	男（n=460）		女（n=474）		本省（n=674）		外省（n=272）		文法商教（n=630）		理工醫農（n=325）	
	M	SD	M	SD	M	SD	M	SD	M	SD	M	SD
1. 保存人類最好的成就	5.47(2)	1.29	5.62(2)	1.14	5.58(2)	1.19	5.46(2)	1.30	5.64(2)	1.20	5.37(2)	1.24
2. 培養人與物的獨立性	4.37(10)	1.66	4.18(9)	1.55	4.26(9)	1.63	4.36(8)	1.57	4.24(10)	1.58	4.31(8)	1.63
3. 對他人表示同情的關懷	4.90(4)	1.42	4.97(4)	1.32	4.94(4)	1.35	4.94(4)	1.41	5.02(4)	1.35	4.76(5)	1.40
4. 輪流體驗歡樂與孤獨	3.96(12)	1.66	3.75(13)	1.55	3.82(12)	1.60	3.98(12)	1.63	3.90(12)	1.58	3.81(12)	1.65
5. 藉參加團體活動來實踐與享受人生	4.47(8)	1.45	4.38(6)	1.40	4.44(7)	1.44	4.42(7)	1.40	4.42(7)	1.42	4.41(6)	1.45
6. 經常掌握變動不居的環境	4.38(9)	1.64	4.05(10)	1.59	4.30(8)	1.61	4.02(11)	1.67	4.25(9)	1.60	4.10(10)	1.66
7. 將行動、享樂、沉思加以統合	5.53(1)	1.26	5.79(1)	1.16	5.65(1)	1.23	5.71(1)	1.17	5.77(1)	1.16	5.47(1)	1.31
8. 在無憂而衛生的享受中生活	5.07(3)	1.57	5.41(36)	1.43	5.25(3)	1.51	5.19(3)	1.53	5.28(3)	1.49	5.11(3)	1.56
9. 在安靜地接納中等待	4.70(5)	1.37	4.94(5)	1.38	4.87(5)	1.37	4.93(5)	1.38	4.92(5)	1.35	4.79(4)	1.40
10. 堅忍地控制著自己	4.49(7)	1.54	3.99(11)	1.50	4.26(10)	1.53	4.18(10)	1.58	4.23(11)	1.52	4.24(9)	1.56
11. 靜觀內心的生活	3.67(13)	1.58	3.79(12)	1.57	3.74(13)	1.60	3.75(13)	1.54	3.81(13)	1.58	3.60(13)	1.57
12. 從事冒險性的活動	4.55(6)	1.43	4.36(8)	1.41	4.46(6)	1.41	4.50(6)	1.44	4.49(6)	1.42	4.39(7)	1.42
13. 服從宇宙的旨意	4.05(11)	1.60	4.37(7)	1.49	4.20(11)	1.58	4.26(9)	1.52	4.30(8)	1.54	4.02(11)	1.57

† 平均數（M）後的括號內為等第順序（簡稱位序）。

方式成顯著負相關：第 1 種（保存人類最好的成就）、第 3 種（對他人表示同情的關懷）、第 10 種（堅忍地控制著自己）、第 11 種（靜觀內心的生活）及第 13 種（服從宇宙的旨意）。這些具有統計顯著性的正負相關係數顯示：個人現代化程度愈大（可能因受社會現代化影響較大）的男生，對第 7 種方式喜歡的程度愈大，而對第 1，3，10，11 及 13 五種方式喜歡的程度愈小。

此外，有關臺灣大學生之價值觀念的省籍差異。在本研究中，我們所獲得的實徵結果顯示：在當前臺灣的大學生中，男生與女生間至少在五種生活方式上有好惡程度的差異；文法商教學生與理工醫農學生間只在一種生活方式上有好惡程度的差異；本省籍學生與外省籍學生間則在十三種方式上皆無好惡程度的差異。另一同時完成的研究，以 Allport、Vernon 及 Lindzey 的價值研究問卷測量理論、經濟、政治、社會、宗教及審美等六方面的價值觀念，也發現類似的現象：在當前臺灣的大學生中，在上述六類基本價值觀念上，性別間在四類上有顯著差異，院別間在三類上有顯著差異，省籍間則六類上皆無顯著差異。這些實徵研究所得的結果清楚顯示：當前臺灣的大學生在基本價值觀念上幾無省籍差異。然則，這些發現究竟具有何種意義？這正是我們所要討論的問題。

在一個團體或社會的主觀文化（subjective culture）中，價值觀念是居於核心的主導地位。本省籍學生與外省籍學生在價值觀念上的同質性，顯示他們是屬於同一社會文化團體。這不但是因為他們來自具有同樣中國文化背景的家庭，而且是因為他們長期接受完全相同的學校教育與社會教育。在過去的歷史中，本省人與外省人雖是族群有所不同的集體，但兩者卻多少是同一種族與文化（中國文化）下的不同社會性集體。現在，不同省籍的青年具有相同的價值觀念系統已是一項客觀存在的事實。此一事實的存在，顯示在知識青年中不同省籍已經不再構成兩個或多個不同的社會性集體。

其實，這是臺灣社會逐漸開放化與多元化的必然結果。在一個逐漸開放化與多元化的社會中，傳統之非志願性的血緣因素與地緣因素（包括地域因素，省籍即為其中之一），都將失去其影響力，代之而起的則是職業與社團等志願性的因素。在此新的社會中，在非志願性因素上價值觀念的同質化程度會愈來愈大，在志願性因素上價值觀念的異質化（多元化）程度會愈來愈大。所以，消除省籍之社會性與心理性界限的最有效方法，是使臺灣成為真正開放的多元

化社會。

不過，在知識青年中省籍失去其社會的與心理的分別力是一件事，「省籍意識」的存在則可能是另一件事。在某些具體的特殊人、事、物上，任何分類下的不同人群都會有所不同。有些人如果基於政治的或其他的因素，而特別強調這些差異，則仍可某種程度地激發省籍意識。但可預見，在逐漸開放的多元化社會中，省籍問題終將成為一項不成問題的問題。

最後應該指出：大學生將來都是社會的中堅分子，其中很多人且將成為領導分子，他們之不因省籍而有不同價值系統的同質化狀態，對未來臺灣社會的整合，實為一項重要的有利因素。政府與民間都應珍視這一有利因素，好好因勢利導，以對臺灣社會的發展產生最佳的效果。

（本文由黃囇莉教授摘錄）

中國人的個人傳統性與現代性：
概念與測量

原論文（與余安邦、葉明華合著）刊於楊國樞、黃光國（主編），《中國人的心理與行為》，頁 241-306，臺北：桂冠圖書公司，1991；後刊於《華人心理的本土化研究》，頁 329-376，臺北：桂冠圖書公司，2002；修訂後以〈心理傳統性與現代性〉，刊於楊國樞、黃光國、楊中芳（主編），《華人本土心理學》，頁 713-748，臺北：遠流，2005。

　　有關現代化理論的研究，基本上是以一個或多個國家或社會作為分析的單位。但其中有些研究者特別關注社會現代化（societal modernization）與個人現代化（individual modernization）的關係。前者所指的主要是整個社會在經濟、政治、社會及文化等方面的變遷，後者所指的主要是社會中的個人在價值觀念、思想型態及生活習慣等方面的變遷。無論是將個人現代化視為社會現代化的因或果，都會激發學者對個人現代化內涵的研究。探討個人現代化內涵的學者，常將此等內涵稱為個人現代性（individual modernity），以有別於社會現代性（societal modernity）。所謂個人現代性（以下有時簡稱現代性），是指現代化社會中個人所最常具有的一套認知態度、思想觀念、價值取向及行為模式。

　　以這些觀念為出發點，我們在二十年前即已嘗試以實徵的方法探討在臺灣的中國人的個人現代性問題，為國內正式研究個人現代性之開端。自 1969 年瞿海源所從事的第一項研究（碩士論文研究）開始，到 1985 年為止，算是我們探討這一問題的第一階段。第二階段始於四年以前，到目前為止，業已完成兩項主要的研究。

壹、新舊觀念的比較

在第一研究階段中，我們先編製了個人現代性量表（Individual Traditionality-Modernity Scale，簡稱 ITM Scale），共有 55 個題目。此一量表後經大幅度的修訂，重新選出 50 個最好的題目，編成「修訂個人現代性量表」。第一階段有關個人現代性的所有研究結果，都是以這兩項工具所獲得。到了第二研究階段，我們對現代性的範圍與內涵的看法有了重大改變。在本節中，將分就四大方面比較我們對個人現代性及傳統性的新舊看法。

一、對立性或分離性

在第一階段中，我們將個人現代性視為個人傳統性的反面，將個人傳統性視為個人現代性的反面。也就是說，我們是將個人傳統性與現代性視為同一續譜（continuum）的相反的兩端，兩者相接而組成一雙極變項（bipolar variable）。但我們認為將個人傳統性與現代性視為同一變項的相反的兩端是大有問題的。因此在第二研究階段中，我們決定將個人傳統性與現代性當作兩個互相分離的不同變項，應分別以不同工具加以測量，以探討其各自的內涵及兩者間的關係。經過實徵研究後，如果發現兩者的確有很高的相反性，到時再將其視為同一雙極變項的兩端，方屬有根據的做法；反之，如果發現兩者並無高度的相反性，則無必要將其視為同一雙極變項的兩端，而應當作兩個互不相同的變項。無論是屬於同一變項或不同變項，個人傳統性或現代性都可視為一種假設性構念，亦即視為一種實際存在而又無法直接觀察的心理特質，其內涵與特性的得知，有賴我們依據構念效度（construct validity）的研究策略，從事系統性的實徵研究。

二、單向度或多向度

在第一階段中，我們是將個人傳統性與現代性所組成的雙極變項看作是單向度的（unidimensional），這也是過去大多數其他研究個人現代性的學者所慣常採用的觀念。為了改正以往做法的錯誤，在第二研究階段中，我們決定放棄單向度的假設，改而將個人傳統性與現代性分別視為兩套多向度的心理與

行為組合。我們假設個人傳統性可能由數個向度或成分所組成,各個成分之間的關聯程度互不相同,有些成分間甚至可能並無關聯。對於個人現代性,我們也持有同樣的假設。也就是說,我們既不認為個人傳統性或現代性只有單一的成分,也不假設各成分間皆有很高的關聯,因而可以組成一個緊密的徵結(syndrome)。在此新的研究階段中,我們不但分別以不同的工具測量個人傳統性與現代性,而且還分別測量傳統性的各主要成分及現代性的各主要成分。

三、單範疇或多範疇

過去,研究個人現代性問題的學者測量現代性所撰寫的題目,在內容上往往涉及多個生活範疇,亦即不同題目的內容所敘述的生活課題不同。但在記分時,通常是將涉及不同生活範疇的題目的分數累加,獲得一項總分,以代表個人現代化的程度。這樣的做法似乎假設同一個體在不同生活範疇中所表現的現代化程度是相同的,其程度皆可以同一總分代表之。但為了能有系統地探討個人或團體在不同生活範疇中的傳統化與現代化程度,在第二研究階段中,我們決定放棄第一階段所採用的單範疇的想法與做法,而改採多範疇的想法與做法。在此一新的研究階段中,我們不僅以不同的工具測量個人傳統性與現代性,以及分別測量傳統性與現代性內部的各個成分(向度),而且同時還要分別測量傳統性與現代性在各生活範疇中的程度或強弱。

四、普同性與本土性

在第一階段中,我們即已兼顧個人現代性的普同性(cross-cultural universality)內涵與本土性內涵。在此第二階段中,我們仍然遵循普同性與本土性兼顧的原則。在分別測量個人傳統性與現代性時,普同性與本土性兩類內涵的相對重要性大有不同。其中,個人傳統性的測量是以本土性內涵為主,個人現代性的測量則以普同性內涵為主。

作為中國人之個人傳統性的大致範圍:(一)集體主義的取向、(二)家族主義的取向、(三)特殊主義的取向、(四)順服自然的取向、(五)他人取向、(六)關係取向、(七)過去取向、(八)自抑取向、(九)權威態度、

（十）依賴態度、（十一）求同態度、（十二）謙讓態度、（十三）知足態度（即安分態度）、（十四）外控態度。

同時，作為現在與可預見未來的中國人之個人現代性的大致範圍：（一）個體主義的取向、（二）制度主義的取向、（三）普遍主義的取向、（四）支配自然的取向、（五）自我取向、（六）未來取向、（七）表現取向、（八）成就取向（即行動取向）、（九）競爭取向、（十）平權態度、（十一）獨立態度、（十二）求異態度、（十三）容忍態度、（十四）內控態度。

貳、研究目的與策略

作為第二階段之系列研究的第一項研究，其主要目的在重新編製研究中國人的個人傳統性與現代性的測量工具，也就是要編製一套多向度的個人傳統性量表與一套多向度的個人現代性量表，使其成為分別測量個人傳統化與現代化程度的有效工具，以便將來進一步從事有關之學術性與實用性的研究。

本研究經過一定的程序之後，刪除內容重複或語意欠明的題目後，共得傳統性的題目299個，現代性的題目256個，前者將供作「多元個人傳統性量表」的預試題目，後者將供作「多元個人現代性量表」的預試題目。

參、預試工作的從事

在正式預試以前，為了確保兩套預試題目在內容與文詞兩方面皆能為國中程度的受試者所瞭解，特以臺北市近郊三所國中的學生為對象加以試用。為了減輕受試者的負擔，特將傳統性的299個題目分為兩組，編成兩個較短量表，分別稱為「個人意見問卷（T-1）」與「個人意見問卷（T-2）」；將現代性的256個題目分為兩組，編成兩個較短量表，分別稱為「個人意見問卷（M-1）」與「個人意見問卷（M-2）」。

試用各問卷的樣本是取自八里國中、深坑國中及鶯歌國中三校的後段班。他們如能讀懂所用的題目，則一般國中畢業的民眾應當能瞭解。正式預試所用的樣本有二，即大學學生與社會成人。大學生樣本中，完成傳統性量表（T-1

與T-2）者819人（男生409人，女生410人），完成現代性量表（M-1與M-2）者891人（男生497人，女生394人），共為1710人。至於社會成人樣本，總人數為1213人，其中完成傳統性量表者599人（男性307人，女性292人），完成現代性量表者614人（男性308人，女性306人）。

肆、心理成分的分析

　　實際的項目分析係就個人傳統性量表與個人現代性量表分別進行，每種量表又分就男女兩個樣本從事。傳統性預試量表（T-1與T-2）共有299個題目，現代性預試量表共有256個題目。在為每一量表進行項目分析時，事先分就大學生與社會成人兩樣本計算每題得分的平均數（M）與標準差（SD）等統計值，及每題得分與疏離感、社會讚許心向二者的皮氏相關係數（Pearson's product-moment correlation coefficient，簡作 r）。

　　本研究所擬編製的個人傳統性量表與現代性量表，必須在所測的心理成分與內容範疇兩方面進行。就前一方面而言，要想得知每一題目所測之心理成分為何，及測到的程度多大，最明顯的方法之一是進行因素分析（factor analysis）。為簡便起見，量表題目的選擇以大學生樣本所得結果為依據。首就傳統性量表題目的因素分析來看，所抽得的五個斜交因素為：一、遵從權威，二、孝親敬祖，三、安分守成，四、宿命自保，五、男性優勢。此等因素可以視為此間中國人之個人傳統性的主要心理成分，應分別選擇足夠的適當題目，以為編製正式傳統性量表之用。每一因素上具有高因素負荷量（factor loading）的題目眾多，特自其中各選出最有代表性的（亦即最適當的）15個題目，用來編製正式之個人傳統性量表。每一因素的核心涵義，可自其代表性題目的共同內容得而知之。

　　接著要說明個人現代性量表題目的因素分析結果。此處所抽得的五個斜交因素分別是：一、平權開放，二、獨立自顧，三、積極進取，四、尊重情感，五、男女平等。此等因素可以視為此間中國人之個人現代性的主要心理成分，應分別選擇足夠的適當題目，以為編製正式現代性量表之用。每一現代性因素上具有高因素負荷量的題目眾多，特自其中各選出最有代表性的12個題目，用來編製正式之個人現代性量表。

伍、內容範疇的釐定

除了心理成分，傳統性與現代性的多元方面還有內容範疇。多元的心理成分之認定，是以因素分析的方法從事；多元的內容範疇之認定，則以內容分析（content analysis）的方法進行。經一再討論後，研究者們同意以下列十類作為題目內容的主要範疇：一、婚姻與夫妻關係，二、教養與親子關係，三、家庭與家庭生活，四、社交與人際關係，五、性與兩性關係，六、教育與學習，七、職業與工作，八、經濟與消費，九、政治與法律，十、宗教與信仰。前三類皆與家庭生活有關，實際上是從原分類中的第一大類（家庭生活）分解而來。上述十類以外的其他類別，所涉及的有關題目太少，故略而不用。

內容範疇的架構既定，四位研究者中的三位乃進而分就個人傳統性量表與現代性量表，將各個題目依其內容加以分類。分類的工作係由三人分別獨立從事，然後將三者的分類結果加以統計。三人如皆將某題分入某一範疇，則此題即成為該範疇的核心題目（core item）。然後計算同一範疇內各核心題目的總分，並進而計算每一「備取題目」（至少有一人將之分入該範疇）與此總分的皮氏相關係數。

陸、正式量表的編製

一、多元個人傳統性量表

從每一傳統性心理成分的 15 個代表性題目中選出條件最好的 10 題，五種成分共有 50 題。每一傳統性內容範疇有 10 個代表性題目，10 個範疇共有 100 題。將以上兩組題目合併，共應有 150 題，但因有部分題目重複（同一題同時代表某一成分與某一範疇），實際總題數為 132。此為最長之「多元個人傳統性量表（T複長式）」，可同時測量五種心理成分與十個內容範疇。接著，將「多元個人傳統性量表（複長式）」中測量每一心理成分之 10 題中最好的 8 題取出，再將測量每一內容範疇之 10 題中條件最好的 6 題取出，合共 91 題（部分題目兼測心理成分與內容範疇），編成較短之兼測成分與範疇的複式量表。此一量表可正式命名為「多元個人傳統性量表（複短式）」（T複短式）。

將原先為傳統性之每一心理成分所選得的 15 個題目全部保留，五種成分合共 75 題。以此等題目所編成的最長量表，只測量傳統性的五個心理成分，不測量傳統性的十個內容範疇，因此可稱為「多元個人傳統性量表（簡長式－成分）」。此一量表之題冊與答案紙上，係用「個人意見量表（T 簡長式－成分）」之名稱。進而從此量表中測量每一成分的 15 個題目中選出條件最好的 10 題，合共 50 個題目，編成「多元個人傳統性量表（簡短式－成分）」。將原先為傳統性每一內容範疇所選得的 10 個題目全部保留，十個範疇合共 100 題。以此等題目所編成的最長量表，只測量傳統性的內容範疇，不測量傳統性的心理成分，因此可稱為「多元個人傳統性量表（簡長式－範疇）」。此一量表之題冊與答案紙上，係用「個人意見量表（T 簡長式－範疇）」之名稱。進而從此量表中測量每一範疇的 10 個題目中選出條件最好的 6 題，合共 60 個題目，編成「多元個人傳統性量表（簡短式－範疇）」。

二、多元個人現代性量表

從每一現代性心理成分的 12 個代表性題目中選出條件最好的 10 題，五種成分共有 50 題。每一現代性內容範疇有 10 個代表性題目，10 個範疇共有 100 題。將以上兩組題目合併，共得 118 題（部分題目兼測成分與範疇），編成「多元個人現代性量表（複長式）」。此一量表之題冊與答案紙上，係以「個人意見量表（M 複長式）」代之。其中之 M 符號係代表 Modernism 或 Modernity 的第一個字母。將「多元個人現代性量表（複長式）」中測量每一心理成分之 10 題中最好的 8 題取出，再將測量每一內容範疇之 10 題中最好的 6 題取出，合共 87 題（部分題目兼測成分與範疇），編成「多元個人現代性量表（複短式）」。

將原先為現代性之每一心理成分所選得的 12 個題目全部保留，五種成分合共 60 題。以此等題目所編成的最長量表，只測量現代性的心理成分，不測量現代性的內容範圍，因此可以稱為「多元個人現代性量表（簡長式－成分）」。此一量表之代用名稱是「個人意見量表（M 簡長式－成分）」。進而從此量表中測量每一成分的 12 個題目中選出條件最好的 10 題，合共 50 個題目，編成「多元個人現代性量表（簡短式－成分）」。

將原先為現代性每一內容範疇所選得的 10 個題目全部保留，十個範疇合共 100 題。以此等題目所編成的最長量表，只測量現代性的內容範疇，不測量現代性的心理成分，因此可稱為「多元個人現代性量表（簡長式－範疇）」，其代用名稱為「個人意見量表（M 簡長式－範疇）」。進而從此量表中測量每一範疇的 10 個題目中選出條件最好的 6 題，合共 60 個題目，編成「多元個人現代性量表（簡短式－範疇）」。

　　經由以上的程序，我們共編製了六種正式的多元個人傳統性量表，六種正式的多元個人現代性量表，合共十二種正式量表。關於量表效度的問題，應分就心理成分與內容範疇加以分析與說明。就心理成分而言，是以構念效度（construct validity）的建立為主。多元個人傳統性量表與現代性量表對心理成分的測量，其構念效度的建立首以因素效度（factorial validity）為基礎。測量個人傳統性各心理成分的分量表，及測量個人現代性各心理成分的分量表，皆係根據因素分析的結果而選題，以能代表各該因素的顯性內涵（manifest content）為原則。

　　但是，構念效度的建立僅靠因素效度是不夠的。因素效度只能得知所測構念的顯性或表層意義，而且深受量表題目之意義的影響。對特定構念之深層性質的瞭解，有賴對該構念與其他構念或變項之關係的探討。也就是說，只有從該構念與其他構念或變項之間的關係中，才能更深入瞭解該構念的特性。多元個人傳統性量表與現代性量表所測各心理成分的深層性質究竟如何，也有賴對此等構念與其他構念或變項之關係的探討。這種探討是一種長期時的研究歷程，將留待以後去做。

　　最後應該指出，本研究亦曾計算個人傳統性五成分與個人現代性五成分之間的相關係數，此等結果當然也可用來幫助我們瞭解這十個心理成分的性質，因而也是屬於與這十個心理成分的構念效度有關的資料。但因限於篇幅，關於這些結果此處將略而不論。但在此必須提及的是：從這些相關係數看來，個人傳統性與個人現代性的確是兩套向度不同的心理特徵。

（本文由余安邦教授摘錄）

Chinese responses to modernization:
A psychological analysis

Originally published in *Asian Journal of Social Psychology, 1*: 75-97.

Modernization is a continuous process of protest and change. At each stage of modernization, outcomes may be regarded as the result of complex strategies and responses to those demands. This paper will address the strategies and responses that Chinese have adopted in their attempt to deal with the pressure and challenge of modernization. As a background to understanding these strategies and responses, the following four perspectives will be delineated. First, my perspective is mainly at the micro level, but I will occasionally shift to the macro level when needed. Second, my analyses will largely rely on results from empirical research. Third, Chinese intellectuals have been playing a guiding role of enlightenment, criticism, and promotion and their responses have been influential in formulating, directing, or channeling the views of the general public. A comprehensive analysis of relevant ideologies and strategies endorsed by Chinese intellectuals will be provided. Finally, the analysis of Chinese responses to modernization will be based upon the relevant literature from all the three major Chinese societies (Taiwan, Hong Kong, and mainland China). In addition, this paper will clarify the basic modes and specific mechanisms of adaptation to drastic environment changes. They will be applies as conceptual tools for the analysis of Chinese intellectuals' ideological responses to modernization and psychological processes involved in accommodating cognitive and behavioral changes in their daily lives.

Introduction

Modernization is a recent global historical movement. Overall, the transmission of modernization as a political, economic, social, and cultural movement manifested itself in three waves. Up until now, two types of modernization may be meaningfully distinguished, namely, endogenous and exogenous modernization. China is definitely a typical case of exogenous modernization. At the successive stages of Chinese modernization in the last one-and-a-half centuries, Chinese intellectuals and government officials have tried various strategies and measures of national revitalization to cope with the Western challenge. In the late Qing dynasty, there were at least two major national movements of modernization, the Self-strengthening Movement (1860-1894) and the Political Reform Movement (1906-1911). In the first movement, some government officials took the lead to initiate and implement programs which involved constructing railroads, establishing factories, opening mines, founding schools, translating books, and so on. The second movement, while endorsing the efforts of the first, emphasized the modernization of the political system by introducing basic institutional changes.

After the overthrow of the Qing dynasty in 1911 and the change of the Chinese political structure from an imperial to a republican system, most of the unequal treaties were successively abolished and China has headed towards national modernization at a faster pace. However, during the early years of the republican period, efforts at political, economic, social, and cultural reform for modernization were not successful enough to prevent a large-scale political protest from occurring in 1919, later referred to as the May Fourth Movement. This protest ended up as a culture reform movement labeled the New Culture Movement. Its proponents proposed an intellectual revolution requesting the uncompromising rejection of Chinese traditions and values (especially those from Confucianism) and advocated a total or wholesale Westernization in terms of science and democracy. The strong influence of the May Fourth Movement has continued even after China became a divided nation in 1949. In the last forty or more years, Taiwan and the China mainland have experimented with two radically different strategies of political, economic, social, and culture reform in their pursuit of modernization. Taiwan's capitalist "experiment" and the mainland's socialist "experiment" embody the dreams of two groups of leading intellectuals, whose respective ideological roots lie in the tradition of the May Fourth Movement. These two strategies of national modernization have resulted in strikingly different "experimental result."

In the last one hundred plus years, China, under the impact of modernization, has undergone the biggest change in the five millennia of Chinese history. The change has been so thorough, profound, and pervasive that "it has included the collapse of old ways and the growth of new ways on a scale and at a tempo unprecedented in history."

Modernization is a continuous process of protest and change, in which complex strategies and responses are involved. As each stage of modernization emerges change may well be regarded as the result of such strategies and responses. If this is so, then what are the strategies and responses in the process of protest and change that the Chinese have adopted in their attempt to deal with the pressure and challenge of modernization? This paper is primarily aimed at offering an answer to this question from a psychological perspective. Before doing this, however, several preliminary comments have to be mad: (1) While psychology stresses the analysis of psychological and behavioral contents and processes at the micro level, the study of the behavior and functioning of collectivities or groups from the point of view of macro psychology has been gradually gaining impetus (Sinha, 1985). In analyzing Chinese responses to modernization, my perspective is mainly at the micro level, but I will occasionally shift to the macro level when necessary. (2)

Since psychology is basically an empirical science, my analyses will largely rely on results from empirical research, supplemented by daily-life observations. Moreover, in order to integrate relevant findings from research and observation so that Chinese responses to modernization can be meaningfully and systematically understood, appropriate conceptual or theoretical analyses will also be made. (3) In China's recent history of modernization, Chinese intellectuals have been playing a guiding role of enlightenment, criticism, and promotion (China Tribune, 1989; Hu, 1988; King, 1977b). Their thoughts and actions in these respects represent the responses to modernization of the most important sector of the Chinese population. Furthermore, their responses have been tremendously influential in formulating, directing, or channeling those responses of the general public. For these reasons, a section will be devoted to a comprehensive analysis of relevant ideologies and strategies endorsed by intellectuals in modern Chinese history. Finally, (4) the analysis of Chinese responses to modernization will be based upon the relevant literature from all the three major Chinese societies, namely, Taiwan, Hone Kong, and the China mainland.

With the above as guidance, this paper will first clarify the basic modes and specific mechanisms of adaptation that human beings must adopt in confronting drastic environmental changes (the second section). Then these modes and mechanisms will be applied as conceptual tools to the analysis of Chinese intellectuals' ideological responses to modernization (the third section), and to that of Chinese psychological processes involved in accommodating cognitive and behavioral changes to their daily life under the impact of modernization (the fourth section).

1. Four basic psychological modes of adaptation

For the present purpose, adaptation may be properly defined as the psychological (e.g., cognitive, emotional, and intentional) and behavioral processes, at both individual and collective levels, in response to environmental changes.

Conceptually speaking, there are four basic psychological modes of human adaptation. (1) *The resistance mode*. This mode of adaptation tends to be most easily adopted when the person is under strong emotional stress. Two types of resistance may be distinguished, that is, simple resistance and aggressive resistance. (2) *The accommodation mode*. In this mode of adaptation the person gives up his or her original or traditional thoughts, values, or behaviors. It usually involves a shift in the target of identification – from identification with some original or traditional ways of thinking, feeling, and behaving. (3) *The coping mode*. As a basic pattern of adaptation, coping denotes those kinds of cognitive and behavioral processes that are rational, flexible, and systematic in dealing with environmental changes. (4) *The withdrawal mode*. When environmental change is too drastic and/or interpersonal and intergroup relationships and affairs are too complicated, the pressure and unhappiness may be so unbearable that some people see no alternative except to escape from, or avoid, any further contact with the particular change and its related situations or persons.

The above four basic modes of human adaptation differ essentially in the relation between the actor and the environmental change that he or she is confronted with. In resistance, the actor takes a position in opposition to the change. In accommodating, the actor takes a position in opposition to the change. In accommodating the actor takes a position in conformity with the change. In coping, the actor maintains a flexible relation with the change. In withdrawal, the actor refuses to have any relation with the change. The four modes also differ in their levels of emotionally laden and coping the least emotionally laden mode. It is also plausible that coping is the most rational and withdrawal the least rational mode. If adequacy is defined as the degree of improvement in the direction of a better society and/or a better life as the result of the actor's adopting a certain mode of adaptation, then it would be justifiable to say that coping is the most adequate and withdrawal the least.

2. Specific psychological mechanisms of adaptation

Facing all kinds of large and small changes in the modernization process, people have adapted one or more of the modes in their dealings with problems created by these changes. In order to adjust to specific environmental changes better, people have to make use of some specific mechanisms. There may be many such mechanisms, but two of them, psychological compartmentalization and psychological dissociation, seem to be the most relevant and important.

Psychological compartmentalization may be considered as a kind of ego-defensive mechanism that can effectively prevent or avoid cognitive, intentional, and behavioral incongruency or inconsistency. In the process of psychological or cognitive compartmentalization, the person actively sets off two or more (or two or more groups of) cognitions, thoughts, or activities that are strongly inconsistent with each other into two or more domains of life with different logic or rules of operation or functioning. Once compartmentalized, the person will never consider, compare, or be conscious of the incongruent things across the two or more domains at the same time. Everyday life is full of different kinds of psychological compartmentalization. From the perspective of adaptation to environmental changes due to modernization, two kinds are most worthy of consideration: *Spiritual vs. material culture compartmentalization* and *Inter-domain compartmentalization*.

The second specific mechanism that is commonly involved in people's adaptation to social change due to modernization is *psychological dissociation*. This is a psychological process in which the different aspects or constituents of an originally, or traditionally, well functioning behavior, procedure, or instrument gradually lose their previous interrelations to such an extent that they no longer operate as a well-organized whole. Through process of dissociation, the separated aspects or parts will gain the chance to change in order for the person to better adapt to the new environment. In daily life there may be many specific types of psychological dissociation. As adjustment to social change is concerned, three types seem most conspicuous: *Idea-behavior dissociation, Behavior-function dissociation*, and *Instrument-use dissociation*.

3. Chinese intellectuals' ideological responses to modernization

In the last 150 years or so, Chinese intellectuals have been actively playing a key role of enlightenment, mobilization, and direction in China's nationwide attempts to deal with the challenge of Westernization and modernization. Chinese intellectuals have advocated and tried various strategies and measures for national self-strengthening and reconstruction with and without success. These various nation-saving actions have been based on different ideologies. The two major aspects, identity (autonomy) and change (modernization), of Chinese nationalism are contradictory to each other. For more than 100 years, these two contradictory forces have been intertwining and interacting with each other, forming a long-lasting and awkward predicament that makes Chinese modernization follow a zigzag path. Caught between the two opposing forces, Chinese intellectuals' various ideological positions about Chinese modernization are nothing but assertions reflecting different combinations of the varying degrees of Chinese cultural identity and change with Westernization or modernization. Among the spectrum of Chinese intellectuals' ideological positions, the following six are the most representative in the modern history of China. They are (1) *Traditionalistic conservatism (TC)*, (2) *Traditional learning as essentials (TLE)*, (3) *Creative cultural transformation (CCT)*, (4) *Rational selection for best combination (RSBC)*, (5) *Industrial means of production as essentials (IMPE)*, (6) *Wholesale Westernization* (WW).

The six positions, as advocated by Chinese intellectuals, also represent six broader strategies of psychological and behavioral adjustment to modernization adopted by the general Chinese public in dealing with potential and actual environmental changes in their daily life during the course of social change. With ICWA as an additional one, we thus have seven specific strategies of Chinese psychological modernization. It is important to note that these strategies, or at least some of them, may also have been adopted by people in other societies that have been undergoing certain kind of exogenous modernization.

4. Chinese people's piecemeal changes to towards psychological modernization in everyday life

While Chinese intellectuals of different flocks are debating, even fighting, with each other on the proper strategies or ways of modernization, ordinary Chinese people have been under constant pressure for change in their ideas, behaviors, and ways of using tools in everyday life. As a result, specific psychological and behavioral changes have occurred in various areas of daily life and accumulated to form larger changes in life styles and institutional systems several major categories of such specific, piecemeal changes in Chinese people's daily responses to modernization will be analysed in terms of the mechanisms of psychological dissociation and reassociation.

In the second section of this paper, the mechanism of psychological dissociation was advanced as a prerequisite of changes in ideas, behaviors, rituals, customs, tools, and institutions under the impact of societal modernization. In that section, three major interrelated types of psychological dissociation were defined and discussed in terms of their respective characteristics and functions. Corresponding to them three categories of daily phenomena of psychological and behavioral changes involving a process of dissociation and reassociation – changes involving an idea-behavior dissociation, a behavior-function dissociation, and an instrument-use dissociation. Further, two patterns of dissociation and reassociation have been identified. The examples given demonstrate that these types of psychological changes, and their patterns of dissociation and reassociation, have actually occurred in the changing Chinese societies. Moreover, the two subtypes (i.e., the traditional-modern and modern-traditional combinations) of each of the three types of dissociation tend to be transitional during the whole process of social change between the original traditional-traditional association and the final modern-modern association.

Now it is time to depict the whole process of dissociation and reassociation involved in most, if not all, specific psychological and behavioral changes. During the course of societal modernization, a traditional-traditional association in an idea-behavior, a behavior-function, or an instrument-use unit, when repeatedly failing to solve relevant new problems or to be effective in adapting to now situations, would begin to turn loose in its organization. After its disorganization, one or both of the two major aspects or parts of the unit will transform itself, incorporate with a new element, or be completely replaced by a new counterpart. Through rehearsal or practice in actual life, a new association will be gradually formed and strengthened such that it constitutes a well-organized new structure-function unit. Finally, in the course of societal modernization, not all psychological and behavioral changes occur through the process of dissociation and reassociation. In many cases, well-organized new idea-behavior, behavior-function, and instrument-use units and cultural systems are directly "transplanted" from Western societies for the solution of new problems or the adaptation of new situations. Actual examples of these cases abound in contemporary Chinese societies.

Summary

As the most conspicuous global phenomenon in modern world history, modernization has manifested itself in irreversible changes at both societal (economic, political, social, and cultural) and individual (psychological) levels. While numerous conceptual analyses and empirical studies on societal modernization have been published, much less has been done on individual modernization. This paper attempts to propose a conceptual system for the analysis and understanding of psychological processes underlying individual modernization as a result of societal modernization. In the proposed conceptual system, four basic modes of human adaptation, namely, resistance, accommodation, coping, and withdrawal, are defined and delineated as alternative ways for people to adopt in their adjusting to changes in the physical and cultural environments. Under these broad adaptational orientations, there are specific mechanisms for people to make use of in adjusting to daily environmental changes. Two such mechanisms, psychological compartmentalization and psychological dissociation, environmental changes caused by societal modernization. The four basic modes and the two specific mechanisms are then used, as conceptual tools, to make a comprehensive analysis of Chinese intellectuals' responses to modernization and ordinary Chinese people's changes in their ideas, behaviors, and ways of using tools in everyday life during the process of social change induced by modernization.

(Excerpted by Kao, Shu-Fang.)

影響國中學生問題行為的學校因素

原論文刊於文崇一、李亦園、楊國樞（主編），《社會變遷中的青少年問題》，頁33-55，臺北：中央研究院民族學研究所，1978。

壹、學校社區與問題行為

根據研究的結果，我們發現幾項主要的事實。第一項事實是有關學校社區類別對問題行為的影響。除了偷竊行為與吸食藥物等少數變項外，在大多數特殊問題行為變項上，住宅區與混合區間皆有顯著的差異，而且其差異方向皆為混合區高於住宅區；同樣的差異情形，亦見之於違規犯過行為、心理困擾行為、學習困擾行為等三個綜合性問題行為變項及三者的總分。尤有進者，社區類別對問題行為的此種影響，並不因性別不同而有異。從以上的結果看來，座落在混合社區的國中，其學生的問題行為較多，而座落在住宅區的國中，其學生的問題行為較少。混合區與住宅區的主要不同，在於前者係商店與住宅混雜，而後者則以住宅為主。臺北市的國民教育係採取小學區制，因而學校所在區域實即家庭所在區域。由於商業活動的關係，混合區中往往人物雜處、刺激眾多，兒童與少年處身其中，自然會受到較多的誘惑，導致較多的問題行為，尤其是違規犯過的行為。其次，在商業住宅混合區中，家庭生活所強調的價值觀念與商業活動所強調的價值觀念常有不同，甚且互相矛盾衝突，兒童與少年生活其中，耳濡目染，可能不易形成穩定而一致的價值觀念與行為原則，因而易於發生行為問題與心理困擾。再者，混合區中的居民以商業界人士為主，住宅區的居民中則有很多的公教人員。商界人士往往外務較多，留在家裡與子女相處的時間較少，而公教人員往往在家照顧子女的時間較多，對子女的教育也比較重視。而且，即使是住在住宅區的商界人士，也可能要比住在混

合區的商界人士更為重視家庭生活，否則他們便不必將工作場所與居住場所分為兩地了。總之，平均而言，住宅區的居民可能比較重視家庭生活與子女教育，這或許就是促使住宅區學生問題行為較少的一個原因。

第二項事實是有關社區高低與問題行為的關係。在男、女兩樣本中，吸食藥物、不當娛樂、異性行為、逃避學校、課堂違規、其他違規犯過行為、焦慮緊張、心身徵候等八個變項上的得分皆不因社區高低而不同；但在其他八個特殊性問題行為變項上，高級社區皆係顯著地低於普通社區，而且大都只限於男生。社區高低對問題行為的影響主要限於男生的事實，尤易從三個綜合性問題行為變項及其總分上的差異情形看出。社區高低與問題行為的關係，顯然不如社區類別與問題行為的關係密切，因為只有 8 個特殊性問題行為變項上的得分因社區高低的不同而有異（而且大都只限於男生），而有 14 個特殊性問題行為變項上的得分因社區類別的不同而有異（而且男、女生皆然）。社區高低雖非在大多數特殊性問題行為上具有顯著性的差異，但凡有顯著性差異則其方向必為高級社區之學生具有較少的問題行為。較高社區的居民多屬較高的社會經濟階層（socio-economic class），因此上述結果表示較高社經階層的孩子有較少的問題行為。

第三項事實是有關社區類別與社區高低對問題行為的互涉性效果（interaction effect）。在有些特殊性問題行為變項下，兩個社區變項確是有互涉性的效果，而且此種影響的有無與方向係因性別而有異。在逃避性的違規犯過行為變項上，兩個社區變項並無互涉性的效果，但在違抗性的違規犯過行為變項與情緒性的問題行為變項上，兩個社區變項卻有互涉性的效果，而且其效果的有無與方向受到了性別的影響。在攻擊行為、課堂違規、違抗權威、其他違規犯過行為等四個違抗性問題行為變項上，社區類別與社區高低在男生中並無互涉性的影響，但在女生中卻有此種影響，而且所造成的差異模式為：就混合類的社區而言，普通社區在問題行為變項上高出高級社區的程度較大，但就住宅類的社區而言，普通社區高出高級社區的程度則較小或全無差異；同一事實的另一說法是，就普通社區而言混合社區在問題行為變項上高出住宅社區的程度較大，但就高級社區而言，混合社區高出住宅社區的程度則較小或全無差異。在上述差異模式中，社區類別與社區高低共同作用的結果是普通混合區的學生具有最多之違抗性的問題行為，而高級混合區、高級住宅區、普通住宅區

的學生則大致相近。至於在憂鬱悲觀、焦慮緊張、學習困擾等情緒性問題行為變項上，兩個社區變項亦有互涉性的效果，但卻主要見之於男生，而且其差異模式為：就住宅類的社區而言，普通社區在問題行為變項上高出高級社區的程度較大，但就混合類的社區而言，普通社區高出高級社區的程度則較小或全無差異；同一事實的另一說法是，就高級社區而言，混合社區在問題行為變項上高出住宅社區的程度較大，但就普通社區而言，混合社區高出住宅社區的程度則較小或全無差異。在上述差異模式中，社區類別與社區高低共同作用的結果是高級住宅區的學生具有最少的情緒性問題行為，而普通住宅區、高級混合區、普通混合區的學生則大致相近。

貳、男女分校與問題行為

在本研究中，約有半數的受試者是來自男女分校的國中，約有半數是來自男女合校的國中。發生差異的主要問題行為變項是逃避學校，在此一變項上，無論男生或女生，皆為分校學生高於合校學生；這可能是因為男女同校會增加學校生活的變化、刺激及趣味，使學生較少討厭與躲避學校。

綜合而言，無論是男生或女生，男女分校與合校學生在大多數特殊性與綜合性的問題行為變項上都無差異，即使在少數問題行為變項上具有統計上顯著的差異，其差異的方向也是男女分校學生的問題行為多於合校學生。換言之，男女分校不但不能減少問題行為，反而會增加某些問題行為（特別是逃避學校的行為）。主張男女分校者往往強調分校可以減少問題行為，此種說法似乎與事實不符。再者，贊成男女分校者常說分校後可以防止學生對異性的不良行為，但事實上卻並非如此，因為在本研究中，男女分校與合校學生在異性行為這一問題行為變項上並無任何差異。總之，本研究所得的有關結果，使我們不得不對男女分校論者所持的主要理由發生懷疑。

參、所屬年級與問題行為

不論男生或女生，在每一問題行為變項上，一、二、三年級的平均數都有逐年上升的趨勢。

在可能的解釋當中,有三項是比較重要的:一、各類問題行為的普遍增加是國中年齡階段身心發展上的正常現象;二、各類問題行為的普遍增加是國中教育的某些缺點使然;三、各類問題行為的普遍增加是社會變遷的因素使然。現在讓我們來分析一下這三種解釋的相對可能性。從身心發展的觀點來看,不同的階段會出現特殊的問題行為,而就某一特定階段而言,當某些問題行為增加時,其他的問題行為便會減少,而不會所有各類問題行為都同時增加。例如,Macfarlane, Allen 及 Honzik 等人以美國兒童與少年為對象,發現暴躁與嫉妒等激動情緒在四歲時達到高峯,然後下降,到 11～12 歲又達到第二次高峯,此後數年便再下降。同樣以美國兒童與少年為對象,Broderick 發現 12 歲以後手淫或自慰則有繼續增加的趨勢。再如 Angelino、Dollins 及 Mech 等人發現不同種類的恐懼與憂慮在 12 歲以後的增減情形互有不同,其中對個人安全與學校事項的恐懼與憂慮有減低的趨勢,而對社會關係與經濟政治的恐懼與憂慮則有增加的趨勢。總之,在 12 歲以後的這幾年(相當於國中階段)當中,在身心正常發展的範圍以內,有些類別的問題行為會增加,有些類別的問題行為會減少,也有些類別的問題行為會無所增減。換言之,在身心正常發展的範圍以內,各類問題行為不可能同時都隨著年級而增加。因此,本研究所發現的這種各類問題行為普遍增加的現象,可能不是國中年齡階段身心發展上的正常現象,而是其他因素使然。在第二與第三兩項因素中,社會變遷所提供的刺激主要是觸發性的情境因素,而國中教育的缺點則會成為問題行為的促成因素。究竟國中教育的那些缺點具有這種負向的功能,頗難確切斷言,但課業過重而未能因材施教可能是一個重要的原因,而能力分班實施不當也可能是一個製造問題行為的主要因素。

　　從國中三年內各類問題行為普遍增加的趨勢,我們可以預測國中畢業後的幾年內少年犯罪行為有逐年上升的可能。事實上也確乎如此。根據內政部警政署在民國 66 年 4 月 6 日舉行的座談會中所提供的資料,在過去兩年內,臺灣地區犯罪人口在年齡上的第一個高峯是 17 歲,在此以前所占百分比逐年上升,在此以後所占百分比逐年下降,直到 22 歲。16～17 歲之少年犯罪人數的增加,可以視為國中三年(13,14,15 歲)各類問題行為普遍增加之趨勢的延續。我們雖不敢說國中階段常有問題行為的所有學生將來畢業後都會表現出犯法

的不良行為，但其中可能有相當比例的人會有這種傾向。在國中適應不良的學生，畢業後遇到社會中的觸發因素，自會比較容易做出違規違法的事情。

肆、能力分班與問題行為

　　優秀班與普通班最明確的差異是發生在六類情緒性的問題行為上，而且無論男生或女生，在疑心妄想、憂鬱悲觀、焦慮緊張、敵意情緒、心身徵候及學習困擾六個特殊的問題行為變項上，都是優秀班的學生高於普通班的學生。在綜合性的問題行為變項上也表現出同樣的差異：優秀班學生的心理困擾行為與學習困擾行為皆較普通班為多。籠統而言，優秀班學生在情緒或心理適應上不如普通班學生。此項結果不但與一般人的想法不同，而且與過去的有關研究結果似不一致；例如，楊國樞曾以「修訂孟氏行為困擾調查表」探討國中學生的困擾問題，發現優秀班學生的行為困擾少於普通班學生。但在同一研究中，楊氏卻發現優秀班學生的測試焦慮（test anxiety）有高於普通班學生的傾向，而且男生與女生皆有此種差異。對於此項結果，楊氏曾作如下的解釋：在優秀班中的學生，由於要繼續保持既得的身分（「好班」的學生），需要獲得良好的考試成績，但因彼此在智力與學業上都相差不大，所以往往會缺乏超越同學的信心，如此便不免要患得患失，對考試與課業產生較高的焦慮。根據此一線索，對於本研究與楊氏研究所得之看似矛盾的結果，或可作這樣的解釋：「孟氏行為困擾調查表」所調查者為日常生活中所遭遇之困擾問題的個數，而本研究中之疑心妄想、憂鬱悲觀、焦慮緊張、敵意情緒、心身徵候及學習困擾等，則皆為與情緒生活有關的變項，優秀班學生在日常生活中所遭遇的困擾問題雖然較少，但在課業的重擔下長期處於患得患失的心情中，久而久之，自然會在情緒生活的適應上處於不利的地位。由此看來，普通班的學生固然會遭遇到種種困擾問題，優秀班的學生在心理生活上也會有很多不快的經驗——在升學主義的教育環境中，很多成績優良的學生常是心情不快樂的學生。

　　在各種逃避性與違抗性的問題行為變項上，優秀班與普通班學生只在少數變項上具有顯著的差異。在吸食藥物一變項上，普通班學生高於優秀班學生，但卻只限於男生。在不當娛樂一變項上，普通班學生高於優秀班學生，而且男

女皆有同樣的差異。在異性行為一變項上,普通班學生高於優秀班學生,但卻只限於女生。以上這些差異的方向顯示,普通班學生比較傾向於以不當的方式追求快感,以暫時逃避自己的困境。此外,在違抗權威這一變項上,無論男生或女生,都是優秀班的學生高於普通班的學生。整體言之,優秀班學生與普通班學生在多數違規犯過行為變項上都無顯著的差異,而在有差異的少數變項上,其差異的方向又互有不同。根據這些情形,我們不難瞭解為什麼在違規犯過這一綜合性的問題行為變項上兩類學生間並無顯著的差異。

總之,優秀班與普通班的學生在問題行為的類型上互有所偏。優秀班學生之情緒性的心理問題較多,而逃避性的犯過行為較少,這似乎表示他們順從社會規範與要求(包括父母師長的要求)的傾向較大,而在努力達成社會期望(如成績優良)的過程中遭遇到困難時,較少採取逃避性的犯過行為,而較多形成內隱的情緒困擾。普通班學生則有所不同,他們的逃避性犯過行為較多,而情緒性心理問題較少,這似乎表示他們順從社會規範與要求的傾向較少,而因未能努力達成社會期望而遭遇到困難時,較少形成內隱的情緒困擾,而較多採取逃避性的犯過行為。

伍、教師行為與問題行為

教師行為的良好程度是一個計量的校內變項,在本研究中問題行為變項的變異量中,最多有 10% 與教師行為有關。簡而言之,教師對學生的行為愈好,學生的問題行為愈少,但其間的關係並非密切。

在各個特殊性的問題行為變項中,違抗權威與其他違規犯過行為兩變項與教師行為良好程度的相關似乎較高,其他者與教師行為的相關則大致相近。又教師行為良好程度與問題行為變項的相關,大致不因性別差異與能力班別而有所不同。

(本文由謝心慧助理摘錄)

能力分班對學業成績與心理健康的影響

原論文刊於《科學發展月刊》，4(1): 1-42，1976；另刊於《中山學術文化集刊》，17: 37-78，1976。

　　能力分班雖已成為一種廣受採用的編班方式，但從過去在美國所從事的有關研究看來，這種方式的利弊得失尚無定論。此法在國內實行以來，由於缺乏實際的研究，其成效自然更難評斷。尤有甚者，能力分班只是一種編班的方式，其本身所產生的實際影響如何，還要看教師是否真能從教學目標與教材教法上不斷去配合學生的需要。在強烈升學主義的影響下，國中教師能否在教學目標與教材教法上充分配合學生（尤其是「壞班」學生）的學的需要，是很值得存疑的。因此，能力分班在國內實行後的功效問題，應該加以實徵性的研究。

　　本文的主要目的在探討國中能力分班的優秀班（即所謂「好班」）學生與普通班（即所謂「壞班」）學生對下列五類心理特質與行為表現的影響：一、成就動機（achievement motivation），二、焦慮（anxiety），三、自我概念（self concept），四、社會適應（social adjustment），及五、學業成就（scholastic achievement）。本文不但探討能力分班與上述五類心理及行為的關係，而且還要探討能力分班對其他心理變項的關係。確切言之，本文將描述互有關涉的兩項研究。研究一探討的重點是比較能力分班的優秀班學生與普通班學生在以下各項心理與人格變項上的差異：一、學習態度與習慣，二、成就動機，三、測試焦慮，四、自我概念，及五、其他多項人格特質。研究二探討能力分班與下列行為表現與心理態度的關係：一、學業成績，二、行為困擾，三、自我概念，及四、特殊態度。

壹、研究一

本研究分就成就動機、測試焦慮（test anxiety）、自我概念、學習態度、及其他多項人格特質，比較能力分班後的優秀班（即高能力班）與普通班（即低能力班）的差異，以對兩類學生的心理特質有所瞭解。

一、方法

本研究係以國中二年級的男、女學生為對象，所用的樣本係以隨機取樣的方式自臺北市的兩所國民中學的二年級抽取優秀班四班（男、女各兩班）及普通班四班（男、女各兩班），兩校共計16班。經將作答不全者汰除後，共得資料完整者608人。

本研究係以下列工具分別測量學業成就、普通智力、成就動機、測試焦慮、自我概念、學習態度、及其他人格變項：

（一）學業成就測驗：此一測驗係由國立臺灣師範大學教育研究所編製，共包括國文、英文、數學、自然、社會五科，本研究只採用前四科。

（二）普通分類測驗：本測驗是一種普通智力測驗，係由黃堅厚與路君約二氏（民60）根據美國民間出版社的「陸軍普通分類測驗」（Army General Classification Test），修訂編製而成，共包括語文理解、算術推理、及方塊計算三個分測驗。

（三）成就動機問卷：此一紙筆式成就動機測驗，係由郭生玉氏根據 Entwistle，Hartley 與 Holt，及 Russell 等人的成就動機量表改編而成，此一問卷所測者雖以學業成就動機為主，但其中若干題目顯然已超出學業成就動機的範圍。

（四）中國學童測試焦慮量表：此量表係由林碧峰、楊國樞、繆瑜、楊有維根據 Sarason 等人的「兒童測試焦慮量表」（Test Anxiety Scale for Children）修訂而成，用以測量學童在測驗與考試等情境中的焦慮傾向。

（五）自我概念評定表：此一工具共包括20個評定項目，即「有責任心」、「身體健康」、「有幽默感」、「做事細心」、「為人誠實」、「用功讀書」、「為人大方」、「口才好」、「討人喜歡」、「脾氣好」、「有禮貌」、

「整齊清潔」、「有志氣」、「守規矩」、「漂亮好看」、「活潑友善」、「聰明伶俐」、「有恆心」、「服務熱心」及「常識豐富」。受試者係分就此 20 種個人的良好特徵，作以下的自我評定：1. 真實自我概念；2. 理想自我概念；3. 自己在父母心目中的印象，即父母對自己的看法（父母眼中的自我）；4. 老師同學眼中的自我。

（六）學習態度測驗：本測驗為賴保禎氏所編製，共有八個分測驗，分別測量學習方法（M）、學習計劃（P_1）、學習習慣（H）、學習環境（E）、學習欲望（D）、學習過程（P_2）、準備考試（P_3）、及考試技巧（T）等八方面的優劣程度。

（七）加州心理測驗：此一測驗的題冊係根據 Gough 的 CPI 翻譯而成，翻譯工作係在黃堅厚氏主持下完成。全測驗可同時測量 18 種人格變項。

二、結果與討論

（一）學習態度

無論男生或女生，優秀班學生在八個學習態度變項上的平均數皆有高於普通班學生的傾向；除考試技巧一項外，其他各項上的差異皆具有統計的顯著性。換言之，在學習方法、計劃、習慣、環境、欲望、過程、及準備考試等各方面，普通班學生皆有不如優秀班學生之處。此一結果與何金針、蔡秋河二氏的研究發現頗為一致。

（二）成就動機、測試焦慮、及自我概念

在上文有關學習態度的結果中，我們得知優秀班學生的學習欲望高於普通班學生，由此可以預測兩組學生在成就動機上也應有類似的差異。有關結果顯示確是如此。但是，將智力與學業成績加以控制後，兩組學生在成就動機上的差異便不再具有顯著性。由此觀之，優秀班與普通班學生在成就動機上的差異主要與兩者在智力與學業成績上的差異有關。

其次是有關測試焦慮的研究結果。優秀班與普通班的學生在此一變項上似乎並無顯著的差異；但在控制智力與學業成績後，優秀班學生的測試焦慮高於

普通班的學生。尤有進者，控制智力與學業成績後，班別與性別對測試焦慮的互涉效果（interaction effect）也具有顯著性。

再次要談到有關自我概念的研究結果。在真實自我概念方面，優秀班與普通班學生並無顯著的差異，控制智力與學業成績後，班別差異仍無顯著性，與前人研究所得的結果不同。至於在理想自我概念、父母眼中自我、及老師同學眼中自我三方面，則優秀班學生皆係顯著地高於普通班學生；但在控制智力與學業成績後，卻只有父母眼中的自我一項仍具顯著的班別差異。

（三）CPI 各人格變項

優秀班與普通班學生有顯著差異的人格變項頗多，其中在才藝性、幸福性、責任心、社會化、寬容性、同眾性、遵循成就、獨立成就、及精幹性等 9 個變項上，優秀班學生的平均數顯著地高於普通班學生的平均數；在自在性、伸縮性、及女性化等三個變項上，優秀班學生的平均數低於普通班學生的平均數。但在控制智力與學業成績後，卻只有寬容性與女性化兩者的班別差異具有統計上的顯著性。

貳、研究二

本研究採用橫斷法（一年級與二年級同時施測）以探討能力分班的影響。除優秀班與普通班外，並兼含未經能力分班的學生。

一、方法

本研究的受試者係取自臺北市大安區的四所國民中學，每校抽取四班，其中一、二年級各 2 班。在 16 班中，一年級的優秀班與普通班各為 2 班，未依能力分班者（後文簡作「未分班」）則為 4 班；二年級的優秀班與普通班也各為 2 班，未分班者亦為 4 班。在以上 6 組學生中，男女約各占半數。

為了從事心理特質方面的探討，本研究一共採用了三種工具。第一種工具是「修訂孟氏行為困擾調查表」，原為 R. L. Mooney 所編製，由何福田氏加以翻譯修訂，以適合於國民中學學生使用。全調查表共有 210 項困擾問題，分屬

7類，每類30項。施測時，受試者只須在自己感到困擾的項目下劃一橫線即可，而每類困擾項目中劃線的項數即為該類困擾的得分。全調查表共可得到7項分類，各項分數相加即為困擾的總分。

第二種工具是自我概念評定表，有關此一工具的描述見研究一。

第三種工具是特殊態度問卷，係專為本研究所編製，共有大小35個題目，皆採多項選一的方式。全部題目共分為五部分：（一）讀書與功課（共10題）；（二）娛樂活動（共4題）；（三）班內情況（共4題）；（四）對能力分班的意見（共13題）；（五）教育期望（共4題）。

施測工作是以團體的方式（以班為單位）分作兩次完成，第一次實施行為困擾問題的調查，第二次從事自我概念的評定與特殊態度的調查。

二、結果與討論

（一）學業成績

此處所謂的學業成績，就一年級的受試者而言，係指一年級上學期各科的學業總平均；就二年級的受試者而言，則指二年級上學期各科的學業總平均。

不論是一年級或二年級，優秀班學生的學業成績皆超出普通班學生甚多（一年級：$z = 16.86$，$p < .001$；二年級：$z = 9.96$，$p < .001$）。就年級的比較而言，普通班與未分班學生在學業成績上皆有增高的趨勢；但優秀班學生的學業成績，其改變的方向卻與普通班及未分班學生的改變方向相反。

（二）行為困擾問題

在學校生活、家與家人、金錢工作前途、及困擾總分上，不管是一年級或二年級，普通班學生在此四種分數上皆顯著地高於優秀班與未分班學生，亦即普通班學生在學校生活、家與家人、及金錢工作前途三方面的困擾問題皆較多。

最突出的結果是在八項困擾分數上班別與年級的互涉效果（即AB）皆具統計上的顯著性。就優秀班而言，二年級學生的困擾少於一年級學生；就普通班與未分班而言，二年級學生的困擾則多於一年級學生。特別值得注意的是優

秀班與普通班的比較：一年級的優秀班與普通班學生，其困擾平均數大致相近，但二年級普通班學生的困擾平均數卻顯著地大於優秀班。從上述種種結果看來，就行為困擾問題的多寡而言，能力分班可能會有利於高能力的學生，但對低能力的學生卻並無明顯的影響。

（三）自我概念

有關自我概念的研究結果，在真實自我概念方面，班別與年級的主要效果（maineffect）與互涉效果皆未達統計上的顯著性。此項結果與研究一所得者完全相同。

在理想自我概念方面，班別與年級的互涉效果最為顯著，優秀班與普通班學生的年級差異方向是一年級高於二年級，而未分班學生的差異方向是一年級低於二年級。此等結果表示能力分班的累積影響有使學生的理想自我概念降低的傾向。在父母眼中的自我方面，只有班別與年級的互涉效果具有顯著性，其所代表的差異如下：在優秀班中是一年級低於二年級，在普通班中是一年級高於二年級，而在未分班中則是兩個年級相近。由此觀之，能力分班似乎有利於優秀班的學生，而不利於普通班的學生。

在老師同學眼中的自我方面，班別的主要效果與「班別 × 年級」的互涉效果皆具顯著性。就前者而言，未分班學生的平均數似乎有微低於優秀班與普通班學生的傾向。就後者而言，年級差異的有無及方向，係視班別而定：在優秀班中是一年級低於二年級，在普通班中是一年級高於二年級，在未分班中則是兩個年級相近。此等顯著的互涉效果再度顯示能力分班可能有利於高能力學生，而不利於低能力學生。

（四）特殊態度

有關特殊態度方面的資料，係以問卷調查的方式獲得，但因題目眾多、數據繁複，此處將僅就其差異具有統計顯著性者加以說明。又因所作統計檢定次數甚多，由純機遇因素（chance factor）獲得顯著差異的可能性頗大，所以有關問卷資料的分析皆係採取 .01 的顯著水準。換言之，以下所敘述的結果，其統計顯著性皆為 P < .01。至於所用的統計檢定方法，有時係以卡方（χ^2）法比

較兩套次數分配（frequency distribution）的差異顯著性，有時則以 t 法比較兩項人數百分比的差異顯著性。

問卷中的第一部分是有關讀書與功課方面。結果顯示，普通班學生追求學識的動機有隨年級而大幅減降的趨勢。不過，在普通班中有幾近半數的學生仍然具有追求知識的強烈動機。此外，另有一項值得注意的結果：即使在普通班中也有三分之二的學生認為上學讀書是一件很愉快的事，而且其人數百分比甚至有高於優秀班學生的趨勢。

問卷中的第四部分是關乎對能力分班的意見：優秀班學生贊成能力分班者較多，普通班學生不贊成能力分班者較多。問卷中的最後一部分是關於教育方面的期望。由結果可知，即使在普通班的學生中，想繼續升學者仍占絕大多數，值得注意的是普通班學生中竟有 74% 的人準備將來受大專教育，而其中又有 7% 的人準備將來攻讀碩士以上的學位，這對國中升學與就業的輔導工作而言，實在是一項挑戰。

參、綜合性的討論

上文報告了兩項互有關聯的研究，所探討的都是優秀班與普通班學生在心理與行為上的差異。從研究一的共變量分析及研究二的橫斷比較的結果看來，能力分班對學生的心理與行為可能產生以下的影響：一、能力分班對優秀班學生的學業成績似有不良的影響，而對普通班學生的學業成績也未必有利；二、控制智力與學業成績後，優秀班學生的測試焦慮高於普通班學生，而且女生的此種班別差異較大；三、優秀班與普通班學生的理想自我概念係隨年級升高而降低，而未分班學生的理想自我概念則隨年級升高而增加；四、在父母眼中自我與老師同學眼中自我兩方面，優秀班學生係隨年級升高而增加，普通班學生係隨年級升高而降低，而未分班學生則不因年級升高而改變；五、在健康與身體發育、學校生活、家與家人、金錢工作前途、異性關係、人際關係、及自我關懷七類行為困擾問題上，優秀班與未分班學生係隨年級升高而降低，而普通班學生則隨年級升高而增多；六、優秀班與未分班學生追求知識的動機雖未隨年級升高而有改變，但普通班學生的此種動機卻有隨年級升高而減降的趨勢；

七、能力分班後，普通班中仍有相當多（三分之一）的學生在功課上「老是作不完趕不上」；及八、普通班學生「想到」能力分班有易於安排教學進度的好處者不及半數，而能力分班的學生（優秀班與普通班合計）認為能力分班有此項好處的人類百分比並不高於非能力分班的學生。根據以上的各項發現，我們可以說：國中現行的能力分班似乎並未獲得預期的教育效果；相反地，這種編班方式還可能對學生的學業與心理產生不良的影響。

當然，由於所報告的兩項研究在方法上不無缺陷，因此我們不可將上述結論視為定論。不過，本文所報告的證據，足以使我們對國中現行能力分班措施的功效發生嚴重的懷疑。此外，兩項研究所發現的優秀班與普通班在心理與行為上的若干差異，對於國中學生的輔導工作，也具有相當的參考價值。

當然，在國內不只普通班的學生需要輔導，便是優秀班的學生也有他們特殊的困難。例如，研究一發現能力分班可能使優秀班學生具有較高的測試焦慮（控制智力與學業成績以後），而研究二則發現優秀班學生有一半以上的人不贊成能力分班——可能是因為他們常為患得患失的緊張心情所苦。優秀班內這種與能力相近者激烈競爭的情況，容易造成很多情緒適應上的問題。這自然也是國中輔導人員所應該特別注意的。

（本文由林文瑛教授摘錄）

社會取向成就動機與個我取向成就動機
概念分析與實徵研究

原論文（與余安邦合著）刊於《中央研究院民族學研究所集刊》，64: 51-98，1987。

　　成就動機（achievement motivation）向來是跨文化心理學（cross-cultural psychology）中重要的研究課題之一。本研究將從傳統中國社會的生態類型與維生方式為起點，描述與說明傳統中國社會結構的特徵；其次指出傳統中國社會採用何種社會化（socialization）手段（例如家庭社會化與學校社會化）以形成中國人的成就動機；再次指出中國人的成就動機與西方白人的成就動機，在本質與內涵上的差異性。以這個觀點為基礎，本研究的主要目的，在於建立一套成就動機的概念性模型（conceptual model），並根據此一模型發展出一套適用於衡量中國人的成就動機的有效工具。最後，本研究將建立這套測量工具的信度與效度資料，作為往後使用這套測量工具的基礎。

壹、成就動機的社會基礎

一、生計型態與社會結構的特徵

　　從生態文化的觀點來看，傳統中國社會結構的主要特徵是：以家族為中心的集體主義與家族主義，強烈的團體意識，對階層式權威的尊重，注重上下排比關係，以及結構緊固的階層式組織。更確切地說，這些重要的結構上的特徵表現在個人的思想、觀念與行為層次上的特色，主要為個人會以家族或家庭的目標作為自己的行為目標，個人的所作所為多以家族的期望與要求為原則。在這種集體主義的社會中，個人性的成就通常不為社會所讚許，也不為社會所鼓勵；這種社會強調的成就必須經由合作而完成；經由競爭而獲致的成功，則較不易為社會所接受。此外，個人的角色期待與角色行為的可變性與自主性均受

到很大的限制；個人行為的表現方式，以及個人行為成敗所伴隨而來的獎勵與懲罰，都有一定的規範與標準。

二、社會化歷程與成就動機

從以往的研究結果可歸納出三個結論：（一）個體的成就動機強度與其社會化歷程有相當的關連性；而一個社會所強調的社會化內涵或特徵，又與其生計型態的特性有關；（二）成就訓練與成就動機之間有明顯的正相關；（三）獨立訓練（或自賴訓練）與成就動機之間的關係，則尚未有較為一致而肯定的結論。

三、中國人的教養方式與成就動機

討論到此，必須追問的幾個問題是：以農業為主的傳統中國社會對兒童的教養方式，強調的是順同訓練、依賴訓練、重視合作、以及父母中心等特點；這些社會化方式與其成員的成就動機之間的關係如何？這些關係與西方社會所強調的兒童教養方式與其成員的成就動機之間的關係有何不同？

貳、成就動機的特徵

一、成就目標

從以往對中國人的成就動機的研究結果，可獲得一項重要的結論，那就是：就成就動機的本質或內涵來說，中國人基本上是團體取向或他人取向的，推動個人追求成就或成功的力量主要來自父母、老師、家人或其他重要他人（significant others）；個人所追求的成就，主要是為了達到家庭、父母、或老師等重要他人的目標或期望。換句話說，家庭、父母或老師等重要他人所設定的成就目標，是個人必須盡力去完成的最重要的目標。反之，在個人取向的或自我取向的成就動機中，追求成就的動力來自個人自己內在的慾望力量；成就目標通常是個人自己設定與選擇的；個人追求成就或成功只要能夠滿足自己的目標或期望即可，至於父母、老師或其他人的期望或要求，個人可以不去在意，甚至可完全忽略。

二、評價成就的標準

從文化比較的角度檢視成就動機的本質與內涵，除了「成就目標」具有文化的特殊性（cultural specificity）之外，另外一個頗受爭論的主題，是有關對「成功」或「成就」的判準的問題」。綜合楊國樞及 Veroff 等人的觀點，楊氏所謂自我取向的成就動機是以「自我」作為成就或成功的參考標準；而他人取向的成就動機，則是以「社會參考團體」（或重要他人）作為成就或成功的參考來源。楊氏認為每個人都同時具有這兩種成就動機，只是在西方人中自我取向的成就動機較強，而在東方人中他人取向的成就動機特強。

三、動機性質與成就價值

經過長期社會化的學習過程，中國人的成就動機的重要內涵之一是強調團體或家庭目標的重要性；另一特點是強調評價成就的來源或標準是來自於家庭、父母、老師或其他重要他人。由於個人追求成就的主要目的是為了達到團體的目標，這種動機於是逐漸發展成具有較高的社會工具性的特性。換言之，個人追求成就或成功，主要是為了團體、家庭或重要他人的期望或要求；個人主要是為了家庭、團體或重要他人的目的而盡力把事情做好。中國人這種高工具性與低功能獨立性的動機性質，與西方人的成就動機的性質是不相同的。一般而言，西方人的成就動機具有較低的工具性與較強的功能獨立性；西方人做事情時，比較會為做好而做好；行為的原始目的已非引導個人表現出當前行為的推動力，做此行為的動機已獨立於原始行為的目的或動機；做此行為的傾向已成為一個自足而不假外求的系統；完成此行為遂成為一種終極目的。

四、成就行為的特性

由於中國兒童為了達成目標所從事的行為，主要由其家庭、父母、老師或其他重要他人決定或規定好了，個人較少有機會自由選擇該從事何種行為；個人在追求成就的過程中，成就行為的維持與延續，也常需他人（尤其是父母或老師）之監督，否則該行為甚易終止；對於行為的檢討與校正，更需徵詢他人之意見；同時，個人也傾向於依賴他人之協助，以完成該行為；個人在從事某

種行為時，如果發現該行為有所偏差，或者個人預期該行為可能無法達成預定之目標，而想以其他行為來取代原先之行為時，個人通常會先考慮新的行為是否為他人或所屬團體所接受，故個人行為的變通性與機動性將會偏低。

一般西方人（尤其是中產階級的白人）在成就行為特徵方面，個人通常會自行決定從事何種行為，以完成既定目標；行為的維持與延續，主要則是依賴自己內在的動力，較不需要他人在旁督促；當行為有所偏失時，主要是依據自己判斷與看法予以檢討與校正；尤其當個人發現舊行為可能不克完成原先所設定的目標時，個人甚至會依照自己所處情境或時間的不同，重新選擇一新行為，以取代舊行為。也就是說，就西方人的成就行為的特性來說，行為的變通性與機動性會比中國人的行為之變通性與機動性要來得高。

參、概念架構與研究目的

一、概念架構

成就動機不是一種單向度的心理建構（psychological construct），而是具有多向度的特質與內涵的概念；成就動機的內涵與特徵會因社會文化的不同而有差異。如前所述，中國人的成就動機主要是一種社會取向（兼含他人取向與團體取向）的成就動機，而西方人（尤指中產階級的白人）的成就動機主要是一種個我取向（兼含自我取向與個人取向）的成就動機。這兩種成就動機的特徵與內涵，構成了本研究的基本架構。

二、研究目的

（一）用以上所提出之成就動機概念架構為基礎，編製兩套自陳式量表，用以測量社會取向的與個我取向的成就動機，並分別建立這兩個量表的各種信度與效度資料；（二）探討本研究所建立的兩套測量成就動機的量表與西方學者所建立的測量成就動機的工具之間的關係；（三）探討受試者的成就動機與其個人的背景資料變項（如性別、居住地區、父母教育程度等）之間的關係。第（二）、（三）兩項所得的結果，將用來檢討這兩種成就動機測量工具的效度問題。為了達成上述目的，前後完成了兩項互相關聯的實徵研究。

肆、研究一

研究一的主要目的,是根據本研究的概念性架構所描述的社會取向成就動機(social-oriented achievement motive)的個我取向成就動機(individual-oriented achievement motive)的特徵與內涵,分別建立社會取向的與個我取向的成就動機量表,以作為衡量個人的社會取向的與個我取向的成就動機之工具。

總之,因素分析法所得到的結果顯示:經由項目分析所選取的社會取向成就動機量表的 30 個題目,所測量的是單一因素或單一向度的心理建構;而由項目分析所得到的個我取向成就動機量表的 30 個題目,所測到的是另一單一因素或單一向度的心理建構。此外,社會取向成就動機與個我取向成就動機是兩種性質不同且相互獨立的心理建構。

伍、研究二

研究二的目的有二:一、探討研究一所建立的兩種成就動機量表與其他測量成就動機之工具間的關係,以瞭解這兩種成就動機量表的性質與內涵;二、探討受試者的成就動機與其基本背景資料(如性別、居住地區、父母教育程度等)之間的關係。

一、方法

本研究所用的受試者,係選自臺北市建國中學與中山女中、臺北縣泰山中學與淡江中學、及桃園縣桃園中學等五所公私立普通高中的學生。經剔除作答不全或有固定反應的廢卷後,共得有效受試者 263 名,其中男生 87 名,女生 176 名。本研究使用的工具計有(一)成就動機量表、(二)愛氏個人喜好量表(EPPS)、(三)句子完成測驗、及(四)個人的背景資料,包括受試者的性別、年齡、籍貫、年級、居住地區、及父母親的教育程度等資料。

二、結果與討論

(一)各量表的信度分析

經統計分析之後,社會取向成就動機量表的 Cronbach α 值為 .88,個我

取向成就動機量表的 Cronbach α 值為 .86；顯示這兩個量表的內部一致性相當高。經計算 EPPS 之成就需求分量表九個題目的內部一致性指標，其 Cronbach α 值僅達 .69，顯示這個分量表信度可以接受，但卻不甚理想。本研究將句子完成測驗的評分者間信度（inter-rater reliability）加以實徵性的檢驗。經以 Cronbach α 公式計算後，得到四位評分者間的一致性係數（Cronbach α 值）為 .75。這個結果顯示本測驗的評分者信度已相當不錯。

（二）各種成就動機測量工具之間的關係

由受試者在各種成就動機測量工具上的得分之相關分析，可歸納出兩點重要的結論：1. 受試者在社會取向成就動機量表上的得分，與其在 EPPS 上的得分之間有低度相關（相關係數值 r = .16）；而受試者在社會取向成就動機量表上的得分，與其在句子完成測驗上的得分之間，有較高相關（相關係數值 r = .31）。由此可見，社會取向成就動機量表不但具有聚合效度，而且具有區辨效度。2. 受試者在個我取向成就動機機量表上的得分，與其在句子完成測驗上的得分之間並無相關（相關係數值 r = .07）；而受試者在個我取向成就動機量表上的得分，與其在 EPPS 上的得分之間則有正向相關（相關係數值 r = .53）。這個結果顯示：個我取向成就動機量表同時具有聚合效度與區辨效度。

（三）成就動機與個人背景變項的關係

首先，男生與女生在社會取向成就動機或個我取向成就動機兩個變項上的平均數均無顯著的差異。其次在社會取向成就動機這個變項上，居住在省縣轄市之受試者的平均數（M = 111.78），顯著地高於居住在大都會地區（含臺北市、高雄市及臺中市）之受試者的平均數（M = 105.10）。在個我取向成就動機上，居住在這兩個地區之受試者的平均數，彼此則無顯著的差異。最後，本研究想瞭解個人的成就動機與其父母親的教育程度之間具有何種關係，結果發現除了社會取向成就動機與母親的教育程度之間有顯著的正相關外（r = .15，p < .05），其他的相關係數值皆未達顯著水準。個人的社會取向成就動機與母親的教育程度之間呈顯著正相關，表示教育程度愈高的母親，其子女的社會取向成就動機也愈高。

陸、結論

就本研究所得的實徵資料來看，可以獲得下列數項主要結果：

一、社會取向成就動機量表與個我取向成就動機量表，均有相當高的內部一致性與再測信度，顯示這兩個量表所分別測到的是同質性的心理建構，而且每一量表均具有高度的測量穩定性。

二、由因素分析的結果顯示：兩個量表所測到的是兩種幾乎相互獨立且性質迥異的心理建構。換言之，社會取向成就動機量表所測到的是社會取向成就動機，個我取向成就動機量表所測到的是個我取向成就動機。

三、受試者在兩種成就動機量表上的得分，與其在 EPPS 及句子完成測驗上的得分之間的相關係數分析結果顯示：社會取向成就動機量表與個我取向成就動機量表均具有相當的建構效度。其他研究的證據也指出：本研究所編製的兩種成就動機量表，均具有預期的建構效度與預測效度，這表示社會取向成就動機與個我取向成就動機具有不同的性質與預測力。

四、本研究亦發現：在社會取向成就動機與個我取向成就動機兩個變項上，男生與女生之間均無顯著的差異。居住在省縣轄市的受試者，其社會取向成就動機顯著地高於居住在大都會區的受試者。此外，受試者的社會取向成就動機與母親的教育程度之間，呈低而顯著的正相關。

（本文由余安邦教授摘錄）

成就動機本土化的省思

原論文（與余安邦合著）刊於《「邁向中國人心理研究的新紀元：認同與探索」研討會論文集》，頁 1-66，香港：香港大學心理學系，1987；修訂後以〈成就動機本土化的省思（與余安邦合著）〉，載於楊中芳、高尚仁（主編），《中國人・中國心：人格與社會篇》，頁 201-290，臺北：遠流出版公司，1991。

壹、前言

從歐美有關成就動機之研究的發展軌跡來看，自 1930 年代 Murray 的重要著作《性格的探究》（*Explorations in Personality*）一書出版以來，有關成就需求（need for achievement，簡稱 n-Ach）或成就動機（achievement motive/motivation）的研究，明顯地有兩種不同研究層次的發展。第一種研究層次，是從微觀的（micro）角度，以個體為分析的單位，探討個體之成就動機的本質、發展、及其與成就行為的關係等等。第二種研究層次，則是採取巨觀的（macro）觀點，也就是一種從上往下觀照的社會文化觀。這一層次的研究重點是在探討某社會文化中的學習歷程，培養或塑造出其成就動機。此外，經由瞭解該社會成員對成就（achievement）的態度及價值為何，進而據以找出集體成員的成就動機與該社會之經濟及科技發展的關係。

貳、歐美成就動機理論模式及其測量方法

一、成就動機理論的發展及特徵

（一）微觀層次的理論模式

從理論發展的時間順序來看，有關成就動機微觀層次的研究，大致可分為

兩個時期：

1. 機械取向的研究途徑（Mechanistic-Oriented Research Approach）

約從 1930 年代起至 1970 年代止，這個時期學者採取機械取向的研究途徑，基本的看法是將成就需求或成就動機視為是存在於個體內的一種假設性建構（hypothetical construct），當外界情境刺激出現時，才會引發個體追求成就的動機。簡言之，此一研究取向的學者大多把個體視為一被動的有機體；個體成就行為背後的動力主要決定於外界刺激。

2. 認知取向的研究途徑（Cognitive-Oriented Research Approach）

自 1970 年代開始，有關成就動機的研究即進入第二個時期，此即所謂的認知取向的研究途徑。認知取向的研究學者基本上假設：人為主動且具分析能力的有機體；人會主動的尋求訊息、組織訊息、探索訊息的意義。採取此途徑的研究者基本上是以個體整個成就行為作為分析的單位，他們視成就動機為一種認知活動或認知歷程；而影響個體成就行為的主要決定因素是個人對行為後果的歸因向度，對行為成敗的主觀期望，以及對行為後果所引發的情緒等諸因素。

（二）巨觀層次的理論模式

第二種成就動機的研究層次則是從社會文化的角度著眼，主要在於探討某社會文化的宗教觀、價值觀或社會化內涵與個人或集體成員的成就動機之間，以及集體成員的成就動機強度與該社會的經濟及科技成長之間的關係。

二、成就動機的測量

回顧以往有關成就需求或成就動機之測量的文獻，成就動機的測量工具主要可分為兩種不同的類型，一為投射測量（projective measure），另一為自陳式測量（self-report measure）。

（一）投射測量

利用投射測量來衡量個人的成就需求或成就動機，主要基於下述兩個假

設：1. 動機是一種心理的或性格的變項，它存在於個體的前意識（preconscious）或潛意識（unconscious）層次；2. 投射測驗是唯一有效且足以誘導出個人的需求或動機的方法。利用投射測驗所得到的分數，才是成就動機的真正指標。唯有投射測驗才能確實反映出個人成就動機的強度。

（二）自陳式測量

自陳式測量有一定的指導語與特定的刺激，且透過標準化的程序，要求受試者做出特定的反應。贊成以自陳式測驗來衡量成就動機的學者大多認為：投射測量易受研究者主觀判斷的影響，記分較不客觀，且又費時，通常這類測驗的信度多偏低，效度也大有問題。由於對投射測量之不滿，不少學者紛紛建立自陳式測量工具。

參、歐美成就動機理論的一些哲學背景

一、理性主義與經驗主義

理性主義者認為人不但天生就有認識的能力，而且有認識的內容。經驗主義者卻認為人沒有任何的先天觀念，所有人類的知識都是後天的，而且它的形成都是經過感官經驗。唯有透過感官經驗才有知識，凡是不透過感官經驗，而只是理性的清晰明瞭的觀念所得出的東西，都是不真實的。因此，經驗主義最主要的信念是知識的被動性與受動性，因為我們的感官，相對於外在世界而言，多多少少是被動的。然而，理性主義所強調的卻是理知直觀，以及知識的主動性。

二、自然主義與人文主義

自然主義的發軔，很顯然的受經驗主義直接或間接的導引。至於在西方十九世紀後半期的人文主義中，則有所謂的新康德學派、歸納形上學及新士林哲學。人文主義中提倡人的精神與價值的超越性，肯定人性的尊嚴倫理道德的崇高，凡此皆與理性主義的倫理觀中遵循自蘇格拉底與柏拉圖以來的主知主義理路，以及由理性主義所導引的唯心論的主張，皆有十分密切的關係。

三、功利主義與實用主義

　　功利主義是典型的英國式的倫理學說，而英國哲學有著源遠流長的經驗主義傳統。功利主義者主張以行為的後果來判斷行為的善惡是非，此一強調行為後果是道德行為的首要標準的看法，對心理學理論有相當深遠的影響。就成就動機理論的範疇來看，動機的期望理論（expectancy theory of motivation）的基本觀點與「行為後果」這個概念是緊緊相扣的。簡言之，實用主義主張以實際的效果為真理的標準。就這一點而言，我們不難看出實用主義實具有功利主義的歷史傳承。原文以杜威思想為例，可知杜威的哲學思想如何影響到社會科學，甚至心理學的研究取向。我們似乎也可從西方成就動機理論的特色中發現杜威思想的痕跡。

肆、對歐美成就動機理論及其測量的反省

一、微觀層次理論模式的檢討

　　綜合多位學者對成就動機所作的各種不同的分類，我們歸納為兩種基本類型，第一種類型叫做「個人的」（personal）成就動機，第二種類型稱為「情境的」（contextual）成就動機；前者強調個人的抱負與能力的重要性，後者著重的是社會比較或社會參考標準的重要性。由此可以清楚看出：將成就動機或成就需求這個概念多向度化，已經形成一種趨勢。

二、巨觀層次理論模式的檢討

　　從巨觀的（或社會文化的）層次來討論成就動機，有幾個重要的問題至今仍時有爭論。第一個問題是：一個社會的社會化內涵（例如子女教養方式），對於個人的成就動機到底有什麼影響。第二個重要的爭論是：不同社會文化各有其不同的社會結構與社會運作系統，這些因素對不同社會成員的成就動機會有不同程度的影響。以上兩個問題顯示成就動機不是一個具跨文化普遍性的心理建構。

三、成就動機測量工具的檢討

以往的研究分析顯示：成就動機投射測量的信度皆明顯的偏低，而各種測量成就動機不同的工具之間，在測量效度上也都存在著高度的不一致性。造成這些測量上不一致的原因是什麼；到底投射測量所測到的成就動機，與自陳式測量所測到的成就動機是否相同；或者本質上投射測量與自陳式測量即存有極大的差異；這兩種不同性質的測量，與成就動機是單向度或多向度的爭論有無關係。以上諸問題均為學者爭論的焦點。

伍、臺灣地區成就動機之研究的回顧與反省

一、理論建構方面

從巨觀的角度而言，將近三十五年來臺灣地區的研究結果，只是呈現出許多繁雜而無累積性的研究發現，而幾乎看不到一個成就動機的理論模式或研究學派的出現。這些繁多但卻散漫的研究，既不再重新驗證國外的研究發現，也不以研究國人特有的成就動機的重要現象為主題，因而也就更談不上修正成就動機舊有的理論，或創立新的成就動機理論了。簡單地說，卅多年來臺灣地區有關成就動機的研究，幾乎遠離了「心理學概念與理論的中國化」的目標。

二、測量工具方面

從成就動機之測量工具的使用情形看，臺灣地區有關成就動機的研究歷史，大致可分為兩個時期。第一個時期約自 1955 年始至 1970 年止，有三個重要的現象：第一、早期臺灣的心理學界藉著翻譯或修訂 TAT，作為測量個人成就需求或成就動機的主要工具。後來則以翻譯及修訂 EPPS 作為測量個人成就需求的工具之一。第二、由於不滿於原來 TAT 或 EPPS 等工具在施測過程的標準化問題、計分系統的客觀性問題、測驗圖片的適用性問題、量表分數性質的問題、以及量表作答形式的缺點等等問題，臺灣心理學者覺得不能採用直譯自西方學者所建立的測驗或量表，而必須重新加以修訂，並建立測驗的信度、效度、常模，以及測驗的施測方式與作答形式等等。第三、臺灣心理學界所從事

的研究，其研究重點並不在於直接以成就動機為探討的主題，而是在於介紹或修訂西方的心理測驗，而這些測驗（例如 TAT 或 EPPS）的用途主要在於衡量各種個人的心理需求，有關個人成就動機的測量，只是這些工具欲測範圍的一部分而已。

第二個時期約自 1970 年起迄今，臺灣的心理學界在成就動機或成就需求的測量方面，除了繼續以 EPPS 為工具從事研究之外，另外一種情形是研究者自己開始編製測驗或量表。這些由研究者自編的成就動機測量工具有兩項特色，第一、這些自編的工具大多不是以某理論概念為基礎編製而成，而是改編自西方學者所發展的工具，最多充其量也只是將西方的工具稍作修飾而已。第二、這些測量工具大多是自陳式問卷或量表。

三、主要研究發現

以往臺灣地區的研究，主要是以各級學生（約共占 80%）為研究對象，而以一般成人為對象的比例則明顯偏低。欲提高未來臺灣地區有關成就動機的研究結果的解釋力與概括性（generality），今後的研究能多以一般社會成人或在職青少年為研究對象應該是必要的。

（一）個人的背景因素與成就動機

在個人的背景因素與成就動機的關係之探討方面，性別因素向來是研究的主題之一。到底男女的成就動機何者較強？何者較弱？或兩者無分高低？至今仍難下定論。且造成男女之間的成就動機有差異或無差異的可能影響因素為何，至今亦未有定論。至於在個人的家庭社經地位與成就動機之間的關係方面，我們認為家庭社經地位與子女成就動機之間的關係是相當複雜的，而瞭解它們之間的互動機制卻是十分必要的。

（二）個人的心理因素與成就動機

三十五年來臺灣地區有關個人的心理因素與成就動機之探討的研究頗多，其中個人的心理因素所涉及的層面亦廣，例如，自我概念、自我態度、內外控

信念、考試焦慮、智力、價值觀、社交能力、與友伴的關係、個人的學習態度、及其他個人的人格特質等等。

(三) 個人的家庭因素與成就動機

在目前我們所蒐集到的文獻中，有關家庭因素與個人的成就動機的探討並不多，其中所涉及的家庭因素包括父母的管教態度及期望、父母的就業情形與職業聲望、父母與學校聯繫的程度、及父母的人格特質等等。在這方面的研究中，以探討父母的管教態度及期望與子女的成就動機之關係的研究，對於成就動機的社會化機制的瞭解頗有助益。

(四) 學校因素與成就動機

學校是個人人格發展過程中個人化（individuation）與社會化（socialization）的主要場所之一。在個人成就動機的發展過程中，無疑地學校教育將扮演著非常重要的角色。

陸、成就動機本土化研究的實例——現況與研究方向

由以上西方成就動機理論及其測量工具的內容與發展過程，以及三十幾年來臺灣地區所從事的研究結果，我們可以發現：臺灣地區有關成就動機之研究的特色，其實只是整個臺灣心理學研究的一個縮影。

一、現況

1978年開始，楊國樞即嘗試修改西方學者所發展的成就動機概念與理論。然而，1982年以前，楊國樞對於西方成就動機理論所作的修正，僅止於概念性的分析，尚缺乏實徵性的研究證據。至於成就動機測量工具的建立，當時亦未開始進行編製的工作。以楊氏早期的想法為基礎，1985年起，余安邦與楊國樞開始著手進行研究，其目的在於建立新的成就動機概念模式，並發展一套新的成就動機測量工具。以傳統中國的生計型態及社會結構之特徵為經，並以傳統中國社會的家庭社會化內涵，尤其是父母的教養方式為緯，建立了一個成就動

機的概念模式。該概念模式將成就動機分為社會取向成就動機與個我取向成就動機兩種類型。這兩種成就動機分別在「成就目標」（achievement goal）、「成就行為」（achievement behavior）、「結果評價」（outcome evaluation）、「最後的後果」（final consequence）、及「整體特徵」（overall characteristic）等五方面各有其獨特的內涵與特徵。

簡單地說，余、楊二氏將成就動機界定為「個人想要超越某種外在決定的或內在決定的目標或優秀標準的動態心理傾向；而該目標或優秀標準的選擇是由社會或個人所決定的；無論何種選擇，個人的行為結果均伴隨著某種程度的不確定性」。根據這個定義，所謂社會取向成就動機是指一種個人想要超越某種外在決定的目標或優秀標準的動態心理傾向；而該目標或優秀標準的選擇主要決定於社會（例如父母、師長、家庭、團體、或其他重要他人）。個我取向成就動機則是指一種個人想要超越某種內在決定的目標或優秀標準的動態心理傾向；而該目標或優秀標準的選擇主要決定於個人自己。

最近，楊國樞與鄭伯壎以 462 位社會成人為對象的研究，曾耀輝以一群臺灣高科技企業創業領導者為對象的研究，以及黃堅厚以 106 名臺灣師範大學的學生為受試者的研究結果，均發現余、楊二氏所編製的社會取向成就動機量表與個我取向成就動機量表，均具有良好的區辨效度（discriminant validity）。

在提出成就動機的概念模式之後，楊國樞與余安邦又開始從事有關中國人的成就動機與其對成敗歸因的關係之探討。楊、余二氏的主要論點是：自動機到行為後果之間的認知過程，主要可分為四個階段，它們分別是：對行為結果的評價（behavioral outcome evaluation）、優勢的因果歸因（dominant causal attribution）、主要的情感及認知的後果（major affective and cognitive consequence）、及主要的動機的後果（major motivational consequence）。他們認為：高社會取向成就動機者與高個我取向成就動機者，對於事件成敗的歸因內容，以及因歸因的不同所導致的情感上與認知上的變化，會有不同的特徵與型態。

二、未來的研究課題

未來有關微觀層次的研究重點：

（一）有關個體成就動機之發展的探討。正如余安邦與楊國樞所指出：傳統中國人所具有的主要是社會取向成就動機，因此，從成就動機發展的角度來看，中國人首先形成的是何種成就動機；隨著個體的發展，這兩種成就動機在質與量上的變化情形又是如何。這些問題皆是未來有待探討的重要課題。

（二）成就動機與個人的成就行為的關係之探討：以西方學者所獲得的有關成就動機與成就行為的關係，是否可類推到中國人身上？社會取向成就動機及個我取向成就動機與個人的成就行為之間的關係是否有所不同，今後更是值得我們深入加以探討。

未來有關巨觀層次的研究主題：

（一）關於社會化方式（尤其是父母的教養方式）與成就動機的關係之探討：社會取向成就動機的形成與發展之社會化機制為何，父母是透過何種訓練手段或教養方式，因而使其子女具有高度的社會取向成就動機。此二者間的真正關係，當然必須透過往後研究證據的檢驗。很顯然地，釐清中國人之社會化內涵與其成就動機之間的關係，是未來建立成就動機之社會化理論的一項重要課題。

（二）一個社會的家庭社會化內涵，尤其是父母對子女的訓練方式，顯然是影響子女之成就動機的主要決定因素，那麼這種社會化內涵的社會文化基礎又是什麼。

（三）最後，我們所要提出來的是關於成就動機與國家之經濟及科技發展的關係之探討。許多學者企圖提出一些理論或概念來解釋東亞的經濟奇蹟。我們認為：在串聯儒家倫理與東亞經濟發展的因果關係之間，社會取向成就動機這個概念，在中國人之成就動機理論的建構上，定會扮演一個積極而正面的角色。我們也相信社會取向成就動機這個概念，必有助於解釋東亞社會之經濟發展，而「儒家倫理→社會化內涵→社會取向成就動機→集體取向成就行為→東亞（中國）經濟發展」，將是未來成就動機理論本土化研究的主要參考架構之一。

（本文由余安邦教授摘錄）

現代性員工與傳統性員工的環境知覺、工作滿足及工作士氣

原論文刊於楊國樞、黃光國、莊仲仁（主編），《中國式管理研討會論文集》，頁260-291，臺北：國立臺灣大學、中國時報，1984。

一九七〇年代，正是美國流行現代化理論與組織氣候（或工作環境知覺）模式的年代，現代化理論認為學習西方經驗是非西方社會現代化的唯一途徑；而組織氣候的理論與概念則主張工作者個人的工作動機與態度，會受到企業內的社會或是組織氛圍的影響。因而，結合心理素質與組織氣候兩者，來探討臺灣工作者之傳統性／現代性與組織氣候的關係是一個可行的研究方向，一方面能夠瞭解個人屬性的現代性如何促進職場管理的現代化，一方面也可以解決本地青年工作者的心理適應問題。

現代化理論認為世界各地如果想要現代化，就得以已有傑出經濟成就的西方國家或社會為師，效法他們的作法，才能奏效。此外，要促成一個國家或社會的現代化，也需要從心理學的角度來探討現代人的特質，以提出培養現代人心理特質的可能方法，促使傳統人朝向現代人轉變，進而帶動整個國家或社會的現代化。這樣的想法，在哈佛大學教授 Inkeles 出版《從傳統人到現代人：六個發展中國家的個人變化》的專書以後，更引起了國際學術界的注目，全球各地紛紛跟進，探討現代性的議題。

受到此一時代思潮的影響，我及研究團隊也在臺灣以心理學方法從事「現代性／傳統性」的研究，並在 1970 年代編製了《個人傳統性──現代性量表》（Individual Traditionality-Modernity Scale），做為衡量現代性—傳統性的工具，並完成了一系列樣本龐大的實徵研究，探討這種心理素質的內涵與作用。由於這些研究大多是以一般社會人士與大學生為主，是否適用於職場工作者不無疑

問，因此，需要將此思考軸線延伸進入企業組織的場域之中，察看個人現代性與企業管理策略或人事管理作法間的關係，並比較現代性與傳統性等兩類不同個人屬性的員工，在組織氣候知覺上或是其他工作態度上是否有所差異，本文就是在這種時代背景與思路下完成的。

首先，我認為管理既是組織中的一種行為，則其方式與效果必與人的觀念、需求及習慣密切關聯。在管理的歷程中，管理者的觀念、需求及習慣會影響他們所設計或採用的管理策略與方法，而受管理者在此管理策略與方法下能否有效運作，則又與他們自身的觀念、需求及習慣大有關係。也就是說，管理要想有效，管理者與受管理者這兩類人的特質，必須與管理策略及方法的行為特徵彼此契合。在管理運作的過程中，這種契合不僅應產生於個人層次，而且亦應見之於集體層次。為了達成這種管理上的契合狀態，管理策略與方法的設計及執行應該配合人的性質（特別是受管理者的心理與行為特質）。依此原則，在同一社會內，如果不同機構係由不同類型的人所組成，便應設計或採用有所不同的管理策略與方法。不同社會的文化差異甚大，其民眾在觀念、需求及習慣上大有不同，在各自的企業及其他組織中，尤宜相應且設計或採取不同的管理策略與方法。

可是，在全球性的現代化歷程所造成的社會變遷中，各國的社會文化在不斷改變，各國民眾的心理行為也在不斷改變。為了有效適應這種社會與人的變遷，企業單位必須在組織結構與管理方式等方面，做相應的改善或調節。就社會層次而言，全世界主要的變遷軌跡是從傳統社會（如農業社會、游牧社會、漁獵社會等）蛻變為工商社會，因而所造成人的主要變遷方向則是從傳統人變為現代人。傳統人所具有的主要心理與行為特徵，互相關聯而成一複雜的「集結」；而現代人所具有的主要心理與行為特徵，則互相關聯形成另一複雜的「集結」。前者可以稱為「傳統性集結」，後者可以稱為「現代性集結」。這兩種集結所代表的是兩類相當不同的人，因而，在組織內兩者所能接受的管理策略與方法應該是不同的。

然則，何種管理策略與方法比較適合傳統性的工作者？何種管理策略與方法又比較適合現代性的工作者？在現代化的社會變遷中，當民眾的現代性逐漸提高而傳統性逐漸減低之時，管理的策略與方法究竟應從事何種相應的調節？

這些都是重要而有意義的問題,但過去在比較管理學與文化比較心理學中,從理論的觀點對這些問題作概念性的探討者較多,但以實徵的方法為這些問題尋求確切答案者則甚少。至於在同一社會文化內,直接比較現代性與傳統性兩類工作者的適宜管理方式的研究,則更是少如鳳毛麟角。

　　基於以上的認識,本文擬採實證研究的方式,來比較現代性與傳統性兩類工作者,在工作環境知覺、工作滿足及工作士氣三方面的差異,並突顯其管理意涵。選擇以上三類有關工作心理的變項的原因是,工作環境知覺涉及的是與工作及其環境有關的認知或看法,工作滿足涉及的是與工作及其環境有關的情緒或感受,工作士氣則涉及與工作及其環境有關的行為傾向或意願。因此,工作環境知覺、工作滿足及工作士氣,分別涵蓋了工作者對其工作及有關環境之認知、感受及行為(或反應)傾向三方面,而可組成工作者對工作及其環境的一套態度,亦即工作態度。所以簡單來說,本文的主要目的即在比較現代性工作者與傳統性工作者在工作態度上的差異。

　　為了驗證現代性與傳統性員工在工作態度是否有所差異,需要進行實徵研究。我的作法是採用問卷調查的方式,要求員工填答問卷,蒐集必要的資料,並首先將受測員工區分為現代性工作者與傳統性工作者,然後分別比較他們在工作環境知覺、工作滿足及工作士氣上的差異,並討論其在企業管理上的意義。主要的研究對象為一家公營企業及其員工:此公司規模龐大,分支機構眾多,員工約有 17,000 人;公司之管理與營運相當制度化與現代化。研究資料的蒐集時間係自民國七十年底至七十一年初,抽取 3,735 人來填答問卷,汰除作答不全者外,共得有效樣本 3,633 人。由於取樣比率頗高(約全體員工之 22%),具有相當程度的代表性;蒐集的員工資料,包括:一、工作環境知覺,二、工作士氣量表,三、工作滿意,四、個人傳統性與現代性,以及五、個人人口統計背景資料。

　　資料的蒐集是以團體方式行之,主持施測的人員皆為受過心理學的專業訓練,透過標準施測程序,特別強調研究的獨立性(保持學術的超然性)與實用性(供作改進企業管理之參考),以提高填答資料的可信度與正確度。資料蒐集完畢之後,再進行統計分析。由於本文的主要目的,在探討現代性員工與傳統性員工在工作環境知覺、工作滿足及工作士氣三方面的差異。因此在分析資料時,先依據每一員工在「個人現代性量表」上的反應,計算其總分,然後再

依照中性點切分成兩群,高分者為現代性員工,低分者則為傳統性員工。現代性員工具有偏向現代化思想觀念,傳統性員工則具有偏向傳統化的思想觀念。傳統化的思想觀念皆近似傳統中國人的思想觀念,現代化的思想觀念則背離傳統中國人的思想觀念。

至於在工作環境知覺、工作滿足及工作士氣三類變項上的總分,其計算方式亦採累加之法。在「工作環境知覺量表」上,每題可得 1 分(在正向題目上答「非常不同意」或在負向題目上答「非常同意」)至 6 分(在正向題目上答「非常同意」或在負向題目上答「非常不同意」);此一量表所測的 14 個工作環境知覺變項,各含不同個數的題目,每一變項所含題目的得分累加,即得該變項的分數。在「工作滿足量表」上,每個可得 1 分(在滿意形容詞上答「否」或在不滿形容詞上答「是」)至 3 分(在滿意形容詞上答「是」或在不滿形容詞上答「否」);此一量表所測的 5 個工作滿足變項,各含不同個數的題目,每一變項所含題目的得分之和,即為該變項的分數。在「工作士氣量表」上,每題可得 1 分(在正向題目上答「非常不同意」或在負向題目上答「非常同意」)至 6 分(在正向題目上答「非常同意」或在負向題目上答「非常不同意」);此一量表所測的 5 個工作士氣變項,各含不同個數的項目,每一變項所含題目的得分之和,即為該變項的分數。每一員工在各變項上的得分計算完畢後,即進行分析與比較。

結果發現,在工作環境知覺方面,現代性員工在工作要求、工作責任、領導能力、冒險革新、員工忠誠、體恤支持、人際關係、獎酬公平性、制度清晰性,以及制度合理性上的平均數,皆顯著大於傳統性員工,且此種差異並不受性別、職等及年資的影響;其次,現代性員工在決策權力與溝通程度兩個工作環境知覺變項上的平均數亦有大於傳統性員工的傾向,但此種差異僅見之於性別、職等及年資的特殊組合;第三,現代性員工與傳統性員工在物理環境與意見表達兩個工作環境知覺變項上的平均數皆無統計上的顯著差異。在工作滿足方面,現代性員工至少在工作本身、薪水、升遷及上司四方面的滿意程度上,有大於傳統性員工的傾向,但此種差異較見之於性別、職等及年資的特殊組合。至於工作士氣方面,與傳統性員工相比,現代性員工的工作動機與機構認同較高,離職傾向與工作厭倦較低;而且除了在機構認同上的差異會因性別、

職等及年資的不同有異之外,在其他三個變項上,差異的有無皆不受性別、職等及年資的影響。

綜合而言,在三組組織氣候與態度變項上,所有顯著差異的方向都是現代性員工較傳統性員工為佳;亦即,與傳統性員工相比,現代性員工對工作環境有較多的良好知覺,在工作滿足上有較強的滿意,在工作士氣上有較大的良好反應。換言之,現代性員工的工作環境知覺、工作滿足及工作士氣皆較傳統性員工為好。這種傾向不管是在單變項或多變項的統計分析方式,皆顯示兩類員工在三組變項上具有統計上的顯著差異,且其方向皆有利於現代性員工,而且亦不受其他員工反應心向(response set)的影響。

根據以上結果,可以進一步推論,如果個人現代性或傳統性確能影響工作環境知覺、工作滿足及工作士氣,則其中的影響的途徑可能為何?我認為有幾種可能:首先,員工在與環境建立及維持的關係上,現代性員工比較偏重作業取向(task orientation),傳統性者則比較偏重人際取向(interpersonal orientation)。前一取向比較能夠人事分開而就事論事,著重以工作表現或績效來尋求滿足;後一取向則比較人事不分或就人論事,著重以人際關係的成功來尋求滿足。就企業組織而言,在一個相當現代化的公營企業組織中,由於管理與業務的運作力求制度化與理性化,因此,身在其中的現代性員工便會因執著作業取向而如魚得水,比較會對工作環境與工作事物感到滿意,士氣也會較高;但身在其中的傳統性員工卻會因執著人際取向而感到格格不入,而比較會對工作環境與工作事物感到不滿,士氣也會較低。

另外一個可能的居間變項是內控或外控觀念,由於自我效能感是現代性的重要成分之一,現代性者較偏向內控觀念,傳統性者則偏向外控觀念。偏向於內控觀念者,認為自己是否會獲得獎懲、升遷或成敗,與自己的行為或努力有密切關係,因為持有這種「操之在我」的信念,故會比較主動而積極;偏向外控態度者,則認為自己是否獲得獎懲、升遷或成敗,與自己的行為或努力並無關係,而持有「操之在外」的信念,故為人比較被動而消極。基於上述差異,在一個相當現代化的企業組織中,現代性者做事比較努力而積極,並能主動改變環境,自易創造較好的組織生活與工作感受;傳統性者做事比較呆滯而消極,且會被動遷就環境,自難創造較好的組織生活與工作感受。另一項更為直接的

解釋是適應能力的差異。根據相關研究，在日常生活中，現代性較高者具有較好的適應能力。因而，這種適應能力上的差異，也可以解釋現代性員工比傳統性員工在工作環境知覺、工作滿足及工作士氣有較佳表現的原因之一。當然，還可繼續提出其他的居間變項，來解釋現代性與傳統性者何以有本研究所發現的差異。不過，以上三例足可說明如何運用居間變項，來瞭解現代性或傳統性對工作環境知覺、工作滿足及工作士氣的可能影響。

最後，可以討論了研究發現對企業管理的涵義：首先，本研究的結果顯示，在一個相當現代化的企業組織中，現代性工作者在工作環境知覺、工作滿足及工作士氣等方面皆較傳統性工作者為佳。這似乎暗示著現代性工作者較能與現代化的企業組織與管理相契合，而傳統性工作者則較難與現代化的企業組織與管理相契合。從這個原則加以引申，一個企業機構的組織與管理現代化程度愈高，愈應錄用現代性較高的工作人員。否則，當企業組織與管理的現化程度與工作人員的現代性相差太大，則機構與員工兩相失調，必將雙受其害。在人員甄選時，這個原則具有相當程度的參考價值。另外，如果已有的工作者難以配合組織與管理的現代化程度，則可設計適當的訓練方案加以強化，以提升員工的現代化程度。

最後要提的是，這篇論文是發表在中國式管理研討會上，此會是由我與中國時報共同來召集的，我們號召了當時臺灣產、官、學各方面的高級人力齊聚一堂，共襄盛舉，用以探討華人管理哲學及其與經營實務間的關係，進而希望加速臺灣企業進一步提升管理水準與整體生產力。除此之外，亦討論在現代化的過程中，華人的傳統價值究竟扮演何種角色，是助力呢？還是阻力？這也是討論十分熱烈、令人特別關注的焦點。在此研討會的基礎上，可以進一步察看在現代社會中，華人的傳統價值是否仍具有一定的影響力，而與本地的經濟發展密切相關。

（本文由鄭伯壎教授摘錄）

傳統價值觀、個人現代性及組織行為：
後儒家假說的一項微觀驗證

原論文（與鄭伯壎合著）刊於《中央研究院民族學研究所集刊》，64: 1-49，1989。

第二次世界大戰以後，尤其是二十世紀七〇年代以後，日本、臺灣、韓國、新加坡，以及香港等國家或社會，經濟發展甚為快速，獲得令世人驚異的輝煌成就。由於這五個國家或社會的地理位置都在東亞，而且在過去的歷史中都曾受到儒家的深厚影響。因此，有些學者認為儒家倫理或思想，是促進東亞國家經濟發展的主要因素。這種看法是在 Max Weber 有關西方資本主義何以形成之理論的影響下，所提出的一種類比的看法，認為基督教的新教倫理（特別是卡爾文教義）是十七世紀以來西方資本主義興起的主要促成因素。而儒家倫理（Confucian ethic），則很可能就是這些國家快速經濟發展的重要因素。也就是說，基督教倫理可能是西方國家經濟發展的文化動力，儒家倫理則是東方國家經濟發展的文化動力。

其中，「後儒家假說」（post-confucian hypothesis）則進一步強調：與儒家意識形態有關的四項文化特質，對東亞社會中的企業組織及其他機構具有重要的正面影響，從而有利於這些國家的經濟發展。這些文化特質包括：一、家庭中特殊的教化方式足以增進鎮靜節制、重視教育、學習技能，以及對工作、家庭、責任的認真態度；二、具有幫助所認同之團體與成員的傾向；三、具有階層感，而且認為階層是自然的；四、認為人際關係具有互補性，此種觀念與階層感配合後，可以擴大機構或組織中的公平感。

幾年以後出版的《東亞銳鋒》（Eastasia Edge）一書，亦強調儒家倫理是東亞經濟發展的共同源頭，這些倫理包括家族主義、重視教育、勤奮節

儉，以及尊重政府等等的價值觀。與此類似的，則是世俗化儒家思想（vulgar Confucianism）的概念，認為這種是流行於升斗小民之間的儒家倫理，由於包含了一套引發人民努力工作的信仰與價值，一種對家庭無條件、無保留的奉獻，以及一套重視紀律與節儉的規範。因而，可以形成一種良好的工作倫理（work ethic），並進而具有增進與提升生產力的功能。同時，儒家重視和諧與團結的規範，亦會從傳統的中國家庭（及科層化的帝國）成功地轉化到現代的公司、工廠或其他機構。基於上述理由，儒家倫理被認為是促進東亞社會快速經濟發展的重要因素。

　　至於儒家倫理如何影響東亞國家的經濟發展與現代化這一問題，有的學者提出了儒家轉化力之說，認為價值系統能將社會中的結構性元素加以轉化，從而有利於經濟發展。轉化的途徑是共同的價值觀念在意識形態上先使某些有利於經濟發展的新活動合理化或合法化。其中，儒家思想中與現代化有關的內涵主要有三，即仁道、修身，以及濟世。這三種主要的儒家之「道」，應是東亞社會的主要價值觀念，能夠促使科技及其他知識與技能的追求合理化與「神聖化」，從而有益於自己的家庭、團體、社會及國家的發展，終至將社會與國家轉化與轉型，而進入現代化的狀態。

　　以上是一種看法，另外一種更流行的看法則是「後儒家假說」的觀點，認為組織效率是後儒家倫理（post Confucian ethic）與經濟發展之間的中介變項，並指出數種可能有利於組織效率的傳統文化特質，可以作為後儒家倫理如何影響經濟發展的解釋。也就是說，透過後儒家倫理的作用，華人社會的工作者容易展現以下的行為：一、在組織情境中，願意和上司、下屬及同僚合作；二、認同公司或工作團體的目標；三、工作勤奮，並願意學習工作技能；四、接受紀律、權威，以及控制；五、願意創新。這些員工與組織行為都有利於企業組織內部效率的提高。一旦社會內的企業組織都能發揮高度的效率與效能時，則整個社會或國家的經濟發展就容易成功，並取得一定的成就。

　　後儒家假說的正確與否是一項實徵研究的問題，值得進一步探討。目前只有在微觀層次上有兩項研究得到一些結論，可以作為檢驗後儒家假說的參考。這兩個研究的實徵資料，所得到的結果與結論皆與後儒家假說相牴觸。由於進一步檢視這兩項研究時，會發現他們在方法上都各有其侷限，或未可據以即行

否定後儒家假說的觀點。也就是說，至少自微觀層次來看，他們所得的結果似乎使我們對後儒家假說的可靠性產生懷疑，但因為存有一些研究上的問題，為了慎重起見，在正式否定後儒家假說的可靠性以前，尚應從事更直接、更適當的驗證，以進行準確判斷。因此，本研究目的即在從事此項實徵驗證的工作。

為了超越以往研究的侷限，本研究特別為衡鑑後儒家倫理觀念或價值觀念，設計一套適合個人填答的問卷，直接蒐集與傳統價值觀有關的資料，並檢視是否符合心理計量的要求，以探討此等價值觀與組織行為的關係。同時，為了理解過去實徵研究發現對後儒家假說可靠性的意義，本研究亦探討個人傳統性、個人現代性二者與代表後儒家倫理之傳統價值觀的關係，以及前二者與組織行為的關係。此外，在世俗化儒家思想的長期影響下，華人的成就動機應該是社會取向的，而不是個我取向。前者是一種在集體主義社會中所易於形成的成就動機，後者則是一種在個體主義社會中所易於形成的成就動機。這兩種不同的成就動機與代表後儒家倫理的傳統價值觀究竟各有何種關係？兩者與組織行為又各有何種關係？後儒家倫理的傳統價值觀對兩種成就動機是否有不同的影響，從而對組織行為會造成不同的作用？為了能更完整地瞭解儒家化的傳統價值觀念對組織行為的影響，以上的問題都將在本研究中加以探討。總之，本研究將探討傳統價值觀、個人傳統性、個人現代性及成就動機與工作偏好、組織投注等組織行為變項的關係，以檢驗後儒家假說的正確性。

本研究的對象主要來自電子製造業與服務業的從業人員，選擇這兩種產業是基於電子製造業是臺灣目前產業的主力，多年來一直居外銷產品的第一位；而服務業則為臺灣未來必須大力發展的重點。因此，以製造業與服務業的受試者為研究對象，應能顧及臺灣產業的特性。此外，也考慮了企業組織的規模，受試者分別來自大型企業與中小型企業。在受試者的性別的方面，則兼及男性與女性，總計獲得有效問卷共 462 份；主要測量的變項共有八類，包括：一、傳統價值觀，二、個人傳統性，三、個人現代性，四、成就動機，五、工作偏好，六、組織投注，七、工作績效，以及八、社會贊許。其中，新編之傳統價值觀量表，經過初步的因素分析後，發現總共包含五個因素，即一、家族主義，二、謙讓守分，三、面子關係，四、團結和諧，以及五、克難刻苦。至於其他各項量表都是屬於常用的標準化量表。

在資料蒐集方面，有的組織單位是利用公司教育訓練的時間，以團體施測的方式，來蒐集資料；有的則是直接分發給員工個人填答，一段時間（約兩個星期）後，再由研究者的助理人員收回。總共發出 628 份問卷，回收 476 份。資料蒐集完畢後，進行廢卷處理工作，將答題遺漏過多者汰除，結果獲得 462 份有效問卷。在統計分析方面，主要是求算傳統價值觀之五個因素、個人傳統性之五個因素、個人現代性之五個因素、成就動機之兩個因素、工作偏好之六個因素、組織投注之兩個因素，以及工作績效之兩個因素等變項與社會贊許性的相關，俾能瞭解社會贊許心向對作答反應的影響。為得知傳統價值觀、個人傳統性、個人現代性及成就動機四類變項與工作偏好、組織投注，以及工作績效三類變項的關係，則分別計算皮氏積差相關係數；必要時，也計算淨相關係數與正準相關係數，以作為輔助性的分析。

結果發現，在儒家化傳統價值觀與個人傳統性、個人現代性、成就動機三者的關係方面，以傳統價值觀與個人傳統性的關係而言，本研究所得的結果顯示：傳統價值觀的五個因素與個人傳統性的遵從權威、孝親敬祖兩因素間皆有較高的正相關，但與其他三項個人傳統性因素則相關頗低，其中與宿命自保的低度相關之值甚至為負數。個人傳統性中的遵從權威與孝親敬祖在表面效度（face validity）上與儒家化傳統價值觀的部分內涵甚為相似，根據前兩者與後者的明顯正相關，可說在構念的性質上，個人傳統性有相當部分應屬儒家化的傳統價值觀。不過，個人傳統性並非全由儒家化價值觀的內涵所組成，其中的安分守成、宿命自保，以及男性優越三因素與儒家化傳統價值觀的相關皆頗低，宿命自保甚至與後者成負相關的傾向。就這一意義而言，可說個人傳統性的上述三因素與儒家化傳統價值觀的關聯不大。

儒家化價值觀與個人現代性的關係，結果亦甚清楚。大體而言，傳統價值觀主要與個人現代性的疏離自了、樂觀進取兩因素有顯著相關，一為負相關，一為正相關；與平權開放、唯情傾向，以及兩性平等三者的關係則多不顯著。尤有進者，傳統價值觀的五個因素與疏離自了的相關皆為負值，與樂觀進取的相關則皆為正值。照一般人的觀念，儒家化傳統價值觀是一種過時的觀念，其與個人現代性各因素的相關應皆為負值，但事實不然，五項個人現代性的因素中，只有一項（疏離自了）與儒家化傳統價值成負相關，在其他四個因素中，

有三者（平權開放、唯情傾向及兩性平等）與儒家化傳統價值觀無關，其中一項（樂觀進取）甚至與後者成正相關。由此看來，儒家化傳統價值觀較強的工作者，其疏離自了的態度雖較弱，但其平權開放、唯情傾向及兩性平等則自行變動，與傳統價值觀並不相干。至於個人現代性中的樂觀進取之與儒家化傳統價值觀成正相關，具有特別的意義，顯示在現代化的社會變遷歷程中，儒家化傳統價值觀非但不會妨害現代人之樂觀進取的精神的培養，可能反而會促進此種精神的增長。

本研究亦發現各傳統價值觀變項與兩種成就動機皆成正相關，此一發現顯示儒家化傳統價值觀與兩種成就動機皆無牴觸之處，前者甚至可能有利於後者，或可同為某一因素所促進。尤其值得注意的是：除了面子關係外，其他傳統價值觀變項與個我取向成就動機的相關係數，皆較其與社會取向成就動機的相關係數較高，顯示儒家化傳統價值觀可能有利於個我取向成就動機的程度，尤大於可能有利於社會取向成就動機的程度。推而言之，儒家化傳統價值觀不僅可能有利於社會取向成就動機的形成，而且可能更有利於個我成就動機的形成。

至於儒家化傳統價值觀與組織行為間的關係，顯示傳統價值觀各變項與工作偏好、組織投注、工作績效各變項之間皆成正相關，且在控制個人傳統性與個人現代性之後，其對應淨相關係數並未減小。此等結果表示：儒家化傳統價值觀較強的工作者，在選擇工作時對組織結構明確、工作環境良好、工作酬賞優厚、上司體恤部屬、同事關係和睦，以及工作特質豐富等方面的期望或要求皆較高，在工作過程中其組織認同、留職意願、工作表現及守規盡職的程度也較大。換言之，與儒家化傳統價值觀相關聯的是較好的組織行為。儒家化傳統價值觀既然會使工作幹部有較好的組織行為，而較好的組織行為又會進而促使企業機構有較好的業績，最後自可使整個社會或國家的經濟發展更上一層樓。從這個觀點來看，本研究的上述發現可以視為在微觀層次上直接支持後儒家假說，亦間接支持儒家倫理之說與世俗化儒家倫理的觀點。

在個人傳統性、個人現代性二類變項與組織行為的關係方面，本研究發現無論是個人傳統性或是個人現代性，皆非代表一種單純的心理特質，而是包含數種因素或成分，它們與組織行為的關係各不相同，有成正相關者，亦有成

負相關者，而且有些關係還會受到儒家傳統價值觀的影響。這些發現與楊國樞早期所得的簡單研究結果（個人現代性與良好組織行為成正相關）並不完全一致。尤有進者，個人現代化與儒家化傳統價值觀的關係並非全然是負向的，而是有些成分與後者的相關為負，但有些成分卻與後者的相關為正。個人傳統性與儒家化傳統價值觀也並非全然是正向的，而是有些成分與後者的相關為正，但有些成分卻與後者的相關為負。因此，自本研究所得的結果看來，從楊氏研究中之綜合變項「個人現代性」與組織行為的相關係數，實無法確切推論儒家化價值觀與組織行為的關係。至於另一個研究，雖然發現較能展現儒家倫理之人治式的家族企業與公營企業中的工作者，其所知覺到的組織環境及所感受到的工作滿意度，皆較法治式民營企業與外資企業中的工作者為差，但此類結果似乎也難據為否定後儒家假說的論點。

　　總之，本研究結果所共同顯示的主要發現是：儒家化傳統價值觀與良好組織行為有直接而明顯的關係，而且還可對個人傳統性、個人現代性、成就動機及其與組織行為的關係發揮中介作用，影響個人傳統性、個人現代性及成就動機三類變項與組織行為的關係。本研究的結果亦清楚顯示：除了儒家化價值觀的影響外，個人傳統性、個人現代性，以及成就動機三類變項亦含有其他成分，這些成分也與組織行為有所關聯。綜合而言，本研究所得的結果提供了支持後儒家假說的初步證據，表示儒家倫理的華人傳統文化價值變項，可以積極促進正面的組織行為，使得員工認同組織內的領導統御、團隊運作及工作目標，而有利於組織效能的提高；從而，有助於本地或華人社會的經濟發展。

（本文由鄭伯壎教授摘錄）

家族化歷程、泛家族主義及組織管理

原論文刊於鄭伯壎、黃國隆、郭建志（主編），《海峽兩岸之組織與管理》，頁 19-60，臺北，遠流，1998。

　　本文的主要目的在探究華人之家族主義、家族化歷程、泛家族主義及組織管理的關係。其中，第一部分將就認知、感情及意願三個層次，兼採概念分析與實徵研究的方法，討論華人之家族主義的內涵，並探索認知內涵、感情內涵及意願內涵三者的關係。第二部分分析家族化歷程的心理涵義，認為此一歷程是一種複雜的刺激類化（stimulus generalization），並強調華人是經由刺激類化的途徑將家族的組織特徵、人際特徵、及行為特徵推廣到家族以外的團體，且指出家族化歷程在三個主要方面具有刺激類化的現象，包括組織型態的類化、角色關係的類化，以及心理行為的類化。最後，則指出華人的家族主義係經由家族化歷程而變為泛家族主義，並進而探討泛家族主義與華人企業之組織管理的關係。

　　以第一部分的華人家族主義來說，在傳統華人的農業社會裡，社會結構及運作的基本單位是家族而不是個人。在日常生活中，幾乎一切都是以家族為重，以個人為輕；以家族為主，以個人為從；以家族為先，以個人為後。更明白地說，是家族生存重於個人生存，家族榮辱重於個人榮辱，家族團結重於個人自主，家族目標重於個人目標。家族不但成為華人之社會生活、經濟生活及文化生活的核心，甚至也成為政治生活的主導因素。長久浸潤在這樣的社會文化環境中，乃形成了傳統華人強烈的家族主義（familism）。

　　家族主義可以界定為：這是一套在經濟的、社會的及文化的生活中以自己家族為重心的特殊心理內涵與行為傾向，主要包含認知（或信念）、感情及意願三大方面之穩定且相互關聯的態度、思想、情感、動機、價值觀念、及行為傾向。其認知或信念成分主要者應該有五，包括對家族延續、家族和諧、家族

團結、家族富強及家族名譽的重視；其感情成分主要者應有六，即一體感、歸屬感、關愛感、榮辱感、責任感及安全感；其意願成分主要者應有七，即繁衍子孫、相互依賴、忍耐抑制、謙讓順同、爲家奮鬥、上下差序，以及內外有別。也就是說，家族主義是存在於華人個人內心的一種以家爲重的持久性思想、感情及意願，而且時至今日，仍然相當程度地保有此種心理。由於它是一種複雜而有組織的多向度心理組合，因此，其各類內涵間應該是互有關聯的。

由於上述的結論只是基於文獻與生活經驗而來的概念分析，必須進一步從事實徵分析（empirical analysis），並編製工具來加以測量。蒐集資料之後發現，實徵分析所獲得的各因素相當於概念分析中的內涵項目，只是數目與內容上都已有所不同：在認知內涵方面，概念分析中的「重視家族和諧」與「重視家族團結」二者合而成爲實徵分析中的「重視團結和諧」，「重視家族延續」相當於「重視繁衍家族」；「重視家族富足」與「重視家族名譽」二者合而成爲「重視興盛家道」。在意願內涵方面，概念分析中的「相互依賴」、「忍耐抑制」、「謙讓順同」及「上下有序」合而成爲「團結和諧」；「繁衍子孫」相當於「繁衍家族」；「爲家奮鬥」與「內外有別」合而成爲「興盛家道」。在感情內涵方面，概念分析中的「一體感」、「歸屬感」、「關愛感」、「榮辱感」、「責任感」及「安全感」六者合而成爲實徵分析中的「顧家感」。進一步的實徵分析顯示，三個認知內涵因素互成相當程度的正相關，三個意願內涵因素亦互成相當程度的正相關；感情內涵只有一個結合緊密的大因素，涵蓋了概念分析所認定的所有六個感情項目，顯示該六內涵項目間互有頗高的正相關。

總之，華人的家族主義可以說是家族生活經驗的主要綜合性心理結晶。它是一套複雜的心理組合或結構，其中包含了以家爲重的基本知情意內涵，也包含了有關家人關係、家族組織及其運作原則的基本知識與體認。從認知心理學的觀點來看，華人之家族主義中的認知內涵與知識體系，可以說是一套複雜而有組織的基模（schemata）；但從更廣的觀點來看，華人的家族主義可以說是一套複雜的架構（frame）。這一多數華人所共同懷有的心理架構，不僅是華人之以往家族生活經驗的總結成果，而且也是華人詮釋、理解及組構新的家族生活經驗的基本依據。家族主義雖是個人所持有一種特殊心理結構，但因眾多華人都持有相同或類似的家族主義，所以對華人而言，它也是一類重要的文化特徵。

為了更確切地瞭解家族化歷程，可以從三個層次來說明此一歷程所涵蓋的重點，包括：一、將家族的結構型態與運作原則，類化到家族以外的團體或組織；並依據家族的社會邏輯（如長幼有序）來運作；二、將家族中的倫理關係或角色關係，類化到家族以外的團體或組織，即將非家族性團體內的成員予以家人化，成員間的關係比照家族內的情形而加以人倫化；三、將家族生活中所學得的處事為人的觀念、態度及行為，類化到家族以外的團體或組織。

所謂類化是指學習心理學中的刺激類化，亦即人學會對某一情境或刺激（S0）做出某一行為或反應後，不必再經學習或練習，即可直接對類似的其他情境或刺激（Sa）做出同樣的行為或反應。當 Sa 與 S 0 的相似程度愈大，則對 Sa 做出同樣行為或反應的傾向愈大。在家族化歷程中，刺激類化主要是發生在三個層次，即組織型態的類化、角色關係的類化，以及心理行為的類化。

所謂組織型態的刺激類化是將家族的組織原則與結構型態推衍到家族以外的社會團體，依據或比照家族的整體組織與結構來塑造非家族性團體，使後者在整體組織及運作上類似家族。在此過程中，家族式的組織原則是一類可以從家族直接推及到家族外之團體的心理與行為，而家族式的結構型態則是此類心理與行為所造成的結果。在此父權高漲的華人家族中，男性家長居於統治家族的地位，在家中擁有至高無上的權威，並以其在家族內至高無上的權威，領導全家共同努力，以達到團結和諧、繁衍家族，以及興盛家道的目的。因此，會依此權力排序的原則，來塑造家族以外之團體的組織型態與運作方式。

在角色關係的刺激類化上，華人將家族中的主要角色關係與角色行為推衍到家族以外的團體，使非家族團體內的人際關係及行為相當程度地類似家族內的角色關係。在傳統華人家族內，最可能推廣到非家族團體的角色關係應該是五倫內的家人關係，即父子關係（含父女關係）、兄弟關係（含其他同胞關係），以及夫妻關係。傳統華人特別重視五倫，尤其是家中的三倫。在這些人際關係中，每個人在家族中自小即受到嚴格的訓練，因而在關係的形式上非常穩固，在內容上非常確定。更進一步說，每種角色關係都有相當清楚而具體的角色行為，包括了何者該做，何者不該做。對一般傳統華人而言，人生的主要任務便是扮演好家族內各種關係中的人倫角色。在傳統家族的階序組織內，父子、兄弟，以及夫妻這三種角色關係中，兩造的地位都是不平等的─父高於子

（女），兄（姊）高於弟（妹），夫高於妻。其中，最主要的家人關係是父子關係，亦即此一關係是華人家族的主軸。父子關係具有高度的支配力，此一關係的屬性足以影響其他的家人關係，甚至使其他家人關係成為父子關係的附屬關係。

至於家族中兄弟關係，所強調的主要是兄友弟恭，兄愛弟敬，以及兄良弟悌；也就是說，兄對弟要友善、愛護及良好，弟對兄要恭謹、敬重及善事。從這些角色行為可以看出，兄與弟的地位不是平等的，而是兄高弟低。在家族化的刺激類化歷程中，父子（女）關係與兄弟姊妹關係是較易推衍到家族以外之團體的兩類角色關係。非家族團體因無相當於婚姻型態的結構特徵，夫妻關係自較不易產生刺激類化現象。

在心理行為的刺激類化方面，任何將家族之內所形成的心理及行為推廣到家族以外之團體的情形，都可稱為心理行為的類化。實際上，家族的組織型態與角色關係都各有其相應的或密切關聯的心理及行為（如相應的認知基模、概念原型，以及其他思想觀念）。這些相應性的心理及行為是個人在家族的特殊組織結構與角色關係中長久生活所形成的；一旦形成後，又成為組織型態與角色關係進一步穩固、演進及運作的基礎。在家族化歷程中，家族的組織型態與角色關係之所以能推廣到他類團體，主要是依靠這些相應性的心理及行為的類化。此類心理及行為推衍到其他團體之後，當事人即會據以在此等團體中建構類似家族的組織型態與角色關係。

在各華人社會中，經由家族化歷程所形成的泛家族主義，可以見之於家族以外的各類團體或組織，如企業組織、公務組織、教育組織、專業組織、政黨組織、社團組織等。分就家族以外的各類團體或組織，有系統地獲知泛家族主義的真象或現況，分析泛家族主義在組織的結構、特徵、運作及變遷等方面所發揮的正面與負面作用，是華人社會中研究組織與管理的所應認真探討的問題。這一方面的系統性探討不但有助於華人組織與管理問題之本土特性的瞭解，從而對管理改革與效率增進提供更有用的策略，而且有助於本土性組織管理理論的建立與發展。泛家族主義在企業組織內的作用頗多，影響也廣，以下擬就其中幾項加以說明。

首先，是企業文化的泛家族主義觀。華人企業的企業文化相當程度地是

家族化的結果，或多或少反映了泛家族主義的泛家族文化內涵，而展現了以下的現象：一、組織領導者有意無意都會形成家長式的權威，且將此種權威建立在道德或倫理基礎之上；二、組織內強調家庭氣氛，特別重視和諧，鼓勵團隊精神，形成組織是個大家庭或大家都是一家人的一體感；三、組織內形成類似家庭倫理中之長幼與輩分，並建立私人感情以維繫此種特殊倫理關係；四、依關係親疏形成組織內的差序格局，進而導致以組織領導者為中心的內團體，使組織內的層級化更為明顯；五、組織內強調「篤實」的經營理念與文化內涵，重視刻苦耐勞、腳踏實地、勤儉樸實，以及任勞任怨等價值觀念及行為表現。以上這些組織文化的特點，與家族主義的內涵是相當近似的，很可能都是經由家族化歷程推衍到企業組織，成為企業組織內的泛家族主義的一部分。也就是說，華人企業的組織文化相當程度地反映了泛家族主義的特色。

其次，是父權家長式領導的泛家族主義觀。華人企業（尤其是家族企業）中之家長權威式的領導型態，已為中外學者公認為世界華人企業之最突出的特徵之一。在家長權威式的領導系統中，身為領導者所表現的行為主要是專斷作風、貶抑部屬、維護形象（尊嚴），以及教誨部屬等類，身為部屬者所表現的行為主要是順應行為、服從行為、敬畏行為，以及羞愧行為等類。企業組織中領導者與部屬的上述對應行為與家族中家長與家人、父親與子女及尊長與晚輩的對應行為是相當類似的。這種類似性主要是來自家族化歷程，亦即，家族化中之角色關係的類化歷程，將家族關係中之家長與家人、父親與子女及尊長與晚輩的上述對應行為，從家族推衍到企業組織，而在後者形成了同樣的對應行為。

最後，是自己人意識的泛家族主義觀。自己人意識是一種穩定的觀念系統，內中包含了將與自己有密切關係的人（如家人、親戚、好友、知己、心腹）當作自己人，將其他人當作外人的認知方式，以及給予對自己人有利、對外人不利之差別待遇的意願傾向。自己人意識與關係取向密切關聯，是特殊主義的重要心理基礎。自己人意識可能具有跨文化的普遍性，但華人的自己人意識不但特別強烈，而且有其特殊的差別待遇或互動方式。

因而，在華人企業中，企業主持人或老闆懷有自己人意識是很常見的，而會不知不覺地將部屬分為「自己人」與「外人」，進而表現出明顯的差別待遇

或互動方式。包括：對「自己人」有親密感、信任感，以及責任感，對「外人」則否；與「自己人」的互動次數很多，與「外人」的互動機會很少；讓「自己人」參與決策次數較多，讓「外人」參與決策的機會甚少；對待「自己人」偏向體諒、寬大且採人際取向，對「外人」偏向苛求、嚴格且採工作取向；對「自己人」的績效控制較為寬鬆，角色彈性較大，工作結構也較模糊，對「外人」則反是；「自己人」獲得獎勵的機會較多，獎額也較大，「外人」則反是；「自己人」受到較多的栽培，陞職的速度較快，幅度也較大，「外人」則反是；以及對「自己人」多加拉攏，對「外人」則盡量防範。

在家族生活中，家長或長輩對家中的「自己人」與「外人」也會有類似企業組織中企業主持人對「自己人」與「外人」兩類部屬所表現的種種偏私行為。由於自己人意識是先在家族生活中形成，且其強度猶勝於企業組織中之自己人意識，顯見企業組織中的自己人意識，是由家族中的自己人意識透過家族化歷程推衍而來。在家族中自己人意識是屬於家族主義的範圍，在企業組織中自己人意識則是屬於泛家族主義的範圍。

以上僅從三方面說明華人企業機構中具有家族主義色彩的組織行為與管理特徵，大多是泛家族主義的一部分，而泛家族主義則是經由家族化（或泛家族化）歷程所形成的。當然，除了以上所舉的例子，華人企業中屬於泛家族主義範圍內的其他組織行為與管理特徵尚多，未來應有系統地將此等行為與特徵加以列舉與分類，並逐一與家族主義範圍內的對應行為與特徵相比對，期對家族組織生活與企業組織生活的關係得到通盤而完整的理解。

（本文由鄭伯壎教授摘錄）

現代社會的新孝道

原論文刊於《傳統文化與現代生活研討會論文集》，頁 159-174，臺北：中華文化復興運動推行委會，1982；後刊於中華文化復興運動推行委員會（主編），《現代生活態度研討會論文集》，臺北：中華文化復興運動推行委員會，1985；又刊於《中華文化復興月刊》，19(1): 56-67，1986；修訂後刊於楊國樞、葉光輝（著），《中國人的孝道：心理學的分析》，頁 37-75，臺北：國立臺灣大學出版中心，2008。另以〈中國人之孝道的概念分析〉為題，刊於楊國樞（著），《中國人的蛻變》，頁 31-64，臺北：桂冠圖書公司，1988；《中國人的心理》，頁 39-73，臺北：桂冠圖書公司，1988。

　　本文由傳統孝道與泛孝主義的關係談起，強調臺灣社會轉變為現代工商型態後，傳統孝道勢必轉變，形成一種特別適於現代工商社會的新孝道。另外，從社會心理學的觀點，提出一套分析孝道概念、內涵及成因的理論架構，並以此架構為基礎，指出新孝道與舊孝道（傳統孝道）的主要特徵，比較兩者的不同之處。

　　在傳統的中國社會裡，孝何以如此重要？這必須從傳統中國社會的特徵說起。從文化生態學（cultural ecology）的觀點來看，傳統中國社會所處的生態環境，主要是適合於務農的經濟生活。農業是以土地為主要的生產工具，而土地的保護與耕種及作物的照料與收穫，均為個人能力所不逮，需靠持久而穩定的小團體來共同運作。而家族是傳統農業社會內主要的團體或集體，自小生活其中的強烈經驗與習慣，乃使中國人養成一種很明顯的心理與行為傾向，那就是將家族以外的團體或組織予以家族化，即將家族中的結構型態、關係模式及運作原則推廣概化到家族以外的團體或組織。這種將家族結構、家人關係及家

族倫理的形式與內涵推行到非家族性團體或集體的心理與行為過程，可以稱為家族化（familization）歷程。經由家族化歷程，將家族以外的團體或集體視為類似家族的心態與觀念可以稱為泛家族主義。

在傳統的中國社會內，在強烈的家族主義的影響下，為了維護家族的和諧、團結及延續，晚輩必須要對長輩依順服從，必須要傳宗接代，必須要奉養父母，必須要隨侍父母而不遠遊。在社會化的過程中，要使子女養成這些觀念、意願及行為，便必須提倡一套兼含這些要素的意識型態，這便是孝或孝道。所以，從文化生態學的觀點來看，孝或孝道是一種複雜而精緻的文化設計，其功能在促進家族的和諧、團結及延續，而也只有這樣的家族才能有效從事務農的經濟生活與社會生活，達到充分適應務農的生態環境，孝既有如此重大的功能，其重要性自必超越其他諸德與諸善之上。

但是，當前及未來的臺灣社會，已經不再是家族主義式的集體主義社會了。經歷了三十多年的快速經濟發展與社會變遷，臺灣已經從傳統的農業社會轉變為現代的工商社會。現代工商社會是以個人為主要的運作單位，而不再以集體為主要的運作單位。在經濟的、社會的及政治的生活中，個人是享受權利與課以義務的單位，是加以褒貶與評價成敗的重心。也就是說，生活價值與意義的中心，不再是集體，而是個體。在這一不可抗拒的潮流下，家族主義式微了，集體主義也式微了，取而代之的是強調個人自主、價值、尊嚴及幸福的個體主義（individualism）。

從學術的立場探討孝道問題者，大多是人文學的學者，從行為科學及社會科學的觀點研究孝道者為數極少。人文學者探討孝道，大都是以經解經，著重其哲學意義或規範意義的闡發。社會及行為科學的學者雖偶有涉及孝道的研究，但卻僅只從事有關孝道的意見調查，或是探討孝道與心理特質的關係，對孝道的概念、內涵、層次及相關因素，尚無比較完整的理論性分析。為了彌補此一缺漏，本文試從現代社會心理學的觀念，提出一套有關孝道的理論架構，以為今後分析孝道問題與從事孝道研究的基礎。

從現代社會心理學的觀點看，孝道是一套子女以父母為主要對象的社會態度與社會行為的組合，也就是說，孝道是孝道態度與孝道行為的組合。孝道態度主要是發展成為孝道行為之前的孝思、孝念及孝忱，其心理內容也可分為：

一、孝的認知層次：身為子或女者對父或母及其相關事物的良好認識、瞭解及信念。二、孝的感情層次：身為子或女者對父或母及其相關事物的良好情緒與感受（以敬與愛為主）。三、孝的意志層次：身為子或女者對父或母及其相關事物的良好行為意向或反應傾向。

孝道態度的三個層次或成分，互相之間並非獨立，而是有相當的因果關係。大致而言，認知與情感可能互相影響，兩者又皆可能影響意志（行為意向），而意志則可能影響行為（對態度對象所做的行為或反應）。類似的關係也應存在於孝道態度的三個對應層次或成分，即孝知與孝感可能互相影響，兩者又皆可能影響孝意，而孝意則可能影響孝行（孝道行為）。

孝道除有四個層次外，究竟包含哪些實際內涵？以所蒐集的眾多有關孝道的語句與事例為材料，經過內容分析（content analysis），並參考人文學者有關孝道的分析討論，可發現以父母為對象的傳統孝道，其主要實際內涵約有以下十五項：一、敬愛雙親；二、順從雙親(無違)；三、諫親以理(勿陷不義)；四、事親以禮；五、繼承志業；六、顯揚親名；七、思慕親情；八、娛親以道；九、使親無憂；十、隨侍在側；十一、奉養雙親（養體與養志）；十二、愛護自己；十三、為親留後；十四、葬之以禮；十五、祀之以禮。

從現代社會心理學與性格心理學的觀點來看，幾乎所有以特定人、事或物為對象的複雜社會態度與社會行為，大都是經由學習與社會化（socialization）歷程而形成的，孝道態度與孝道行為當然也不例外。孝道行為主要決定於孝道態度，後者既然大都是學習而來的，前者當然也會是學習而來的。不過，孝道態度的學習歷程相當複雜，可能的情形是：孝道態度係由社會化及學習的方式與強度、父母的性格與行為，子女的性格與行為三類因素共同配合而產生影響。但孝意未必能直接引發孝行，尚須視子女自身的性格與狀況（如體能狀況與經濟狀況）及外在的社會因素與條件（如社會規範與壓力）而定。

另外，個人之孝的潛能與秉賦可能是天生的，但此種潛能與秉賦將以何人為對象而加以表現，則不是天生的。人天生能孝，但卻非天生只對或必對生身父母盡孝。個人對好好照顧自己的生身父母盡孝是逐漸學習而來的，而不是天然的或遺傳的。為人生身父母者如果認為子女對自己的孝道是逐漸學來的，便會從頭用心好好照顧與教養子女，則子女盡孝的態度與行為必然可以有效的形成。

臺灣社會自從傳統農業型態轉變為現代工商型態後,過去適合農業社會的傳統孝道,自難符合現代家庭生活的需要,必須做大幅度的蛻變,從而形成一種特別適於現代工商社會的新孝道。面臨現代個體主義色彩日益濃厚的社會環境與生活方式,以集體主義為基礎的傳統孝道自難原封不動,勢必會產生重大的轉變,從而形成一種適合中國式的現代工商社會的新孝道。默察臺灣社會發展的趨勢,環視現代工商社會的特徵,所需要的新孝道應該具有五項主要特徵,說明如下。一、新孝道只涉及家庭內親子(女)間的人際關係——孝道的局限性:在傳統中國社會的泛孝思想中,孝的範圍並不限於家族或家庭,而且擴展到家族或家庭以外的社會、國家及天下。在這種情形下,孝的性質並不只是一種人際關係,而且是一套治國與平天下的「極則」。在個體主義當道的現代工商社會中,泛孝主義便沒有什麼必要了。現代工商社會的主要特徵之一,是社會內部結構(及功能)的分歧化。影響所及,使家庭與家庭以外的社會組織之間的差異愈來愈大,因而將家庭的特性擴展到其他社會組織中的可能性日益減小,泛家族主義乃逐漸消失。於是,在範圍上,孝道只能局限於家庭之內;在性質上,孝道只能局限於親子(女)之間。對比而言,傳統農業社會的舊孝道具有延展性,現代工商社會的新孝道則具有局限性。二、新孝道以親子(女)間的瞭解與感情為基礎——新孝道的感情性:傳統的舊孝道雖云愛與敬並重,但在以父權為基礎的權威主義下,父母的管束甚為嚴苛,子女對雙親(特別是父親)往往是敬畏有餘,而親愛不足。但自進入現代工商社會以後,權威主義逐漸式微,父母的管束日趨寬鬆,子女對雙親漸少畏懼,親愛的感情自易滋生。對比而言,傳統社會中的舊孝道是敬畏勝於親愛,角色勝於感情;現代社會中的新孝道則是親愛勝於敬畏,感情勝於角色。也就是說,前者偏重角色性,後者偏重感情性。三、新孝道特別強調自律性的道德原則——新孝道的自律性:孝道是一種人際關係的內涵,其運作必然受到有關社會事物之思考方式的影響。社會性的思考方式主要有兩種:他人中心的取向(heterocentric orientation)與自我中心的取向(autocentric orientation)。他人中心之思考取向的特點是以他人為權威,並以外在權威的標準與命令作為自己行為的依據。自我中心之思考取向的特點是以原則與原理作為自己行為的基礎。到了現代的工商社會,集體主義為個體主義所取代,他律性的孝道失去其原有的作用與功

能,漸難適應新的社會型態與生活方式。在現代工商社會中,個人獨立自主的傾向很強,開始的年齡也早,他律的孝道訓練既不易為子女所接受,也難以產生預期的效果。比較明智的辦法,只有代之以自律的孝道教育。對比而言,傳統農業社會中的舊孝道是他律性強於自律性,現代工商社會中的新孝道則是自律性強於他律性。四、新孝道強調親子(女)間應以良好方式互相善待對方——新孝道的互益性:有些學者雖謂傳統的孝道也考慮到「父慈子孝」的雙向關係,但即使在先秦儒家的經典中,也是處處表露出「重孝輕慈」的明顯傾向。在傳統的農業社會中,重孝輕慈是有必要的,因為在一個集體主義的社會中,為了確保家族等團體的穩定與延續,必須建立與維持一種權威式的家族結構或社會結構,而強調「父權至上」之重孝輕慈的孝道,正可大有助於此一目的的達成。傳統的舊孝道既是重孝輕慈的,從人際互動的觀點看,它主要是單方向的。但在個體主義的現代社會中,外在的權威與規範對孝道的約束力逐漸消弱,除了對父母的感情強度及自律的孝道原則外,在親子(女)關係中的運作,必須某程度的符合「公平」的原則,孝道的行為才能維持長久。在現代孝道的運作中,子女不只是以「給」(行孝)易「得」,而且也會以「給」還「得」。所以,在現代親子(女)關係中,孝道之社會交換的運作歷程是長期性的,而且是兼有兩種方向的——以孝換慈(順向交換)與以孝還(或補)慈(逆向交換)。對比而言,舊孝道的(子女的)單向性,與(父母的)獨益性較強,雙向性與互益性較弱;新孝道的雙向性與互益性較強,單向性與獨益性較弱。五、新孝道的態度內涵與表達方式具有多樣性——新孝道的多樣性:在傳統的農業社會中,為了維持社會的穩定,在生活的各方面都要有高度的同質性。在很多重要範疇,社會規範都是定於一尊,以使民眾的行為劃一而相同。也就是說,舊孝道為個人所預留之自由變通的餘地極為狹小。但在現代的工商社會中,孝道的規範性與強制性逐漸衰弱,子女與父母的個別差異因素所產生的影響日益增大。現代社會的新孝道,並不強調其標準化,而是承認其多樣化。多樣的父母採用多樣的教養方式社會化歷程來對待多樣的子女,就會形成多樣的孝道態度與行為。在這多種多樣的孝道中,只要其孝行能同時符合一、為子女本人所自願;二、為父母本人所接受;三、為當時當地的法律所接受,都可以說是適當的。對比而言,傳統農業社會的舊孝道比較強調有關態度與行為的劃一性與規

範性，現代工商社會的新孝道比較重視有關態度與行為的多樣性與實效性。

在從傳統農業社會逐漸轉型為現代工商社會的過程中，傳統的舊孝道正在逐漸轉變為現代的新孝道。社會變遷中的孝道，有其已變或必變的部分，也有其未變或不變的部分，否則便不能稱其為孝道。而善待父母是孝道之所以為孝道的核心要素，是屬於孝道不應也不會因社會變遷而改變的部分。

現代社會變遷所形成的新孝道，具有局限性、感情性、自律性、互益性及多樣性。這些特徵的共同之處，即是個體主義這一基本取向。這種個人主義的孝道，較能表現子女個人的身心特質及實際條件。從更深的層次來看，與舊孝道相比，新孝道比較有利於個人的自我實現。個人的潛能與秉賦有些是社會性的，包含愛人與被愛的需求及愛護從小善待自己者的能力（孝的潛能或秉賦）。這些社會性的潛能或秉賦，只有（或最好）靠孝道的態度與行為，才能有效的加以實踐。從這個觀點看，新孝道不僅不是一套勉強的對待父母的態度與行為，反而是一種自我實現的重要手段與途徑。從自我實現的立場來說，子女盡孝的行為或方式可以各不相同，也就是孝道具有多樣性，但須以適合子女的特性（潛能與秉賦）為原則。在現代的工商社會中，不可能有所謂標準的孝道內涵。為新孝道列出一套標準的內涵或榜樣，是一件吃力不討好的事。過去有些學者與有心人士所編選之現代孝道的行為項目，最多只能供人參考，可說既無規範性的約束力，也不可能適合於廣大的民眾。每一個子女都必須自己創造一套既能實現自我又可適合父母的孝道。而個人化孝道的形成與實踐是一種繼續不斷的創造歷程。

（本文由葉光輝教授摘錄）

孝道的心理學研究：理論、方法及發現

原論文（與葉光輝合著）刊於高尚仁、楊中芳（主編），《中國人‧中國心：傳統篇》，頁193-260，臺北：遠流出版公司，1991；後刊於《華人心理的本土化研究》，頁245-288，臺北：桂冠圖書公司，2002；修訂後刊於楊國樞、葉光輝（著），《中國人的孝道：心理學的分析》，頁1-33，臺北：國立臺灣大學出版中心，2008。

　　大致說來，中國傳統社會的倫理體系，是以儒家倫理為重心，而儒家倫理又以行仁為核心，行仁則以行孝為根本。但儒家並非僅只將孝道視為一種主要的家族倫理，而是擴而充之，試圖使其成為家族以外之廣大生活領域中的倫理基礎，這便導致泛孝主義的結果。儒家的泛孝主義主要是朝孝的宗教化（神秘化）及孝的政治化（功利化）兩個方向或範疇伸展。在前一方向下，儒家將孝泛化成一種貫通天地人的至德要道，甚至視孝為從天地而來，乃天地的經緯，人類的法則。在後一方向下，儒家則將孝泛化為一種治國平天下的靈丹妙藥，強調以孝治天下的重要性。

　　近百年來，在世界性現代化社會變遷的浪潮下，臺灣、香港及大陸的華人社會正自傳統的農業社會轉型為現代的工商社會。就變遷快速的臺灣、香港與大陸三地之華人而言仍相當重視孝道態度。尤有進者，即便是生活在外國的華人，也還是強調孝道的重要性。

　　長期以來，有關孝道的探討多為人文學者所從事，近年來方有社會及行為科學家（特別是心理學者與社會學者）加入有關研究的行列。本文的目的在報導我們自己從心理學的觀點所進行的孝道研究，並討論未來探討的方向、問題及意義。就孝道從事學術性的研究，以往多是人文學者（如哲學家、史學家、國學家或漢學家）的工作。過去的人文學者在探討孝道問題時，所著重的主要是孝道的哲學本質、倫理價值及歷史意義等，而不是人們在日常生活中所持有

的孝道觀念、思想及行為。也就是說，人文學者所探討的是孝道之理論層次的應然問題，而不是孝道之生活層次的實然問題。

從社會及行為科學的觀點研究孝道問題，在華人社會所從事的實徵研究，大都為心理學者所完成，這樣的實徵研究為數雖然不多，但卻足以顯示社會及行為科學研究者已經開始注意有關孝道的研究，但尚有幾項明顯的缺點，包括正式理論與適當測量工具的缺乏、對人文學者有關的研究成果不夠重視以及忽略孝道是一種多向度的心理及行為現象等。因此，想要進一步從事較深入有系統的孝道研究，必須同時做到以下幾點：一、兼顧人文學與社會科學的研究方法與成果，並予以整合。二、在界定孝的內涵及實際探討孝道的心理與行為現象時兼顧孝道之應然與實然的兩個層面。三、在界定內涵與實際探討時兼顧孝道之傳統的與現代的兩個階段。四、兼顧孝道理論與研究工具的建立。五、兼顧孝道之具體內容與認知結構及歷程。六、在孝道概念的界定、理論的建立及測量時將孝道視為多向度的心理與行為現象。七、研究孝道時盡量採取主位的研究方式。

在遵循以上七項要點的原則下，我們完成了兩取向孝道系列研究，一是自社會態度與行為的觀點所從事，另一是自認知結構與發展的觀點所完成。這兩取向研究分別代表有關孝道之兩種系統性研究方向的開始，彼此相輔相成，可使我們同時從兩個層面來瞭解孝道現象及其作用，以便獲得比較完整的有關知識。這兩種研究方向或策略在幾方面有所不同：

一、兩者所研究的題材重點不同。自社會態度與行為的觀點研究孝道，強調的是孝道之態度與行為內容的全面查驗，從而檢定其主要成分，並進而探討各成分間的關係；自認知結構與發展的觀點研究孝道，強調的是孝道之認知結構的發現與分析，從而瞭解孝道認知結構的類別與特徵，並進而探討各該認知結構在個體發展過程中的轉化次序。

二、兩者所研究之孝道心理與行為的範圍不同。自社會態度與行為的觀點研究孝道，是同時涉及孝道的認知、感情、意願及行為四個層次，因而可同時探討四個層次之間的關係；自認知結構與發展的觀點研究孝道，主要是以認知的層次為主，僅可探討認知與行為之間的關係。

三、兩者所研究之孝道心理與行為的性質不同。自社會態度與行為的觀點研究

孝道，主要是探討孝道態度與行為的靜態內涵，而較忽略其動態歷程；自認知結構與發展的觀點研究孝道，主要是探討孝道認知或思考的動態歷程，而較忽略其靜態內涵。

四、兩者所研究之孝道心理與行為的層面不同。自社會態度與行為的觀點研究孝道，所探討的孝道態度與行為似屬較淺層的心理與現象；自認知結構與發展的觀點研究孝道，所探討的孝道認知結構似屬較深層的心理組織與思考歷程。

五、在將孝道概念化時，兩者所採取之行為的概念不同。自社會態度與行為的觀點研究孝道，並非以完整之孝的社會行動為架構，而是著重子女對父母之認知的、感情的、意願的及行為的籠統反應；自認知結構與發展的觀點研究孝道，則以完整之孝的社會行動為架構，分就孝之行動的各項要素分析其認知特徵，並進而探討各要素之認知特徵的組合。

六、在測量或衡鑑孝道時，兩者所分析之變項或特徵的類別不同。自社會態度與行為的觀點研究孝道，是以連續性的變項作為分析單位；自認知結構與發展觀點研究孝道，則以不連續的或分離的特徵作為分析單位。

七、在測量或衡鑑孝道時，兩者所採用之組合原則不同。自社會態度與行為的觀點研究孝道，在將數項反應組合成一綜合變項時，是依據累加的原則集合而成一總分（量的組合）；自認知結構與發展的觀點研究孝道，在將數項特徵加以組合時，是依據非累加的原則配合而成一整體型態（質的組合）。

我們分就已完成的兩取向孝道研究，簡單敘述與討論其所依循的理論概念、所運用的工具方法及所獲得的研究成果。

一、社會態度取向：在孝道的實徵研究中，首先從事的是有關孝道內容或內涵的探討。要想在這一方面從事系統性的研究，可行的策略之一是將孝道視為一套以父母為對象的社會態度與社會行為的組合，然後根據社會心理學中有關社會態度與行為的研究成就，發展出一套以孝道內容為主的概念架構，進而逐步加以驗證。

從現代社會心理學的觀點看，孝道是一套子女以父母為主要對象的特殊社會態度與社會行為的組合，亦即孝道是孝道態度與孝道行為的組合。其中，孝

道態度主要是表現孝道行為之前的孝思、孝念及孝忱，其心理內容可分為孝的認知層次（孝知）、感情層次（孝感）及意志層次（孝意），相互之間並非獨立，而是有相當的因果關係，即孝知與孝感可能互相影響，兩者又皆可能影響孝意，而孝意則可能影響孝行（孝道行為）。楊國樞、葉光輝及黃囇莉根據這些孝道層次與內涵從事實徵研究，編製標準化的孝道測量工具。在對孝道的概念與內涵進行理論性的分析之後，還進而從現代社會心理學的觀點探討孝道態度與孝道行為是如何形成的。

二、認知發展取向：孝道之社會態度與行為的探討，比較偏重孝道的靜態內涵及其相互關係，對孝道行為之前的認知活動與歷程，則比較忽略。在此種探討中，雖有孝知的測量與分析，但卻僅是限於靜態的認知結果或內容，對獲得此等認知結果之前的認知推理活動或歷程則較少涉及。要想完整而深入地瞭解孝道的心理歷程，僅靠孝知、孝感、孝意、孝行及其間關係的探討是不夠的，還應有系統地研究這些靜態孝道內涵背後所隱含的複雜認知活動或歷程。在認知結構發展理論中，「認知結構」是指一套潛存於行為之前的認知性組織特徵或邏輯型態，用以解釋何以某種行為會出現，而其他行為則否。認知結構是在個體與環境的互動中形成，因而可隨年齡的增長而轉化。經由認知結構的運用，個體可以主動地選擇、轉換、調節及組合生活環境與經驗。

我們認為認知結構是經由個體與環境的互動而產生，不是先驗的、前定的或不可避免的。但在個體與環境互動的過程中，前者為了主動或被動地選擇、轉換、調節及組合生活環境與經驗所採用的認知活動（如假設、解釋、推理、策略、理由或其他想法），經過一再地重新呈現與運用，及不斷地依據理解與因應生活環境與經驗的結果加以修改、增減或變換，才會逐步結構化、組織化及自動化，方能形成比較穩定的認知結構、型態或方式。認知結構並不是全有或全無的，而是在生活經驗中逐步增減其不同方面的特徵與內涵。我們認為個體的可塑性（或伸縮性）與環境的可變性皆甚大，並無必要強調認知結構之出現與發展的普遍性與定序性。

在我們的研究中提出一套分析個體完整孝道行動的概念架構，主要包含：行動者、規範原則、互動對象、肇始原因、互動方向和目的結果等六個向度

（aspect）或組成要素。在六項要素中，行動者為子女，是孝道認知活動的主體，其孝道認知特徵即為所要分析的題材，故其自身可略而不論，而僅以其他五項行動要素作為分析的重點。我們可將這五個要素視為孝道認知結構、型態的五個向度，這五個認知向度上的認知特徵的詳細說明與具體實例見葉光輝與楊國樞（1989）。經以五個孝道兩難故事（主題分別是忠孝、傳代、繼志、奉養及承諾）進行個別訪問收集資料，依據孝道認知結構的分類架構進行分析，結果發現：孝道的認知發展與一般道德的認知發展間有相當的關係；在進一步的統計分析中顯示，孝道各認知結構向度之間互有相當程度的關聯。此種關聯提供了建立孝道認知結構類型與孝道認知發展階段的可能性。

這兩套研究分別代表兩種不同的研究觀點或策略，即社會態度及行為的觀點與認知結構及發展的觀點。以此為基礎，今後可以雙管齊下，逐步從事更深入而有系統的孝道研究。

就社會態度與行為的觀點而言，已經編製了標準化的孝知量表、孝感量表、孝意量表及孝行量表。有了四套孝道測量工具，即可從事進一步的實徵研究。未來的研究可分幾方面進行。首先，應該深入探討孝知、孝感、孝意及孝行四者的關係。第二類研究是探討在社會化過程中個人的孝道態度與行為的形成歷程。這一方面的研究應可發現影響或決定孝道各層次及各成分的種種因素，而且還應分析此等因素如何影響或決定孝知、孝感、孝意及孝行的各個成分。第三類值得從事的研究，是探討在特定的時空下影響孝意強弱的因素或條件。這一方面的研究可採取認知互動論的觀點，有系統地探討子女的孝知、孝感如何與孝的社會壓力、孝的個人得失相配合，以決定孝意的強度。第四類應加以研究的課題，是探討在特定時空下促使孝行發生的因素或條件。所要問的問題是：在什麼內在與外在的因素或條件之下孝行方能產生？

第五類問題是探討孝道態度（孝知、孝感、孝意）及行為與其他各類社會態度及行為的關係。經由這一方面的研究，不僅可以得知孝道態度及行為與其他態度及行為的關係，從而增進我們對孝道本身性質的理解，而且還可得知孝道態度及行為在其他生活範疇的影響，從而有助於我們瞭解傳統泛孝主義在今日的作用。第六類值得探討的問題是孝道態度與行為的變遷。在現代化的社會變遷過程中，孝道態度與行為有何改變？我們可以利用編製的各項標準化孝道

量表，測量孝知、孝感、孝意及孝行的變遷方向與程度。

　　就認知結構與發展的觀點而言，未來也可進行很多其他的有關研究。這些有待未來從事之研究，約略可分為七類。第一類應該儘快進行的研究是有關孝道之認知結構類型的探討。孝道認知結構類型的檢定是以個體為單位，亦即分就每一個體分析其在孝道各認知結構向度上之諸項特徵的組合；分析眾多的個體後，乃可發現各種組合型態，而其中人數較多的組合型態，即為主要的孝道認知結構類型。

　　第二類亟待研究的有關課題是孝道認知結構的發展階段。孝道認知結構發展階段的探討是以年齡為單位，亦即先就每一年歲分析孝道各認知結構向度上之諸特徵的組合，從而找出呈現類似組合型態的某一年齡範圍，即可界定一個孝道認知結構的發展階段。

　　第三類可加以研究的問題是孝道認知結構的特徵、型態、發展階段三者與孝道行為的關係。從社會態度與行為的觀點研究孝道，孝道態度與孝道行為的關係可能是複雜的；從認知結構與發展的觀點研究孝道，孝道判斷或推理與孝道行為的關係也可能是複雜的。

　　第四類可以研究的課題，是孝道認知結構的特徵、型態及發展階段與（一般性）道德認知結構的特徵、型態及發展階段的關係，亦即孝道判斷或推理與道德判斷或推理的關係。第五類應該從事的研究，是探討可能影響孝道認知結構之特徵、類型及發展階段的各項先決因素。第六類必須進行的研究是關於孝道認知結構之特徵、型態及發展階段與其他心理及行為的關係。第七類值得研究的問題，是社會變遷對孝道認知結構之特徵、型態及發展階段的影響。在現代化的社會變遷過程中，孝道的思考或推理歷程是否會有所蛻變？這些變遷以何種形式表現在孝道認知結構的特徵、型態及發展階段等方面？

　　為了能在孝道的各方面儘量獲得比較周延而完整的瞭解，今後不但要以兩種策略分別從事上文所列舉的研究，還應將兩種策略加以配合，從事相互統合性的研究，以下僅簡述未來可以從事的兩類有關研究。

　　第一類兩相配合性的可能研究，是探討孝道態度行為與孝道認知結構之間的關係。孝道態度行為是屬於孝道之外顯層面（phenotypical level），孝道認知結構則是屬於孝道之潛隱的層面（genotypical level）。孝道這兩個層面之間

的關聯情形，很值得從事系統性的研究。未來可以從事之第二類配合性研究，是在探討孝道的內在心理與外在行為之間的關係時，將孝道認知結構發展階段視為干預變項，即探討孝道判斷（認知結構）與孝道行為之間關係的強弱，孝道認知結構的發展階段高低可能是一項干預變項。

（本文由葉光輝教授摘錄）

孝道的社會態度與行為：理論與測量

原論文（與葉光輝、黃囇莉合著）刊於《中央研究院民族學研究所集刊》，65: 171-227，1989；後刊於《華人心理的本土化研究》，頁 177-243，臺北：桂冠圖書公司，2002；修訂後刊於楊國樞、葉光輝（著），《中國人的孝道：心理學的分析》，頁 77-160，臺北：國立臺灣大學出版中心，2008。

　　以往有關孝道的實徵研究，大多缺乏理論的建構，因而難以進行有系統的深入探討。鑑於此，本研究先自建立概念架構入手，然後據以製作標準化的測量工具，進而從事有關孝道的實徵研究。在建立孝道的理論架構時，我們儘量做到人文學與心理學（特別是社會心理學與心理計量學）的統合、應然與實然兩層面的考慮、傳統與現代兩階段的兼顧，同時並著重孝道的本土性與多向性，使所建立之理論具有高度的可驗證性。

　　從現代社會心理學的觀點看，孝道是一套子女以父母為主要對象的特殊社會態度與社會行為的組合，亦即孝道是孝道態度與孝道行為的組合。孝道態度主要是發展成為孝道行為之前的孝思、孝念及孝忱，其心理內容可分為三個成分或層次：一、孝的認知層次（孝知）：身為子或女者對父或母及其相關事物的良好認識、瞭解及信念。二、孝的感情層次（孝感）：身為子或女者對父或母及其相關事物的良好情緒與感受（以敬與愛為主）。三、孝的意志層次（孝意）：身為子或女者對父或母及其相關事物的良好行為意向或反應傾向。態度的三個層次或成分，互相之間並非獨立，而是有相當的因果關係。大致而言，認知與情感可能互相影響，兩者又皆可能影響意志（行為意向），而意志則可能影響行為（對態度對象所做的行為或反應）。

　　孝道除有四個層次外，究竟包含那些實際內涵？經過內容分析（content

analysis），並參考人文學者有關孝道的分析討論，可發現以父母為對象的傳統孝道的主要內涵約有以下十五項：一、敬愛雙親；二、順從雙親（無違）；三、諫親以理（勿陷不義）；四、事親以禮；五、繼承志業；六、顯揚親名；七、思慕親情；八、娛親以道；九、使親無憂；十、隨侍在側；十一、奉養雙親（養體與養志）；十二、愛護自己；十三、為親留後；十四、葬之以禮；十五、祀之以禮。

　　有了孝道的概念架構，即可據以編製標準化的孝道測量工具，進而從事有關孝道的各種實徵研究。在編製四類（孝知、孝感、孝意、孝行）標準化孝道量表時，係同時施測國中生、高中生、大學生及社會成人四類樣本，每一樣本中的男女人數儘量相近，總數在一萬人以上。

　　每套孝道量表題本又分有兩套，一為以父親為對象者，一為以母親為對象者。其中孝知、孝意及孝行三套分量表的題目內容完全相同，要求受測者分就每題評定他（她）自己認為應該、願意、真的那樣對待父親或母親的程度。以孝知量表的例題說明如下：「父（母）親交代的事，你是否應該立刻去做？」、「你是否應該放棄個人的志趣，繼承父（母）親留下的事業？」、「父（母）親去世後，你是否應該遵從他本人的意願，妥善安葬？」評定的尺度共有四種程度，即「並不應該（願意、做到）」（0分）、「有點應該（願意、做到）」（1分）、「相當應該（願意、做到）」（2分）及「非常應該（願意、做到）」（3分）。

　　至於孝感量表的題本，其內涵與孝知、孝意及孝行量表完全不同。前者主要是偏重感情性的內涵，後三者則是偏重非感情性的內涵。在中國人的傳統孝道中，感情性的內涵主要有敬與愛兩種。孝感量表的例題內容如下：「你對你父親是否佩服？」、「你對你父（母）親是否信任？」、「你對你父（母）親是否畏懼？」、「你對你父（母）親是否厭煩？」，並要求受測者分就每題評定他（她）對自己的父親或母親持有該項感情或感受的強弱。評定的尺度有四種程度，即「並不」（0分）、「有點」（1分）、「相當」（2分）及「非常」（3分）。最後主要再經因素分析法來界定孝道各層次所具有的內涵成分，並根據因素分析結果選擇適當題目，組成測量每一成分因素的分量表。

　　整體而言，本研究的主要目的在結合人文學與社會科學的研究成果及方

法,建構有關孝道之可加驗證的概念架構,據以編製以傳統孝道為基準的孝道量表,進而探討孝道各層次各成分間的關係,並計算數種樣本在各孝道成分上的平均數。在概念的建構方面,我們將孝道視為一套與善待父母有關的社會態度與行為,其中包含孝知、孝感、孝意及孝行四個層次,前三者屬孝道態度,最後者屬孝道行為。孝知、孝意及孝行各包含十五項孝的傳統內涵,孝感的內涵則以敬與愛兩者為核心。我們認為四個孝道層次並非獨立,而是互有關係:孝知與孝感合而影響孝意,孝意再轉而影響孝行。我們也認為:在孝道的形成與實踐過程中,社會化與學習的方式與強度、子女的性格與行為、父母的性格與行為三類因素合而影響孝知與孝感;孝知、孝感、子女性格與行為三者合而影響孝意;孝意、社會因素與條件、子女性格與行為、父母性格與行為四者合而影響孝行。

實徵研究部分共分兩個階段進行,每一階段皆分就國中生、高中生、大學生及社會成人四類樣本從事施測與分析工作。第一個階段的目的是編製孝道量表,係根據所建構之有關孝道的社會態度與行為的理論,各就孝知、孝感、孝意及孝行四個孝道層次,分別編擬八套預試用的量表,然後分就各類樣本加以施測。將預試所蒐集的資料加以因素分析與概念分析後,發現在孝知與孝意兩個層次上皆有四個相同的孝道因素或變項,分別代表四類主要孝道成分,即尊親懇親、抑己順親、奉養祭念及護親榮親。因素分析的結果亦顯示孝感層次有兩個因素,分別代表兩類主要情感成分,即正向感情(再分為親愛與敬佩兩小成分)與負向感情(再分為疏淡與懼怕兩小成分)。根據因素分析與概念分析所得之資料,選擇適當題目,編成八套正式孝道量表,即孝知量表(分別以父與母為對象)、孝感量表(分別以父與母為對象)、孝意量表(分別以父與母為對象)、孝行量表(分別以父與母為對象)。

第二個階段的目的是評鑑正式孝道量表的信度,探討孝道各層次各成分間的關係,並計算不同樣本在各孝道成分上的平均數與標準差。在此階段中,係以八套正式孝道量表重新施測國中生、高中生、大學生及社會成人四類樣本,並以所得資料分別從事各種分析,獲得以下的主要結果:

首先,在量表信度方面,無論是在校學生或社會成人,在測量孝道各層次的內涵時,八套孝道量表皆具有大致可以接受的內部一致性信度與再測信度

（test-retest reliability）。根據此等結果，加上前一階段因素分析所得結果，可以說孝道各層次各成分的測量不但具有良好的因素效度（factorial validity）（護親榮親除外，按此成分是以概念分析所界定），而且具有大致良好的信度。這皆顯示孝道各層次各成分的確可以有效而可靠地加以測量。

第二，無論是在校學生或社會成人，不管是對父親或母親，在尊親懇親、抑己順親、奉養祭念及護親榮親四個非感情性的孝道成分上，都是孝知與孝意的正相關最大，而二者與孝行間的相關皆較小。尤有進者，孝知與孝意二者與孝行的相關程度因孝道成分的不同而有異：在尊親懇親上相關較大，在護親榮親上次之，在抑己順親、奉養祭念上更次之（有的係數甚至不具統計顯著性）。此等發現顯示代表孝道態度的兩個主要層次（孝知與孝意）之間的關係比較密切，而孝道態度與孝道行為之間的關係則不太密切。此等結果與 Yu 之孝道研究的有關發現頗為相近，而且與社會心理學中社會態度研究的有關發現也相一致。本研究的此項發現，大致顯示在預測個人的孝道行為時只靠孝道態度是不夠的。在現實生活中，要想有效預測孝道行為，可能必須加入環境因素、子女性格與其他特徵、及父母性格與其他特徵的考慮。最大的可能是：個人的孝道行為不是由孝道態度單獨決定，而是由孝道態度配合上述的環境因素、子女性格因素及父母性格因素所共同決定。

第三，就同一孝道層次上各成分之間的關係而言，在孝知、孝意兩層次上，尊親懇親與抑己順親、奉養祭念、護親榮親三者皆有較高的正相關，但在孝行層次上的對應相關則皆低。在孝知、孝意及孝行三層次上，抑己順親、奉養祭念及護親榮親三成分間皆互成中等程度的正相關。這些發現所顯示的意義是：在孝知與孝意兩層次上，如果知道了一個人在尊親懇親方面的分數，便可相當程度地推知他（或她）在其他三個成分上的分數；但在孝行層次上，卻難以做到此點，特別是從尊親懇親推斷奉養祭念。

第四，在孝感方面，正向感情與負向感情成低度負相關。正向感情與孝知、孝意兩層次的四個成分皆成中等程度的正相關，但與孝行層次之四個成分的相關則大小不一，其中只有與尊親懇親的正相關屬中等程度，與其他三成分的相關則正負都有，且其絕對值頗低。負向感情與孝知、孝意、孝行三層次的四個孝道成分皆成低度的負相關，有的且不具統計顯著性。

第五，無論是對父親或母親，幾乎在每一孝道層次的每一成分上，都是學生的平均數大於社會成人的平均數。在成人樣本中，女性對父親之抑己順親的孝行較男性為多；年齡與對母親之尊親懇親（意願）、正向感情（孝感）二者間皆有成倒U形函數關係的傾向；教育程度較高者對父親之抑己順親（孝知）、奉養祭念（孝知）、正向感情（孝感）三者皆較高，但教育程度與對父親的護親榮親（孝行）之間卻成U形函數關係；已婚者對母親之負向感情（孝感）、抑己順親（孝行）二者皆較未婚者為強。

（本文由葉光輝教授摘錄）

孝道心理學研究的回顧與前瞻

原論文（與葉光輝合著）刊於楊國樞、葉光輝（著），《中國人的孝道：心理學的分析》，頁 529-548，臺北：國立臺灣大學出版中心，2008。

　　孝道不僅是華人社會中相當重要的家庭規範，亦是人際互動時重要的參考依循，甚至被視為華人首要的生活德行，其對於人們日常生活運作的各層面，自然具有一定程度的影響效果。然而孝道觀念究竟對人們日常生活中的哪些面向，產生何種效果的影響，乃至這些影響的歷程與機制到底如何進行，在相關研究中卻一直缺乏完整的探討。雖有學者曾針對這些問題加以探究，但研究結果分歧，除了零星的資訊與片段的認識之外，始終缺乏整合與共識。作者曾彙整以往實徵研究的成果並據以指出：孝道觀念對個體發展的影響效果向來飽受爭議，且同時存在著正、反兩極的研究發現。支持孝道正向效果的研究者，在界定孝道概念時，主要偏重情感連結與相互性的互動面向，並認為孝道觀念強調溫暖、愛、和諧與家庭價值，因而有助於社會互動與代間關係。一方面，它與多種有助於人際互動的性格特質密切關聯；另一方面，也有研究發現孝道使成年子女感覺更有義務、責任去奉養年老的父母，願意給予雙親情感、金錢及勞務等方面的支持，尤其在父母生病時願意加以照護。

　　有別於上述重視孝道情感基礎的觀點，對孝道作用效果持負面觀點者，在定義方式上較偏重孝道的順從規範或權威內涵，並認為孝道主要是透過父母對子女嚴格控制且保守的教養方式，產生對子女性格與認知發展上的負面影響，實徵研究發現：父母的孝道態度與子女的認知複雜度呈負相關，又父母對孝道的重視，使其較強調子女行為的合禮宜節，而忽視或抑制子女在自我表達與創造力等方面的發展；甚至也發現孝道信念與個體的神經質性格有關。

　　這些正、負效果不一致的研究結果，恐怕源自於不同研究者對孝道概念的

定義與測量有所不同。孝道之教化歷程向來綿密滲透於華人日常生活各層面，任何人似乎都能對孝道提出一番合理的定義，因此對孝道議題從事心理學實徵研究時，就很容易忽略先從理論概念層次加以釐清，便貿然以籠統概括的定義進行探討與詮釋。由於欠缺自理論建構與測量工具發展兩方面為孝道研究奠定共同基礎，種種分歧的爭議也就相應而起。為了對相互矛盾的觀點或實徵結果提出合理說明，底下將介紹一具整合性的雙元解釋架構，及其在孝道研究進程中承先啟後的關鍵意義，並對孝道研究的未來方向提出展望。

以往心理學領域中有關孝道的實徵研究，多數研究者傾向採用單向度的觀點來界定孝道概念，突顯其特定的文化意涵，因而難以確切、周延地把握孝道概念之內涵，更無法反映出孝道是種多面向的心理及行為現象。本文試圖提出一個較為整合的孝道概念架構，用來解決孝道兩極化影響效果的爭議。

為了對孝道實質內涵進行系統性整理與全面性深入分析，楊國樞等人曾由社會態度與行為的觀點切入，彙整傳統孝道概念的主要內涵，提出涵括孝知、孝意、孝感、孝行等不同成分之整體理論架構，葉光輝則根據上述研究成果，由現代臺灣民眾孝道觀念的變遷情形，檢視不同孝道組成內涵的意義及基本運作原則，並發現其中包含兩類性質不同的特徵要素。這兩類在概念意義與運作效果上明顯區隔的孝道特徵，可依其性質分別稱為相互性與權威性孝道。其中「相互性孝道」主要依據儒家思想中的「報原則」與「親親原則」來運作，其價值與重要性至今仍廣受臺灣民眾認同；而「權威性孝道」運作時則以儒家思想中的「尊尊原則」為主要依據，但隨時代與文化變遷，其在臺灣社會中的重要性已逐漸降低。

在孝道的雙元性架構中，第一個特徵面向是相互性孝道，它主要由「尊親懇親」與「奉養祭念」兩個次級因素所組成。前者意指感念父母的生育及養育之恩，而在情感上及精神上表達出對父母的敬愛與關心；後者指的是基於相同理由，在物質與經濟上願意奉養父母並給予照料與支持，並在父母過世後仍願意給予合乎禮節的追思祭念。相互性孝道特徵指出：人們所以遵循孝道規範，部分原因在於回報父母的養育恩情，另一部分則是來自於親密人際互動中自然而生的情感情誼。因此，此面向的孝道觀念特徵，是以儒家的「報」及「親親」兩個重要的人際互動原則作為運作基礎；值得注意的是，它同時也相應於中國先秦時期儒家所提倡的相對主義式孝道觀念特徵。

許多研究均指出「報」原則在孝道概念建構上的重要性。在儒家思想中，孝道的「報」原則與華人對生命的感情和價值理念密切關聯。它蘊涵著每個人現在之獨立存在，全然是因為父母的生育與養育所促成的，因此無論是在物質與精神層面上，為人子女者都應當在其能力範圍內，盡其所能地回報父母。此外，子女無時無刻承領著父母的養育、撫慰和照顧之恩，因此子女不僅在父母年老時，應該傾全力給予照顧及服侍外，在父母死後也該給予追思與祭念，以報答父母恩情，這些正是相互性孝道觀念所蘊含的主要意義之一。

　　相互性孝道的第二個基本運作原則是「親親原則」，這個原則指稱個人對於親屬網絡關係中愈親近的人，在情感上會覺得與他們較為親密。它可以視為是照顧、陪伴、關心與支持父母的重要動力來源，主要因為它包括了對父母投入情感並關切其各種需求。此運作原則所彰顯出的孝道意涵，相似於將孝道行為視為個人同理心的展現，而非認為孝道僅是一種單純的理性選擇或受社會教化而來的規範行為。在傳統儒家思想中，親子互動的主要理念是父慈子孝。父慈指出父母愛子女是出於慈心，而子孝指出子女尊敬及關心父母是源自孝心。這表示孝道的基本情感來源是奠基於人性中的善良天性，同時主張這些善良本質可以自然的在日常生活中實踐出來。

　　在孝道雙元性架構中，第二個特徵面向是權威性孝道，它主要包含「抑己順親」與「護親榮親」兩個次級組成因素。「抑己順親」意指由於角色地位卑下，因此子女必須壓抑或犧牲自己的需求，以迎合與遵從父母的願望；而「護親榮親」同樣隱含著出於角色責任的要求，子女應該盡力榮耀雙親以及延續家族命脈。由於權威性孝道的特徵，主要反映出對階級與權威的順從，以及對個人自主性的壓抑，這一孝道特徵正好相應於漢朝至明清時期中華人社會所瀰漫的絕對主義式孝道觀念，並以儒家的「尊尊」原則作為運作基礎。「尊尊」原則意指個體應該絕對尊敬、順從在關係網絡中處於較高地位者，而無需計較處於高位者如何對待他們。在儒家對家族規範所主張的形貌中，年輕或地位低下者為了家族的穩固、和諧與繁榮必須順應長者或地位高者。因此，孩子壓抑自身需求以符合父母期望自然成為孝道概念中的基本特徵之一。

　　許多研究顯示孝道觀念和尊尊原則密切關聯。有研究指出，除了前述指出的情感同理心理論外，規範的社會化理論是另一項關於個體孝道觀念形成的重

要理論架構。規範的社會化理論強調：個體在社會化過程中，會逐步學到如何根據社會要求的規範來行動。此理論觀點與尊尊原則的意涵頗為接近，兩者皆強調不論原因或是否合理，個體被動地以社會既定的要求作為行動的準則。就傳統華人文化而言，典型的社會規範即順從長上、服從權威，當此種規範表現於家庭中，便是聽從父母的命令。在傳統華人的大家庭中，由於成員眾多而且又同住在一個屋簷下，彼此朝夕相處利害相關，各種衝突紛爭無可避免，然由於受儒家重視團結和諧價值觀念的影響，在家庭成員發生衝突時應以尊尊原則為解決問題的規範，亦即順從地位尊者或年齡長者成員的意見。權威道德主義是華人教化子女行為的重要特徵之一，而權威道德主義意識型態，正是受到華人傳統孝道規範制度的型塑而成。在權威道德主義意識型態中，事物對錯的判準是以權威者的意見為依歸。在此意識型態下，家長或父親在家中角色的優越性自然獲得突顯與正當化。

　　盡孝的目的常常和延續家庭的命脈文化有關，而孝道的權威取向是經由社會規範和家庭組織所共同型塑；它透過法律、輿論、家庭規則和教育的方式，以確保家庭成員間的互動平順而和諧。由於親子互動關係是建立在父母和子女間不平衡的權力和資源條件下，應該尊敬並慈愛父母的規範自然會被子女逐漸內化，同時鞏固了孝道觀念中的尊尊原則取向。

　　綜合而言，「相互性孝道」運作時所依據的人際互動原則是儒家思想中的「報」與「親親」原則，其動力來源是奠基於人性中的善良情感本質；「權威性孝道」運作時所依據的指導原則是儒家思想中的「尊尊原則」，其動力來源是奠基於對社會角色規範與階級制度的順從。整體而言，相互性孝道信念是根植於親子間自然情感互動的基本心理需求，因此較傾向屬於主動自願的、跨情境式的、作用力強的、具文化普同性的規範信念；相對而言，權威性孝道信念則與傳統華人社會中強調服從倫理階序的文化生態需求有關，因而較傾向屬於被動壓抑的、具特定情境性的、作用力較弱的、具文化與情境特殊性的規範信念。

　　孝道的雙元性解釋架構，是基於先前彙整的各種孝道組成內容，進行更深入細緻的區分，透過心理與文化兩層面相互型塑的角度，來把握孝道概念的原型。其所提出的相互性與權威性兩類孝道面向，不僅可反映在孝知、孝意、孝

行本身的內容向度上,亦有助於整合孝道研究的「社會態度」與「認知發展」取向。因此,未來進行孝道議題研究時,若能同時考慮上述孝道特徵的雙元面向,不僅可整合以往分歧的相關研究成果,而且能更深入、貼切地瞭解孝道觀念如何影響個人日常心理與行為的實際運作過程,進而對研究結果的解釋與應用有所提升。

以下則根據現階段的研究成果,系統性地提出較具發展性、延續性的四大研究進展方向。

壹、探討影響個人孝道態度與行為或認知結構特徵形成的先決因素

既然孝道觀念對華人的社會生活如此重要,因此,若能進一步釐清影響個體孝道內涵、屬性與特徵的形成與發展之重要先決因素,則對於孩童孝道觀念的教育方式與策略之選擇,應可提供相當的幫助。本文作者曾分別對影響個體孝道態度與行為或認知結構發展的可能形成歷程進行探討,但至目前為止,這一類課題的探討仍然不夠深入具體,且已進行相關的實徵研究相當不足。因此,除了援引孝道雙元意義架構重新審視此議題,在探究影響個體孝道觀念形成歷程的種種先決因素時,若能採用認知互動論的觀點,並同時考慮採用貫時性的研究方法,以瞭解它確實的發展方向歷程,會是較佳的研究設計。

貳、探討個人孝道態度行為與孝道認知結構的對應關係

孝道態度、行為是屬於孝道之外顯層面,孝道認知結構則是屬於孝道之潛隱層面,未來相當值得研究者透過孝道的雙元意義架構,系統性的深入探討以釐清兩層面間的相互關聯。作者認為欲把握孝道態度行為與孝道認知結構的關係,可以同時從事三種分析:一、依據孝道認知結構特徵的不同,將受測者分為數類,然後分析每類受測者在孝道態度行為(孝知、孝感、孝意及孝行)上的內涵強度與組合情形,並進而比較不同類型的受測者在孝道態度行為內涵強度與組合上的差異情形。二、依據孝道認知結構類型的不同,將受測者分為數

類，然後分析每類受測者在孝道態度行為上的內涵強度與組合情形，並進而比較不同類型的受測者在內涵強度與組合情形上的差異。三、依據孝道認知結構發展階段的不同，將受測者分為數類，然後分析每類受測者在孝道態度行為上的內涵強度與組合情形，並進而比較不同類型的受測者在內涵強度與組合情形上的差異。另外一項極具發展潛力的研究議題，是將孝道認知結構發展階段視為調節變項，據以探討孝道的內在態度與外在行為之間的對應關係。

參、探討個人孝道態度與行為或認知結構特徵對日常生活行為的影響

雖然已有不少學者對孝道在日常生活行為中的可能影響進行實徵探討，但主要的應用領域仍偏重孝道信念與親子代間互動或子女身心發展、適應之關聯。青少年正值尋求自主性、自我認同之關鍵階段，最易造成各種親子問題，進而對其身心發展與適應造成影響；但成人子女在生活中面對多元化的孝道責任與情境，尤其在全球社會皆步向高齡化的趨勢下，同樣值得有興趣者多加探究。具體而言，此一研究方向之進展，可聚焦於探討不同特徵面向（相互性與權威性）孝道信念的高低：一、對個人層面的影響，例如個人的學習、工作、經濟、消費與宗教的態度及行為，或對個體的身心適應與健康的影響；二、對各種人際互動層面的影響，例如有關子女管教、婚姻滿意度、婆媳問題、敬老、助人、政治與權威的態度與行為；三、對整體家庭文化與氣氛的影響，諸如有關家庭價值觀、生育、不同形式之家暴與老人照顧之態度與行為等議題。此一研究方向旨在嘗拓展更多元、跨領域的研究議題，並聯結目前廣受重視的相關社會議題（如：獨居老人、家庭暴力、隔代教養等），以增進孝道概念的應用價值，同時透過不同視角來呈現孝道在當代華人社會生活中的運作機制。

肆、將孝道研究由本土心理學理論往普遍適用於全人類的心理學理論提升

「重老的社會才可能重孝」，然而此項促成孝道在華人社會發展的本土

文化特徵，隨著全球人口結構高齡化逐漸成為普遍趨勢。因此，孝道研究不僅在華人或東方集體主義社會中持續受到重視，在西方個體主義文化中也方興未艾；為了由國家社會福利之外的途徑解決老年安養問題，孝道相關概念在西方的家庭與親子關係研究中已開始廣受重視。孝道雙元架構不僅可持續朝相互性與權威性兩特徵面向對孝道內涵進行更細緻的釐清，且由於此兩面向分別代表孝道的心理原型與文化原型，若能透過跨文化的研究設計與分析，比較其內涵與運作方式，更可對兩者相互形塑的過程提出具體的闡釋。另一方面，華人研究者亦可對異文化中運作內涵相似之概念（如孝道與父母權威合法性），或性質相近的文化中對同一概念的界定（如土耳其與華人文化對孝道的定義），在更高層次上進行統整，以進一步把握孝道概念之文化、心理原型、外部社會脈絡、個體行為運作四者間的相互關聯，作為雙元孝道模型由本土心理學理論邁入普遍適用於全人類的心理學理論之契機。

（本文由葉光輝教授摘錄）

家庭因素與子女行為：臺灣研究的評析

原論文刊於《中華心理學刊》，28(1): 7-28，1986。

家庭因素究竟能否影響子女行為？影響的歷程如何？對於這些問題，中外的學者皆曾從事若干實徵性的研究。本文擬就臺灣地區三十幾年來所從事的有關研究，綜合與評析中國家庭的各種因素對中國兒童與青少年之各種心理與行為的影響。

壹、家庭組成與子女行為

在有關的研究中，通常多將家庭分為三類：一、核心家庭（nuclear family）：一對夫婦即形成一核心家庭，以後再加上未成年子女，亦稱小家庭；二、主幹家庭（stem family）：包括一對夫婦，一個已婚兒子及其配偶與子女，以及這對夫婦的其他未婚子女；三、聯合或擴大家庭（joint or extended family）：包括一對夫婦，兩個以上已婚兒子及其配偶與子女，以及這對夫婦的其他未婚子女，亦稱大家庭。過去三十幾年來，在臺灣所從事之有關家庭組成與子女行為的研究為數不多。

一、口頭語言的發展

楊國樞等人所從事的研究以臺北市的 273 名兒童為對象，發現家中兄弟姐妹較多之兒童，其語言的發展較好。

二、社會環境因素對學生學業成就的影響

林生傳以高雄地區的四所國民中學學生 593 人為對象,所得的資料顯示:家庭愈小、子女愈少,則子女的學業成就愈高。就家庭類型而言,在男生中對學業成就似無影響,在女生中則小家庭對子女的學業成就似較有利。同時,林氏也發現完整家庭的子女比破碎家庭的子女有較好的學業表現,但在男生中此種差異則較不明顯。

三、子女政治態度

袁頌西所得的結果顯示:在國民小學生中,大家庭的子女具有比較開敞的心態,主幹家庭與小家庭的子女反而具有比較封閉的心態;但同時卻發現大家庭子女的政治功效意識(sense of political efficacy)低於其他兩類家庭的子女。在國中學生中,三類家庭的子女在態度上並無顯著差異;在政治功效意識上,三類家庭的子女都偏低,但主幹家庭與大家庭的子女偏低的程度尤甚於小家庭的子女。此後陳義彥從八所大學院校蒐集資料發現三類家庭的子女在六個政治心理與行為變項上全無差異。或許是因為所用的受試者(大學生)年齡較大,家庭類型的影響可能已為後來的其他因素所干擾。

四、子女犯罪行為

破碎家庭使么子女產生犯罪行為的可能性,比長子女為大,此種情形在子女人數較多的家庭中尤為明顯。又兄弟姐妹人數較多的青少年,其犯罪與濫用藥物的傾向可能較大。

五、父親不在(father absence)對子女行為的影響

與國外大多數研究的結果一致:父親長期離家的男孩雖更偏好男性角色,卻不易發展出穩定而統合良好的男性角色行為;他們即使有時會表現出誇大的補償性男性化行為,日常的實際角色行為卻較女性化。這種情形在兒童期較少年期尤為明顯。

綜合以上各項研究的發現，在家庭類型方面，小家庭對子女的學業成就較為有利（男生較明顯）。小家庭子女的封閉心態高於大家庭的子女；至於政治功效意識，小家庭的子女則較其他兩類家庭（尤其是大家庭）的子女為高。破碎家庭的子女在學業表現上不如完整家庭的子女；在子女人數方面，家中的兄弟姐妹愈多，似乎愈有利於兒童與少年的語言發展，但卻愈不利於學業成績或表現的提高。

貳、產序排行與子女行為

關於家庭中同胞排行對子女心理與行為的影響，過去在臺灣所從事的有關研究，主要者約有九項。

一、對心因性需求（psychogenic need）之影響

柯永河與林禮惠以「愛德華個人偏好測驗」施測臺灣大學與臺北醫學院男生337人，結果顯示：在獨子、長子、么子及中間之子四者中，成就需求中間之子最強，獨子最弱；順服需求么子與中間之子最強，獨子最弱；內省需求長子最強，么子最弱；撫助需求獨子最強，么子最弱；變化需求中間之子最強，長子最弱；異性戀需求獨子最強，中間之子最弱。七年後，柯永河再測臺中市東海大學男生128人，主要發現：成就需求次子最強，長子最弱；自主需求么子最強，次子最弱；親和需求長子最強，么子最弱；求助需求獨子最強，次子最弱；支配需求么子與次子最強，長子最弱。研究中亦發現：在前或在後有無較大或較小的兄弟姐妹對個人的成就需求與支配需求會有所影響。兩次研究結果甚不一致。另楊國樞與梁望惠施測96位高中男生，發現長子的成就需求最強，么子最弱。此一發現與柯氏兩項研究結果皆不相同。

二、與其他正常心理或行為的關係

鄭金謀施測臺北市木柵國中一年級學生278人。結果顯示：處於不同排行位置的少年男女，在語文創造思考與圖形創造思考兩方面皆無顯著差異。單文

經發現少年男女道德判斷能力的高低似與排行次序無關。李然堯發現獨子的性別角色分化較差。

三、與犯罪行為、就醫行為的關係

林憲、林信男調查少年法庭與少年觀護所494位犯罪青少年及虞犯青少年，研究結果顯示：家庭破碎對么子女的不利影響較大，對長子女的不利影響較小。席汝楫比較256名犯罪少年與235名正常少年，則發現少年之犯罪與否與其在家中的排行無關。在就醫行為方面，有兩項研究，皆為柯永河與孫朧珠所從事。發現與么子女及中間子女相比，獨子與獨女因心理或行為問題而求醫的可能性較大，而且這種差異與父母送醫的態度無關。

總括而言，臺灣有關產序排行與子女行為之關係的研究為數不多，而且缺乏系統，所得的結果也零星散亂。

參、社經地位與子女行為

在過去三十多年來，臺灣地區的心理學者、教育學者、社會學者及政治學者曾研究家庭社經地位對子女各類心理與行為的影響，有關研究數目較多。

一、自我概念、成就動機及創造性思考能力

皆僅各有一項或兩項研究。這些研究的結果顯示：家庭的社經地位愈高，子女的自我概念（對自己的看法）愈好，創造性思考能力愈高；中等社經地位之家庭其子之成就動機最高，低等與高等社經地位之家庭其子之成就動機皆較低。

二、對控制信念的影響

周天賜與吳武典的研究發現家庭文化貧乏的子女外控信念較強，但曾一泓卻發現家長教育程度與子女控制信念的相關未達統計上的顯著水準。

三、對子女道德發展之影響

有兩項發現家庭社經地位與子女道德判斷能力無關。但另一研究蘇建文卻發現家庭社經地位較高者,其罪疚感與誘惑抗拒力較強,亦即道德發展較好。

四、對政治態度與行為的影響

袁頌西發現家庭社經地位並不影響子女的政治功效意識,陳義彥亦發現家庭社經地位不影響子女的政治知識、政治興趣及政治參與,但農民、商人及自由業者的子女在參與意識、政治參與及公民責任感上皆高於工人與軍公教人員的子女。

五、與學業成就的關係

謝季宏、黃富順、林生傳、周天賜吳武典及王玉屏皆發現家庭社經地位較高的子女,其智力與學業成就較高。謝氏的研究結果且顯示:當智力、學習態度及成就動機為中等程度時,父之職業聲望對子之學業成就影響最大;對高智力的學生而言,父之職業聲望對子之學業成就影響不大。謝、周、王等氏亦發現:家庭社經地位較高者,其智力與學習態度較佳。

六、職業選擇

家長教育程度、家庭文化環境二者與子女職業選擇態度的發展無關,但家長職業較好的學生,職業選擇態度的發展較佳。

七、與行為困擾、問題行為或犯罪行為的關係

王玉屏所得的資料顯示家庭收入較低的學生行為困擾較多。朱、楊二氏發現母親的職業對子女問題行為並無影響,父親的職業對子女的問題行為影響視子女性別而異。黃正發、賴保禎及林憲、林信男所完成的三項研究結果一致顯示:家庭社經地位較低的子女犯罪行為較多。

到此為止，比較令人有信心的研究結果是：家庭社經地位較低的子女，其自我概念、智力、學習態度及學業成就較差，其行為困擾與犯罪行為較多。

八、母親是否為職業婦女

在五項研究中，四項研究的發現顯示母親就業對子女的心理與行為似有某些不利的影響：母親就業的兒童人際間的安全感較低（需要別人更多的注意與關愛）、母女關係的適應較差、攻擊行為與依賴行為較多及性別角色發展較差。至於母親就業的兒童親和行為較多，可能是因為他們缺乏人際安全感。

肆、教養方式與子女行為

細查過去的有關文獻，我們可以發現探討教養方式與子女行為的研究，在探討各類家庭因素之影響的研究中為數最多。過去二十幾年來，臺灣的社會科學研究者已發表過四十幾項有關教養方式與子女行為的實徵研究。

一、對自我概念與自我肯定的影響：兩項研究所得的結果，可知父母多多益善的關懷、接納及程度適中的限制，對子女自我態度有良好的影響，過多的權威則會有不利的影響。

二、與成就動機的關係：有兩項研究，郭氏的發現可以涵蓋在黃氏的發現之中，即父母的管教態度如偏向嚴格、拒絕或溺愛，則將不利於子女成就動機的培養。

三、對控制信念（亦即內外控信念）與歸因特質（attributional trait）的影響：三項研究大致顯示：拒絕、忽視、寬鬆、嚴苛、獎懲無常等管教態度有利於外控信念的形成，愛護、寬嚴適中、精神獎勵及獨立訓練則有利於內控信念與向內歸因特質的形成。

四、父母管教態度對子女認知能力、創造能力及創造行為的影響：綜合三項研究，我們大致可說：積極性的親子關係、民主性的管教方式有利於子女的認知能力、創造能力及創造行為的發展，消極性的親子關係、干擾性的管教方式則不利於子女的認知能力、創造能力及創造行為的發展。

五、對道德發展與道德判斷的影響：兩項研究皆告訴我們：誘導型的管教方式較能促進子女的道德發展與道德判斷，權威型的管教方式則不利於子女的道德發展與道德判斷，而這種差異在中等社經階層可能較為明顯。
六、對子女學業成就的影響：根據兩項研究，我們可以簡括的說：積極性的教養方式（強調愛護、關懷、獎勵、一致、公平、親切等）可能有利於子女學業成就的提高，消極性的教養方式（偏向拒絕、忽視、懲罰、嚴苛等）可能不利於子女學業成就的提高。
七、對社會焦慮（social anxiety）與生活適應的影響：拒絕、嚴格、溺愛、命令、忽視、權威、控制、矛盾、紛歧、精神與物質懲罰等消極性的管教態度對子女的生活適應有所不利，其中拒絕一項尤為明顯；愛護、保護、關懷、親子認同、精神與物質獎勵等積極性的管教態度對子女的生活適應則有所助益。其中有的研究並且發現父母管教方式對子女個人適應的影響大於對社會適應的影響，對女生的影響大於對男生的影響。
八、積極性教養態度或行為如關懷、愛護、溫暖、理喻及獎勵，會防止子女的偏差行為；消極性教養態度或行為如嚴格、拒絕、紛歧、矛盾、溺愛、期待、權威、體罰及威脅，則會促進子女的偏差行為。

總括以上八點結果：積極性教養方式對子女心理與行為的影響大都是良好的，消極性教養方式對子女心理與行為的影響大都是不好的。此種發現與國外相關研究大體一致。

伍、未來研究的改進方向

關於家庭因素與子女行為的關係，臺灣的社會及行為科學研究者，三十多年來已經完成了至少五十多項實徵性研究。在此指出重要而常見的缺失，並就其改進之道略加討論，以為今後從事同類研究的參考。

一、研究理論的缺乏或薄弱

在已完成的五十多項研究中，絕大部分都缺乏明顯的理論基礎。在釐定研究的問題與目的之前，應從事足夠的理論思考，以尋求適當的理論基礎。研究

者如果認為既有理論皆不足取，也可另行建立自己的理論。以往絕大多數的有關研究都未反映中國文化、社會及家庭的特色。

二、概念架構（conceptual scheme）的粗疏與簡陋

研究者如能多做概念層次的思考，則仍可超越直覺的範疇，想出更有深度的研究變項或事項，從而建立更為完整的概念架構。

除了完整性以外，有關研究所採用的概念架構大都缺乏適當中介變項（intervening variable）或事項，即使發現某項家庭因素可以影響某種心理或行為，也難瞭解前者係經由何種中間變項或事項而影響後者。另一項重要的缺陷是缺乏互動論（interactionism）的觀點，因而所擬的概念架構不免囿於情境論的窠臼。今後從事家庭因素與子女行為的研究，宜先行擬出完整而有深度的概念架構，其中應含有一層或數層中介變項或事項，且能表現個人與環境互動而產生或影響行為的觀點。

三、研究方法的限制或問題

（一）以往的有關探討幾乎全是事後回溯式的研究（ex post facto research），缺點是不易確定因果關係。今後應該有人進行縱貫性的研究（longitudinal study），尤其是以整個人生為單位之較長時期的研究，當更易探討家庭因素與子女行為的因果關係。在此類研究中，可以放棄變項的觀念，改以事項（event）為觀察與分析的主要單位。

（二）以往的很多有關研究在採取事後回溯法從事探討時，有關家庭因素與子女行為的資料皆係得自子女的語文報告，所研究的是子女認知的家庭因素與子女認知的個人行為之間的關係，而非實際存在的家庭因素與實際發生的子女行為之間的關係。今後的研究應儘量以直接實地觀察記錄的方式獲得有關家庭因素的資料，也以直接實地觀察記錄的方式獲得有關子女行為的資料，然後再探討其間的關係。

（三）在運用事後回溯法的過程中，以往很多研究以子女的語文報告來蒐集有關家庭因素與子女行為的資料時，全未考慮社會讚許（social desirability）的影響。在此情形下，社會讚許因素如同時影響子女對家庭因素的語文報告及對自己行為的語文報告，而且影響的方向一致（如都向較好的方向報告），則自然在分析資料時會發現良好的家庭因素（如關懷、溫暖等積極性教養態度或行為）與良好的子女行為（如無偏差行為）成正相關，不良的家庭因素（如嚴格、拒絕等消極性教養態度或行為）與不良的子女行為（如偏差行為）成正相關。因此，社會讚許因素對子女作答有無影響的問題如不解決，很多研究所得的結果都可置疑。將來的有關研究應慎重考慮控制社會讚許因素的問題。

（四）在從事組間（如犯罪少年與正常少年、大家庭與小家庭）的比較時，過去的很多有關研究都未以研究設計或統計分析的方法控制其他主要因素，以增加兩組或數組的可比性。在這一方面，今後的有關研究在比較各組時宜慎選應加控制的變項，並事先想好控制的方法。

以上，我們已將以往研究之重要而常見的缺失加以說明。將來從事有關家庭因素與子女行為的探討時，如能儘量避免這些缺失，研究的水準必會大幅提高，研究的成果也會更為豐碩。

（本文由謝心慧助理摘錄）

家族主義與泛家族主義

原論文（與葉明華合著）刊於《中央研究院民族學研究所集刊》，83: 169-225，1998；後刊於《華人心理的本土化研究》，頁 119-175，臺北：桂冠圖書公司，2002。修訂後以〈家族主義與泛家族主義（與葉明華合著）〉，刊於楊國樞、黃光國、楊中芳（主編），《華人本土心理學》，頁 249-292，臺北：遠流，2005。

　　中國社會的基本結構與功能單位是家族而非個人，家族是傳統農業社會經濟與社會生活的核心，形成中國人幾乎凡事以家為重的家族主義（familism）。本文就家族主義的內涵與意義進行概念性與實徵性的分析，並闡述家族化或家庭化（familzation）歷程及泛家族主義（pan-familism）現象，以理解從家族主義到泛家族主義的全部社會心理運作過程。

壹、中國人之家族主義的意義與概念分析

　　家族主義是一套態度系統，將之界定為個人對自己的家族、家人及其相關事物所持有的一套複雜而有組織之認知、情感及行為傾向的系統。此一系統內包含了三個層次的內涵：

一、家族主義之認知層次的內涵

（一）家族延續

　　在中國人的心中，個人的生命是祖宗生命的延續，不過是家族生命傳承的一個環節。因此，個人最重要的生活目標之一，是盡力維持家族的存在與延續，使其永不斷絕。強調家族延續與中國家族的嗣系制度及觀念有密切關係。中國家族是「父系家庭」（patrilineal family），家系的傳承是依父傳子的男性一線

承沿而下，舉凡家族財產、姓氏繼承，甚至死後地位之確定，都僅及於該家族中的男性後代。中國社會的父系嗣系是一貫性的，一個人如果沒有子嗣，嗣系的延續就有中斷的顧慮。因此，須藉著收養、娶妾、招贅等方式，把嗣系持續下去。「不孝有三，無後為大」正是由此衍生的觀念。

（二）家族和諧

中國人非常重視家族和諧，強調「家和萬事興」、「人間和氣福運開，家中吵鬧便生災」等觀念，要儘量避免與家人當面起衝突。儒家倫理強調「父子篤，兄弟睦，夫婦合」、「夫妻和合，如鼓瑟琴。兄弟即翕，和樂且耽」等觀念，亦即家庭中的成員只要依據「父慈、子孝；兄友、弟恭；夫義、婦聽」等原則交往，便可建立和諧安樂的家庭。

（三）家族團結

在中國人觀念中，家族內的團結是非常重要的，強調家中成員要彼此「榮辱與共」、「禍福相依」，大家要緊密的團結在一起，共同護衛家人、家族，共同抵禦外侮、外辱。

（四）家族富足

中國家族之所以重視家產的不斷累積，不只是為了分家以前的生活的富裕，而且是為了諸子分家時都能獲得較多的財產，諸女出嫁時都能獲得較豐的嫁妝。

（五）家族名譽

中國人非常重視家族整體的名譽，個人必須努力光耀門楣，以達到維護與增進家族聲譽的目的。中國人尚有「富貴不歸故鄉，如錦衣夜行」、「立身行道，揚名於後世，以顯父母」等強烈觀念，即是強調個人須努力爭取功名利祿，以衣錦還鄉，光宗耀祖。從消極面來說，中國人則有「人言可畏」、「家醜不可外揚」、「子為父隱，父為子隱」等強烈觀念，即是強調個人必須盡力維護

家族的名譽,避免使其受到傷害。一個家族有了好的名譽,這個家族在社會上便會受人尊敬,而且會有較好的信用,這樣在當地的社會及經濟生活中就會占有較好的地位,獲得較多的好處。

二、家族主義之情感層次的內涵

(一) 一體感

由於父系原則的影響,中國人會視自己與家人皆是由同一祖先所生的後代,彼此有血濃於水的親情,自然形成深厚的情感。所謂「父子一體」、「夫妻一體」、「兄弟一體」,亦即父子之情為骨肉連心,兄弟之情為手足情深,夫妻之情則是「姻緣天注定」、「百世修來同艙渡,千世修來共枕眠」。換言之,家人間基於相同血緣或姻緣的親情,彼此有融合為一體的強烈情感。中國人這種與家人間的強烈一體感,有助於農業生活的適應。

(二) 歸屬感

中國人在認知上極端重視家族的延續,因而個人會意識到自己的家庭成員地位是永遠不會改變的。生前如此,死後亦是如此,此即所謂「生是某家人,死是某家鬼」。這是一種永不改變的成員地位(unchangeable membership),中國人既然覺識到自己做為家庭成員的地位永不改變,從而產生的強烈歸屬感自然也不易改變。

(三) 關愛感

中國人對自己的家族有強烈的關愛感,產生喜愛與偏好的感情,關懷家中每一分子的福禍,希望家人生活都能過得好一點,且熱望家族能夠日益興旺。當個人感到自己歸屬於一家族時,亦即當個人在家族之成員地位非常明顯時,便會對家族產生認同(identification),進而產生偏愛家族的感情。

(四) 榮辱感

中國人對家族有強烈的榮辱感,極易將家族的榮辱視為自己的榮辱。若是

家人有好的表現，個人便與有榮焉；若是家人受到屈辱，自己也感同身受。家族家人的榮譽，便是自己的光榮；家族家人的恥辱，便是自己的恥辱。

（五）責任感

中國人對家族有強烈的責任感，他們有負擔家人生活的責任，有幫助家人脫困的道義，有光耀門楣的使命，有使家族延續的目標。中國人對家人的對待原則是責任原則（講責任），而不是人情原則（講人情）與利害原則（講利害）。在責任原則下，中國人常是無條件地為家族及家人做其所當做之事，盡其所當盡之責，而不期望得到對等的回報（社會交換的期望甚低）。

（六）安全感

中國人在家族中有強烈的安全感，覺得自己能夠完全被家族所接納，在家人無微不至的照顧下，個人覺得安全而無後顧之憂。在責任原則下，中國人對家人會無條件地全力加以保護與幫助，進而形成一種無條件地互相依賴與信任。對中國人而言，家族是終生的庇護所或避風港，家人是終生的支持者或保護者——不但在精神與感情上是如此，在錢財與物質上也是如此。

三、家族主義之意願層次的內涵

（一）繁衍子孫

在傳統中國社會裡，繁衍子孫是結婚的主要目的，而生育也是結婚的自然結果，由於中國人重視家族的延續，強調「多子多孫，多福氣」的觀念，當然會鼓勵結婚後就努力生育，盡其所能而後止。換言之，傳統中國人有繁衍子孫的強烈意願，故會表現出明顯的男嗣偏好傾向。男嗣偏好乃傳統中國家系傳承觀念的核心。例如，在過去的臺灣民間，女子常取名為「招弟」、「招治」、「罔市」及「罔腰」等，其涵義是生了女兒，暫且養她，希望下一個是個男孩。這正是男嗣偏好傾向的具體表現。

（二）相互依賴

中國人自幼及長都有強烈的依賴需要，常以家人或家族作為依賴與求助的

對象；因一方面，他們也希望自己能被家人所依賴。中國人既有很強烈的依賴傾向，又有很強的被依賴傾向，故是一一種相互依賴的傾向。

（三）忍耐自抑

中國人在家族主義的認知上，強調家族的團結與和諧。為了維持團結和諧，必須培養忍耐自抑的行為傾向，而表現出「逆來順受」、「存天理、滅人慾」等行為。

（四）謙讓順同

為了維持家族的團結與和諧，消極方面除了必須培養忍耐抑制的功夫，積極方面還要培養謙讓順同的行為傾向。這樣個人才能在思想、觀念及行為上與家人一樣，既不致有不同的想法與做法，也不會有太過突出的表現。中國人在家族內部是不強調競爭的，彼此都是一家人，沒有什麼好爭的「爭來爭去，都是自己人」。

（五）為家奮鬥

中國人重視家族的榮譽與富足，故有強烈之為家族奮鬥的行為傾向。強調家族的利益重於個人的利益，個人必須為追求家族整體的榮譽與富足而盡心盡力，努力奮鬥。中國人有強烈的工作動機，但此動機多半不是為了追求個人的成就與享受，而是為了家庭榮譽與富足所表現出來的為家奮鬥的精神。

（六）上下差序

對中國人而言，「上」與「下」是很重要的區別，表現出「上下排比」，「長幼有序」、「安分守己」的行為傾向。他們願意將家族之中不同角色排成上下高低的順序，在此差序中個人盡其本分，依照角色的規定行事。

從家族的權利結構來看，在父系原則的影響下，家族的權力主要集中在男人手中。一般來講，家族中最有權力的是父親，他有權支配與管理家中的財產。他在家中有絕對權威，甚至可以動用家法，懲罰犯錯的子女，而子女受懲「雖至流血，不敢疾怨」。這可說是一種「父權家長制」。

（七）內外有別

對中國人來說，「內」與「外」是很重要的區分，強烈地表現出「內外有別」、「親疏有別」等行為。他們只注重照顧與自己有關係的家人，對於沒有關係的家人則不大關心；他們只信任家人，對外人則抱著懷疑的態度。

在中國人父系法則的觀念中，父親的兄弟自然會親於母親兄弟，後者只能是屬於「姻親」，前者卻是道地的「血親」；伯叔是「家裡人」，而姨媽只能算是「局外人」。換言之，在中國人的心目中，家族是一群有相同祖先的男性後代及其配偶與未婚子女所組成的團體。只有在這個範圍之內的親屬，才是中國人的「家裡人」，超過這個範圍之外的母方或妻方親屬，都只算是「家外人」。父系的是「本家」，母系的是「外家」；與母系有關的親戚都背上一個「外」字，如「外公」、「外婆」、外孫。表兄弟的「表」字與堂兄弟的「堂」字，也有內外之別，既然連自己的親人都有內外之分，對待真正的外人就更不用說了。

貳、中國人之家族主義的測量研究

葉明華、楊國樞（1998）編製了一套測量中國人之家族主義的工具，分就認知、意願及感情三個家族主義的層次，編成三種標準化量表，即「家族主義認知量表」、「家族主義意願量表」、及「家族主義感情量表」。這三套量表所測量的心理內涵與測量方式各不相同，茲分別說明如下：

一、家族主義認知量表

偏重受測者對家族主義各類認知內涵中的各個生活事項同意或不同意的程度。家族主義認知量表共有 40 個題目，分別敘述 40 個生活事項，例如，「個人應努力上進，才能光耀門楣。」、「為了傳宗接代，為子女者應該至少生一個兒子。」、「個人功成名就，應儘量提拔家人。」、及「個人應犧牲自己，以維護家族的整體利益。」評定所用的是一種六點評定尺度，受測者評定自己對每題所說內容同意或不同意的程度時，只要在六種程度中勾選其一即可。

二、家族主義意願量表

測量受試者以家人與家庭為對象，實踐家族主義各類意願內涵中各個行為項目之意願的強度。其衡鑑方式為詢問受測者願意實行每一家族主義行為項目的程度。此一量表共有 39 題，分別敘述 39 個行為項目，例如，「你願意努力上進，以光耀門楣。」、「為了傳宗接代，你願意至少生一個兒子。」、「如果你功成名就，你願意儘量提拔家人。」、及「你願意犧牲自己，以維護家族的整體利益。」受測者須就每個題目評定他（或她）願意或不願意去做題中所說的家族主義行為項目的程度。評定所用的是四點評定尺度。

三、家族主義感情量表

偏重受測者對家人與家庭的感情、情緒或好惡，採用十點尺度測量。分別測量個人對家族與家人的六種感情，即一體感、歸屬感、關愛感、榮辱感、責任感、及安全感。受測者在六項感情評定尺度上的評分之和，即為其在家族主義感情量表上的總分。

葉、楊二氏曾以他們所建立的三套華人家族主義量表，評估家族主義各認知成分變項與意願成分變項的信度，探討家族主義各層次（認知、感情、及意願）、各成分間的相關程度，並計算各類樣本在各成分變項上的平均數與標準差。所得的各類實徵資料，經從事各種統計分析後，獲得以下的主要結果：

（一）以大學生與社會成人為對象所得之施測資料，經分別計算各成分變項的信度係數 Cronbach α 後，得知三套家族主義量表皆具有可以接受的可信度或可靠度。

（二）無論是大學生或社會成人，在認知與意願的兩層次上，團結和諧、繁延家族、及興盛家道三個成分之間皆互有中等以上程度的正相關。此等結果顯示：無論是在認知或意願層次，家族主義三成分可以形成一套內部一致而貫連的心理組合（psychological syndrome）。

（三）無論是大學生或社會成人，家族主義感情層次的愛家感與家族主義認知、意願兩層次的三個成分間皆成統計上的顯著正相關。由此可知，作

為一套複雜的態度系統，華人家族主義之知、情、意三層次是互相關聯的。以往國內外有關研究探討其他態度系統，也大都發現如此。

（四）在家族主義三層次的各成分上，大學生的平均數有稍大於社會成人的平均數之傾向。

（五）無論是大學生或社會成人，在家族主義三層次的各成分上，男性的平均數有大於女性的平均數的傾向。此一發現與華人家族與家族主義偏重男性的傳統是一致的。

參、家族化歷程——從家族主義到泛家族主義

在傳統社會中，家族生活所獲得的經驗常是中國人主要的組織生活經驗，來自家族生活的家族主義乃成為中國人詮釋、理解及組構一切組織生活的基本依據。在此情形下，中國人將家族主義從家族生活推廣到家族以外的組織生活，當然是一種很自然的事，稱為「家族化」或「家庭化」（familization）歷程。所謂「家族化傾向」（tendency to familize）的概念，楊國樞將之界定為「一種將家庭以外的團體與關係予以家庭化的習慣」。他認為中國人此一傾向的主要特徵是將家庭組織視為其他團體之組織的範本（即在組織上應仿效家庭），並將家庭中的人際關係與倫理類化到其他社會情境或團體（如行號、社團、郡縣、國家、天下等）。這種延展到家族以外之團體或組織的家族主義或家族取向，可以稱為「泛家族主義」或「泛家族取向」。

中國人的家族化歷程主要是一種刺激類化歷程。在家族化歷程中，刺激類化主要是發生在三個層次，即組織型態的類化、角色關係的類化、及心理行為的類化。在家族化歷程中個人經由刺激類化可能從家族推廣到非家族團體的主要思想觀念、行為模式、角色關係、及組織型態。此等家族心理與行為及運作型態與方式，一旦推廣到某種非家族團體，即會在後者中形成一套具有家族色彩的組織心理、組織行為、及組織運作方式。在家族化歷程中，從家族推衍而出的主要是家族主義的內涵，以及有利於家族主義之形成的家族組織型態及角色關係，因而在非家族團體中所形成之具有家族色彩的整套組織心理、組織行為、及組織運作方式，可以稱為「泛家族主義」。簡單地說，經由家族化（或

稱泛家族化）歷程將家族主義「移植」到家外團體而形成的擬似家族主義，便是泛家族主義。也就是說，泛家族主義是一種移植性的家族主義。經由家族化歷程形成泛家族主義的家外團體，可以稱為「家族化團體」。

　　家外團體中的泛家族主義透過刺激類化歷程而自然形成。我們可以區分出家族化歷程的兩個階段：第一個階段，家族與家外團體本有的相同或相似屬性，讓個人將家族主義推衍到家外團體；在第二階段中，已家族化的家外團體所具有之類似家族的屬性，可使個人將家族生活的適應方式推衍到此等團體。

（本文由葉明華博士與謝心慧助理共同摘錄）

心理學研究的中國化：層次與方向

原論文刊於楊國樞、文崇一（主編），《社會及行為科學研究的中國化》，頁153-187，臺北：中央研究院民族學研究所，1982；後刊於楊國樞（著），《中國人的蛻變》，頁457-494，臺北：桂冠圖書公司，1988。

　　心理學的社會學分析顯示，心理學者所探討的問題，所建構的理論，以及所採用的方法，都會受到外在社會文化力量的影響。個別心理學者所研究的問題，不僅代表著他獨特的興趣動機、價值觀念及哲學取向，而且也反映了特定社會與團體的社會文化特徵。也就是說，在正常的情形下，一個社會的心理學者所研究的問題，常是這個社會當時的生活需要、社會哲學或時代精神的函數。

　　社會文化的力量不只影響心理學者所探討的問題，而且還會決定心理學者所建立的理論。即使所探討的問題相同，社會文化背景不同的心理學者看問題所持的角度與概念也會大有差異，也就是所發展出來的理論將大相逕庭。

　　正如其他科學的情形一樣，心理學者的研究方法常與其所持的理論有密切關係。在同一科學基範（scientific paradigm）之內，理論與方法總是不能兩相分害的。社會文化因素既能影響心理學的理論，當然也可影響心理學的方法。從以上的討論可以看出，社會文化因素可以影響心理學者所研究的課題，所建立的理論，以及所採用的方法。不同國家或社會的心理學研究，在問題、理論及方法上會各有其特別；同一國家或社會的心理學研究，在不同的時期也會各有其特色。

　　無論是當年在大陸，或是現在在臺灣與香港，中國的心理學者大都在歐美受過相當的訓練。他們學會西方心理學研究的成果與經驗，獲得西方心理學研究的概念與方法。回國以後，他們沿用西方心理學的理論，採取西方心理學的

概念，運用西方心理學的方法，來研究西方心理學所已探討的問題。半個世紀以來，中國心理學者的研究工作，大都未能超越西方心理學的範疇，而且亦步亦趨，幾乎淪為西方心理學研究活動的附庸。

時至今日，中國心理學者應深體認社會文化影響科學研究的事實，起而作「斷奶」於西方心理學的努力。中國心理學者要看清，西方心理學中所研究的問題，所建立的理論，以及所設計的方法，都有其特殊的社會文化條件。在不具備這些條件的中國從事同樣的研究，套用同樣的理論，採用同樣的方法，往往會事倍而功半。更嚴重的是，中國心理學者在研究的問題、理論及方法上如不能有異於西方心理學者，則對整個心理學將永無提供獨特貢獻的可能。反之，在進行研究工作的過程中，中國心理學者如能鼓勵自己在研究活動中加入中國式的想法與看法，中國的社會文化因素便可不知不覺融入自己的研究，而能在問題、理論及方法上推陳出新。這種有意識的努力，便是心理學研究的中國化。心理學研究的中國化，實在是一件勢在必行的事。對於這一重要問題，過去並無有系統的討論。本文將試從四個不同的層次，討論心理學研究中國化的可能方向，並指出每一方向的應有做法，以便拋磚引玉，引起有志於此的同仁從事更為深入的分析。

壹、重新驗證國外的研究發現

以中國人為研究對象，重新驗證國外心理學研究的結果，是心理學研究中國化的最低層次，也是最起碼的工作。從基本性質來看，這一層次的中國化所涉及的是外國研究發現的外在效度（external validity）的問題。以西方的受試者為研究對象所發現的結果，即使在原研究中具有高度的內在效度（internal validity），如果改以中國人為研究對象，是否能得到同樣的結果，也頗成問題。亦即，西方的研究結果即便具有內在效度，當將其推廣到中國人時，卻結果未必具有有效的可概括性（generalizability）。不過，並不是所有驗證外國結果的研究，都會發現不同於外國的結果。事實上，已有研究發現，有些在外國人中所發現的心理現象或法則，照樣適用於中國人。

在從事驗證國外結果的研究工作時，有幾件事情值得特別注意：

一、國外（尤其是西方）所發表的研究浩如煙海，自應擇其特別重要者先予驗證，其中下例四驗研究最為重要：（一）界定及代表某一主要心理學研究範疇的基本研究，（二）成為某一主要心理學理論之基礎的研究，（三）具有顯著實用價值的研究，及（四）其結果易受社會文化因素影響的研究。
二、重新驗證國外研究結果是，在樣本、工具及程序等方面應儘量接近原來的研究。如發現原研究的設計有其缺點，且此項缺點足以妨害研究結論的內在效度，則在以中國受試者重新驗證時，除了採取原來的研究設計外，並應另加平行標本（parallel or equivalent sample），試用修改後的研究設計。
三、在有些情形下，在樣本、工具或程序上不同於原研究的研究，也可用以驗證外國的結果，只是其驗證的作用只限於中外兩項研究所得結果相同之時。以中國人為受試者而研究同一問題，在方法上雖不同於原來的外國研究，但卻仍能獲得相同的結果，這當然表示原研究結果具有很強的文化比較上的不變性（cross-cultural invariance），即使在不同的方法下應用於中國人，仍然具有相當的外在效度。

貳、研究國人的重要與特有現象：

　　心理學研究的中國化是以實徵的方法探討中國人的重要心理行為現象與特有心理行為現象。中國人的重要心理與行為有那些？個人覺得，從中國人的觀點而言，符合以下三個標準之一者，便可以算是重要的心理與行為：
一、雖屬心理學中的共同研究課題，但因中國社會文化因素的影響，中國人在此共同研究項目上的認知與反應，顯應不同於他國人（特別是西方人）的認知與反應。以此類問題從事研究，最容易發現中國人與他國人的差異，因而也較易對有關的外國心理學理論加以檢討與修改。
二、與當前社會問題有關的心理與行為。在臺灣、大陸及香港等中國人的社會中，最重要的社會問題是人口問題、犯罪問題、貧窮問題、失業問題、自殺問題、迷信問題、青年問題、家庭解組問題、消費者受害問題等。這些社會問題的減輕或解決，有賴於有關知識的建立，而這種知識的獲得要靠社會及行為科學家的努力。任何社會問題都涉及心理與行為的問題，心理

學者的參與研究，往往是不可缺少的一環。中國心理學者責無旁貸，應該多多研究與中國當前社會問題有關的心理與行為現象。

三、雖非與當前社會問題有關，但卻具有顯著實用價值的心理與行為問題。就中國社會現階段的發展程度而言，教育心理學、輔導心理學、臨床心理學、犯罪心理學、商業心理學（特別是廣告心理學）、工業心理學及軍事心理學的應用最為迫切，有關這些方面的研究顯然具有實用的重要性。

在同一中國化的層次上，中國心理學者不僅應多研究對中國人重要的心理與行為現象，而且也要多研究中國人特有的或比較獨特的心理與行為現象。這種心理與行為現象，或為中國人所獨有，或為東方人所獨有，往往是中國的特殊社會文化的產物，因而也最能反映中國社會文化的特徵。

中國人在中國社會中所表現的重要現象與特有現象，在性質與範圍上大都十分複雜，往往同時涉及政治的、經濟的、社會的及心理的各種因素。為了擴大研究工作的成效，心理學者在以實徵方法探討此類現象時，最好能多與其他有關學科的學者配合，採取科際合作的方式，共同從不同層面與角度有系統的研究同一現象。

參、修改或創立概念理論

一般中國心理學者久已習於依據西方心理學者的概念與理論從事研究，解釋結果。大家將西方心理學者的概念與理論，奉為金科玉律，不敢輕加懷疑。甚至當自己研究中國人的心理與行為所得結果與西方心理學的概念與理論不符時，也不敢懷疑這些概念與理論的可靠性，反而說是自己的研究在方法上設計不週，所以得不到「預期的」結果。作者覺得，只有修改外來概念與理論，使其適用於中國人，或是根據有關中國人的研究，直接創立嶄新的概念與理論，才能算是心理學的真正中國化。

修改雖比創立容易，但在這一方面，中國心理學界並無可觀的努力。此處僅擬提出楊國樞在修改西方式成就動機（achievement motivation）的概念與理論上所做的嘗試，作為這一方面的例子。美國心理學家 McClelland 等人所提出的成就動機的概念，具有高度的自我取向（self-orientation）或個人取向的色

彩。他認為個人持有自己的「良好」或「優秀」的標準，而在做事時與自己的「優秀」的標準相競爭的衝動便是成就動機。但應用於東方（特別是中國人）時，卻產生顯然的困難。東方人基本上不是自我取向或個人取向的，而是他人取向或集體取向的。他人取向或集體取向的人，常缺乏自己的「優秀」的標準；他們的「優秀」的標準不是內在的或自發的，而是外在的或人加的。他們之想將事情做好，並不是與自己私自懷有的標準相競爭，而是要符合父母、老師或上司等重要他人或團體所訂立的標準。基於這種種差異，楊國樞乃將成就動機的概念加以擴展，並將之界定為與內在或外在「優秀」標準相競爭的衝動。在此擴大的概念下，楊氏並進而將成就動機分為兩類，即自我取向或個人取向的成就動機與他人取向或集體取向的成就動機。依據他的看法，每個人都同時具有這兩種成就動機，只是在西方人中自我取向的成就動機特強，而在東方人中他人取向的成就動機特強。

　　心理學概念與理論中國化的更高層面，是創立適用於中國人的新概念與新理論。在這一方面可以許烺光「人」的概念及有關理論為例。在心理學與心理人類學中，人格（personality）是一常用的概念，但此一概念源自西方的個人主義，在觀念上是將個人的人格自其社會與文化分離，難以反映人的真實生存狀況。許氏提出人的生存方式中最主要的成分是他與他人、動物及文化產物的關係與感情（含有關的意念），並認為這是「人類的常數」。他將此人類的常數稱為「人」，用以代替「人格」。人人都是一個社會的與文化的動物，必須在其與他人及社會文化事物的關係中，維持一種心理的與人際的均衡。許氏稱此為「心理社會均衡」（psychosocial homeostasis）的狀態。以「人」與「心理社會均衡」兩個新的概念為基礎，許氏提出五項有關人及其社會關係的假設，並據以解釋見之於中國、日本及美國的若干平常的社會文化現象。許氏的「人」與「心理社會均衡」的概念，可以視為其早先之情境取向（situation orientation）一概念的擴展。但他認為他的新觀念不僅適用於情境取向的中國人與日本人，而且也同樣適用於個人取向的美國人及其他西方人。

　　與許烺光的情境取向及「人」兩概念的強調方向相同者，是楊國樞的「社會取向」的概念。楊氏將社會取向視為一種較他人取向與集體取向更廣的概念，因而在範圍上可以包含後二者。楊氏將社會取向界定為一種行為傾向，此

種傾向使人易於表現出順從他人的行為、不得罪人的行為、符合社會期望的行為及憂慮別人意見的行為，以便能達到下列的目的之一：一、獲得別人的獎賞或稱讚，二、維持自己人際關係的和諧，三、使別人對自己有好印象，四、保護自己的面子，五、使別人接受自己，六、避免他人的責罰、拒絕、譏笑或報復，七、避免困窘或尷尬，及八、避免與人發生衝突。眾多的實徵研究的結果顯示，此一概念在描述與瞭解中國人的行為方面具有很高的適用性。

肆、改良舊方法與設計新方法

心理學研究中國化的另一個層次，是方法的改良與創新。所謂方法是同時包括兩個層面，即方法論的層面與研究法的層面。前者涉及科學之所以成為科學的求知策略問題，亦即基本科學方法的問題；後者涉及科學家實際運作時的具體程序問題，亦即研究工作所用之方法的問題。就理論上的可能性而言，方法論與研究法都可能受到不同社會文化背景的影響，但是實際上後者因社會文化而不同的情形，則遠比前者為多。

就心理學而言，過去所用的研究方法大都是在西方社會發展出來的，因而也特別適用於西方人。中國心理學者將這些方法用之於中國人，已有數十年的歷史，但對其在中國的適用性，卻一直缺乏自覺性的反省，當然更談不到有系統的探討。常以實徵方法研究中國人的心理與行為的心理學者，在採用西方心理學者所設計的方法時，大都有不盡如意的經驗，只是我們對不盡如意的原因或理由並不加以深究，因而失去很多在方法上改良與創新的機會。

過去，在應用各種方法研究中國人的心理與行為時，中國的心理學者大都會遭遇到一些問題，也會針對問題尋求解答的辦法，只是因為他們沒有深切體認研究方法中國化的重要性，所以未能將自己解決方法問題以適用於國人的實際經驗公之於世。影響所及，遂使這一方面的經驗與成果無法有效的累積。從今以後，希望中國心理學者能一改過去的習慣，在研究過程中遇到方法上不適用於中國人的情形，即認真的設法改進與解決，然後在論文中或以其他方式加以說明或宣布，以供其他的心理學者參考。

當然，僅靠研究過程中順便得來的經驗是不夠的。中國的心理學者中，也

應有一部分對研究方法特別有興趣的人，能花費較多的時間，在方法的中國化方面從事系統性的研究。過去，國內有關研究方法的實徵研究為數極少，今後應多予加強。這一方面的努力不能僅限於改良既有的心理學方法，使其更適合於中國人，並應進而設計特別適用於中國人的新研究方法。中國心理學者所設計的新方法，其適用範圍未必只限於中國人，將來其他國家的心理學者也可能加以採用。

　　心理學研究中國化的目的，並不是要建立「中國心理學」，更不是要為中國人開創一種「本土心理學」（indigenous psychology）。全世界只有一個心理學。各國心理學者所獲得的研究成果，是屬於整個心理學的研究成果；各國心理學者所建立的理論與方法，是屬於整個心理學的理論與方法。各國心理學研究的本國化，目的在使每個國家的心理學者在研究工作上更能做到「受研究者本位」（emic approach）的地步，以使各國之研究都能準確的發現其本國人民的心理與行為法則。只有遵循這樣的途徑，才能徹底發現不同社會文化背景下人類之心理與行為的殊相與共相，以從而建立具有廣闊外在效度的心理學法則。心理學研究本國化（包括中國化）的目的，不是要建立割地自據的本國心理學，而是要建立更為健全的世界心理學。

（本文由葉光輝教授摘錄）

心理學研究的本土契合性及其相關問題

原論文刊於《本土心理學研究》，8: 75-120，1997。

　　二十多年來，採取本土化取向的華人心理學者雖逐步增加，但研究的本土化程度仍然大有提升的餘地，且苦於不知如何入手，亦不知本土化的判斷標準何在，只能從嘗試錯誤與模仿學習中逐漸體會。論者所提出的各種有效從事華人心理與行為之本土化研究的方法，目的皆在深化或提高有關研究的本土化程度。為了尋求這樣的判斷標準（簡稱判準），作者曾提出「本土契合性」的概念。基本上，本土契合性強調的是研究者的研究活動及研究成果必須高度反映、顯露或有效重構被研究者的心理與行為等，也只有如此的研究才能算是本土化的或本土性的研究。因此，作者提出有關本土契合性的一項比較周延的定義：研究者之研究活動及研究成果與被研究者之心理行為及其生態、經濟、社會、文化、歷史脈絡密切或高度配合、符合及調和的狀態，即為本土契合性。

　　那麼在本土化的研究歷程中，本土契合性如何可能？或是說，本土契合性是建立在哪些因素或歷程之上？被研究者與研究者的日常心理與行為之所以會有很多相同或相似之處，主要是因為他們具有相同或相似的基本身心機制、生態、經濟、社會、文化、歷史環境、教化方式與內容，甚至相同或相似的長期生活經驗。在傳統的或一元化的社會中，不但社會成員的基本身心機制具有高度的相似性，而且他們所處的生態、經濟、社會、文化、歷史環境、教化方式與內容、及長期生活經驗的相似性也是很高。但在現代工商社會中，長期開放化與多元化的結果，在同一國家或社會內便會形成不同的次文化。生活在不同次文化的民眾，其生態、經濟、社會、文化、歷史環境、教化方式與內容、及長期生活經驗常有相當的差異。

　　從知識社會學的觀點來看，知識（科學知識亦然）並非產生於思想的真

空之中，而是受到知識創造者所處的生態、經濟、社會、文化、歷史環境或脈絡的影響、制約或決定。但是生態、經濟、社會文化、歷史不一定直接影響知識創造者所創造的知識，而是先影響民眾的日常心理與行為（包括知識創造者的日常心理與行為），然後再影響知識創造者（研究者）的研究活動與研究成果。簡單地說，影響主要有兩種歷程，即自然反映與內省體認。自然反映歷程是指：在不加壓抑的情況下，研究者的日常心理與行為會自然（不知不覺）反映或表現在他（或她）的研究活動及研究成果中。至於內省體認歷程，所指的範圍則較小。在正常情形下，研究者在研究某類心理或行為時，會透過自行內省的方法，努力就自己的同類心理或行為進行體認與分析，以作為從事有關該項心理或行為之研究活動的參考或依據。研究者之所以會如此去做，是因為他（她）認為自己與生活於同一社會的被研究者在所研究的心理或行為上應有相似性（自認相似性愈大，愈會去做內省體認）。瞭解了自己的同類心理與行為，有助於瞭解被研究者的該類心理與行為。這種本土契合性主要是由研究者有意或無意地將自己的心理與行為有效反映或表達在研究活動之中，因此可以稱為「反映性本土契合性」（簡稱「反映契合性」）。反映性本土契合性具有因果關係的性質，也有助於其他本土契合性的增進。

另外還有五種因素也應有促成的作用。這五種因素都或多或少與研究者的生活經驗及心智活動（包括研究活動）有關：

一、以往思想傳統的承接：來自當地文化之大傳統與小傳統的思想傳統與社會哲學，經由直接生活經驗、社會教化與家庭教化、及閱讀書籍文獻，可為學者及一般民眾所傳承。研究者與被研究者的日常心理與行為既係受到當地相同或相似思想傳統的影響而形成，研究者的研究活動與研究成果如能反映、表達或承接此等思想傳統，就能促成焦點本土契合性。

二、默會之知的運用：在現實生活中，人們經由長久的親身接觸與體驗，乃能對很多人、事、物逐漸獲得一種難以言傳而心照不宣的切實感覺、認識、領會或瞭解。這就是「默會之知」——很像心理學中的偶然學習。要想獲得這種融貫於人、事、物本身的知識，必須長期而直接地浸潤於具體人、事、物的實況中，甚或達到一種物我兩忘的境界。一般人獲得默會之知是如此，研究者獲得默會之知也是如此。一般人將默會之知用於日常生活的作及生活中現實問題的處理，研究者則可將默會之知用於對人、事、物的

學術研究。研究者的研究活動如能儘量以所研究之心理與行為的默會之知為基礎，則本土契合性便易達成。

三、同理心與同情心的發揮：在西方心理學中，empathy 一字有兩種涵義，一指將周遭景物所引發之感受或情緒投射或歸諸於某一自然物或藝術作品，另指對別人之心理狀態的理解（但自己並不同時產生或經驗著同樣的心理狀態）。前一意義主要用之於審美心理學，即「移情作用」；後一意義主要用之於人格心理學、社會心理學、諮商心理學、及臨床心理學，通常譯為「同理心」。同理心之所以可能，是靠以下「四部曲」所組成的歷程：（一）有理解對方之心理狀態的意願或興趣，（二）在內心或行動中扮演對方的角色，（三）以客觀化之「設身處地」的方法想像對方的心理狀態，及（四）依據「人同此心，心同此理」的原則，對照、檢驗並判斷其心理狀態。如能以同理心所獲得的理解及體會作為各種研究活動的基礎或依據，自可增加契合性。

四、本土性研究文獻的檢討：文獻檢討的目的是讓研究者深入瞭解與研究課題有關的以往研究成果（包括有關的概念、理論、方法、工具及發現），作為選擇（研究）問題、釐定概念、設計方法、發展工具、及建構理論之參考或依據，以在既有研究的基礎上從事更進一步的研究。但在西方心理學的支配性影響下，非西方社會的心理學者，大多是唯西方心理學之馬首是瞻，在從事文獻檢討時，常只閱讀與參考西方心理學者的著作，最多再增加一些由當地心理學者用英文或當地語文所撰寫的文獻，而後者所報導的大都屬於高度西化的研究成果。單靠這樣的文獻探討，不但無助於本土契合性的增加，而且還會大有妨害。要想真能有助於本土契合性的增進，研究者在閱讀有關文獻時，應以本土性研究文獻為主，輔之以他國研究者所發表的文獻。本土研究文獻不只包括（一）報導本土化實徵研究的論文與書籍，及（二）論述本土化概念、理論、方法及工具的論文與書籍，還包括（三）該國歷代學者及思想家就有關之心理思想所傳留下來的著述（即中國人之心理思想史的書籍）。如能以上述三類文獻為主要基礎，研究者的研究活動與研究成果自然較易具有相當的本土契合性。

五、探索性實徵研究的從事：在進行正式的本土化研究之前，如能先以部分研

究對象從事一次或數次小型的探索性研究，經由與所擬研究之實際心理或行為現象的密切接觸與深入體悟，而能對有關現象之複雜的特徵、歷程或機制獲得具體而生動的理解，則對增進正式研究活動及成果的本土契合性必然大有助益。為了有效加強正式研究的本土化程度，探索性實徵研究應儘量以非結構性方法蒐集質化資料，包括採用參與觀察法獲得田野資料，以使所探討之心理行為現象或歷程充分展露其原貌及全豹。又為了具體瞭解所探討之現象的運作機制與實際功能，探索性研究應在被研究者之社會文化脈絡內的現實生活中為之。有些課題西方心理學者已做過很多研究，但當地學者尚未從事本土化的研究；在此情形下，當地心理學者欲以當地人為對象從事本土化的研究，則更應重新從探索性研究做起，以確保正式研究之本土契合性。

西化心理學（包括西化華人心理學）的根本問題是：它幾乎是西方之內發性本土心理學的拷貝、副本或複製品。這種進口加工的心理學所探討的課題、所採用的概念、理論、方法及工具都是西方的，因而所從事的研究主要是與西方人的心理及行為、西方國家的生態、經濟、社會、文化、歷史脈絡相契合，而不是與當地人的心理及行為、當地的生態、經濟、社會、文化、歷史脈絡相契合。

本土化研究取向的目的，即在大幅減弱西方研究者的本土心理學研究成果對非西方心理學者之研究活動與成果的影響，並大幅增強非西方社會之研究者與被研究者日常心理與行為對自身研究活動與成果的影響，以使非西方心理學者的研究活動與成果真能具有足夠的反映本土契合性、焦點本土契合性、及脈絡本土契合性。

本文進而討論三個重要的相關問題，即脈絡觀與本土契合性、客位或主位研究與本土契合性、及外國學者研究與本土契合性。

一、脈絡觀與本土契合性：從廣義的觀點看，脈絡觀可以說是人類的一種世界觀，認為人世間的事物係密切安置、埋藏或鑲嵌在其周遭的時空環境之中，因此必須在時空脈絡中去瞭解事物。從狹義的觀點看，脈絡觀可以說是研究者的一種現象觀，假設時空環境的脈絡內涵與歷程是現象發生、存在、運作及變遷的基本條件，就現象從事研究時不可忽略此等空間的（物

理的、經濟的、社會的、文化的）與時間的（歷史的）脈絡條件。

在心理學的研究中，脈絡主要是指心理與行為所處的生態、經濟、社會、文化、歷史的內涵及特徵。這些環境內涵及特徵（特別是經濟、社會、文化、歷史的內涵及特徵）常會因地因時而不同，因而研究中所涉及的脈絡內涵及特徵愈多，便愈能顯露心理與行為因生態、經濟、社會、文化、歷史的不同而有異的種種情形。也就是說，心理學的研究中所涉及的生態、經濟、社會、文化、歷史脈絡因素愈多，研究活動與成果便愈會具有本土契合性（包括焦點契合性、脈絡契合性、及反映契合性）。因此，在研究中多加考慮及納入脈絡因素是提高研究之本土契合性的重要法門。但是，這並不是說，不太考慮脈絡因素或脈絡因素涉入不多的研究，便完全不能具有本土契合性。例如，美國心理學者研究美國人的心理與行為，所採用的大都是非或低脈絡觀，但他們所完成的研究仍然具有相當的本土契合性，而成為美國本土心理學的一部分。

二、客位或主位研究取向與本土契合性：接著要釐清的是客位（etic）與主位（emic）研究取向的法義及其與本土契合性的關係。這兩種研究取向在多方面都有對比差異，但各種差異的重要性並不相同，其中有些差異是比較基本的，有些則否。其中三方面的對比差異是特別基本的：（一）所研究的現象是該文化所特有的或非特有的（簡稱 U-N 對比），（二）在觀察、分析及理解現象時，研究者是採取自己的觀點或被研究者的觀點（簡稱 O-S 對比），及（三）在研究設計方面採取跨文化的或單文化的研究策略（簡稱 C-M 對比）。

過去，有些學者之所以會將客位與主位兩種取向中的 U-N 對比與 O-S 對比混淆不同，主要是犯了觀念的錯誤。其中最大的一項觀念錯誤，是認為採取體系外取向（應屬 O）的研究必同時採用普同的概念（應屬 N）或跨文化的研究策略（C），採取體系內取向（應屬 S）的研究必同時採用獨特的（或特殊的）概念（應屬 U）或單文化的研究策略（M）。實則，採取體系外觀點的研究可運用普同性概念或跨文化研究策略，亦可運用獨特性概念或單文化研究策略；採取體系內取向的研究可運用獨特性概念或單文化研究策略；亦可運用普同性概念或跨文化研究策略。尤有進者，跨文化研究策略未必只可用來探討普同性概念或現象，應該亦可用來探討獨特性概念或現象——作者之前所提出之「跨

文化本土研究策略」即屬後類研究文化。單文化研究策略未必只可用來探討獨特性概念或現象，應該亦可用來探討普同性概念或現象。綜合以上的分析，可以說 U-N、O-S 及 C-M 三種對比是互相獨立的，是不能混淆不分的。以往的學者論及客位與主位的對比，有的主指 U-N 對比，有的主指 O-S 對比，有的則指 C-M 對比，造成不少混淆。為了避免這種困境，本文將不採用客位與主位之混雜的大對比，而直接採用三種次級對比。就 O-S 對比來說，採研究者的觀點從事心理與行為的研究，比較不易切實反映被研究者的心理內涵、歷程及其脈絡，也不易有效理解被研究者的行為對當事人的功能與意義；採被研究者的觀點從事研究，則較能切實掌握被研究者的心理內涵、歷程及其脈絡，也較能有效理解被研究者的行為對當事人的功能與意義。故大致而言，採被研究者觀念之研究的本土契合性會比採研究者觀點之研究為高，而且其間的差異可能頗大。就 U-N 對比而言，特有的心理與行為較具獨特性與突顯性，因而研究此類心理與行為會比研究非特有的心理與行為更易得到足夠的本土契合性，但其間的差異可能不大。至於就 C-M 對比而言，由於研究者對單一文化易有深入的瞭解，而且不必考慮與其他文化中之被研究者的心理與行為做比較，自然較能切實而有效地掌握所研究的現象與問題，因而其研究的本土契合性會較跨文化研究為高，而且其間的差異可能很大。

三、外國學者在當地社會從事本土化研究：一項心理學研究要成為本土化研究，必須具有足夠的本土契合性。土生土長的當地心理學者，應該最適合在自己的社會中從事本土化研究。但是，外國學者是否就不能在另一社會從事具有足夠本土契合性的心理學研究？作者對這個問題的答案是「能夠」。

從世界體系理論的觀點看，世界各國在國際政治與經濟等方面會形成一套權力結構系統，其中有些國家是處於國際權力核心的地位，有些國家則處於權力邊緣的地位。因而乃有權力核心國家與權力邊緣國家之分。至少近百年來，歐美等西方國家在世界權力核心國家，非西方國家則是世界權力邊緣國家。在可以預見的未來，這種國際權力系統也大致不會改變。討論外國心理學者到其他國家從事本土化研究的問題，必須考慮國際權力差異的因素，因為政治、經濟的權力差異通常會導致文化、學術方面同一方向的權力差異——在文化、學術上，權力核心國家對邊緣國家通常具有支配性的影響力。基於這樣的考慮，

我們可以將甲國學者到乙國從事本土性研究分為兩種不同的情形：（一）來自西方社會之研究者在非西方社會從事本土化研究，（二）來自非西方社會之研究者在西方社會從事本土化研究。在這兩類研究中，研究者都可從事具有足夠本土契合性的研究，而且多數有利與有害本土契合性的可能因素在兩類研究中的影響方向是相同的。

可能影響本土契合性的因素共有九項：（一）西方心理學的訓練，（二）對乙社會的高熟悉度，（三）人類學式長期參與觀察，（四）跨文化客觀性，（五）跨文化對比效應，（六）跨文化同理心與同情心，（七）跨文化順應，（八）我族肯定，及（九）我族中心觀。這九項可能的影響因素皆是就研究者而言，而非就被研究者而言。在九項可能影響本土契合性的因素中，只有第（一）項（西方心理學的訓練）在兩類研究中的影響方向相反，其他八項因素在兩類研究中的影響皆是相同的：第（二）項（高熟悉度）、第（三）項（參與觀察）、第（四）項（跨文化客觀性）、第（五）項（跨文化對比效應）、第（六）項（同理心與同情心）、第（七）項（跨文化順應）六者，對兩類研究的本土契合性都是有利的；第（八）項（我族肯定）、第（九）項（我族中心觀）兩者對兩類研究的本土契合性都是有害的。

（本文由葉光輝教授摘錄）

三論本土契合性:進一步的澄清

原論文刊於《本土心理學研究》,8: 197-237,1997。

壹、有關本土契合性問題的回應

一、本土契合性概念中的「配合、符合或調和」究何所指?

我將「本土契合性」界定為:「研究者的研究活動及研究成果與被研究者的心理行為及其生態、經濟、社會、文化及歷史脈胳密切或高度配合、符合及調和的狀態」。但對「配合、符合或調和」的意涵,則未再做分析。但葉啟政教授認為我所謂的「密切或高度配合、符合及調和」的說法「似乎有嫌籠統,有其曖昧不清之處」,我承認確乎如此。葉教授有關「配合、符合或調和」的進一步分析,是從「研究者必須學習適當且有效地掌握被研究者的心理與行為背後的主觀意義」入手。他強調:「對一個研究者,我們期待的,往往是他所提供給我們的,乃多於、甚至必須也異於一般人所以為的,而且,其所提供的必須是一套具體系統性的知識」。他認為有效掌握被研究者的心理及行為背後的主觀意義,並不是還原到行動者(被研究者)自身基於個人利益或認知旨趣等動機,在其日常生活情境中所衍生的意識性詮釋(即「一度詮釋」),也不是研究者任意順著自己所認同、喜好或熟悉之理論立場而為的解釋,而是研究者如何掌握被研究者的心理與行為,以使其文化與社會的本土意義與風格獲得貼切、有效且具啟發性的呈現(應屬「二度詮釋」)。

此處,葉教授提出本土化研究中二度詮釋的兩項重要準則,即貼切性(有效性)與啟發性。他所謂的貼切性,意指研究者能有效掌握「那足以且往往已經產生廣泛影響動能的優勢集體力量形式」;亦即,研究者能有效「掌握到根

植於本土傳統文化、且牢刻在人們心中的潛意識深處之基本且具特色的思惟與行事理路模式,其中又以對人及社會世界的哲學人類學上的存有預設最為關鍵,因為這些是形塑具主導能動性之本土傳統文化與歷史脈絡條件之影響作用的根本」。至於啟發性,則指研究者「有能力對這般(或這些)集體力量形式所可能帶來的影響與其衍生的種種文化象徵意涵,在論述上予以充分的發揮,言一般人所未能思及者」,從而產生發人省思的作用。

二、本土契合性是不成問題的問題嗎?

　　論及本土契合性本身的問題,楊中芳教授認為契合性根本不是問題,但過去半個世紀來臺灣心理學界所發表的研究成果,具有足夠本土契合性者並不多見,顯然本土契合性早已成為一個根本問題。她認為本土契合性根本不成問題的理由是:「要契合的雙方都是處在不斷變動及互動之中的概念,談完全契合是沒有意義的。」我不太確知此處所說的「雙方」究何所指,當然不應該是指研究者與被研究者這兩種人本身。就我所說的本土契合性而言,這裡的「雙方」應指「研究者的研究活動及研究成果」(A)與「被研究者的心理行為及其脈絡」(B)。說 A 與 B 是處在不斷變動及互動之中當然是可以的,但是我們不能因此就說談論其間的契合性是「沒有意義的」。好的研究所創造的契合性都應是動態性的,本土契合性正是 A 與 B 互動的圭臬或指南。

　　這裡也要順便指出,我在靶子論文中從未提到或要求「完全契合」,因為完全契合是不可能的。在論文中,我所說的本土契合性是有程度差異的;在本土化的研究中,我們所要做的是努力提高 A 與 B 的契合性,使其達到足夠的或令人滿意的程度。西化或美化程度太高的研究,本土契合性的程度往往不夠,常會使人感到「無中生有」或「隔靴搔癢」,甚至予人以「花拳繡腿,不切實際」的印象。

三、本土契合性不能作為一種判準嗎?

　　黃光國教授是從社會科學方法論的角度討論本土契合性的問題,說我有關本土契合性的論點所反映的是早期邏輯實證論者的世界觀。為了扣我帽子,黃

教授將「如實地」與「很有契合性地」掛勾，把後者解釋為前者，並暗示我是認為研究者最重要的任務就是語言「如實地」「描述」他所觀察的外在世界。尤有甚者，我在靶子論文及1993年的論文中一再強調：做研究之所以要有足夠的本土契合性，主要是為了有效反映、顯露或重構被研究者的心理行為及其脈絡。「反映、顯露或重構」焉能簡化成「如實地描述」？我也願意在此指出：在蒐集實徵資料時，儘量如實地描述（用語言、文字或其他方法）所觀察的現象是研究者必須做到的事。但如實描述現象未必是研究者最重要的工作，以現象的研究為基礎逐漸建立有關的科學理論才是最重要的任務。

黃教授接著說道：「倘若我們要以『實在論』作基礎，來建構本土化的心理學理論，我們必須用『可否證性』（falsificability）作為評估理論的判準（criterion），而不是所謂的『本土契合性』」，這是針對本土契合性可否作為一種判準所發的言論。從否證論的這些想法看來，可否證性應是指理論在實徵驗證之前其本身即已具有的概念性、邏輯性特徵，可以說是判斷理論好壞的一種內部形式條件，此種條件尚未涉及有關現象的實際情形或內涵。

但「可否證性」與「本土契合性」兩者所適用的範疇或事項完全不同。「本土契合性」的適用範疇不只是理論與現象的關係，而且也包含理論建構以外的其他研究活動及研究成果與現象之間的關係。「可否證性」是一種適用於各類科學理論（特別是自然科學理論）本身的形式性判準，「本土契合性」則是一種只適合社會科學理論與本土現象之關係的實質性判準。這兩項判準是相互獨立的，而且是不能相互取代的。但兩者中只有本土契合性可據為評鑑一項心理學理論之本土化程度的判準，可否證性這種形式性判準則無能為力。

四、向學術取經與向民眾取經孰重？

余德慧教授的想法真正屬於另類思考。他談本土契合性的大方向是「凸顯己意，六經皆為我註腳」。不過他所說的「經」是指「學術」。他所說的「六經」，並不是陸九淵所說的六經，而是（一）打開經典而從事文化心靈的考掘（如中國心理史），（二）現象的考掘（如歷史心理學），（三）對現象的詮釋，（四）對文本的批判，（五）對論點的解構，及（六）實證資料的蒐集。

他認為本土契合性的形成要靠「取經」，而研究者取「學術領域的經」（即上列六種）要比倚重設身處地（以熟悉當地人的習性為基礎）的體認有用。對於這樣的看法，我並不完全同意。在我看來，就增進本土契合性的促進而言，向本土學術取經、向民眾（或被研究者）的心理行為取經（經由設身處地的體認）二者都是重要的，究以何者較為重要，則視研究的類型、各種經的有無或多少、及研究者的習慣等因素而定。

黃應貴教授認為本土契合性的（本土）心理學研究與人類學中的文化區研究較為接近，而不太像人類學中一般理論的探討。他指出人類學中前者著重細緻概念（elaborate concept）或特殊文化體系（cultural scheme）的研究，後者則著重基本概念（basic concept）或基層類別（basic-level category）的探討。但我所理解的本土心理學，不僅研究前者，而且也探討後者。也就是說，本土心理學既追求區域性特殊理論的建構，也追求適用於全人類的普遍理論的建立。

貳、關於其他問題或質疑的回應

一、本土心理學是否為地方主義的心理學？

過去我曾一再提出說明，強調本土化的研究取向不是「義和團思想」，不是「民族主義」，也不是「地方主義」。自 1993 年的論文中，我曾反覆強調華人本土心理學的建立有兩大目的：（一）切實而徹底地描述、分析、理解及預測各地華人的心理與行為，從而建立華人心理與行為的知識體系，進而提出預防與解決當地社會問題之道，以提升社會大眾的生活素質；（二）為建立真正的全人類心理學（或世界心理學）提供有關華人之心理與行為的資料、知識及理論，亦即全人類心理學的建立是發展本土心理學的最終目的。前者可以稱為本土心理學的特殊功能，後者則是其共同功能。我並曾以「本土心理學金字塔」的圖示，不厭其煩地說明自下而上（或自小而大）之建立人類心理學的統整歷程。事實上，身為跨文化心理學創始人之一的 Berry 與 Kim 也已承認本土心理學是建立全人類心理學的途徑。

就心理學而言，無論是方法、知識或理論，都有可能「在一個地方行得通，

而在其他地方行不通」的情形。因此,照梁覺教授的判準來看,心理學自身就是一種「第三流的科學」。捫心自問,我倒自願承認心理學是一種「三流科學」。承認心理是三流科學,無損於它的價值。即使撇開化約論(reductionism)的謬誤不談,在人類心理與行為還無法用生理學、神經學、解剖學、生物化學、分子生物學的「一流科學」(自然科學)來解釋的不可預見的未來,還是需要心理學來幫助我們瞭解人類的心理與行為。

各國的心理學都是本土心理學,包括美國心理學及其他西方心理學。跨文化心理學創始人之一 Triandis 已經承認北美心理學是一種本土心理學。我們不宜輕率地認為非西方心理學不去立即從事歐美本土心理學既有理論的驗證工作,就是不關心或不重視普遍性理論的發展,實則,本土心理學者對普遍性理論的發展持有更嚴肅、更審慎、更徹底的看法:人類心理學之普遍性理論的建立必須以各國的本土心理學為基礎,而不是以某一個(或一類)本土心理學(如美國本土心理學或西方本土心理學)為基礎。

甚且,從下列六項主要活動看來,在學術研究與交流兩方面,本土化與國際化皆無相互牴觸的情形:

(一)本土心理學的研究成果,可以用來討論國際同行間所關心或爭議的共同重要學術問題,從而提出支持或反對的證據。

(二)本土心理學者主要採用單文化本土研究法,但同時亦可採用跨文化本土研究法。

(三)一位或數位來自不同國家的心理學者,可以利用各國本土心理學者各自就類似範圍內的心理與行為所已發表的本土性研究成果,系統性地分析、比較有關現象的殊相與共相,以達到跨文化統合的學術目的。

(四)本土心理學者就某類心理與行為研究有成後,行有餘地,即應將研究成果寫成英文或其他外文,找機會在相關國際會議發表,好讓他國學者獲知我們的研究發現與經驗,同時也可瞭解他國同行的研究成果與方向。

(五)本土心理學者可在本國主辦國際會議,廣邀他國的同行(尤其是他國的本土心理學者)參加,以相互交流研究經驗與成果,並彼此批評與鼓勵。

(六)本土心理學者除在國內中文期刊發表論文外,行有餘力,亦應努力在國際學刊發表論文,或在國際專書發表專章,好讓各國心理學家瞭解我們

的研究成果與經驗。當然也可透過相同的管道或途徑，瞭解他國本土心理學者的研究成果與經驗。

在以上六項學術活動中，前三者屬學術研究，後三者屬學術交流。從這六項活動可知，不但在學術交流方面本土化與國際化互不牴觸，在學術研究方面兩者也互不矛盾。由此觀之，我們不能從「本土」與「國際」兩詞望文生義，直覺地認為「本土化」與「國際化」是有所衝突的。實則，二者是相輔相成的。

華人本土心理學的建立是一種擺脫西方本土心理學不正常影響的大事業，所需要的是胸懷大志而又富有開創精神的蚍蜉客型的心理學者，不是依附在西方本土心理學框框中的一般心理學者。只要胸懷大志的蚍蜉客們能繼續不斷地努力下去，幾十年後華人本土心理學必有大成，到時卓有開創性成就的大師勢將輩出。對於有志於華人本土心理學研究的學者而言，這是一種「延宕性滿足」（delayed gratification）。

為了使人類未來的學術文化更多樣、更豐富、更廣闊、更深邃，世界各地的人民都應努力發展與提供自己的學術觀點與文化成就。亞非的社會及文化在很多方面都大不同於西方的社會及文化，當然更應為人類的未來發展呈現自己的視野與看法。

二、本土心理學是否反對跨文化心理學？

理解了本土心理學不是「地方主義」的心理學，就可進一步討論另一個密切相關的課題：本土心理學是否反對跨文化心理學？我曾將本土心理學分為單文化本土心理學與跨文化本土心理學。就目前流行的跨文化心理學而言，大部分研究都是採用強加客位的（imposed-etic）或虛假客位的（pseudo-etic）研究方式，違背了跨文化心理學方法論的一些基本原則，是跨文化心理學者公認的不良方法，尚非真正的（貨真價實的）跨文化心理學。就我個人來說，不贊成現行的跨文化心理學，並不等於反對真正的跨文化心理學。

在我看來，只有跨文化本土心理學才是真正的跨文化心理學。跨文化本土心理學所採取的研究策略是將（跨文化）比較的觀點與本土的觀點加以整合，形成一種跨本土的研究取向（cross-indigenous approach）。依據此一取向，就

同一種（或組）心理行為現象從事跨文化比較時，在每一參與比較的文化中，都必須採用本土化的研究策略——從現象的概念化，經研究工具的製作、研究資料的蒐集，到研究結果的解釋。在此應該指出，同時式與異時式跨文化本土性研究既重視心理行為之跨文化相似性的探討，也重視相異性的探討；既可分析量的差異，也可分析質的差異。

本土心理學者並不反對真正的跨文化心理學——跨文化本土心理學，他們所反對的是由西方本土心理學（特別是美國本土心理學）所支配的強加客位式（或虛假客位式）的跨文化心理學。本土心理學者之所以贊成或提倡跨文化本土心理學，主要是因為只有經由這種心理學的研究策略才能獲得可靠而切實的跨文化心理知識；他們之所以反對強加客位式的跨文化心理學，主要是因為經由這種心理學的研究策略所獲得的知識是虛假不實的。基於以上的理由，我仍然認為在發展本土心理學的過程中單文化研究具有優位性。但是，這並不是說跨文化研究不重要，只是說我們應該在單文化研究上多下一番功夫，同時輔之以跨文化的研究。

三、本土心理學是否與「西化心理學」對立？

本土心理學是從自己的生態、經濟、社會、文化及歷史背景中自然演化出來的一種心理學。西「方」心理學主要是指歐美心理學，它是在歐美國家的生態、經濟、社會、文化及歷史背景中自然發展出來的一種本土心理學。至於西「化」心理學，則是指非西方國家的心理學者將西「方」本土心理學進口加工後所形成的一種心理學，其特點是不加批評地（甚至盲目地）採用西「方」心理學的課題、概念、理論、方法及工具。

在我心目中，西化心理學是一種本土契合性很低的心理學，它所提供的知識對瞭解當地人的心理與行為，或解決當地人的個人或社會問題，並無多大的助益。與此不同，本土心理學是一種本土契合性很高的心理學，它所提供的知識對瞭解當地人的心理與行為，或解決當地人的個人或社會問題，會有較大的助益。也就是說，兩者之間的不同主要是本土契合性之程度的差異，而不是全有或全無的差異。心理學本土化運動的目的，即在大幅提升我們的研究的本土契合性，儘量不做或少做本土契合性過低的研究，儘量多做本土契合性高的研

究。本土心理學與西化心理學的關係,是一種研究本土化的漸進的演化歷程,不能用是否截然對立這種粗糙的二分法來理解。

最後,也要順便說一下華人本土心理學者是否拒斥西「方」心理學的問題。坦誠地說,作為一位本土心理學者,我是十分反對或拒斥西「化」或美「化」心理學的。但是,對於西「方」或美國心理學,我則不僅不反對或拒斥,甚至還十分欽佩。西方或美國心理學都是本土心理學,而且是全世界發展得最好的本土心理學,各方面值得我們借鏡之處很多。

(本文由余安邦教授摘錄)

人際關係中的緣觀

原論文（〈緣及其在現代生活中的作用〉）刊於中華文化復興運動推行委員會（主編），《傳統文化與現代生活研討會論文集》，臺北：中華文化復興運動推行委員會，頁105-128，1982；後刊於《中華文化復興月刊》，15(11)：19-42，1982。另以〈中國人之緣的觀念與功能〉刊於《中國人的心理》，頁123-154，臺北：桂冠圖書公司，1988；《中國人的蛻變》，頁1-30，臺北：桂冠圖書公司，1988。修訂後以〈人際關係中的緣觀〉，刊於楊國樞、黃光國、楊中芳（主編），《華人本土心理學》，頁567-598，臺北：遠流，2005。

在傳統社會裡，中國人持有強烈的緣的觀念或信念。緣觀主要與人際關係有關。更清楚地說，在緣的信念下，傳統中國人認為所有人際關係的產生，都是因為事前就先有了特定的緣或緣分；也就是說，他們有一種將各種人際關係皆歸因於緣的強烈傾向。本章的目的是從心理學的觀點分析傳統中國人有關緣的觀念，說明緣在傳統社會中的功能或作用，探討當代華人之緣的觀念及其影響，及論述緣觀的現代化與變遷。惟緣觀是宿命觀的一部分，因此在深入討論中國人之緣觀的各項議題以前，必須先就中國人的宿命觀做一簡要分析。

壹、中國人的宿命觀與命運觀

要談宿命觀（或命定觀、定命觀）與命運觀，必須先談「命」的概念。「命」（fate）可有兩種互相關聯的主要意義，一是指一種堅定的、看不見的、及不可理解的力量，它能預先決定個人一生的重要而不可改變或避免的事件、遭遇及最後結果（如禍福、窮達、夭壽）；二是指此種力量事前所決定之個人一生的重要而不可改變或避免的事件、遭遇及最後結果。宿命觀（fatalism）實即一套兼含認知、情緒及意向三種成分的信念系統，在此系統中個人深信其一生

的事件、遭遇及結果皆已事前決定於自己的命,而且對命所造成的不幸或不良後果持有一種順服與接受的消極態度。

　　基本而言,在宿命觀的信念系統中,命是不能改變的。宿命觀之外,命運觀則是近世常用的名稱。有的學者將命運觀分為「命運前定論」與「命運隨行而定論」,兩者的觀念上是不一致甚至互相排斥的。將命運觀分為前定論與命運隨行而定論,可以兼顧積極主動與消極被動兩種因應命運問題的方式。晚近,逐漸演化出另一種更細緻的命運觀,似可更有效地兼顧主動與被動兩種因應命運問題的方式。此種新的命運觀是將命與運分開,賦予不同的意義與性質。大致而言,「命」是指出生時即已確定之有關個人一生發展的趨向與定限,是無法改變或避免的;「運」則指出生後個人一生不同階段所處的生活環境與社會際遇,是可以改變或避免的。

　　傳統中國思想史中的宿命觀與命運觀,大都是來自儒、道、釋三家。儒家認為命受之於天,賦之於天,是謂天命。儒家的宿命觀是以「畏天命」為基調。孔孟之後,儒家之思想家與道學家陸續提出各種有關天命的不同見解,如王充的泛命觀、荀子的制命觀、范縝的際遇觀、及韓愈、李覯等人對孟子修身立命之說的進一步發揮。

　　先秦道家崇尚自然與無為,論死之說不多。以莊子為例,他不否定命,但也不特別重視命。這種「安之若命」的想法,使莊子只能順其自然(安生順死),採取一種順乎變、通乎命的人生態度。

　　基本而言,佛家否定有一永恆的靈魂(神我)做為輪迴的主體,可以說是一種無神論的輪迴觀。換言之,佛家所講的輪迴觀,不以靈魂不滅之論為基礎,亦不假設有永恆常駐之真我(atman)。佛家輪迴觀並指靈魂或真我從原身轉入他身,或從今世之身轉入下世之身,而是指生命形態的生滅轉變歷程。生命形態的轉變是由「業」(karma)所啟動,而業則是由心念或心識的生滅流轉所引發。業是指人生中在意念與行為等方面的各種造作所形成的一種力量,稱作「業力」。人生中有二種最主要的業或業力,即「意業」、「身業」及「語業」,分別經由意、身、口三方面的造作所形成。有何種業,自然有何種報(造業與受報),業是因報是果。生死輪迴實即一種善惡、因果、業報交替進行的永恆歷程。

中國人的宿命觀所涉及的人生層面與內涵頗廣,其中一項是人際關係,即人與人之間的遇合與分離。中國人對人際關係有一套特別的宿命觀,可以稱為緣觀或緣分觀。在此應該指出,以下各節旨在探討以中華文化小傳統宿命觀為基礎的緣觀。此種緣觀所講的緣,是一種宿命性的緣,而不是佛學因果論中所說之作為「第二因」的「緣」。在佛學的正規因果論中,「因」是指果之主因,「緣」是指果之助因(或稱助緣)。在很多情況下,主因並不能單獨產生其果,須靠作為輔助條件之助因的配合方能竟其功。佛教因果論中的緣並無宿命色彩。

貳、傳統中國人之緣觀的概念分析

宿命觀表現在人際關係方面,便形成緣觀。在中國人的心目中,緣所指的是一種命中注定的人際關係,此種關係的產生、性質及長短既已前定,不能或不易有所改變。在傳統的中國社會裡,緣在人們的社會生活中扮演著重要的角色。在日常生活中,在世俗傳說裡,緣是各種人際關係的最方便的解釋。和諧而喜劇性的關係固然是緣,齟齬而悲劇性的關係也還是緣,親如父子或夫妻是一種緣,萍水相逢的際遇也是一種緣。傳統中國人將各類人際關係都解釋成緣的想法,可以稱為「泛緣主義」

在傳統中國人的觀念中,緣似乎可以分成兩類:緣分與機緣。前者是一種長期之緣,後者是一種短暫之緣。緣分是一種命定的或前定的持久性社會角色關係,所涉及的是親子、夫婦、師生、主僕、朋友等長期性的社會關係。

除考慮時間的久暫之外,緣也可以依關係的好壞加以分類。長期緣分所形成的社會關係可以是圓滿的,也可以是殘缺的;可以是美好的,也可以是醜惡的;可以是幸福的,也可以是悲慘的;可以是快樂的,這種緣分便是「良緣」;所形成的社會關係如果是殘缺的、醜惡的、悲慘的或痛苦的,這種緣分便是「孽緣」。介於這兩者之間者,可以稱為普通的長期之緣。美滿的婚姻、親善的父子、莫逆的朋友都可以視為良緣;悲慘的婚姻、水火的父子、相殘的朋友都可以視為孽緣。芸芸眾生之間,常見的夫婦、親子、朋友之關係,大都是酸甜皆有、苦辣兼具,可以視為普通的緣分。

短暫的機緣也可以依關係的好壞加以分類。在短暫的社會互動中，如果導致的後果是融洽的、愉快的或圓滿的（如救助、歡聚、成功、脫險等），可以視為「善緣」；如果所導致的後果是衝突的、痛苦的或悲慘的（如爭鬥、失敗、傷害、死亡等），可以視為「凶緣」。介於兩者之間者，可以稱為普通的短暫之緣。

　　在傳統中國人的心目中，緣的概念實在是根深蒂固。為了表達這種信念，中國人乃發明了很多成語與諺語，廣泛應用於文章、賀詞及語言中，藉以在日常生活中解說或美化種種長期或短期的人際關係。

參、緣在傳統社會中的功能

　　在傳統中國人的社會生活中，緣為何如此重要？在社會關係與人際互動中，緣究竟有什麼功能？緣在中國人的社會生活中之所以重要，在其能有效維護人際關係的和諧。從人格及社會心理學的觀點看，將某種長期或短暫關係的有無或好壞歸之緣分或機緣，是一種貨真價實的歸因歷程（attributional process）。緣是一種固定的外在因素，因而將緣視為人際關係的原因，不但具有自我保護的作用，而且具有保護他人的作用。

　　在傳統中國人因為持有緣的觀念，故其相識歷程不是連續性的，而是不連續性的；在此相識歷程中，關係的成長或消退會有陡然改變的現象，視當事人所做緣的歸因之方向而定。由此看來，在成長與消退兩種情形下，緣都是一種人際關係或互動的催化劑，只不過在成長的情形下，緣是一種正催化劑，可以快速促進人際關係的形成或增長；在消退的情形下，緣則是一種負催化劑，可以快速促使人際關係減弱或消失。

　　在人際關係成功或失敗之後，緣是一種有效的自我防衛與社會防衛的方法（defense mechanism）：對一個傳統中國人而言，如果自己與他人的某種關係是成功的，便會將此成功歸因於較好的緣，而不是歸因於較好的個人性格或行為。這樣便不會因為自己的某種關係的成功，而使別人自責或嫉妒，以避免傷害自己與他人的關係。如果自己與某人的關係是痛苦而失敗的，便會將此失敗歸因於壞的緣，而不是歸因於自己不好的性格或行為。這樣，個人既不必過分

責怪自己,也不必責怪別人(曾經安排、決定或影響此一關係的親友)。不責怪自己是一種自我防衛或保護的方法,不責怪他人是一種社會防衛或保護的方法。更重要的是,人際關係的失敗歸因於富有宿命色彩的緣,可以使人繼續接受、包容及安於現有的關係,而不輕易脫離既存的人際網絡,這對角色關係與社會結構的穩定會有極大的助益。在強調集體主義的農業社會中,社會關係的穩定與持久是極其重要的。

肆、現代華人之緣觀的實徵分析

有關現代華人對緣的看法及其影響,向來無人從事實徵性研究。為瞭解現代華人的緣的觀念,本章作者曾於 1979 年從事了一項有關的嘗試性研究。此項研究是以臺灣大學、政治大學、輔仁大學及文化大學的五百多位男女大學生為對象(男 275 人,女 268 人)。

在研究所用的調查問卷中,有以下兩個開放性的題目:一、人與人之間有所謂的「緣」或「緣分」的問題,請問你認為「緣」或「緣分」是什麼?二、你認為兩個人之間有沒有緣或緣分主要是由什麼來決定?將全體受試者在這兩個問題上所填答的反應加以內容分析(content analysis),發現現代臺灣大學生至少有四種不同而又相互關聯的緣的概念:

第一,「緣」是一種命運或不能解釋的力量。

第二,「緣」是一種不能解釋的巧合或機會,能促成某種人際關係。

第三,「緣」是一種主觀的感受、情緒或「心電感應」,可導致和諧的、投契的及瞭解的關係。

第四,「緣」是一種和諧的、投契的及瞭解的人際關係。

在這四種現代臺灣大學生的緣的觀念中,只有第一種是標準的宿命性的緣觀。第二種對緣的看法類似傳統中國人緣觀中的部分想法,但迷信的與宿命的色彩已大為減弱。現在,很少有大學生再像古人那樣,將緣附會成下凡歷劫、妖異幻變、棘世輪幻或善惡報應。第三種緣的觀念已經毫無宿命色彩,只是將緣看作一種能夠促成良好關係的心理狀態,已全無神祕可言。緣的這種運用方式,只是為良好的人際關係提出一種心理方面的解釋。至於第四種緣的

觀念，則完全是描述性的。此處的緣既不是一種宿命的安排，也不是一種心理的因素，而是直接指謂一種良好人際關係本身。在這種概念下，緣不是用來為良好的人際關係提供一種宿命的或心理的解釋，而是用來當作良好關係的同義語。

總而言之，在現代中國人當中緣的觀念仍然存在，但其內涵卻已大有改變，改變的主要方向是宿命的與神秘的色彩減弱或消失。同時，大家對緣的看法已互不相同，人們言談中雖會用到「緣」字，但其意義卻是大有差異。在不同華人社會中，上述改變的程度並不相同。

問卷中的再一個題目，要求受試者分就十類重要的人際關係，指出（認為）其是否與緣或緣分有關。從結果可知，「異性朋友間的關係」、「夫妻關係」、「同學關係」及「同性朋友間的關係」四者的百分率最高，這四者都是既無血緣關係也無地緣關係作為歸因的對象，也找不到其他更好的解釋，自然比較容易將之歸因於緣。百分率次高的「同事關係」與「鄰居關係」，兩者雖無血緣關係，但卻皆有地緣（服務機構或居住場所）關係。百分率更低的是「岳父母與女婿的關係」及「公婆與媳婦的關係」，兩者皆無血緣與地緣關係，但卻都是間接的人際關係。百分率最低的是「兄弟姊妹的關係」及「父母與子女的關係」。兩者都有間接或直接的血緣基礎作為歸因的理由，自不必輕易歸因於緣或緣分。

綜上所述，現代臺灣大學生以緣來解釋人際關係時，在觀念上與古人頗不相同。古人在人際關係歸因於緣分時，常以血緣與地緣因素作為主要的依據；也就是說，對於傳統中國人而言，兩人之能有血緣與地緣關係，便是他們已有命定之緣的明證。所以父母與子女的關係是古人歸因於緣的主要人際關係。現代的臺灣大學生則不同，因為他們大者放棄了前世命定的緣的觀念，所以有血緣或地緣基礎的人際關係，反而可以直接歸因於這些具體而明顯的因素，不必將之歸因於比較抽象的緣或緣分。這種差異主要是來自傳統中國人與現代大學生對緣的看法不同。前者將緣視為一種命定的或前定的人際關係，後者則將緣視為一種無法歸因於具體或明顯因素（如血緣、地緣或間接關係）之難以解釋的人際關係。

伍、緣觀的現代化及變遷方向

關於緣的現代化問題，有幾個方向值得我們在日常生活中嘗試。第一，我們應該去除緣中的宿命成分，不但不必相信緣是來自下凡歷劫、妖異幻變、轉世輪迴及善惡報應，也不宜相信緣是由一隻看不見的手，決定關係於冥冥之中。我們應該將緣視為人際間的一種難以解釋或言傳的契合狀態，或是視為促成此類狀態的各項未明因素的一種奇妙而難得的組合。這樣的緣觀具有足夠的人間性（而不是神間性、妖間性或冥間性），因而會使我們願意去追求與促進人際關係的契合狀態，也會使我們努力去珍惜與維護已經達到的契合狀態。

第二，我們應該將緣視為一種正向的或正性的概念，只用來指謂人際關係的契合狀態或促進此種狀態的未明因素。也就是說，緣就是指「良緣」或「善緣」，而無所謂「孽緣」或「凶緣」。如此，當個人處於惡劣關係之時，便不會動輒以緣作為口實，來加以理由化或合理化，自己不肯或不再努力設法去改善，輕易就採取放棄的態度。即使在關係完全破裂或斷絕（如離婚）以後，也不必將此惡劣關係視為「孽緣」或「惡緣」，只能說「我們兩個沒有緣」就好了。

第三、在缺乏某種個人所需要的人際關係時，當事人應該盡量避免將之視為緣的問題，否則便很容易以緣為藉口，安於現狀，因循遷延，失去尋求所需關係的動機。

總而言之，我們不一定要完全放棄緣的觀念，只要在有關的思想與作法上做適當的改變，便可達到使緣現代化的目的。如此則生活在現代工商社會中的華人，將比其他現代社會的民眾多擁有一項適應現代生活的變通之道。

陸、未來的研究方向與重點

到目前為止，有關現代華人緣觀之變遷與影響的實徵研究都還是初步的。我們需要更深入、更有系統及更有理論基礎的探討，以獲知華人緣觀在現代人際生活中所真正扮演的角色。更具體地說，未來的主要研究方向或重點至少有三：

首先，本章第二、三兩節已就傳統中國人的緣觀及其功能做了系統性的分析，但卻並未提供足夠的實徵性證據。今後應有學者從歷史心理學（historical psychology）的觀點，運用傳統史學、文學及演唱文本（如野史、筆記、箚記、

小說、戲劇、說書、彈唱、及詩詞）作為實徵資料，分析不同朝代的傳統緣觀及其功能，以驗證本章第二、三兩節所做的概念分析。

第二，我們應分別以仍受緣觀影響的主要人際關係為目標，探討現實生活脈絡中緣在何種關係的何種情形下主要是產生外控性作用，在何種關係的何種情形下主要是產生內控性作用，又在何種關係的何種情形下則會同時產生兩種作用。為了運用緣觀來有效適應變遷社會中人際關係的遭遇，人們可能已經發展出數種比較有效的緣觀運用策略。這些策略為何，它們用於何種關係與何種情形最為有效，也是值得進一步從事實徵研究的課題。

最後，在華人的現代生活中，在特定的重要人際關係裡，緣觀對當事人的相互適應究竟會產生哪些具體影響，其中何者是正面的，何者是負面的。在特定關係（如朋友關係）的不同發展階段，緣觀的正面或負面功能是否有所不同，對雙方關係所造成的實際改變又是如何。

（本文由余安邦教授摘錄）

本土化心理學的意義與發展

原論文刊於楊國樞、黃光國、楊中芳（主編），《華人本土心理學》，頁 3-54，臺北：遠流，2005。

　　本土心理學的萌芽可上溯至著名德國心理學家 Wilhelm Wundt 於一九二〇年完成的長達十卷之有關《民族心理學》或《民俗心理學》（*Völkerpsychologie*）的巨著，但本土化心理學（indigenized psychology）晚近在非西方國家的發展則是始於一九七〇年代。如 Enriquez 提出建立菲律賓人之本土化心理學的方向；Diaz-Guerrero 描述建立墨西哥人之民族心理學（ethnopsychology）的藍圖；Sinha 呼籲超越外來（外國）的理論與概念，以使印度心理學本土化；及楊國樞強調華人心理與行為的研究應中國化（後改應本土化）。此外，最近在韓國、日本及土耳其亦有逐漸增多的本土化心理學研究。

　　非西方心理學者之所以要創立自己的本土化心理學（indigenized psychology），就是因為他（她）們對美歐心理學（尤其是美國心理學）過分支配非西方國家心理學的發展，所展生的一種學術反彈。更具體地說，本土化心理學的創立所表達的是當地學者對西化心理學的嚴重不滿。從積極方面來看。本土化心理學的推動實在是一種嚴肅的學術運動，意圖發展出一套比直接套用美歐心理學理論與方法更有效的研究當地人之心理與行為的辦法，以逐漸建立一種能妥貼瞭解當地人之心理與行為的知識體系。從消極方面的因素來看，本土化心理學的創立不僅是因為對西方新理學過分之配非西方新理學的歷史事實不滿，而且是由於對西方心理學支配下的跨文化心理學過分運用虛假客位研究策略的不滿。

　　本土取向的心理學者推動與從事本土化心理學研究的最終目的，是在非西方社會創建一種不同於現有之在西方心理學宰制下所形成的西化心理學的特殊心理學。本土心理學是一種以科學方法研究某一特定族群團體或社會文化中

之人民的心理與行為所發展出來的心理學知識體系，但研究歷程中所採用的理論、概念、方法及工具必須與所探討的本土心理或行為現象及其生態的、經濟的、社會的、文化的、及歷史的脈絡高度契合、符合或貼合。

美歐國家的心理學基本上是（內生性）本土心理學，大部分非西方國家的心理學基本上是西化心理學，其中只有少部分非西方國家或地區（如菲律賓、印度、臺灣、韓國、墨西哥、日本）已有本土化心理學的發展。也就是說，當前的世界上只有三種性質不同的心理學，及本土心理學、西化心理學、及本土化心理學。這三種心理學所提供的知識在基礎、性質、範疇及限制等方面應該是不同的。特別在以下七個方面有其差異：一、知識的文化基礎；二、知識的產生方式；三、知識的本土主體性；四、知識的本土脈絡性；五、知識的本土契合性；六、知識的本土穩定性；七、知識的本土適用性。

美歐國家的本土心理學知識具有高度的本土主體性、脈絡性、契合性及穩定性，很能有效表述當地人在個人適應與社會生活中之心理與行為運作的真正機制，可以說是本土適用性甚高。非西方國家的西化心理學知識缺乏本土主體性、脈絡性、契合性及穩定性，無助於對當地人在個人適應與社會生活中之心理與行為運作機制的瞭解。這樣的知識充其量只能有低度的本土適用性。至於非西方國家的本土化心理學知識，因為重新獲得相當程度的本土主體性、脈絡性、契合性及穩定性，頗能有效表述當地人在現實生活中的心理與行為的運作機制，所以其本土適用性頗高。

本土化心理學作為一種方法論（methodology），並不是指美歐國家的內生性本土心理學內部的方法論，而是指非西方國家之本土化心理學的方法論。本土化心理學的主要學術目標是將西化心理學轉化為本土化心理學。非西方國家的心理學者如何將西化心理學轉化為本土化心理學，涉及一套特殊的方法論的問題與做法，這些問題與做法是西方國家的心理學者所未曾操心過與經驗過的。為了超越現在仍然流行的西化心理學，進而建立本土化心理學，非西方心理學者必須努力以自己社會的民眾為對象積極從事本土化的研究。這種新方式的研究的首要目的是使自己的研究活動與結果儘量彰顯所探討之心理與行為與當地歷史、文化及社會因素的關聯性或相干性。採用這種新的研究方式，研究者必須放棄西化心理學所用的強加式客位研究策略（imposed etic research strategy），改採主位或準主位研究策略（emic or quasi-emic research strategy）。只有採用這種研究方式，才能使研究成果與從而建立的知識體系返還當地歷史、文化及社會的基礎或脈絡；也唯有如此，才能使本土化心理學的知識重新具有足夠的本土主體性、脈絡性、契合性、穩定性、及適用性。

這種能將西化心理學轉換為本土化心理學的新研究方式，可以稱為本土化研究策略或取徑（indigenized research strategy or approach）。在此取徑下，我們可以選用或創造各種研究典範（如上節所說的實證論、後實證論、批評理論、及建構論）、各種理論、各種概念、各種方法、及各種工具來從事本土化研究。但就不同的具體研究而言，究竟有無某種標準可以讓我們判斷哪些具體研究是不具本土性（indigenousness）的（因而是西化研究），哪些是具有本土性的（因而是本土化研究）；又在後類中，何者是本土性較高者，何者是本土性較低者。作者認為確有此種評估特定研究之本土化程度的判準，那就是本土契合性（indigenous compatibility）。

作者一再強調本土契合性是非西方國家心理學者評定當地心理學研究之本土化程度的基本判準，綜合各種考慮後，作者將「研究本土契合性」重新定義如下：不論採用何種研究典範、策略或方法，在從事心理學研究的過程中，研究者的研究活動（課題選擇、概念釐清、方法設計、資料蒐集、資料分析、及理論建構）與研究成果（所獲得的研究結果與所建立的概念、理論、方法及工具），如能有效或高度顯露、展示、符合、表現、反映、象徵、詮釋或建構被研究者之心理與行為及其生態的、歷史的、經濟的、社會的、文化的、或族群的脈絡因素，此研究及可謂具有本土契合性。不同的研究具有不同程度的本土契合性，只有具有足夠本土契合性的研究，才可稱為本土化研究。以本土化研究所產生的知識，才可稱為本土化知識。

作者曾提出多類研究本土契合性，但特別強調其中兩類：脈絡化本土契合性（contextualized indigenous compatibility，簡稱 CIC）與非脈絡化本土契合性（decontextualized indigenous compatibility，簡稱 DIC）。CIC 是指研究者的研究活動與研究成果不但能有效或高度顯露、展現、符合、表現、反映、象徵、詮釋或建構所研究的心理與行為，同時又能有效或高度顯露、展現、符合、表現、反映、象徵、詮釋或族群的脈絡因素。與此不同，DIC 是指研究者的研究

活動與研究成果能有效或高度顯露、展現、符合、表現、反映、象徵、詮釋或建構所研究的心理與行為，但不必同時探討其所存在的脈絡因素。此種研究認為心理行為與其脈絡不但在概念上是可以分割的，在實徵操作上也是如此。研究者可以將所研究的心理行為視為研究的焦點，將其脈絡視為該心理行為形成、存在及維持的既有條件，在研究心理與行為的本身時，其脈絡可暫時存而不論。美國本土心理學中的主流心理學研究，大都採用此種本土契合性，其中採取實證論與後實證論兩種研究典範的美國心理學者，尤其偏好從事非脈絡性的研究。採取這兩種研究典範的華人心理學者，亦可從事非脈絡化的本土化研究。

　　本土契合性是本土化心理學研究的證記。有足夠的本土契合性的研究就是本土化研究，否則就是西化研究。因此，對本土化心理學者而言，如何增進研究的本土契合性是至關重要的事。大致而言，要想提高本土契合性，主要有兩大途徑，即從瞭解被研究者（受試者或參與者）的心理與行為入手，及從研究內容與方法入手。

　　前一途徑又可分為直接瞭解與間接瞭解兩種方式。直接瞭解被研究者之日常心理與行為的方法主要有四：一、默會之知的運用，二、同理心與同情心的發揮，三、本土化研究文獻的探討，及四、探索性實徵研究的從事。間接瞭解被研究者之心理與行為的方法主要者有三，即一、自然的反映與表現、二、自己心理的內省與體認、及三、推己及人的想像與體認。

　　從研究內容與方法入手來提升研究的本土契合性，作者曾提出「七不」與「十要」，並逐項加以說明。「七不」是指：一、不套用他國理論與方法；二、不忽略他國理論與方法；三、不排斥他人所用的（本土化）方法；四、不採用缺乏本土化的跨文化研究策略；五、不採用抽象程度過高的研究項目；六、不採用外國語進行研究思考；七、不將學術研究泛政治化。「十要」，是指：一、要忍受懸疑未決的狀態；二、要儘量反映當地人的想法；三、要批評地運用西方理論；四、要強調社會文化的脈絡；五、要研究當地特有的心理與行為；六、要詳細描述所研究的現象；七、要同樣重視內容與機制；八、要與華人學術思想傳統銜接；九、要兼顧傳統面與現代面；十、要兼研今人與古人心理。

　　本土化心理學不僅是一種代表特殊知識體系的學科（discipline），一種方

法論（methodology），而且是一種學術運動（academic movement）。本土化心理學所代表的學術運動有兩個主要的目的；一是為華人社會（臺灣、香港及大陸）的人民發展一套單文化的本土化心理學知識體系，這一體系包含適用於華人的心理與行為法則及研發這些法則所需要的方法論；二是為全世界的人類發展一套跨文化的本土或本土化心理學知識體系，這一體系包含適用於全人類的心理與行為法則及研發這些法則所需要的方法論。

自一九八○年代以來，在國際心理學期刊發表闡揚本土心理學與本土化心理學之論文的非西方國家心理學者時有增加，他們的論述的主要目的即是喚起與促進世界各國心理學者對非西方國家之心理學研究本土化問題的注意、認同及重視。透過一些本土化取向之心理學者的努力，各國心理學者對心理學本土化的意義逐漸有了較多的瞭解。

除了個別學者的努力之外，自一九九○年代以來，在出版有關專書與期刊專號方面，亦有相當的成就。過去十幾年，有一本書對心理學本土化議題之國際化影響甚大，此即 Kim 與 Berry 所主編的《本土心理學：文化脈絡中的經驗與研究》（*Indigenous Psychologies: Experience and Research in Cultural Contest*）。另一本有關的書是《本土與文化心理學：瞭解脈絡中人》（*Indigenous and Cultural Psychology: Understanding People in Context*）。此書由 Kim、Yang 及 Hwang 主編。又 Hwang 與 C. F. Yang 曾於《亞洲社會心理學刊》二○○○年的第三期，以〈本土、文化及跨文化心理學〉（Indigenous, Cultural, and Cross-Cultural Psychology）為主體編輯專號。在此專號中，有六位學者應邀撰寫專文，分別代表跨文化心理學、文化心理學、及本土（化）心理學：Triandis 與 Berry 代表跨文化心理學的觀點，Shweder 與 Greenfield 代表文化心理學的觀點，Yang 與 Kim 代表本土（化）心理學的觀點。這六篇論文的共同論旨是比較這三種強調文化之心理學的異同與整合之道。這是本土（化）心理學第一次與跨文化心理學及文化心理學站在平等的地位上相提並論，這對本土（化）心理學在國際心理學界之地位的提升是很有助益的。

當前的世界心理學可大致分為本土心理學、西化心理學、及本土化心理學。西方國家的心理學皆屬本土心理學，非西方國家的心理學基本上是西化心理學，有些非西方國家的西化心理學有一部分已逐漸轉化為本土化心理學。愈

來愈多非西方國家的心理學界出現對當地西化心理學不滿的聲浪，也已出現採取本土化研究取向的心理學者，他（她）們的主要志業是將其本地的西化心理學轉化為本土化心理學。如果將來各非西方國家的西化心理學皆能轉變為本土化心理學，則全球心理學將只有西方國家的本土心理學與非西方國家的本土心理學。

　　對華人社會的心理學者而言，可以取代西化華人心理學的只有本土化華人心理學。在此長期轉化歷程中，部分華人心理學者推動與從事有關華人心理與行為的本土化研究，已有大約三十年的歷史，獲得了相當的成果與進展。對華人社會及其他非西方社會的心理學者而言，本土化心理學是最具有切身關係與社會功效的，因而對這種心理學的意義與發展應有系統性的瞭解。

（本文由葉光輝教授摘錄）

當代華人的傳統與現代雙文化自我：
其現身、組成與變遷

原論文（與陸洛合著）刊於楊國樞、陸洛（主編），《中國人的自我：心理學的分析》，頁 279-322，2008。

壹、華人雙文化自我的現身

　　實徵證據已顯示：華人社會中正呈現愈來愈多傳統性與現代性共存的現象。以臺灣為例，Brindley 觀察到當代臺灣社會的文化價值觀處於非常未定（indeterminate）與變動（fluid）的狀態，他認為此乃傳統價值觀與新引進的西方價值觀共存所致。西方國家歷經數百年之久才發展成現今的現代社會，但臺灣只花了四十年的時間，就從傳統的農業社會轉變成繁榮的工商社會。如此巨大的現代化，伴隨著大量西方價值觀的引進，導致了一個多元價值系統共存的多元（pluralistic）社會。Brindley 認為雖然傳統中國文化價值觀（如孝道與人際和諧）仍普遍存在，但西方文化價值觀（如重視科學與強調獨立）對人們心理與行為的影響已愈來愈顯著。

　　陸洛在最近一項結合了理論分析、焦點團體討論與深度個別訪談的研究中，提出折衷自我（composite self）的構念，用以描述當代華人正在發展中的一種全新自我系統的特性。折衷自我巧妙地整合了傳統華人的「關係中自我」（即互依包容的自我）與西方獨立自足的自我的特色。對當代的華人來說，過去遭到忽略，甚至壓抑的獨立自我，現在卻可能在某些生活的場域中（例如：工作場合）得以培養、發展、擴充，甚至重視。對生活在臺灣及其他亞洲社會的人們來說，以獨立自我與互依自我共存與整合的態度，來處理不甘退讓的傳統文化與勢在必行的現代文化間的衝突，很可能是最好的適應方式。這樣一種折

衷自我，有著均等強勢的獨立與互依信念，對當代華人而言，正可同時表達人類基本的個人「獨特性（uniqueness）」與人際「關聯性（related）」的雙重需求。

從文化互動論的觀點來看，「折衷自我」現身的社會文化情境是：個人的未來已經不僅取決於其在社會網絡中的位置，也取決於他在大社會中的獨立成就。當華人社會從小農經濟的生產系統走進資本主義的工業化生產系統時，當代華人就必須愈來愈常與其親密關係網絡之外的人互動。因此，在一個繁榮的現代華人社會中，傳統的「互依包容的自我」與現代的「獨立自主的自我」便都有其生存與適應的功能，缺一不可。

從人格發展的觀點來看，人性最核心的雙重性（duality of humanity）也可解釋折衷自我的現身。諸多人格理論家都指出人具有兩種基本但看似矛盾的需求或驅力，只是每位理論家所用的命名各有不同。楊國樞詳盡地比較了由上一世紀的人類學者、心理學家以及社會學家所提出的 33 組相似的對照用詞，認為這些人格理論學者共同的關注其實是人如何在「個體化」與「融合」、「獨立」與「依賴」、或者「自主」與「降服」（surrender）這兩種同時存在的基本心理歷程中找到平衡點。只有當這些看似矛盾的需求、驅力與趨勢所引發的衝突被化解，才會發展出一個健全的、具有適應性的與功能充分發揮的人格，Mahler 將這種狀態稱之為「個體化與分離」（individuation/separation）議題的終結。以自我而言，華人傳統「互依包容的自我」對應的正是人類基本的共有需求與合和傾向，而現代的「獨立自主的自我」對應的則是人類基本的主宰需求與分離的傾向。因此，對當代華人來說，折衷自我的現身不僅可視為一種表達兩種需求與傾向的方式，也在自我的心理建構上表現了人性最核心的雙重性。如此建構出的折衷自我可以說是一種包含傳統中國文化與現代西方文化基礎的雙文化自我。

貳、華人雙文化自我的組成成分

楊國樞最近提出了可說是最詳盡之華人自我的心理學理論，在這個最新的理論建構中，他從社會取向與個人取向的觀點說明了華人自我四元論的模式。模式中的四大部分分別為：個人取向自我、關係取向自我、家族（團體）取向

自我以及他人取向自我。個人取向自我可對應於現代西方獨立自主的自我，後三者則統稱為社會取向自我，可對應於傳統華人互依包容的自我。具體而言，如此建構的華人雙文化自我共有四個組成的次級系統，其中一個代表了現代西方文化的影響，另外三個則直接源自傳統中國文化的傳承。

我們有必要對華人雙文化自我的四個次級系統間的關係作更進一步的說明。Kegan 在闡述其演化的自我（evolving self）的理論時，曾提出西方人的自我在終其一生的演化中，不只經歷了「帝制」（imperial）與「工具」（institutional）等強調獨立的發展階段，也經歷了「衝動的」（impulsive）、「人際的」（interpersonal）、與「個體間的」（interindividual）等強調包容的（inclusion）發展階段。他強調自我的演化性成長其實是個體漸次地從其生活的環境中逐漸分離出來，界定出自我與非我的本質性差異，再逐漸將這諸多面向一一統整起來。華人自我的演化或許不會經歷與西方人自我演化相同的階段，但是 Kegan 所提之先分化後整合個人的心理世界中不同面向、不同成分、不同情境、與不同場域的原則，應該同樣適用於本體論層次上華人自我的演化。根據這樣的原則，楊國樞所界定的不同取向，就可視為華人自我不斷分化與整合生活世界中不同情境或社會互動場域的結果。這些分化與整合可能已相當有效且完整，故特定情境中的心理與行為取向已達到功能自主和結構特異，它們已可視為華人自我的次級系統（subsystem），或更明確的說，它們已是華人的次級自我（subselves）。

不過，自我在達到完善的整合與一致之前，為解決東、西方不同文化傳統基礎所帶來的強烈對立與痛苦的衝突，可能必須先經過一番長久艱難的掙扎與奮鬥。最好把華人雙文化自我想像成一種動態的歷程（dynamic process），不斷在解決衝突，努力要達成實質的統合，以超越傳統與現代文化交會時所帶來的衝突。雖然整合與一致應被視為具功能性的自我系統的最終目標，但短暫的停滯不前甚至後退，都是有可能發生的。

參、華人雙文化自我的變遷

前已提及，對當代華人來說，兼具傳統華人文化成分與現代西方文化成分

的雙文化自我，是同時表達且滿足獨立、自主與互依、包容需求的一種較好的方式。因此我們可以合理的期待，大多數的華人都應擁有了不同組合的雙文化自我，具體而言，我們可區分出四種次級類型，分別代表處在此一心理轉變動態歷程之不同階段的人。

首先，在初期階段，面對新引進的現代西方文化，強烈的衝突可能帶來巨大的痛苦與威脅，此時就必須啟動如區隔化的防衛機轉，以建構一個防護罩。重複使用這些防衛機轉很可能會形成「區隔化混合型」（compartmentalized mixed type），即個體毫無意識地在特定的生活場域中使用傳統或現代文化的自我，當其中一種自我系統被啟用，就完全忽略另一種自我系統的存在。典型的例子如：一個人在工作中表現出現代獨立自主的自我，但在家庭生活中則展現出傳統華人互依包容的自我。

不過，只有少數人真的能將這些不一致的認知，衝突的感覺，或矛盾的行為完完全全地壓抑在潛意識之中。若壓抑不成，而個人又尚未作好心理準備去面對，甚或尚未找到可行的解決之道時，他們只能暫時忍受，陷在緊張、痛苦、耗損心力的狀態之中。處於這種狀態的人當屬「容忍混合型」（tolerated mixed type）。易言之，他們是放棄或不想積極謀求衝突解決的一群人。

然而，如果衝突的強度超過一個人容忍的程度，個人就必須做些努力來降低這些衝突，並最終將之排除。不幸的是，對某些人來說，不同的因應策略可能一而再，再而三地失敗。在重複失敗的打擊之後，人們可能會讓步，而留在一個停滯（suspension）的狀態。此時，傳統與現代自我系統間的不一致與衝突會有很長的一段時間得不到解決，此種人即為「停滯混合型」（suspended mixed type）。

可喜的是，對大多數的人來說，掙扎與努力將會開花結果，一個整合與一致的雙文化自我終會現身，它合併了傳統與現代兩者的文化成分。雖然某個人身上都有獨特的傳統與現代兩種文化成分的混和比例，但雙文化自我這個全新的混合物（hybrid）的誕生是這些人的共同特徵，可稱為「初級混合型」（primary mixed type）。前文所提之整合的、完善運作的華人四元自我或折衷自我都是這種混合型的產物。至此，心理轉換的動態歷程已經達到它最終的平衡狀態，而人類的創造力也最充分地展現了它的潛能，讓身處社會劇變中的人們，終於找到了安身立命的最佳適應方式。

肆、關於雙文化自我後續研究的建議

前面我們已經以概念分析與實徵研究的證據為基礎，提出了雙文化自我模型的概述，並討論了華人這樣一個兼具傳統與現代的雙文化自我之現身、組成及變遷的社會文化背景。

一、概念分析與量表建構

我們提出了一個華人雙文化的模型，並指出個人取向與社會取向為華人雙文化自我的兩套系統。雖然已有學者對個人取向與社會取向的自我概念、自尊、主觀幸福感等議題進行了概念分析，也編製了相應的量表，不過，雙文化自我的確切組成尚未釐清。「自我觀」，或如 Markus 與 Kitayama 所稱的「我觀」（selfways），所關心的是最根本、最抽象的本體論上自我的本質，而前述較為具體的有關自我的知識，如：自我概念、自尊等，則是由自我觀衍生而來的。將人視為一個有界限的、統合的、穩定的、一致的、自主的、且自由的實體，是西方個人取向自我觀背後的後設理論；相反的，將人視為與他人緊緊相連、互相依賴、彈性折衷、且奉行社會角色與義務，則是傳統華人社會取向自我觀背後的後設理論。因此，系統性的描述個人取向與社會取向自我觀及其相關的信念，是我們理解華人雙文化自我本質的第一步。以此理論分析為基礎，我們應發展一份能可靠且有效地測量這些自我觀的量表。我們若能分辨並測量華人雙文化自我的各個組成成分，方能進一步探究這些次級系統間，及次級系統與整體自我系統間錯綜複雜的關係。

二、華人雙文化自我的存在現況

在理論上，我們認為個人取向與社會取向自我這兩套次級系統可以同時並存於華人雙文化自我中；在實徵上，研究證據也支持我們的主張。若我們能如預期的直接測量個人取向與社會取向的自我觀，我們就能進行大樣本的調查，描繪出華人雙文化自我實際存在的狀況。我們預期可能會有四種不同類型的華人：（一）個人取向與社會取向自我觀的認同皆高者（HH 型）；（二）個人

取向與社會取向者自我觀的認同皆低者（LL 型）；（三）高度認同個人取向自我觀，卻低度認同社會取向自我觀者（HL 型）；以及（四）低度認同個人取向自我觀，卻高度認同社會取向自我觀者（LH 型）。如果樣本有足夠的代表性，施測結果就能反映出在特定的華人社會中，不同族群、不同性別、不同社經地位、城鄉差異、乃至於在其他人口學變項上，這四種類型的人大致的分布情形。這樣的描述性資料，將有助於我們瞭解傳統與現代自我的真正並存的程度。我們也可透過描述以上四種類型人們的社會心理行為模式，來研究雙文化自我觀的心理意涵。

三、雙文化自我的適應性價值

　　理論上，我們認為華人雙文化自我的現身與蛻變，主要是因為必須面對現代化世界的挑戰，並維持心理上的平衡。在實徵研究上，愈來愈多的證據已顯示：不論是個人取向或社會取向自我及其相關歷程，兩者皆具有適應上的價值。而且，主動的自我並非在真空狀態下運作，因此必須考慮週遭的社會環境。心理適應本質上就是個體心理與文化要求協合的結果，因為「安適」（wellness）的定義與表現都是在特定文化脈絡下建構的。因此，在價值變遷的華人社會中，個人取向與社會取向自我觀的適應功能，可能會取決於特定生活面向中傳統或現代要求的程度。可行的實徵研究的設計如下：首先，找出幾個重要的生活情境（如：工作上的團隊合作、年長雙親的居住安排），接著，系統性地探討不同雙文化自我程度（上述的四種類型）的人如何因應這些實際生活中的兩難困境：他們怎樣看待這樣的狀況？他們採用什麼具體的策略來解決衝突？為什麼他們會選擇這些策略？他們如何實施這些策略？得到什麼結果？人們對這樣的結果滿意嗎？這些問題不只可以幫助我們釐清心理適應的理論意涵，也可以讓我們瞭解個人在面對真實的適應議題時，自我是如何運作並指引我們的行動的。

　　至此，我們只概述了有關雙文化自我未來研究的幾個重要方向。我們堅信，身為華人心理學家，我們不只有學術興趣，更有道德義務，去理解當代華人在追求更均衡、更有效、更快樂的生活中，如何努力地協調、管理、妥協、

合成及統整傳統與現代的自我系統。我們的旅程已經展開，千山萬水，我們也會堅持下去。

（本文由陸洛教授摘錄）

劉邵的人格理論及其詮釋

原論文刊於黃應貴（主編），《人觀、意義與社會》，臺北：中央研究院民族學研究所，頁89-127，1993；後刊於楊國樞、黃光國、楊中芳（主編），《華人本土心理學》，頁141-172，臺北：遠流，2005。

　　自古以來，中國人從性格的觀點所提出的人格理論時有所見，其中有的偏向人格特質論，有的則偏向人格類型論。遠在唐朝以前，即已出現頗具規模的人格理論。例如，結集於秦漢之間的《黃帝內經》，曾從陰陽五行的觀點，將人分為各種類型。另一論說人格理論的著作，是劉勰的《文心雕龍》。此書成南北朝齊明帝建武初年，所論不只深及文理，且認真探討文藝心理的問題，並從而分析性格對作品風格的影響。

　　與《黃帝內經》、《文心雕龍》兩書中的人格理論相比，更有系統、更具規模的是三國時魏人劉邵《人物志》一書中所提出的人格理論。《人物志》則是以全書討論觀人、知人及用人之道，也可以說全書都在闡述一套體系井然的人格理論。作為一套人格理論，劉邵之說是中國歷史文獻中所能看到的最完整而有深度的性格體系。即使從現代人格心理學的觀點來看，劉邵的人格理論也有其可取之處，因而值得特別加以探討。本文的目的即在試圖理解劉邵的人格理論，並進而詮釋其涵義。更確切地說，本文將敘述劉邵在《人物志》一書中所提出之性格理論的內容，討論此一理論是否為一特質論，並指出此理論的其他特點。

壹、劉邵理論的內涵

　　劉邵所著的《人物志》，講究中庸與中和的原則，顯然受到儒家的影響。書中並談及考課核實與量能授官，可謂兼及法家的主張。同時，從書中立論的

方法、內涵及精神來看，亦有名家、道家及陰陽的色彩。故《人物志》中所闡述的性格理論，雜取儒、法、名、道及陰陽諸家之觀點，可說是一種雜家的理論。劉邵的性格理論承續先秦陰陽五行之說，認為人的心理與形體是由陰陽與五行（金木水火土）所形成。這裡所說的是劉氏理論的形上基礎。

一、劉邵論性情

劉邵是以陰陽與五行的作用，來說明人之體質與性情的關係。他認為陰陽五行的種種配合，即可產生不同的性格特徵及心理狀態。由元氣化生而來的陰陽兩種性質，如果配合適當，在性格上就會能靜能動，而且動靜得宜。這樣的人，劉邵稱之為「聰明者」。

陰陽兩種性質可藉五行而獲得彰顯，從而產生不同的體質與性情。劉邵認為木、金、火、土、水五種基本之氣（五行）在人體內具體化之後，即成為骨、筋、氣、肌、血五種體質（五體）。

劉邵接著說到五體之良好的特性，分別與五種良好的性情相對應。於是骨植而柔者，謂之弘毅；筋勁而精者，謂之勇敢；氣清而朗者，謂之文理；體端而實者，謂之貞固；色平而暢者，謂之通微。骨、筋、氣、肌、血是五種體素，骨植而柔、筋勁而精、氣清而朗、體端而實、色平而暢是上述五體所各自具有的五種「體質」。相對應的弘毅、勇敢、文理、貞固、通微是五種性情特質，可以說是五種「氣質」。劉邵認為五種體質與五種氣質各有對應關係。五種體質可以稱為五質，五種氣質尤可稱為五質。又如弘毅、勇敢、文理、貞固、通微等五質，則是仁、義、禮、信、智等五常的基礎。在劉邵的人格理論中，五行、五體、五質、五德及五常互有密切的對應關係。簡單地說，他的理論是將人或人的性格放在一套複雜的概念網路之中來理解，而此概念網絡同時貫穿了形上特性、體質、性情及道德四個層次。

二、劉邵論才能

劉邵在〈體別〉、〈流業〉、〈材能〉、〈利害〉及〈七繆〉等篇中，暢論有關才能的種種觀念，並指出各種才能的特徵及類型。上文已經指出，質是

稟自五行，性則稟自陰陽，質與性相配，乃成人的性情。人因性情有異，所適合擔任的工作自然不同；個人因具有特殊的性情，便特別適合或擅長勝任某類特殊的工作或任務。就這個意義而言，個人的性情實在也就是他所說的「材」（聰明才智）。至於「能」，則是通過事功所表現出來的本領。也就是說，材為源，能為流；材為本，能為用。

　　一個人能不能「成材」（成就其材），除了先天的稟賦，還是要靠後天的學習。所以，他說：「夫學，所以成材也。」＜體別篇＞。但他又說：早智早成，晚智晚成；無智終無成，有智終有成。也就是說，劉邵認為才智與成就是有密切關係，而且才智在人生中的發展先後具有一致性或穩定性。劉邵亦曾從現實政治與社會所觀察到的情形，將各種秀異人物依其流派與志業分為十二類「流業」，也就是十二類主要人才，也代表了十二類不同的才能。

三、劉邵論知人

　　《人物志》成書於一千七百多年前（公元三世紀初），反映了三國時期曹操等人意圖統一全國所強調之唯才是舉、用人唯才的政策理念及價值觀念。故書中詳談知人用人之道，提出很多觀察與鑑別才性的原則及方法，也建議不少頗有參考價值的用人之道。知人的目的在瞭解人的才性，以達到「眾材得其序，而庶績之業興」的目的。要想得知人的才性，必須從觀察神、精、筋、骨、氣、色、儀、容、言等九徵（九類外現表徵）入手（重相），更應考究其做事與為人的言行（重試，明為）。劉氏深感人之難，先行指出「七似」的困惑。這「七切」列舉了七種似是而非、表裡相異的情況，使人難以從表面言行正確推斷內裡的才性。

　　由於各類知人的困難，在實際衡鑑才性之時，常會產生種種繆誤，劉邵認為在這方面常犯的謬誤有七，稱為「七繆」。知人七繆，可以簡短文句綜述如下：（一）昧於名實，感於聽聞；（二）但憑好惡，強論短長；（三）心志難測，小大由之；（四）智成早晚，莫名其類；（五）譽同毀反，相賴相競；（六）眩於貧富，誤斷才智。

　　知人雖有七似七繆之難，但為達成現實之用人目的，還是要設法鑑別人才

性。為此劉邵提出「八觀」之見。八觀之外,劉邵還在〈效難篇〉中提出「五視」作為觀人的輔助方法:「居,視其所安(安其舊者,敦於仁)。達,視其所舉(舉剛直者,厚於義)。富,視其所與(與嚴壯者,明於禮)。窮,視其所為(為經術者,勤於智)。貧,視其所取(取其分者,存於信)。」五視主要是用以獲知人之賢或不賢。

貳、劉邵理論的詮釋

一、劉邵理論的基本假設

劉邵的人格理論相當符合特質論的三項基本假設──穩定性、動力性及差異性。從這三項假設,甚易進而推出特質論的另一假設:性格或人格特質使個體在心理與行為上具有一致性。這可簡稱為一致性假設。此項假設主要包兩部分,即先後一致性,以及個體之心理與行為在不同情境中有一致性,此即情境一致性。而且,劉氏也很少談到情境或環境對人之心理與行為的影響。即使偶而談到,也只是比較籠統地說到人的大概際遇或狀態,如其「五視」之說所提到的居、達、富、窮、貧。劉氏之比較忽略情境或環境,顯示特質論者的另一項共同特徵。情境或環境的影響既不受重視,則在穩定而持久之性格特質的影響下,個體的心理與行為當然應該具有一致性。

二、劉邵理論的方法策略

在各類人格理論中,特質論特別偏重人格結構的探討,對人格改變則最不重視,人格發展與人格動力則介乎其間。劉邵的人格理論對四大範疇的相對重視程度,也大致符合這一順序。。劉邵之理論的主要部分即在釐清人之性格的內容,他不厭其煩地界定、描述並比較各種性情與才能的類型及特徵,而且也討論到各種特質的組合(如才性的兼與偏)。同時《人物志》中也用了相當大的篇幅探討以觀察法衡鑑人之才性的重要性與可能性,認真提出多種知人才性的方法,並分析品鑑人物的各種困難。

另一方面,我們也可從劉邵理論所採取之方法論的觀點來看。一般特質論

大都採取表徵研究法（sign approach）、通則研究法（nomothetic approach）、及研究者觀點研究法，劉邵的理論也是採取這三種研究策略。

先說第一種研究策略。特定外顯行為可以說是特定內在性格特質的表徵或符號（sign）。這種從行為表徵推論內隱性格的策略，即稱為表徵研究法。一旦得知特定性格與特定行為的正確關係，此後即可依據前者（由測量或觀察而知）預測後者。劉邵的理論所顯示的應是表徵研究法。

第二種研究策略為通則研究法，強調眾人在性格上的共同類型或特質，而不重視個人所獨有的類型或特質。因而，在研究過程中，此法偏重眾人所共同之性格類型或特質的觀察、衡鑑及分析，目的在尋求同時適用於眾人之有關法則，因而稱為通則研究法。劉邵的理論所偏重的應是通則研究法。這與大多數特質論是一樣的。

第三種研究策略是研究者觀點的研究法。在探討人的心理活動或特質時，在蒐集、分析及解釋資料的過程中，研究者可以採取研究者的觀點，也可以採取研究對象的觀點。前一種觀點所側重的是研究個人的同行所共同持有的立場，就被研究的人而言，研究者的觀點是一種外在指涉架構（external frame of reference）。在討論人的才性時，劉邵是根據他那個年代的人物，提出一套自以為置諸天下而皆準的分類架構，意圖用以理解、分析及解釋人的性情與才能。他談知人時，也是強調用人者從自己的立場來觀察人物的外在行為，以推論其內在心理或才性。而且，他認為人的自白或言談內容常是不可靠的，因而不能過於重視。從這些方面可知：劉邵的理論所採取的是研究者（觀察者）的觀點，而不是被研究者的觀點。

不過，這是從觀察者與被觀察者的個體層次而言。如從整個文化層次來看，劉邵的理論所代表的至少是三國時代部分中國人對人之才性的看法，其理論的具體內涵具有很高的本土性。因而，相對於整個中國文化或社會而言，劉邵的理論可以說是代表一種內在的指涉架構，也就是一種內在於中國文化或社會的觀點。換言之，從個體微觀的層次來說，劉邵的理論採取的是研究者的立場；從文化巨觀的層次來說，他的理論代表的是被研究者（中國人）的立場（即本土化的立場）。就此而論，在個體層次上，劉氏之論所採的是一種「客位的觀點」（etic perspective）；在文化的層次上，他的理論是一種「主格的觀點」。

三、劉邵理論的其他特點

　　劉氏的理論雖與西方的特質論有很多相似之點，但其說卻也有一些重要的獨特之處。其中，以下四項特別值得注意：

（一）劉邵之所以提出一套才性理論，主要是供帝王與政府選拔人才之用，以便人盡其才、才安其位，達到天下太平的境地。換言之，劉氏之論的建立，是提供一套知人用人的方法，主要是為了實用的目的，他的理論雖然具有相當的規模，但因太偏重實用取向，缺乏純理論上的興趣，所以在不少理論內部的關鍵處，並未從事深入的闡明或澄清。

（二）劉邵建立其才性理論的強烈實用性目的是由上而下；也就是說，他主要是針對帝王與政府以上者的身分或地位物色行政官僚的需要，提出一套向下俯視與發掘可用之才的看法。基於這樣的實際需要，劉邵所重視的性情與才能大都以擔任官吏或涉及政務或匡正世道人心所需要者為主。換言之，在建構其才性理論的過程中，劉邵顯然有一種將人及其性格加以工具化的傾向。在此傾向下，他所看到的主要是可以作為統治工具或匡正世道人心的人，也就是工具化的人或公務化的人。總之，劉邵的理論比較適用於公務生活或組織生活所涉及的性格，有關私人生活所涉及的性格則未必能適當涵蓋。

（三）在劉氏理論中，有關性情與才能兩部分的分析及討論並不對稱。就前者而言，劉邵將性情及其所影響的心理行為兩大層次分得很清楚，所強調的重點則在內在性情的層次，並就此從事了各種的分類與描述，且清楚指出各類性情對各類心理行為的影響。就才能而言，劉氏僅是偶而談到內在的聰明或智力，但卻並未對其內涵及類別從事任何系統性的說明，亦未就內在智力與外顯表現或事功之間的關係，作任何對應性的清楚說明。簡言之，在才能問題的討論上，劉邵是偏重外能而忽略內智。從現代心理學的觀點來說，劉邵是重成就（achievement）而輕性向（aptitude）。兩相比較，在性情問題上，劉邵所偏重的是內在心理特質；但在才能問題上，他所偏重的則是外顯行為特徵。

（四）劉邵受到儒家的影響，在性情與才能兩方面都認為中庸的境界最好。他

所說的「中庸」，意即「兼德而至」。與中庸之概念相近的是「中和」，劉氏認為「凡人之質量，中和最貴矣。中和之質必平淡無味，故能調成五材，變化應節。」在劉邵的心目中，中庸或中和之人是最有彈性及容量的人，他們可以為也可以不為，可以大為也可以小為；他們變化無方而能應節，令人瞻之在前，忽焉在後。中庸或中和之人，可說是劉邵理論中的理想性格。在這一方面，劉氏的理論與西方的特質論有所不同，後者大都不談理想性格的問題，也不認為各項人格特質皆強或皆高的人就是具有最好的性格。

參、結語

從現代心理學的觀點來看，劉氏的理論也許有不少缺點，但卻是一相當有規模的特質理論。在中國人的學術界，在劉邵之前，我們看不到這樣有系統的特質論；在他之後（以迄於今），我們也看不到比它更可觀的特質論。在整個中國心理學史中，劉氏的特質論可說前無古人，後無來者。這一理論應是中國人所建構之最重要的特質論，也是中國人所創造之最主要的人格或性格理論之一。

在《人物志》中，劉邵並未針對人與人性提出有系統的整體看法。不過，有一點是可以確定的，即劉氏對人與人性的看法，已經超越了以往的性善、性惡或善惡相混的窠臼。劉氏對人與人性的看法，實際上已經落實在他的人格理論。在其人格理論中，劉氏認為人的身心可以分為五行、五體、五質及五德等幾個層次，而且各個層次之間互有密切的對應關係。這是一種分層結構模式（layered structure model）。在劉邵的理論中，身心的整個分層結構是位於人的身體之內（亦即在皮膚以內的範圍），而不是在人體之外。尤有進者，在各個層次中，五行與五體兩個層次的位置應在五質與五德（二者皆屬性情，即人格或性格）之下或之內，也就是前兩層比後兩層更深入、更基本。

同時，劉邵雖然討論了不少才性與行為或事功的關係，但卻並不重視個人在一般日常社會生活中的角色關係或人際關係。換言之，在劉氏的理論中，結構的分層主要是向內伸展的，而不是向個體之外的人際關係與社會角色伸展的。總之，作為一種特質論，劉氏所持之人格或性格的概念，在內涵及分層等

方面雖有其特點,但在性質與範圍上則與西方心理學(甚至人類學、社會學)中之人格或性格的概念十分相似。劉邵的理論成於一千七百多年以前,反映了那個時代(甚至那個時代以後)的中國人對人格或性格的看法。對中國人而言,這是一種自生自發的本土概念,因而在傳統中國社會裡,以此概念來看人知人,應該具有相當的效度(validity)。

以劉邵的理論為例,我們希望提示一種觀點,即適於用來探討中國人之心理與行為的有些本土性或主格性(emic)概念(如人格或性格),可能與他國學者探討他國人的心理與行為所採用的有些概念在性質與範圍上(有時甚至在具體內涵上)是十分相似甚至相同的。在本土化的研究中,我們只要努力去確實而完整地探討與瞭解中國人(包括臺灣的中國人)的概念、心理及行為即可,至於何者與他國人的概念、心理或行為相異,何者相似或相同,則儘量順其自然,在異同上不作任何事前的預設。

我個人之所以對劉邵的理論感到興趣,不光是想瞭解這一重要人格理論,還希望以此理論為起點,進而嘗試建構新的本土化人格理論,期能更有效地瞭解與預測現代中國人的心理及行為。

(本文由余安邦教授摘錄)

臺灣與大陸華人基本性格向度的比較

原論文（與許功餘、王登峰合著）刊於《本土心理學研究》，16: 185-224，2001。

　　臺灣與大陸兩個地區長期分隔分治，各自經歷了不同的政治、經濟及社會發展。臺灣與大陸地區的華人是否在性格向度上有差異存在？對於這個問題，過去的實徵研究甚少，直接比較兩地華人性格向度的研究更是缺乏，甚至連其他心理特質的比較也不常見。若要進行兩的華人性格向度的比較，根本的工作之一是找到一組適用於兩地民眾的性格向度。楊國樞用中文性格形容詞獲得了一套適用在兩地華人基本性格向度，楊國樞所獲得的華人基本性格向度是以「基本語彙假說」（fundamental lexical hypothesis）為研究理路而獲得的。此一研究取向是透過廣泛的收集某個語系中的性格形容詞，再透過因素分析等統計方法將受測者的評定資料加以精簡成幾個向度，因此，此研究取向能有效反映出具有本土性的性格向度，而相當受到各國的性格心理學者的重視。廣受重視的北美地區五大性格向度（big five personality dimensions）：神經質（neuroticism）、外向性（extraversion）、開放性（openness to experience）、和悅性（agreeableness）、負責性（conscientiousness）即是以此研究取向所得。

　　本文主要的目的乃以楊國樞所獲得的華人基本性格向度來比較臺灣與大陸地區男女大學生與成人在這些性格向度上的強弱差異。於此有必要先簡要地回顧兩地華人在性格上的差異之研究。

　　在華人性格方面的研究，楊國樞綜合早期臺港與大陸地區以西方性格測驗來研究華人性格向度之結果。在香港地區，張妙清與其同事編製了「中國人個性測量表」。在大陸與香港地區大學生的性格差異之比較上，宋維真等發現大陸大學生在「面子」與「阿Q精神」上高於香港大學生，在「務實性」上則低於香港大學生；也就是大陸大學生較愛面子，且較會出現阿Q式的防禦方式，

而香港大學生則較為務實。他們認為這樣的結果反應了香港與大陸在社制度與經濟活動上的差異。雖然這樣的研究結果可以粗略地看到華人性格的樣貌，截至目前為止，關於華人性格的研究仍相當缺乏，所累積的研究結果仍相當不足。

在臺、港、大陸地區有不少學者曾分析性別在性格向度上的差異，結果發現，男性較為外向，女性較為和悅、神經質與焦慮。上述臺、港、大陸地區的研究所得之結果，大致上，與英美的研究結果頗為一致。然而，Goldberg 等則指出在性格向度上的性別差異之效果量（effect size）都相當小，因此，對於性別差異的解釋，應特別謹慎。

在臺、港與大陸地區關於性格向度的年齡差異研究中，主要以橫斷式研究（cross-sectional research）為主，也就是比較大學生與社會人士或者是不同年齡組別的人在性格向度上的差異。Jang, McCrae 及 Costa 比較 348 位介於 27-95 歲的美國人與 2,093 位年齡於介於 18-65 歲的大陸地區的華人在加州心理學量表（California Psychological Inventory）性格向度上的年齡差異，結果發現不論是大陸或是美國，隨著年齡的增長、神經質、外向性及開放性均會降低，而在和悅性與負責性則遞增。類似結果也出現在申繼亮、陳勃、王大華、Labouvie-Vief 及 Diehl。綜合上述的研究可以看到，雖然在性格向度上的年齡差異在不同的國家間的比較有些不同，但仍可以看到一些共同之處。

壹、研究方法

一、受訪者

由於本研究主要乃讓受訪者以性格形容詞的自我評量，因此，受訪者必須具有相當程度的語文閱讀能力。基於此種考慮，本研究以臺灣與大陸地區大學生與具有高中程度（含高中）以上的社會人士為受訪對象。有效的總受訪人數為 1,441 位，臺灣地區大學生有效受測人數是 456 人（男性 181 人，女性 275 人），臺灣地區社會人士有效受測人數為 252 位。男性有 104 位，平均年齡為 37 歲；女性有 147 位（有一位未填性別），平均年齡為 33 歲。受訪者的教育程度，以專科與大學為主，共有 157 位。大陸地區學生有效受測人數（以北京

大學各學系之學生為主) 共有 471 位。男生有 195 位，女生有 275 位 (有一位一年級學生並未填寫性別)。大陸地區社會人士有效受測人數有 262 位，男性有 148 位，平均年齡為 37 歲；女性 114 位，平均年齡為 39 歲。

二、測量工具

(一) 華人基本性格向度

本研究的測量工具，以楊國樞透過一系列研究所編製的「華人性格自評量表」為主。此七個華人基本性格向度分別為「精明幹練：愚鈍懦弱」(共 30 題，Cronbach's α 為 .91)、「勤儉恆毅：懶散放縱」(共 30 題，Cronbach's α 為 .91)、「誠信仁慈：狡詐殘酷」(共 30 題，Cronbach's α 為 .86)、「溫順隨和：暴躁倔強」(共 30 題，Cronbach's α 為 .88)、「外向活躍：內向沉靜」(共 30 題，Cronbach's α 為 .91)、「豪邁直爽：計較多疑」(共 27 題，Cronbach's α 為 .86)、「淡泊知足：功利虛勞」(共 21 題，Cronbach's α 為 .83)。評量方式採六點量尺，分數愈高代表該性格形容詞所描述的行為傾向愈符合自己日常的行為表現。

(二) 基本資料之測量

除了性別與年齡等項之外，大學生與社會人士分別有不同的基本資料的詢問。大學生以其學校、系別、年級等為主。而社會人士則以居住地、教育程度、職業、婚姻狀況等為主。

三、施測程序

本研究分別針對臺灣與大陸地區的大學生，以高中以上學歷的社會人士進行施測。大學生以班級團體施測為主，社會人士則已受過訓練的訪員針對具有高中或高職畢業以上的教育程度的社會人士進行一對一或小團體施測。施測時間約四十分鐘。大陸地區的行前訓練與施測方式均與臺灣地區相似，施測內容亦都已先轉換為簡體字。

四、資料分析

本研究旨在比較臺灣與大陸地區華人在基本性格向度上的差異，因此，將以七項基本性格向度為依變項，分別進行 2（地區：臺灣 vs. 大陸）× 2（性別：男性 vs. 女性）× 2（身分：大學生 vs. 社會人士）的變異量分析（ANOVA）。

貳、結果

一、臺灣與大陸地區華人在基本性格向度上的差異

臺灣與大陸地區男女大學生與社會人士在七項華人基本性格向度的主要差異，除了「外向活躍」之外，臺灣與大陸地區華人在其餘六項性格向度上均有顯著的差異。其中，臺灣地區華人在「溫順隨和」與「淡泊知足」上高於大陸地區華人，而於「精明幹練」、「勤儉恆毅」、「誠信仁慈」及「豪邁直爽」上低於大陸地區華人。

地區分別與性別及身分在不同的性格向度上有顯著的互涉效果：大陸地區的女性在「精明幹練」、「勤儉恆毅」及「豪邁直爽」等向度上均高於臺灣地區女性。相同的結果也出現在大陸地區與臺灣地區的男性之比較上，但是兩地的男性在「精明幹練」則並無差異。另外，大陸地區的大學生在「誠信仁慈」與「豪邁直爽」上，高於臺灣地區大學生。

二、男女兩性在基本性格向度上的差異

除了「外向活躍」之外，男女性在其餘六項性格向度上均有顯著的差異：男性在「精明幹練」、「勤儉恆毅」、「溫順隨和」及「豪邁直爽」上高於女性，而在「誠信仁慈」與「淡泊知足」則以女性較高。

就互涉效果而言，性別僅與地區在「精明幹練」；「勤儉恆毅」及「豪邁直爽」等向度上有顯著的互涉效果：臺灣地區男性在「精明幹練」、「勤儉恆毅」及「豪邁直爽」等向度上均高於臺灣地區女性。相似的性別差異也出現大陸地區，但僅在「勤儉恆毅」與「豪邁直爽」之上，而在「精明幹練」並無差異。

三、大學生與社會人士在基本性格向度上的差異

除了「溫順隨和」之外，大學生與社會人士在「精明幹練」、「勤儉恆毅」、「誠信仁慈」、「外向活躍」、「豪邁直爽」及「淡泊名利」等向度上均有顯著的差異。其中，社會人士在此六個性格向度上均高於大學生。

就互涉效果而言，大學生與社會人士僅與地區有互涉效果：臺灣地區社會人在「誠信仁慈」、「豪邁直爽」以及「淡泊知足」上，高於臺灣地區大學生。而大陸地區大學生在「誠信仁慈」與「淡泊知足」上，高於大陸地區社會人士，但是在「豪邁直爽」上則低於大陸地區社會人士。

四、華人基本性格向度之相對高低

針對七項華人性格向度之間的相對高低做一比較。由於各個基本性格向度包含的性格形容詞數並不相同，因此，性格向度間的比較，以每個性格向度的單題平均得分為主。不論是地區、性別、或者是身分之間的比較，華人基本性格向度的單題平均得分之大小皆有著相似的趨勢。在七項基本性格向度中，以「誠信仁慈」為最高，「豪邁直爽」與「外向活躍」為最低。

參、討論

本研究主要目的在於，比較臺灣與大陸地區男女大學生與社會人士在華人性格向度之強弱差異。與以往的研究相較，本研究具有二個特色。第一，本研究直接比較臺灣與大陸地區華人在性格向度上的差異。第二，本研究主要使用楊國樞所發展的「華人基本性格向度」之測量工具，此測量工具具有良好的信度，而且更重要的是，此測量工具能反映出華人的性格向度，具有本土契合性。

在進一步討論本研究的主要結果之前，必須先說明，由差異的效果量（effect size）來看，臺灣與大陸地區在「淡泊知足」上的差異（$\eta^2 = .10$），及大學生與社會人士在「勤儉恆毅」上的差異（$\eta^2 = .12$）有高的效果量，而其餘的顯著差異之效果量則為介於中到低或者是接近 0 之間的（$\eta^2 = .003\text{-}.01$）。在解釋兩地華人在基本性格向度上的差異時，須注意這樣的現象，避免過度解釋。

臺灣與大陸地區華人在性格向度上是否有差異存在？由本研究的結果來看，兩地華人在性格向度上的差異似乎並不大，主要是差異出現在「知足淡泊」上。本研究的結果顯示，臺灣地區華人在「淡泊知足」上高於大陸地區華人。對此種差異，筆者臆測這可能與兩岸有迥然不同的經濟體制與改革有關。就臺灣而言，整體經濟環境提供了一個較穩定的機會，讓人們可以透過自己的努力與見識來賺錢，以改善自己的生活。反觀大陸地區，在 1978 年改革開放之前，共產黨在大陸主要採行計畫經濟與社會主義制度，及十年的文化大革命，讓一般百姓過著貧窮而困苦的生活。在 1978 年之後，共產黨的經濟政策突然改弦易張，採取改革開放的政策，突然有機會可以為自己賺錢，但也發現自己相當窮，因此，使得他們積極地追求名利，而有「物欲化傾向」。因此，可能由於這兩種不同的經濟制度與變革之影響下，使得相較臺灣地區，大陸地區華人較為急功近利、追求物欲。

　　就年齡的差異而言，大學生與社會人士在「勤儉恆毅」上有顯著而高的效果量，社會人士在「勤儉恆毅」上高於大學生。由以往的相關研究中可知，與年齡差異較有關連的性格向度為外向性與負責性，較年輕者在外向性上高於較年長者，而在負責性上低於較年長者。本研究的結果並沒有發現大學生「外向活潑」上高於社會人士。此可能是因為本研究中約有三分之一的社會人士，年齡在 30 歲以下，因此，使得二組在「外向活潑」上的差異減小。

　　除了比較臺灣與大陸地區華人性格向度上的差異之外，本研究也發現七項華人基本性格向度在臺灣與大陸地區華人的自我評量上有相似的高低順序，皆以「誠信仁慈」為最高，「豪邁直爽」與「外向活躍」為最低。其中，「誠信仁慈」可能與個體「為善」與「作惡」的行為傾向有關。「誠信仁慈」在七項基本性格向度之得分中居首位，代表兩地華人評量自己的性格時，道德評價（善或惡）是個重要的評量標準。另一方面，這種具有道德評價的性格向度也可能是「社會讚許性」（social desirability）的影響所致。

　　另外，兩地華人評量自己時，另一個共同處是「豪邁直爽」與「外向活躍」在七項性格向度中均為最低的。這樣的性格特性，與以往用西方性格測驗所得之結果相近。結合本研究與其他研究的結果，可以發現華人性格性向度最為明顯的特性為低外向性。之所以華人會喜靜而惡動，可能是因為在華人的團體、

家庭、與社會生活中特別強調對於權威的服從、和諧關係之維持。另外，華人這種喜靜而惡動也可能與儒家思想因強調讀書求功名所形成的教化模式有關。

　　總而言之，本研究採取本土化研究取向，初步探討了臺灣與大陸地區男女大學生與社會人士在七項華人基本性格向度上的差異。本研究結果或許可以提供一個窗口來瞭解不同的社會、經濟、政治等體制對性格向度的影響，臺灣與大陸地區不同的社會發展恰好提供了一個絕佳探討這個議題的機會，值得後續研究以更系統的研究來進一步探討。

（本文由許功餘教授摘錄）

華人自我的理論分析與實徵研究：
社會取向與個人取向的觀點

原論文刊於《本土心理學研究》，22:11-80，2004；後刊於楊國樞、陸洛（主編），《中國人的自我：心理學的分析》，頁133-197，2008。

壹、華人自我四元論的建構

一、華人的社會取向與個人取向

　　楊國樞的華人自我四元論是以其社會取向論為主要基礎所建構的。楊氏的後一理論強調社會取向與個人取向是人類與環境（包括自然環境與社會環境）互動的最基本、最重要的兩種模式。機體論者Angyal在六十多年前即已指出：在人與環境的動力關係中，有兩種基本適應趨勢，即自主性趨勢（autonomous trend）與融合性趨勢（homonomous trend）。楊國樞曾根據Angyal的理論分別描述這兩種趨勢如下：

　　　　自主性主要是人的一種擴展性傾向——人藉此同化（assimilating）與宰制（mastering）環境而得以擴展。在此傾向下，人努力征服與支配環境以滿足其慾望與興趣，最突出的表現是對優越（superiority）、獲得（acquisition）、探索（exploration）、及成就（achievement）的追求。融合性則是一種相反的適應趨勢。在此傾向下，人努力使自己配合或順從其環境，並分享及參與超越自我之較大事物或群體。此一傾向使人與社會團體、自然或超自然建立和諧的關係，從而失去了人的個性。融合性的傾向主要是表現在對關愛、人際關係、美感經驗、團體情操的追求。

　　楊國樞進而將社會取向界定為一種高融合性趨勢與低自主性趨勢的組合，將個人取向（或個體取向）界定為一種高自主性與低融合性趨勢的組合。他認

為華人（特別是傳統社會的華人）與其生活環境的互動方式主要是社會取向，西方人（特別是美國人）與其生活環境的互動方式主要是個人取向。Yang 並曾指出：社會取向是華人的心理集體主義，個人取向是西方人（特別是美國人）的心理個體主義。

楊氏提出華人的社會取向包括四種次級取向，即關係取向（relationship orientation）、權威取向（authoritarian orientation）、家族（主義）取向（familistic orientation）、及他人取向（other orientation）。這四種次級取向代表了華人在四大社會生活場域中與對方的互動方式。關係取向是個人在平行式（horizontal）人際場域中與對方的互動方式，互動關係中的雙方具有大致相近的權力。權威取向是個人在垂直式（vertical）人際場域中與對方的互動方式，互動關係中的雙方具有相當懸殊的權力。家族取向是個人在家族（或家庭）內外與自己家族及家人的互動方式，互動歷程與內涵是以華人家族主義（Chinese familism）為依據。經由家族化（familization）的歷程，家族取向的互動方式可以概化（generalization）或移轉到家族以外的團體（如工作單位或企業組織），故家族取向所代表的實是一種團體取向（group orientation）。至於他人取向，則是在某些情形下與非特定他人（nonspecific others）的互動方式。非特定他人常是為數眾多，既不知其姓名，也不識其面貌，可以說是一種概化他人（the generalized other）。項羽在烏江自刎前所說的「無顏見江東父老」中的「父老」，有人做了嚴重丟臉的事所說的「無臉見人」中的「人」，有人做了非常不應該的事所說的「我做了這麼糟糕的事，別人會怎麼想」中的「別人」，都是非特定他人的例子。

華人社會取向中的四套互動方式是華人在家庭教化、學校教化、及社會教化過程中，自小從社會生活中親身學習而來。經由分殊化（differentiation）與自動化（automatization）的歷程，這四套互動方式已經成為習慣性的社會適應機制，藉以有效維持個人與關係中的對方、個別權威、家族（或其他團體）、及非特定他人之和諧或融洽的關係。

二、華人自我四元論

（一）主體我與客體我之定義的擴充

　　美國的自我心理學者有一共識：自我（self）可以有意義地區分為頗不相同的兩方面，即主體我（self-as-subject）與客體我（self-as-object）。Harter 將主體我與個體我分別稱為「I 我」（I-self）與「Me 我」（Me-self）。她認為 I 我是信息處理者，Me 我是信息處理的結果或產物（product），即 I 我所覺知之我。換言之，I 我是 Me 我的建構者（constructor）。綜合而言，美國自我心理學者將主體我（即 I 我）視為觀察者、覺知者、訊息處理者、或知覺建構者，將客體我（即 Me 我）視為被觀察者、被覺知者、認知處理的產物、或被知覺建構者。他（她）們所強調的是主體我的知覺、認知及評價功能，客體我則只是主體我發揮這少數功能的對象或目標。

　　Yang 認為美國自我心理學者有關主體我對客體我之功能的看法有失狹窄，應重新界定。他認為在正常情形下主體我是一個人（person）的主動性心智施行者（active psychic agent），在日常生活中，此一心智主動者能觀察、覺察、感受、知覺、認知、檢視、反省、思考、判斷、評價、欲求、計劃、組織、控制、操縱、調節、及改正個人內在與外在的人事物及其歷程。客體我則是一個人的被動性身心客體或目標（passive physical and psychic object or target），其身體的、生理的、及心理的特徵與活動為主體我所觀察、感覺、知覺、認知、檢視、思考、反省、判斷、評價、計劃、組織、控制、操縱、調節、及改正。主體我因而對此身心客體獲得比較確切的自我知識與自我評價，比較有效的自我提升（self-enhancement）與自我保護，及比較適當的自我控制與自我改善。個人之主體我以自己的身心為目標，發揮各種功能或作用所產生總結果，便是客體我的形成與改變。當然，主體我發揮功能或作用的目標或對象，並不限於客體我的範圍。

（二）一個主體我，數個客體我

　　從個人自我運作的觀點來看，我們也可將華人的四大社會生活範疇視為主體我發揮各種功能與實施各種作為的主要互動場域。成年以後，主體我可以

在生活中熟練地從一套互動模式轉換到另一種互動模式。在自我發展過程中，個人在四大生活場域中的運作情形與互動成效成為華人主體我觀察、檢視、知覺、思考、反省、判斷、評價、計劃、組織、控制、操縱、調節、及改正的主要目標或客體，從而形成四種客體我，簡稱關係取向自我、權威取向自我、家族（團體）取向自我、及他人取向自我。但在當代華人的自我系統中，個人取向自我可與社會取向自我的四個次級自我並存，合共五個次級客體我。為略加簡化，暫將關係取向自我與權威取向自我合而為一，仍稱關係取向自我。如此，則可說華人自我包含一個主體我與四個客體我。也就是說，華人自我是一種多元自我（multiple self）。

　　在華人的自我系統中，主體我是一有高度主體性、連貫性及一致性之心智與行動的施行者，在發揮其功能與作用時，它通常能將四種次級客體我統合為一整體的客體我。更具體地說，主體我係以下列幾種功能來統合四種次級客體我：1. 作為覺知者（knower），主體我能感受、認知、檢視、思考、反省、及判斷各次級客體我；2. 作為辨識者（discriminator），主體我能辨別不同客體我各與何種不同生活場域或互動情境有關；3. 作為認定者（identifier），主體我能為當前的特定場域或互動情境認定所涉及的正確客體我；4. 作為轉換者（switcher），主體我能從一個生活場域或互動情境之客體我轉換到適合另一個新認定之場域或情境的客體我；5. 作為啟動者（activator），主體我能就當前之場域或情境，為相應之客體我起動或觸發適合的互動模式；6. 作為評價者（evaluator），主體我能就個人在當前之場域或情境下的互動表現，評估其妥當性與符合性（即符合社會取向之相當次級取向的程度）；及 7. 作為綜合者（synthesizer），主體我能將每次評價的結果與相關之次級客體我之既有評價相加成。

（三）客體我之間的衝突

　　主體我雖能統合個人取向自我、關係取向自我、家族（團體）取向自我、及他人取向自我等四種客體我，但日常生活中也可能體驗到客體我之間的衝突。在當代華人社會中，最常見的是個人取向自我與社會取向自我的幾種次級自我間的衝突。例如，個人取向自我強調個人的獨立、自主、自依及自足；關

係取向自我強調人際和諧、人際互依、及人際角色化；權威取向自我強調權威崇敬、權威畏懼、及權威依賴；家族取向自我強調家族和諧、家族團結、及家族繁衍；他人取向自我則強調順從他人行為、遵守社會規範、重視自己名譽、及在乎他人意見。在人際互動的場域中，當代華人之個人獨立與自主的傾向可能與人際和諧與互依的傾向相衝突，表現的是個人取向自我與關係取向自我之間的衝突。在與權威互動的場域中，個人獨立與自主的傾向可能與崇敬及依賴權威的傾向相衝突，表現的是個人取向自我與權威取向自我之間的衝突。在家族互動的場域中，個人獨立與自主的傾向可能與家族和諧、團結、及繁衍的傾向相衝突，表現的是個人取向自我與家族取向自我之間的衝突。在與非特定他人互動的場域中，個人獨立與自主的傾向可能與順從他人行為、遵守社會規範、及在乎他人意見的傾向相衝突，表現的是個人取向自我與他人取向自我之間的衝突。

（四）個人取向自我與社會取向自我的並存與化合

隨著華人社會之現代化的進展，個人取向自我與社會取向自我不但已同時並存於華人的心理組成中，而且可能已有相互混合與融合的情形。也就是說，華人的上述兩類自我不但可能相互衝突，而且可能相互化合。

社會取向自我、個人取向自我的並存及化合方式主要者可能有四，即並存、混合、融合、及統整。每一種方式都是一種存在的狀態。這四種方式的演進歷程是並存→混合→融合→統整。

三、華人自我四元論的小結

本節已簡要說明、增補了華人自我四元論，此處就四元論做一點後設理論的分析（meta-theoretical analysis）。從後設理論的層次來看，楊氏理論的建構同時整合了幾種主要觀點：（一）概念奠基觀點：擴展主體我與客體我的定義與劃分，並澄清兩者的功能與關係。（二）本土文化觀點：以中華文化為基礎，澄清華人之社會取向自我的主要次級自我的種類、內涵、及功能。（三）社會變遷觀點：強調現代化社會變遷的視角，將代表現代工商社會文化的個人

取向自我與代表傳統農業社會文化的社會取向的自我,視為當代華人自我之不可或缺的內涵或要素。(四)基本心理觀點:分就當代心理學的十五項基本心理特性或構念(如脈絡化、認同目標、自我一致性、基本動機、主要情緒、自我實現、自我概念、自尊、及幸福感),比較華人之各種客體我的異同。(五)心理動力觀點:強調個人取向自我與社會取向自我的衝突、矛盾及其影響,及(六)心理變遷觀點:重視社會變遷下的個人心理變遷,分析個人取向自我與社會取向自我的蛻變歷程及化合方式。

貳、實徵研究發現對華人自我四元論的涵義

已有十三項研究分別探討自我歷程(八項)與自我概念與評價(五項),前類研究的結果可以直接用來驗證自我四元論,後類研究結果的情形則有所不同。八項前類研究中,有三項的結果是彰顯華人社會取向自我在華人社會生活中的重要性,有五項的結果顯示個人取向自我與社會取向自我已經並存於華人的自我系統。這大致證實了四元論的一項最基本假設:對當代華人而言,社會取向自我固然重要,但他們同時具備了個人取向與社會取向兩種自我。有些研究並發現:在華人的自我系統中,兩種自我的作用不同,社會取向自我的影響仍大於個人取向自我。有關自我歷程的研究,主要是以實驗法從事,但實驗法不應只能區辨個人取向自我與社會取向自我的存在、差異及影響,它亦應可以區辨社會取向自我的三種次級自我,即關係取向自我、家族(團體)取向自我、及他人取向自我。未來有關華人自我歷程的實驗研究可在這一方向上多作努力。

參、有關華人自我四元論之未來研究的方向與課題

除上節所報導的十三項實徵研究驗證了個人取向與社會取向兩種自我的存在、差異、及影響外,下列幾方面的研究,特別值得對華人自我研究有興趣的學者注意:
一、四元論曾就十五項重要心理特性比較四種華人自我的異同。在十三項研

究中,有些研究已就三項心理特性(自我實現類型、自我概念類型、及自尊類型)比較了四種自我的差異。但在其他十二項心理特性上,則尚無比較性實徵研究的從事。在這十二項特性【編註:本篇並未提及「十五項重要心理特性」,請見原文表 3】中,有不少是值得進行比較研究的。只有加強這一方面的比較研究,才能對四種自我的構念意義(construct meaning)與構念效度(construct validity)獲得深入而有系統的瞭解。

二、四元論認為個人取向自我與社會取向自我的衝突是華人內心衝突的主要來源之一,也是人際衝突的重要因素。個人內與人際間的自我衝突對個人生活與人際生活的影響及其歷程,應加系統性的研究,以瞭解自我衝突與實際生活的動力性關係。在親子關係、夫妻關係、手足關係、親戚關係、朋友關係、師生關係、同事關係、及上司下屬關係中,有關自我衝突對人際互動的影響及其歷程,特別值得從事系統性的探討。在諮商心理學、臨床心理學、組織心理學、及教育心理學等領域,這一方面的研究具有重要的實用意義。

三、四元論強調在社會變遷過程中個人取向自我與社會取向自我的化合歷程,並指出並存、混合、融合及統整四種主要化合方式。這四種方式的基本歷程為何,四種歷程彼此有何不同,對當事人的自我發展或蛻變有何影響,都是發人深省的研究課題。這一方面的研究不但具有重要的學術價值,也有重要的實用意義。現代性自我與傳統性自我的並存與化合是華人社會與其他發展中國家所特有的現象,這一方面的研究將對國際心理學提供西方心理學者所無法提供的發現與知識。

(本文由陸洛教授摘錄)

Beyond Maslow's Culture-Bound Linear Theory: A Preliminary Statement of the Double-Y Model of Basic Human Needs

Originally published in *Cross-cultural Differences in Perspectives on the Self*. Nebraska Symposium on Motivation, V. Murphy-Berman and J. Berman, eds., p.175- 255, 2003. Lincoln, Neb.: University of Nebraska Press.

Abraham H. Maslow's hierarchical theory of human motivation was first proposed in a paper on the dynamics of personality organization as early as 1943 and fully developed in his widely read book. Maslow's ideas on motivation and human behavior have been so influential that they have become part of the public consciousness, especially in the United States. While Maslow's theory of need hierarchy seems to have considerable face validity, its empirical validity and conceptual adequacy have been subjected to numerous serious analyses. On the empirical side, results of studies on the hierarchy of the five levels of basic human motivation have been inconsistent or even contradict. Some of the studies have supported Maslow's hierarchical theory, whereas others were not supportive. As to other issues involved in Maslow's theory, empirical analyses were generally consonant with his theoretical claims that higher basic needs come into the foreground only after lower needs have been fairly well gratified, that the importance of a need is negatively correlated with the degree of its satisfaction, and that basic need gratification is positively correlated with psychological health.

Maslow's theory has also been subject to conceptual analyses and criticisms. In sum, although it has been widely applied to many fields and disciplines because of its apparent face validity; empirical and conceptual analyses indicate that Maslow's hierarchical theory of basic human needs has not been sufficiently validated or adequately revised in accordance with previous contrary empirical findings and conceptual criticisms. Thus, no matter how creative and inspiring his theory is, in its present form it is more heuristic than empirically valid. It is in this sense that Maslow's theory is still open to substantial revision or complete replacement by a better theory.

In this chapter, I formulate a theoretical framework of basic human motivation that is a radical revision of Maslow's original theory. This new framework, labeled the double-Y model of basic human needs, differs from Maslow's mainly with respect to the two commonly held assumptions of hierarchical unidimensionality and cross-cultural validity.

Research findings from studies suggest that Maslow's one-dimensional classification of human needs is inadequate and that a two-dimensional scheme may be more appropriate. Maslow's need list was constructed more than 50 years ago, and there are reasons for new needs to be included. A two-dimensional taxonomy could more satisfactorily classify the old and newly added needs together. Here I present the Y-shaped hierarchical system originally advanced by Y. Yu, whose system is mainly based on biological considerations.

Although Maslow himself made no claim that his classification of basic needs was universal, his emphasis on the instinctual nature of basic needs easily leaves the impression that his theory is universally applicable. This commonly held assumption of cross-cultural universality is also questioned in this paper. American psychology itself is a kind of indigenous psychology that reflects American values, social philosophy, intellectual traditions, and ways of thinking. Because it is influenced by American culture, American psychological theories may prove less universally valid than most Western psychologists expect. Evidence also indicates that Maslow's theory does not apply to non-Western people as well as it does to Americans. More specifically, he argued that self-actualization needs represent a culturally driven concern for independent individuals' personal growth and development and that they are a part of the individualistic orientation of the United States. Hofstede, therefore, criticized the importation of American theories of motivation to countries that have a cultural background markedly different from American culture.

Empirical studies have already appeared that reveal the general inadequacy of Maslow's model in its application to Asians. For instance, Nevis's 1983 observations and experiences in mainland China in 1981 enabled him to realize the inapplicability of Maslow's hierarchy of needs to Chinese people. He pointed out that whereas the aspect of belonging plays a diminished role in the development of the individual in American society, this same aspect is the focal point of Chinese society. Chinese people's other basic needs emerge only after they have satisfied their need to belong. Nevis further asserted that while the American concept of self-actualization is defined in terms of individual growth and development, the Chinese concept of self-actualization is defined in terms of one's service to the community or society. He constructed a four-level hierarchy of Chinese needs based on Oriental culture, in juxtaposition to Maslow's five-level hierarchy. In Nevis's hierarchy, belongingness (social) needs are the most potent and form the base of the hierarchy. Belongingness needs are followed by physiological, safety, and self-actualization needs in that order, with the esteem needs missing. The omission of esteem needs in the hierarchy may reflect Nevis's belief that they are unimportant to the Chinese. Empirical studies conducted in other Asian countries have also revealed that the relative order and importance of the basic needs of Asian people are strikingly different from those as conceived by Maslow for American or Western people.

Two major questions exist concerning Maslow's hierarchy of basic human needs: (a) Is Maslow's one-dimensional linear hierarchy the best way to arrange basic human needs in terms of their relative potency? (b) Is Maslow's conceptualization of basic human needs cross-culturally valid? Here I offer some preliminary answers to these two questions mainly at the conceptual level. The paper consists of five sections. In the first section, a nonlinear model based upon Yu's Y theory of basic human needs is presented to replace Maslow's linear theory (addressing the first question). The following two sections point out the cross-cultural inapplicability of Maslow's higher needs and make a systematic distinction between collectivistic and individualistic needs (addressing the second question). In the fourth section, a double-Y theory of basic human needs is proposed based upon the analyses in the two preceding sections. The final section provides some major theoretical implications for future research.

The Y Model of Basic Human Needs: Beyond Maslow's Linear Theory

The one-dimensional linearity of Maslow's hierarchical model has been repeatedly challenged, and alternative models have been advanced. In this section I propose a radical revision of Maslow's linear model, based on Yu's Y theory of basic human needs in order to set the classification and arrangement of basic human needs on a firmer foundation. I will first review Yu's Y model and then present the revised one.

According to Maslow, basic human needs are to an appreciable extent instinctual, although in many ways they are not like the rigid and strong instincts of lower animals. They are weak instinct-remnants or instinctual tendencies. They are so weak that culture and learning may overwhelm them. Although Maslow adopted an instinctual point of view, he did not apply any evolutionary or genetic concepts, even the broadest ones, in his selection and classification of basic needs, which unnecessarily increased the degree of arbitrariness in constructing his need list.

Given the considerably instinctual nature of basic human needs, a better way to choose and categorize them is the application of some general concepts in human genetics. One set of such concepts is genetic survival, genetic transmission, and genetic expression. From the evolutionary point of view, there are two basic adaptive problems for any organism, viz., individual survival and reproduction, with the former essentially subsidiary to the latter. For human beings, however, individual survival is the common prerequisite for genetic survival, which in turn is the precondition for genetic transmission and expression. Basic human needs are those motivational mechanisms through which the problems of human survival, reproduction, and expression can be effectively solved. From a genetic point of view, some basic needs are mainly beneficial to genetic survival, some to genetic transmission and others to genetic expression. In other words, the needs in Maslow's list may be meaningfully classified into three groups in terms of genetic survival, expression, and transmission at one level and in terms of individual existence, development and realization, and reproductive process at another.

1. YU'S Y MODEL OF BASIC HUMAN NEEDS

In a book written in Mandarin, the young Chinese geneticist Y. Yu first proposed a partially two-dimensional hierarchical Y model of basic human needs, which can be adequately conceptualized in terms of genetic survival, expression, and transmission. In his model, all of the needs in Maslow's list and a number of other needs are classified into three groups and arranged into a Y-shaped layout as shown in Figure 1. On the stem of the Y are the two categories or levels of needs that, if well satisfied, guarantee the organism's biological existence, which in turn guarantees the physiological survival of the organism's genes. On the left arm of the Y are the three categories of needs that require the proper functioning of the organism's psychological and behavioral characteristics. These needs lead to expressions of the inherent potentials and endowments conditioned by one's genes in the process of ontogenetic development. On the right arm of the Y are the five categories of needs that fulfill reproductive functions and lead to the intergenerational transmission (duplication) of the organism's genes. Thus the bifurcation of the needs into two dimensions above the intersection point is solidly based on the fundamental difference of the final function of the need.

2. THE REVISED Y MODEL

Yu's Y model makes important improvements on Maslow's original insights. These enhancements include a more genetically meaningful way to classify basic human needs and the inclusion of several important new basic needs neglected in Maslow's linear model. While Yu was sensitive to the theoretical inadequacy of Maslow's linear model, he was rather less sensitive to the potential flaws of Maslow's conceptualization of the higher need categories. As a result, the adequacy of Yu's categories of expression-dominant needs on the left arm of his Y model is questionable.

On the empirical side, numerous investigations have tested the existence of Maslow's five categories of basic needs. Results of these studies were obtained by factor analysis and other statistical procedures, and they supported a two-, three-, four-, five-, or six-category classification of needs. The five need categories as defined by Maslow do appear collectively or separately as psychologically meaningful kinds of wants and can therefore be accepted as empirically confirmed motivational states or propensities.

Conceptually, some of the need categories may require careful reexamination for better clarification of their content. The conceptualization of the belongingness and love needs especially requires modification in the context of the Y model. Maslow related human needs for belongingness to "our deep animal tendencies to herd, to flock, to join, to belong". He viewed them as desires for a place in the family, the clan, or some other group or collectivity. Maslow considered these desires for group feelings and collective togetherness and contact to be aspects of more general relational needs such as love and affection. Maslow made no basic distinction between needs for belongingness and those for love and affection.

Interpersonal needs are more pervasive than belongingness needs, and the former certainly appear at an earlier age than the latter. For these reasons, I replace Maslow's label belongingness and love needs with the label interpersonal and belongingness needs on the left arm of the Y model.

On the right arm of Yu's Y model, the first necessary revision is to combine sexual and romantic love needs into one category. The reasons are twofold. First, romantic love needs have potential facilitating effects on the intensification of sexual needs and the fulfillment of productive functions. Second, there is no good criterion for judging whether romantic love needs should be above or below sexual needs, and whether they should be above or below childbearing or the higher needs in the hierarchy on the right arm.

A second necessary revision of Yu's Y model is to combine child rearing and child educating needs into one category. The reasons are twofold. First, the two sets of needs ordinarily coexist, often with similar strengths, for a sustained period during the child's early and adolescent years. Second, the pursuit and gratification of both kinds of needs will facilitate the child's physical, intellectual, and moral development and attainment of adaptive abilities and skills that will contribute to the child's survival and success in the future. Both kinds of needs have the same general function of preparing the child, as a carrier of his or her parents' genes, to stay alive long enough to pass these genes to as many offspring as possible. For these reasons, it is proper to combine the two sets of needs into one category, simply labeled parenting needs. Productive effort itself is composed of both mating and parenting. Sexual and childbearing needs motivate the mating effort and parenting needs, the parenting effort.

3. THE CROSS-CULTURAL INAPPLICABILITY OF MASLOW'S INDIVIDUALISTIC CONCEPTIONS OF HIGHER NEEDS

Now that I have advanced a revised Y model of basic human needs, the next issue to consider is whether or not this new model is cross-culturally valid. It is quite likely that the degree of cross-cultural validity is markedly different for each of the three groups of needs. SD (survival-dominant) and TD (transmission-dominant) needs are much more biologically based and have functions much more limited and specific in comparison with ED (expression-dominant) needs. It is therefore highly probable that SD and TD needs are basically cross-culturally valid, whereas ED needs may not be so. However, before assessing the validity of ED needs (the higher needs in Maslow's linear hierarchy), it is necessary to discuss specifically the nature of this particular group of needs as a special kind of instinctual urge readily subject to the influences of the sociocultural environment.

4. TWO VARIETIES OF EXPRESSION-DOMINANT NEEDS AS PRODUCTS OF GENE-ENVIRONMENT INTERACTIONS

Maslow asserted that human nature is extremely malleable in the sense that it is easily affected by culture and environment. He conceived of basic human needs as instinctual tendencies that are later phyletic or evolutionary developments, innately given to some appreciable degree. These instinct-remnants are not as powerful, unmodifiable, uncontrollable, and insuppressible as instincts in lower animals. As a matter of fact, they are so weak that culture and leaning may overwhelm them.

Although Maslow pointed out the potentially overwhelming effects of culture, learning, and environment on basic needs, he said very little about cross-cultural differences. Maslow's failure to address cultural differences, however, does not imply that he considered basic human needs to be cross-culturally valid. His cautious stance about the universality issue is well expressed in the statements that his classifications of basic needs is partly an effort to account for the unity behind the apparent cross-cultural diversity without claim of universality and that these needs are "relatively more ultimate, more universal, more basic than the superficial conscious desires". In spite of not formally claiming universality, his labeling the needs in his theory as "basic needs" and the ways he expounded on them have easily left the impression of cross-cultural universality on generations of readers.

Within the revised Y model, which of the three groups of basic human needs is universal, and which is nonuniversal? Without representative worldwide survey data in hand, it is not yet possible to give a definite answer to this question. My best conjecture is that the SD needs on the stem and the TD needs on the right arm are very likely to be universal, whereas the ED needs on the left arm are very likely to be nonuniversal. This difference occurs because the nature and content of the SD and TD needs are much more biologically determined and that of the ED needs are much less biologically determined. ED needs are not for genetic survival and transmission but for manifestation and fulfillment of the major genetically based potentialities, capacities, and propensities that make humans what they are. Given that ED needs are only partially genetically determined, their final nature and content depend upon the recurrent interactions of genetic factors with certain enduring aspects of the environment. Sociocultural patterns are particularly important, although I do not go so far as to conceive of all needs as merely the requirements of a particular social life. Usually the ontogenetic development of the nature and content of ED needs takes an extended period during the whole life span, and their functions are much less biologically oriented.

There are enormous sociocultural differences among various ethnic groups all over the world. Different historically enduring socio-cultural constellations and their distinctive ways of relating to human actors may have resulted in different varieties of ED needs. In the next subsection, I argue that there are two predominant cultural types in which two major patterns of psychological functioning prevail. These patterns include the two corresponding varieties of ED needs, collectivistic and individualistic need morphs, as their basic features.

5. COLLECTIVISTIC AND INDIVIDUALISTIC PATTERNS OF PSYCHOLOGICAL FUNCTIONING

Many scholars have made penetrating analyses of collectivism and individualism as two distinctive cultural syndromes. Triandis defined collectivism at the cultural level as "a social pattern consisting of closely linked individuals who see themselves as parts of one or more collectives; are primarily motivated by norms of, and duties imposed by, those collectives; are willing to give priority to the goals of these collectives over their own personal goals; and emphasize their connectedness to members of these collectives".

In contrast, Triandis defined individualism at the cultural level as "a social pattern that consists of loosely linked individuals who view themselves as independent of collectives; are primarily motivated by their own preferences, needs, rights, and the contracts they have established with others; give priority to their personal goals over the goals of others; and emphasize rational analyses of the advantages and disadvantages to associating with others". Hui and Triandis pointed out that the fundamental difference between the two cultural syndromes concerns the basic unit of survival. For collectivism, the basic unit is the collectivity; for individualism, it is the self.

There are societal factors that are conducive to either collectivism or individualism. Two such factors are structural tightness versus looseness and cultural complexity. Maximum collectivism is expected in societies that are simple and tight, whereas maximum individualism is expected in societies that are complex and loose. As major cultural syndromes, collectivism and individualism each have their respective geographical areas of prevalence.

It is clear that there are two major psychological syndromes, successively and variously termed by theorists and investigators emphasizing their different psychological aspects, that prevail in contemporary societies all over the world. Previous empirical research and conceptual analyses have suggested a close association of these two psychological syndromes to the two cultural syndromes. The psychological syndrome variously defined by scholars is much more likely to be found in collectivist cultures, and the syndrome in the right column is much more likely to be found in individualist cultures. For the sake of correspondence and simplicity, I call the two psychological syndromes psychological collectivism and individualism, corresponding to the two syndromes of cultural collectivism and individualism. The best way to gain a concrete understanding of psychological collectivism and individualism is to discuss the two syndromes in relation to two specific peoples, Chinese and Americans, who differ markedly on this dimension.

In summary, there are two major types of cultural syndromes, collectivistic and individualistic, prevailing in contemporary societies around the world. Associated with these two cultural syndromes are two basic types of psychological syndromes, also termed collectivistic and individualistic. People with a collectivistic psychological syndrome may be described as homonomous, field-dependent (contextualist), situation-centered, holistic, ensembled, interdependent, social-oriented, sociocentric, allocentric, group-oriented, other-oriented, and relationship-oriented. In contrast, those with an individualistic psychological syndrome are autonomous, field-independent, separate, unique, independent, self-reliant (self-sufficient), egocentric (autocentric), self-absorbed, self-oriented, inner-oriented, and egalitarian. These two basic psychological syndromes display themselves in various aspects or modalities, one of which is motivational in nature. The major motivational modalities of the two basic psychological syndromes are the two corresponding varieties of basic ED needs, the collectivistic and the individualistic, which will be delineated in the next section. It will become clear that Maslow's conceptualization of higher needs is highly individualistic in nature and therefore inapplicable to people in collectivist cultures.

The Distinction between Collectivistic and Individualistic Expression-Dominant Needs

The three categories of ED needs on the left arm of the revised Y model are the higher needs in Maslow's linear hierarchy: interpersonal and belongingness needs, esteem needs, and the self-actualization need. For each of these three categories, two major varieties of needs can be distinguished as distinctive aspects of the collectivistic and individualistic psychological syndromes. The distinction between the two varieties is mainly conceptual, but whenever possible relevant empirical evidence from the literature is reviewed.

1. COLLECTIVISTIC AND INDIVIDUALISTIC INTERPERSONAL AND BELONGINGNESS NEEDS

Interpersonal and belongingness (IB) needs are social needs for relational affiliation and group acceptance. IB needs exist in two varieties. Collectivistic IB needs are most prevalent in collectivist societies in which social cohesion takes precedence over self-interest, whereas individualistic IB needs predominate in individualist societies in which self-interest takes precedence over social cohesion. In this paper, the following definitions are offered:

· *Collectivistic interpersonal needs* are defined as the desires for the kind of interpersonal relationships in which the two parties function as psychologically fused, interdependent persons with only vague personal identities, in order to fulfill their relationship-centered relational affects (including love), purposes, and duties.

· *Collectivistic belongingness needs* are defined as the desires for the kind of belongingness in which one is self-transcendently and harmoniously fused with the in-group without clear consideration of relative rights and obligations, with the result that one's social identity is maximally clarified and strengthened.

· *Individualistic interpersonal needs* are defined as the desires for the kind of interpersonal relationships in which the two parties function as psychologically autonomous, self-sufficient, and egalitarian persons with original strong personal identities, in order to fulfill their self-centered relational affects (including love), purposes, and rights.

· *Individualistic belongingness needs* are defined as the desires for the kind of belongingness in which one clearly considers one's status in the in-group in terms of relative rights and obligations on a social exchange basis, with the result that one's social identity is only weakly or minimally clarified and strengthened.

2. COLLECTIVISTIC AND INDIVIDUALISTIC ESTEEM NEEDS

Maslow's conception of needs for self-esteem and Rogers's conception of needs for positive self-regard are highly personal in nature and found mainly in people in individualist cultures. In contemporary Chinese societies, the most frequently pursued goals for achievement fall into the collective, relational, and moral domains and involve such objectives as being a filial son or daughter, maintaining harmonious relationships with others, and making one's family prosperous.

Given this contrast between the personally oriented self-esteem needs as originally defined for Americans by Maslow and the socially oriented self-esteem needs found in people in collectivist societies, it is clear that there are two distinct types of self-esteem. The first includes social-relational self-esteem needs and social-oriented social esteem needs, and the second includes personal-internal self-esteem needs and individual-oriented social esteem needs. In this paper, the following definitions are offered:

· *Collectivistic self-esteem needs* are defined as the desires for the feelings from the positive self-evaluation based upon one's own success and achievement in pursuing socially and relationally defined goals and one's possession of socially and relationally cherished attributes or characteristics.

· *Collectivistic social esteem needs* are defined as the desires for the feelings from the positive social evaluation such as reputation, recognition, and respect from others won by one's success and achievement in pursuing socially and relationally defined goals and one's possession of socially and relationally cherished attributes or characteristics.

· *Individualistic self-esteem needs* are defined as the desires for the feelings from the positive self-evaluation based upon one's own success and achievement in pursuing personally and internally defined goals and one's possession of personally cherished internal attributes or characteristics.

· *Individualistic social0 esteem needs* are defined as the desires for the feelings from the positive social evaluation such as reputation, recognition, and respect from others won by one's success and achievement in pursuing personally defined but socially desirable goals and one's possession of personally cherished but socially desirable attributes or characteristics.

3. COLLECTIVISTIC AND INDIVIDUALISTIC SELF-ACTUALIZATION NEEDS

Although Maslow and Rogers considered self-actualization to be inherent human tendency, the nature of the self and the way the self achieves actualization differs across cultures. Hofstede not only suggested that culture affects need structures, but also argued that self-actualization reflects the individualistic orientation of the United States and is a culturally driven concern for individuals' personal growth and development. Nevis noted that the nature of Eastern self-actualization may not be the same as that of American self-actualization. More specifically, he pointed out that the American concept of self-actualization is seen in terms of the individual's personal development of full potential, whereas the Chinese concept of self-actualization is defined in terms of one's service to the group, the community, and the nation. Furthermore, social scientists, some of them sociologically oriented, have gone so far as to develop a sociocultural theory of self-actualization that emphasizes culture's shaping power on the modern phenomenon of self-actualization. In this paper, the following definitions are offered:

- *Collectivistic self-actualization need* is defined as the desire to realize one's social-relational self through the process of social-oriented self-cultivation and self-improvement and the proper fulfillment of social-relational roles, commitments, and responsibilities for the perfectionization of one's social life.
- *Individualistic self-actualization need* is defined as the desire to realize one's personal-internal self through the process of individual-oriented self-becoming and self-enhancement and the full expression of internal attributes for the maximization of one's personal functioning.

4. FORMULATION OF THE VARIOUS FORMS OF THE DOUBLE-Y MODEL

In the preceding pages, contrasts have been made between collectivistic and individualistic expression-dominant needs at three levels: interpersonal and belongingness needs, esteem needs, and the self-actualization need. What is the theoretical status of these two varieties of ED needs? Should they be regarded as substructures of a more general structure? Or should they be treated as two distinctive culturally grounded forms?

It is recalled that only the corresponding categories of ED needs on the left arms of the Yc and Yi models differ from each other as culture-bound needs. The needs on the stem and the right arm on either Y model are essentially universal. The specific need structures on the left arms of the Yc and Yi models are considered basic in the sense that they are likely to be morphs as defined by Tooby and Cosmides.

Having clarified the theoretical status of the ED needs in the separate Yc and Yi models, I now proceed to formulate the double-Y models at three levels: cross-cultural, cross-group, and intra-individual.

All three mixed types of need patterns at the individual level are theoretically interesting and empirically important, so it is necessary to construct a representative intra-individual double-Y model as shown in Figure 1. This combined Yc-Yi model for single individuals is most applicable to the case of the alternating type,

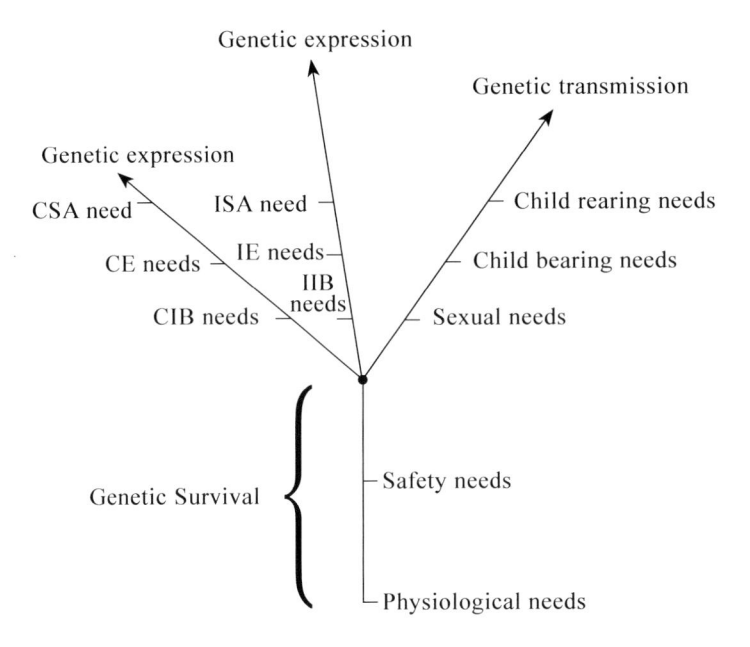

Abbreviations
CSA : Collectivistic self-actualization
 CE : Collectivistic esteem
CIB : Collectivistic interpersonal and belongingness
ISA : Individualistic self-actualization
 IE : Individualistic esteem
IIB : Individualistic interpersonal and belongingness

Figure 1. The intra-individual double-Y model of basic human needs.

moderately applicable to the replacing type, and least applicable to the integrating type. The intra-individual double-Y model is useful in making intra-individual or simply ipsative comparisons. It is especially useful in the study of intra-individual interactions and changes involving both collectivistic and individualistic need patterns for individuals in a collectivist society.

The intra-individual double-Y model may also be used to under-stand the need dynamics of people in pluralistic individualist societies like the United States. During the process of immigrant acculturation, first-generation Asian Americans, and to a lesser extent those of the second generation, may possess need patterns of the mixed type. For those whose need patterns belong to the alternating and replacing types, the intra-individual double-Y model is certainly applicable.

Suggestions for Further Research to Test the Double-Y Model

I have offered a preliminary statement of the various forms of the double-Y model of basic human needs, based upon both empirical reviews and conceptual analyses. Numerous testable research questions can be easily derived for testing the model in its various forms. For the sake of simplicity, only those research directions which are obvious and significant are mentioned in this section. Some have already been set forth in the model itself, and others are theoretical implications inferred from the model.

In conducting monocultural and cross-cultural studies to test the derived hypotheses, imposed-etic and other culturally biased approaches must not be used. Instead, monocultural and cross-cultural indigenous approaches should be adopted so that sufficient monocultural and cross-cultural indigenous compatibility can be effectively achieved in the conceptions of the phenomena studied, the methods used, the measuring tools constructed, the results obtained, and the interpretations or explanations of findings advanced (K. S. Yang, 1999, 2000). Use of indigenous approaches is especially advisable in research testing the model involving subjects or respondents in a non-Western society.

The double-Y model challenges the twin assumptions explicitly and implicitly made in Maslow's (1970) hierarchical theory of basic human needs: unidimensional linearity and cross-cultural universality. The model discredits the first assumption by replacing the straight-line layout with a Y-shaped one as the more appropriate constellation of various need categories. In this subsection, major research directions relating to the bidimensionality of the proposed Y layout are identified.

The second major assumption of Maslow (1970) challenged by the double-Y model is the cross-cultural universality of basic human needs. The double-Y model claims that Maslow's highest three levels of needs, the ED needs, are culture-bound instead of universal. It formally proposes two distinctive varieties of ED needs for people in Eastern and Western societies. The higher needs as delineated by Maslow are the individualistic ones found in Western cultures and not cross-culturally generalizable to Eastern people. Although the two varieties of ED needs are distinguished on both conceptual and empirical grounds, further research is needed to directly test differences in interpersonal and belongingness needs, esteem needs, and the self-actualization need at the cross-cultural and cross-group levels. It is also meaningful to study the process of need change from collectivistic to individualistic in non-Western societies, as well as the relative adaptive functions of the two varieties of ED needs for life adjustment.

(Excerpted by Kao, Shu-Fang.)

第二部分——時論

楊國樞報紙專欄選集
論政不參政

針砭時政
倡導溝通與民主化
推動現代化
倡議多元化
論文化、社會、心理

青年關心國是的幾個原則

1972 年 10 月 10 日　聯合報

XX 同學：

　　暑假期間接到你的來信以後，因為忙著趕寫研究報告，一直拖到今天才有空作覆，請你原諒。你在信中談了很多高論，也發了很多牢騷，但是給我印象最深的是你那分熱愛國家、關懷同胞的情懷。你說你曾經為自己的與國家的前途迷茫過，而為了逃避這種深沉的迷茫感，你過過各種各樣的「管他娘」的生活。你做過「麻將派」，做過「歌舞派」，也做過「書蟲派」，但是現在你覺悟了，你懂得了自己的前途要靠自己去創造的道理，也知道了個人前途是跟國家前途分不開的。於是，你不再迷茫了，你下決心要做一個「像個人樣」的大學生。你說從今天起你要一面努力求實學、求新知，一面盡力關心及參與跟國家社會的福利有關的事務，以自救救人，在政府革新的決心下，共同從重雲濃霧中打開一條出路，為自己與自己的國家創造一個美滿的前途。我很欽佩你的這種決心，如果青年們都有你這樣的認識，我們又何憂何懼之有？

　　不過，當你進一步談到應當如何關心國是時，卻又陷入了另一種困惑──你有關心國是的強烈動機，但卻又怕「因為方式的不當而犯了大錯」。你的這種顧慮是很對的，因為我們實在經不起再犯大錯了。於是，你在信尾提出了一個問題，希望聽聽我的意見。這個問題是「青年究應如何關心國是才最有效？」坦白地說，在你之前早已有很多青年在為這個問題傷腦筋了。我個人過去也曾為這個問題做過一點思考的工作，我願意把自己的一點不太成熟的看法說出來，供你參考。依我個人淺見，此時此地的青年在關心國是時，只要能同時顧及以下幾個原則，便會有益無弊，更不致於犯什麼大錯。

　　一、要有長遠的理想：青年在關心國是時，先要有一個長程的理想──希望，建設一個怎樣的國家，創造一個怎樣的社會，追求一種怎樣的生活。有了

長遠的理想以後，在關心具體的國是時，便可據以判斷自己的想法與作法的利弊得失，俾作明智的取捨：有利於這種長遠理想的達成的想法與作法，便去想它、作它，不利於其達成的想法與作法，便最好及早割愛。

所以，愛國的青年朋友們一定先要好好作點為自己建立長遠理想的工作。這個工作的從事自然要以人類過去的慘痛經驗與寶貴成績為基礎。換言之，我們建國的長遠理想一定要順應人類幾千年來在追求美滿生活的過程中所摸索出來的主要潮流。我無意在此討論人類思想史或社會演變史，我也沒有這個能力來作這件工作。但是，稍微留意人類命運的人都知道，人類追求美滿生活的主要方向包含了以下幾個重點：（一）追求全民經濟上的平等，創造均富的社會，以確保全民美滿的生存與生計；（二）追求全民政治上的平等，創造民主自由的社會，以維護全民的生命、自由及安全；（三）追求全民法律上的平等，創造公平法治的社會，以使人民的合法權益免受特權階層與私人團體的侵害；（四）追求全民教育與發展機會上的平等，建立開放創造的社會，以啟發理性與潛能、促進思想與信仰，使全民的精神生活與人性尊嚴發揮至最高境界，並能充分保留進步超越之契機。中國問題的解決是不能違背世界潮流的，所以青年朋友們在建立其長遠理想時，應該儘量符合上述人類進步的主要方向。

大體說來，此時此地我們舉國上下是在朝向這個長遠的理想努力，而這個理想也正是我們在此生存的主要意義。當然，我們過去朝著這個方向努力的成績還有很多不如人意的地方，這就是為什麼我們應該積極全面革新的道理。

二、要有法治的精神：我們該走的大方向有了以後，青年關心國是的事便容易落實了——協助並督促政府領導大家朝著這個長遠的理想邁進。大的方向既已沒有問題，剩下來的便只是作法的改進了，而技術性的問題是應該以平心靜氣的文明方式來解決的。所謂文明的方式，也就是合法的方式。

最近，在世界上比較講究法治的幾個國家中，青年關心及參與國是的方式漸漸發生了一種可喜的轉變：放棄消極性、破壞性的擾亂活動，改採積極性、建設性的參與活動，亦即以合法的方式取代不合法的方式。以美國的青年為例，其中很多人已經感到以合法的方式來爭取政治與社會革新的機會，也許會比打打鬧鬧的作法更為有效。於是，他們以合法的方式積極地參與合法的政治活動，使民主黨的總統候選人麥高文在黨內提名中大獲全勝。麥高文的一些

政見，我們不贊成，他也很難在美國正式的總統選舉時獲勝；但是，美國青年的這種以合法的方式來關心及參與國是的新作風，卻是值得其他國家的青年人效法的。

　　依我個人的看法，我們的青年尤其應該在法治的精神下來關心國是，原因是我們的處境已經夠險惡了，革新雖應積極，但卻必須在不致破壞內部安定的原則下進行。而且，前面已經說過，我們廿多年來的表現雖然不能盡如人意，但也已經向那長遠的人類理想邁進了相當的距離，因而此時此地最省事、最有效的辦法，是以既有的成就為基礎，努力去弊革新，加速向我們的理想挺進。

　　三、要有相對的期望：青年人有了長遠的理想，便可以合法的方式來關心與參與國是，以使自己的國家、社會、及生活逐漸朝向理想改進。青年以合法的方式關心國是時，勢必會對國是有所期望，而期望的高低卻是關心國是的人所應善加斟酌的。從心理學的觀點看，一個人對自己未來成就的期望愈能配合自己的實際能力便愈好，不切實際的過高期望注定了失敗，其後果必然是不必要的失望與挫折之感。同樣的，個人對國家的期望亦應切合國家當前的能力，過高的期望等於強人所難，是明智者所不當為的。

　　所以，青年朋友們在關心國是時，應該先對國家、社會的當前處境與能力有一個清楚的認識，然後再根據這種認識來修正自己對國是的期望，如此方能公私兩得其益。常言道：「形勢迫人」。在國家目前的情況下，一切都要能伸能屈、量力而為，以作最有利於自己的打算。橫逆來時，我們的心要無比的熱烈，但是我們的腦卻要極端的冷靜。

　　總之，青年們在關心國是時，他們的期望不應是絕對的，而應是相對的——相對於國家、社會的當前處境與能力。我提出這項原則來，絕對不是鼓勵青年對國是要得過且過，馬馬虎虎。實際上，「國是期望的合理性」與「關心國是的程度」是兩回不同的事，使自己對國是的期望切合實際並不會降低自己關心國是的熱誠。尤有進者，只有經常密切關心國是的人，才能真正瞭解國事，才能懷有切合國家現況的期望。

　　四、要有開明的態度：除了以上三個原則外，青年人關心國是時還應該具有開明的態度。所謂「開明的態度」，也就是一種理性的、容忍的、設身處地的態度。具體地說，在討論、關心、及參與國是時，一位態度開明的人起碼應

該做到以下幾點：（一）對於與己不同的歧見要能加以容忍與尊重，不可妄加猜疑、亂扣帽子；（二）要有服輸的精神，他人如有比自己高明的意見，便不可固持己見；（三）自己的意見如果不被採納，應該探究其不被採納的因由，不可立即惱羞成怒；（四）論事時要訴諸理性、控制情緒，不可以關心及參與國是來作為逃避或解決個人心理困擾的手段；（五）要重視證據與事實，不以地位、年齡、及家庭背景壓人；（六）要將人與事分開，不因人廢言、不因言惡人。在關心國是時，青年朋友們如能做到以上幾點，則於人於己、於公於私，必將皆蒙其利。

五、要有必需的知識：青年朋友要想有效地關心國是，便必須對中外歷史、中外地理，以及國內外的現狀等等有相當的知識與瞭解，否則便會犯錯而不自知。這些知識的獲得，有的要靠廣泛的閱讀，有的要靠平時的觀察，有的要靠調查與研究，更有的要靠跟人交談討論。為了獲得這些知識，青年朋友們要多讀課外書籍，要多留心自己的社會，要多與人交換意見。

XX同學，以上所談的這五個原則，算是我對你信中所提的「青年究應如何關心國是才最有效」這個問題的答覆。這只是我個人的看法，但是我相信，如果青年朋友在關心國是時能同時顧及這幾個原則，便起碼不會犯什麼大的錯誤。

不過，在實踐的時候，光靠青年們遵守這些原則是不夠的。相對的，當政的以及社會上其他的人士也應遵守同樣的原則。例如，青年要有長遠的理想，政府也應有長遠的理想；青年要有法治的精神，政府也應有法治的精神；青年要有開明的態度，政府也應有開明的態度。如此上下配合無間，方能團結革新、自立自強，共同朝著我們的長遠理想邁進。

這封信就寫到這裡為止，對於我以上的想法，如果你有什麼意見，請隨時來信討論。楊國樞謹啟（六十一年十月五日）

革心與革新

1973年1月2日　聯合報

最近一年多來，國際局勢的逆轉，激發了國人革新圖強的熾烈意願。政府當局順應外在情況與人民意願，以全面革新為號召，積極推動了很多具體的革新措施，其中有些也確已產生了相當的功效。在政治方面，此次革新之所以易見成效，除了政府的決心與人民的熱望以外，最重要的一項因素是「心理革新」的受到重視。過去的政治措施，大都只重制度、組織、及機構，對於公務人員在觀念與習慣上的偏差，便常予忽略。此次革新運動則與以前不同，政府不但慎於規章與制度的企劃，同時也注意到了心理革新的配合。例如，在去年十二月上旬，蔣院長對行政機構的公務員講話時，所談的幾乎大部分是公務員心理革新方面的問題，其中他特別強調公務員要培養為民服務的熱忱與愛心、踐履篤實的效率觀念、強烈的榮譽心與責任感、創新進取的奮鬥態度、以及互助合作的團隊精神。

一、自發成就動機邇來，行為科學的研究使我們瞭解了一項事實：忽略了人的因素，革新進步是極不容易的；革新成效的產生固靠觀念與態度的進步，革新成效的維持尤需心理建設的配合。從這個觀點來看，在目前的全面革新運動中，政府當局之能重視心理革新，實在是一件明智之舉。但是，無可諱言地，我們所做的心理革新工作還嫌不夠，因為到目前為止，有很多有待改進的觀念與習慣尚未見提及，而政府當局所注意的也只限於公務人員的心理建設。為了使今後的全面革新得有大成，心理與觀念的改進不但範圍要廣要深，而且也應同時兼及公務員與人民。基於此一認識，作者願在此提出幾項有待改進的心理因素，以供有關當局推動心理革新的參考。

首先要談的是有關「自發成就動機」的問題，這種動機是指一種想將自己的工作做好而能達到某種質量標準的心理需要。自發性成就動機高的人，自己

內心都有一個「好」的標準，然後在工作上跟自己的標準相競爭。如果自己的工作質量超過了自己的標準，便會有一種「自己有所成就」的感覺，如果不及這個標準，便不覺得自己有何成就。所以，這種動機強的人，最重要的一個特點是：他對自己的工作滿意與否的標準是由自己來決定的，而不是由他人來決定的。換言之，這種人是「為做好工作而做好工作」，而不是「為達到某種外在的目的而做好工作」。

根據心理學家的研究，自發性的成就動機固然因人而異，便是不同國家的人民間，此種動機的強度也相差甚大。平均而言，我國人在此一動機上不如西方人強，我國人也有想將工作做「好」的動機，但是這種「好」的標準常是外在的，是他人（父母、師長、或上司）所定的。因此，我國人之想把工作做「好」，多半不是為了達到某種獨立的完美標準，而是為了達到某種外在的目的。例如，學生努力讀書是為了獲得父母的稱讚（或逃避父母的懲罰），公務員努力工作是為了多點「升官」的機會。這種成就動機可以說是屬於外限性的。國人「自發成就動機」特弱而「外限成就動機」特強的結果，產生了幾種弊病：（一）不易養成專業的精神。專業精神的有無與工作的高低並無絕對關係，最重要的還是工作者是否認為自己的工作已經達到了自己的完美標準，如能達到這個標準，即使一位終生獻身於低微工作的人，也會對自己的行業或職務充滿了自傲。（二）將工作視為工具的人，他的工作便只是為了應付上級或長官，過此便不肯多做一分。上級或長官對屬下各級人員的工作性質未必能充分瞭解，他所要求的工作標準在質量兩方面也未必得當，最瞭解自身工作性質的人如無內在的專業工作標準，則工作績效勢必大減。（三）自發性成就動機弱者，對自己所主管的工作本身，常無濃厚的興趣，因此不會處心積慮地去改善自己的工作方法，其結果必是故步自封，難有創新進取的表現。

其次要談的是有關「關懷公眾動機」的問題。這是一種關心社會大眾共同福利的心理需要。有些行為科學家稱之為「擴展動機」（Extension motive），表示這是一種將自我加以擴展而與一個大團體及其目標相關連的動機。在此種動機下，個人對他人及大眾的禍福與前途相當關懷，其行為易為他人的希望與需要所影響，其個人目標也易與大團體（如國家、民族等）的公眾目標結合。不同的個人，其關懷公眾的動機，強弱各有不同；不同國家的人民，在此一動

機上的平均強度亦各有異。大體言之，一個國家的人民，其關懷公眾的動機強度，可以從該國在衛生、教育、及其他社會福利設施上的投資與費用得知之。此等投資與費用愈大，便表示該國人民關懷公眾的動機愈強。

　　二、關懷公眾動機　大體說來，我們中國人在關懷公眾方面的動機是相當不夠的。我們中國人既非自我主義者，也非個人主義者，因為中國人有將自我或個人融入家族的強烈傾向，而家族的價值與重要性又常駕凌於個人之上──為了維護家族的利益，個人常須犧牲其本身利益。但是，我們中國人擴展自我所及的範圍，也只限於家族，家族之外，都是「外人」，便不是個人關懷的對象了。因此，就社會、國家、民族等較大的團體單位而言，我們中國人是很缺乏關懷公眾的動機的。我們對較大團體內的他人之漠不關心，有幾點互相關聯的不良的後果：（一）大家各自打算，互不關心，難以形成共同的目標與理想，個人對社會、國家、及民族的認同感便會很弱。（二）大家各重己利，互不讓步，凡事難以折衷妥協，其結果以家族為中心的派系林立，對社會內部的和諧影響甚大。（三）社會上充滿了「獨善其身」的人，事不關己，雖舉手之勞他們也懶得幫助別人。對於違理背義之事，只要與己無涉，便視而不見，聽而不聞，於是社會輿論與正義皆將無由形成。（四）大家只顧自己方便，不管他人死活，凡事爭先恐後，難有效率。得到小便宜，便沾沾自喜，以為得計，至於是否損害公眾利益，便不加計較了。國民守法精神之不易形成，此實一因。

　　三、依賴指示動機　最後要談的是有關「依賴指示動機」的問題。此種動機表現在行為上，最主要的特徵是凡事喜歡尋求他人（特別是長輩或上司）的指示，然後才據以行動，而不喜主動、獨立地自行解決問題。依賴指示的動機較強者，多半缺乏創新進取的精神，在需要採取行動時，常不能或不敢採取行動。他們所能做的只是等待指示，如果指示不來，便只好蹉跎時光，坐失良機。他們做事時是採逃避的態度──誇大困難、推諉責任。他們之所以凡事要等長輩或上級的指示，主要是為了逃避責任。他們是消極的，抱著「多做多錯、不做不錯」的態度，先保住自己的位子再說。他們的主要注意方向是向上的，大部分的精力都用來研究如何得到長輩或上司的歡心。在長輩或上司的面前，他們只懂得察顏觀色，低聲下氣，對於長輩或上司所談論的內容則不敢置一詞。

　　顯而易見，我們中國人依賴指示的動機是很強的，這主要是因為中國社

會一向是一種權威性的社會,而在此種社會中,在下者要遵循在上者的指示做事,已經成了個人社會化的主要目標之一。在我們的社會中,具有強烈的依賴指示傾向的人,充滿了每一角落。在家庭中、在學校內、在工商界、在政壇上,到處都可以看到他們的影子。這一類人的性格之不適宜於從事革新工作,是顯而易見的,因為他們缺乏革新工作所需要的責任感、進取心,以及創新的精神。為了「不求有功、但求無過」,他們不但自己不願意多研究、多創造、多發展,便是下級人員的創意,也常吝於鼓勵。

到此為止,我們已經分別談了三種與革新進步有關的心理因素——「自發成就動機」、「關心公眾動機」,以及「依賴指示動機」。在這三種心理動機中,第一與第二兩種動機愈強愈有利於革新進步,第三種動機愈弱愈有利於革新進步。但是,不幸的是,我們中國人的前兩種動機皆頗弱,而第三種動機卻頗強。這種情形對於全面革新的成效當然是很不利的。為今之計,為了使全面革新易於有成,在從事心理革新工作時,必須設法增強「自發成就動機」與「關心公眾動機」,而同時減低「依賴指示動機」。至於怎樣才能如此,便不是本文所能討論的了。

不過,作者願意在此指出,「革心」工作的進行,不能光靠政府首長講講話就算了,最重要的還是繼之以更切實的作法。談到全民的心理建設,當然主要的是從家庭教育、學校教育、及社會教育入手,但是若論公務人員的「革心」工作,卻也有一些短期內即可見效的辦法。

四、革心的切實作法其中比較易行的有以下數途:(一)在用人方面,應儘量多用有創造性格與革新觀念的人。政府當局不但應破格用人,而且要能用、敢用破格之人,如此則政治革新自較易行。(二)對於現有的公務人員,應利用各種公務員訓練機構,加以相當時間的特殊訓練,以增強其創造精神與革新觀念。例如,過去其他國家早已發現,適當而有計劃的短期訓練,可以增強個人的「自發成就動機」,也可以減低其「依賴指示動機」。(三)政府機構中的首長應以身作則,主動以開明隨和的態度來對待下屬,鼓勵其自由發言,以提出自己的看法或建議,並對上司的意見作積極性的批評。只有透過毫無隔閡的討論,才能集思廣益,得出最可行的辦法。同時,政府首長要慎於用人,但一旦起用之後,即宜尊重其職權,只要不犯重大錯誤,不必予以過多的

限制,使其能自由發揮,達到真正分層負責的境地,如此方能建立一個堅強的廉能政府——一個組織緊密而又靈活的有機體。

　　總之,全面革新應以心理革新為基礎,而只有透過心理革新,全面革新才易生成效,才能長遠維持其果實。

幾項基本觀念的商榷

1976年10月10日　聯合報

欣逢國慶舉國歡騰之日，又值執政黨召開第十一次全國代表大會前夕，而大陸獨裁政局的敗象已顯，我們勝共復國的契機益近，個人願承此機會，以國民一分子的身分，略抒有關國家進步與社會革新的看法，聊作芻蕘之獻。但是，個人對政經實務所知有限，自難率爾置喙，因而只能就幾項有關的基本觀念，加以簡略的分析與討論，以供有心人士參考。鼓舞理想主義的精神大陸情況的發展，雖然對我們大為有利，但就未來的整體處境而言，仍然是遠，需要繼續的堅苦奮鬥。就客觀的情勢來說，我們是以小對大，以寡制眾，以時間爭取空間。這種長期的競賽與鬥爭中，我們需要理想主義的精神來支持自己。

這裡所說的理想主義，不僅是指強調精神力量與心理因素的重要，而且是指懷有崇高的理想，並決心以實際的行動來達成這些理想。無論是個人或團體，只要有了理想主義的精神，便自然會胸襟闊大，進取樂觀，對未來的前途充滿了信心；便自然會經得起打擊，受得住考驗，認定目標而勇往直前。懷有崇高的理想，便不致陶醉於眼前的成就；抱著實踐的決心，才不會迷失於自憐的情緒。

在橫逆艱難的情勢下堅苦奮鬥的人，是沒有資格不強調理想主義的。缺少了崇高的理想，喪失了實踐的決心，這樣的人勢將面臨沉淪的命運。就我們的情形而言，自身雖已大有進步，中共雖已亂象畢露，但是實際的形勢仍然有待我們努力奮鬥。在這種處境下，我們應該特別強調原先的崇高理想，增加既有的實踐決心：先在此時此地建立民主、法治、及均富的社會，然後再推廣到整個中國。執政當局固已懷有這樣的理想與決心，一般的國民也應懷有這樣的理想與決心，如此朝野一心一體，才能形成剛健進取的社會風氣。反之，如果理想主義的精神未能深入民心，一般社會大眾便易於眼光短淺，只圖目前的

享樂,久而久之,自會導致奢侈貪靡的社會風氣,養成苟且偷安的「小市民心態」。影響所及,可能連社會中的知識分子及精英人士也會放棄理想,忙於眼前利益的營求,社會人心如果現實短視到這個程度,國家建設的方向勢將難以保持,社會進步的速度也會大為減緩。但是,如能好好培養理想主義的精神,社會上苟安投機的風氣自將消弭於無形,因為崇高理想的追求能為社會大眾提供長期定向的生活動力。

理想主義的精神不僅可以提供「動力」,而且還可以產生「定力」,懷著理想主義的精神,我們就會擇善固執,不憂不懼。有了遠大可行的抱負,我們才能用歷史的尺度來觀照自己的作為,而不太去計較一人的榮辱,一時的得失。但如理想主義的精神不彰,社會上將出現看風駛舵、意志不堅的傾向,有些人甚至會自作聰明,暗作「萬全」的打算。最近,常聽人說到「牙刷主義」。據說在我們的社會中,有些人想盡辦法把子女送去外國,將金錢存在外國,然後再弄張「綠卡」,設法熬個外國國籍,而在臺灣只留下一把牙刷,好暫時使用。這種人雖然身在臺灣,但他們的心早已不知「跑」到那裡去了。這些人的毛病是喪失了遠程的理想,將自己的生活意義貶低到最現實的層次。在一個社會中,如果這種人太多,便表示這個社會缺乏定力,而缺乏定力的原因之一則是理想主義的精神太弱。

在堅苦奮鬥的過程中,我們需要持久的動力與定力,而想產生這些力量,便有賴有關機構大力培養與鼓舞理想主義的精神。若能有系統的好好提倡,相信大家都將或多或少的養成一種「唐吉訶德精神」,有了這樣的精神,我們便會不怕強敵,不畏艱險,便會經得起考驗,耐得住「孤獨」;便會充滿信心,勇往直前。也許有人會說,「唐吉訶德」的精神是一種傻人的精神,何足取法?但是,我們要知道,做任何事情都需要傻勁,而所追求的目標愈高,所需要的傻勁也愈大。一個人如果沒有傻勁,便往往會安於現狀,難以成就大的事業。一個社會如果沒有傻勁,便往往會因循保守,難以有快速的進步。對於我們中國人而言,建立一個民主、法治、均富的國家,是一項最高的理想,而想達成這一理想,需要大多數的中國人拿出最大的傻勁才行。如果大家都缺乏傻人的精神,都以耍弄小聰明為能事,「牙刷主義」便必然會大行其道,那裡還談得到國家與社會的前途呢?提高文化生活的素質有些社會科學家,將廿世紀的後

半葉稱為「進步時代」（The Age of progress）。這個時代的特徵是人類已經累積了豐富的科技知識與經驗，並將這些知識與技能有系統的應用於生活的各個層面，以誘發各種「有計劃的改變」（Planned Change），最終的目的是提高人類的生活素質。

世界各國步入「進步時代」的先後與情況雖不相同，但就其所經歷的過程而言，卻大都可以粗略的分為兩個時間：「物質生活改善期」與「文化生活兼顧期」。前者是社會進步的前期，後者是社會進步的後期。當一個國家進入第一個時期時，往往只是強調兩種有計劃的改變，即經濟發展與人口控制。運用各種科技的知能，透過這兩項計劃性的努力，社會大眾的衣食住行便會獲得顯著的改善。此一時期所說的「生活素質」，主要是限於物質生活的素質，而且往往是以經濟方面的「生活指數」作為指標。如果這個國家繼續發展，便會進入「文化生活兼顧期」。在這個時期中，生活的重點逐漸從低級需要（多為生理性者）的滿足，轉移到高級需要（多為心理性與社會性者）的滿足，因為衣食住行等方面的物質生活已經不成問題了。也就是說，在這個時期中，人的物質生活與文化生活能夠同時兼顧並進而不偏廢。此時，不僅在生活指數的經濟指標上繼續有所改進，便是在表示生活進步的各種社會、文化、及心理指標上，也都大見提高。到了這個境界，生活的素質才真正是擴充了，完滿了，均衡了。

就我們社會的發展而言，現在應該是超越「物質生活改善期」，而逐漸進入「文化生活兼顧期」的時候了。但是，當此之時，我們卻面臨著兩樁必須克服的困難。第一，要過文化生活需要有適當的文化環境，但在我們的社會中，文化性的公共設施不夠普遍，圖書館、音樂廳、博物館、藝術館、動物園、國家公園太少，而且素質也有待改善。第二，除了少數家庭背景優越的「幸運兒」，大多數同胞都沒有養成讀書、郊遊、聽音樂、及欣賞藝術的習慣或嗜好，而只能在衣食住行的漩渦裡打轉。要想使我們的生活素質從注重物質生活進步到兼重物質與文化生活的境地，便必須先克服這雙重的困難，而要達到此一目的，政府不但應在文化性的公共設施上大幅的投資，而且還應在家庭、學校、及社會的「文化生活教育」上大量的投資。這些方面的投資也許不是直接的生產性投資，但卻因此可以達到經濟發展與社會建設的真正目的——創造完滿而均衡的國民生活。也只有如此，我們才能躋身於現代化社會之林。

除了徹底提升我們的生活素質這一長程的功能，在公共文化設施與文化生活教育上大量投資，還可以幫助解決眼前的兩項重大的社會問題——享樂的問題與就業的問題。對享樂問題的解決，過去大都採取勸禁的方式，效果似乎不彰。問題是我們社會上有很多人賺了很多錢，而這些人在衣食住行以外並未養成文化生活的習慣或嗜好，如果不把錢用在物質享樂方面，你要他們做什麼呢？但是，如能經由大量的文化投資而提供良好的文化環境，培養文化生活的興趣，便自然會為社會大眾開拓出新的生活範圍，使大家轉而將金錢與時間花費在文化生活方面。透過這種取代與疏導的途徑，注重物質享樂的社會風氣自易有所改善。至於就業方面，最大的問題之一是人文學科的大專畢業生謀職困難與學非所用。顯而易見，政府如能在文化生活方面大量投資及積極提倡，定會創造出很多新的就業機會，而這些職位的適當人選自非人文學科的畢業生莫屬。這樣不但幫助解決了部分的就業問題，而且將使社會上各方面的人才都有均衡性的發展，同時也可免於導致「價值偏枯」的失調現象。維護人本教育的功能一個國家的教育（尤其是高等教育），可以根據「人力資源」的原則來辦，也可以根據「自由選擇」的原則來辦。在世界各國中，社會主義（尤其是共產主義）與發展中的國家大都強調前者，美國是強調後者，而西歐的國家則界乎兩者之間。就我國的教育而言，過去是偏向於自由選擇的原則，但最近由於人力的供求發生了若干問題，部分經濟學家與經濟機構力主人力資源教育的重要，大有主張取代自由選擇原則的傾向。經濟界的此種主張雖然不無道理，但卻不免囿於本位主義，顯然犯了以偏概全的毛病。實際上，並不是所有經濟學家都贊成人力資源的教育原則，曾經擔任過美國國家顧問的經濟學教授包溫（H. R. Bowen），便認為自由選擇的原則較為人道，而且從長遠的觀點來看也更有效用。

人力資源的教育原則，假設經濟發展的不同階段需要特殊種類的人力或人才，教育的目的是預測這種需要，並依照計劃預先訓練出所需的足夠人力或人才。對於這種原則，我們有很多疑問。例如，所預測的經濟發展階段是否夠長，值得我們透過教育來為它們訓練出大批的特殊人才？如果這些階段太短，「時」過境遷以後，那大批受過窄化教育「人才」怎麼辦？由於高度專才教育的結果，他們是否有足夠的伸縮性能適應這種情況？經濟發展與職業技能的配

合是否如此僵固？在某種程度內，經濟能否自然的適應或轉化社會上既有的各類人才？人才是否像不同模子所塑造出來石膏像，一旦出廠就無法改變了？這些問題在在都使我們覺得，人力資源的教育原則大有值得商榷的餘地。

　　人力資源的教育哲學，最嚴重的缺點是澈底窄化了教育的目的，將教育的功能侷限於「為各種特殊工作訓練特殊人力」的範圍，認為與就業技能訓練無直接關係的教育都是浪費的、錯誤的。這種看法純粹是一種「見錢眼開」的經濟決定論，錯把經濟生活當作人的全部生活，以為人有了職業便有了一切。事實上，每一個人都有多方面的潛能與秉賦，多方面的性向與興趣。人的種種複雜本質，有賴於多元性的教育來加以開發與培養，俾能在各方面的生活中發揮及實現這些特點，以造福自己與社會。人的生活是多方面的，他不但有職業的生活，而且也有精神的生活、感情的生活、宗教的生活、政治的生活、休閒的生活、及人際關係的生活。職業生活需要技能，其他各方面的生活也同樣的需要技能。職業生活所需要的技能應由教育來訓練，其他生活所需要的技能也應由教育來訓練。而且，人生在世要同時扮演好多的社會角色。在工作的處所是工作人員，在社交的場合是社交同伴，在社區中是居民與鄰人，在家庭裡是丈夫與父親。扮演與職業有關的角色固然需要智識，扮演其他各類角色也需要智識，而這種種智識都應由教育來提供。能夠培養各種生活技能與各類角色智識的，應該是一種「全能的教育」，而絕然不會是一種人力資源的教育。只有全能的教育才能開發出整個人的全部潛能及特性，才不會把「全人」縮減成「部分人」——經濟動物或職業動物。這種全能的教育便是人本教育。

　　人本教育既然以開發及培養各方面的能力為目的，自然會訓練出各類多才多藝的人才，同時也會養成適用範圍較大的學識、觀點、興趣、及特質。由於具有這些特徵，所以人本教育所培養出來的人才伸縮性較大，可塑性也較大，因而更能適應職業上的轉換，而在現代社會的動態經濟情勢中，轉換職業或工作的機會是很多的。只要受過良好的人本教育，一位歷史系畢業的學生不但能夠做歷史科的教師，而且也可以當記者、成作家、做公務員、或從事出版事業，甚至也可擔任廣告公司的文案工作。一位教育系畢業的學生從事教育工作固然很好，擔任人事管理、社會工作、及公共關係等職務也未嘗不可。教育應該培養學生適應未來的各種情況，可以預測的及不可預測的。

人力資源的問題是重要的，但卻不是教育目的的全部。國家建設所必需的特殊人才，當然應該由教育來培養，而且應該將培養的計劃納入整個的教育計劃。但是，就業教育與致用教育只能是人本教育的一部分，必須在人本教育的大前提下去推動，否則便是捨本逐末，勢將導致社會價值失調及國民生活偏頗的嚴重後果。

新孝道與新慈道

1977年4月5日　聯合報

　　根據報紙上的消息，為了紀念蔣公的勳業與德範，教育部已將四月定為「教孝月」，各級學校與社教機構，即將舉辦各種文宣活動，以大力發揚中國家庭的孝德。教孝是家庭教育的重點之一，原是每一個家庭日常生活的課題，要靠長期不斷的努力，才能產生效果。不過，由於種種原因，有些家庭不免疏於孝的教育，若能利用「教孝月」的活動，發生提醒或激勵的作用，當然是一件很好的事。但到目前為止，報端所報導的教孝言論，大都還停留在抽象口號的階段，對孝的內涵似乎缺乏深入的分析，對教孝的做法也未見具體的辦法。孝的問題與我們每一個人都有密切的關係，大家應該利用這個機會，多多提供積極性意見，以使「教孝月」發揮最大的效力。澄清一些觀念孝道在我國社會中的重要性，是每一個中國人都能深切體會到的。孝道不但在過去的社會中極為重要，而且在現在與未來的社會中也極為重要。但是，在現代化所引發的快速社會變遷中，我們的生態環境變了，我們的社會結構變了，我們的政治體制變了，我們的經濟情況變了，我們的國民性格也變了。這很多方面的變遷，已經導致生活方式的重大改動。為了有效適應這種新的生活方式，現在與未來的孝道，在其功能範圍與實踐方式上，勢必不同於傳統的孝道。先說功能範圍的不同我們中國人有一種很強的習慣，那就是將家庭以外的團體與組織予以家庭化，並將家庭中的倫理關係推廣到這些家庭以外的團體與組織。這種將家庭倫理觀念推衍到非家庭性團體的傾向，便是所謂的「家庭主義」。

　　家庭主義最突出的一面，便是「泛孝主義」，而所謂泛孝主義，則是將家庭中的孝道推廣到非家庭性的團體，如郡縣、國家、天下。例如，在過去的中國社會中，常將國比作家，君比作父，而有「以孝事君，則忠」（孝經）、「臣事君，猶子事父」（漢書李廣蘇建傳）的說法。在過去的農業社會中，整個國

家是以家族為基礎與典範而建立的,因此依據泛孝的原則應世,便可無往而不利。這也就是說,在家庭主義的社會中,泛孝主義有其重大的積極功能。

然而,現在與未來的我國社會,已經不再是家庭主義的社會了,也已不再是可以「半部論語治天下」的社會了。我們現在與未來社會,是一種相當複雜的現代化工業社會。在這個社會中,政治體制是趨向於民主的,「君父」的舊酒已經無法裝入「民主」的新瓶。在這個社會中,競爭激烈的企業團體已經無法採取家庭式經營的方法,重視效率的公私機關也不會成為一個「大家庭」了。凡此種種不可否認的發展,都很清楚的顯示了一點:在現在與未來的中國社會內,泛孝主義已經失去了過去的社會功能。因此,從今以後,我們應該大力提倡孝道,而不應再提倡泛孝主義。說得更明白一些,在過去的社會中,孝道的功能範圍擴及到整個的國家,但在現在與未來的社會中,孝道的功能範圍則應以家庭為限。我們應該還其本來面目,讓孝道成為一種純粹的家庭倫理,而另為家庭以外的團體生活,建立其他的倫理規範。在家庭中我們希望能有懂得孝道的子女,在社會上我們則需要懂得「民主道」、「法治道」、「秉公道」的國民。孝道是一種人與人之間的私德,「民主道」、「法治道」、「秉公道」等等,則是人與國體之間的公德。在家庭中應該儘量發揮私德,在家庭以外則宜儘量發揮公德。也就是說,在私的場合要發揮私的倫理,在公的場合要發揮公的倫理。次談實踐方式的不同孝道有兩個種要的層次,一為孝意,一為孝行。所謂「孝意」,是指子女善待父母的一種意願,也就是孝忱、孝念、或孝思。所謂「孝行」,是指子女表達孝意的行動,也就是孝意的實踐方式。孝意的價值是千古不移的,但孝行的適當與否,則會隨著外在環境與內在觀念的改變而不同。很多孝意的實踐方式,在過去的社會環境與思想觀念下被認為是好的,但在現在與未來的環境與觀念下,卻可能被認為是不好的。例如,「為母埋兒」與「賣身葬父」等等孝行,在過去可能被認為是好的,但現在卻變成了觸犯法律的行為。「割股療親」、「臥冰求鯉」及「父母在不遠遊」等等孝行,在古代是大可讚揚的,但現在卻是不必要或不可能的。便是「不孝有三,無後為大」的說法,現在也應重新加以檢討。我國是一個男冠父姓的社會,因此所謂「有後」是指生男孩子,乃不免形成強烈的重男輕女的觀念,這當然是不合人本及人道精神的。而且,兒女中途夭折大有可能,為了保證有後,便要多生幾個男

孩,但在生足男孩數目以前,常會「附帶」生下幾個女兒。最後男女相加,為數便大有可觀。由此看來,「有後」的孝行顯然與現行家庭計劃的政策有違。總之,孝意是不變的,但孝意的實踐方式,卻會因為時代的不同而有異。所以,在孝道的內涵中,孝意是一個常數,而孝行則是一個變數。這一點看似自明之理。但卻很容易為我們所忽略。

剛才說到,孝道有孝意與孝行兩個主要的層次。但事實上,在孝的意願與孝的行為之間,還隔有另外兩個層次,那就是孝的原則與孝的能力。換句話說,孝道應該具有四個層次。子女有了孝的意願,只能算是有了「想善待父母」的動機,但怎樣才能算是孝,便要涉及子女所持有的孝的原則;透過孝的原則,即使已經知道怎樣才算是孝,如果子女缺乏從事某種孝行的能力或條件,那他還是無法根據孝的原則完成那種孝的行為。因此,從孝意到孝行,要經過四個不同的層次:孝的意願→孝的原則→孝的能力→孝的行為。善待父母之道在上節中,我談到在現代的社會內,孝道應該只是一種家庭的倫理,而不應該是一種家庭以外的倫理;同時,我也說到孝道的有些層次(如孝行),需要隨著外在環境與內在觀念而改變。綜合以上兩點,為了順利地適應現在與未來的家庭生活,我們需要一套新的孝道。當然,所謂新的孝道不可能是全新的,它一定是以傳統孝道中的主要精神為核心,經由考慮現代家庭生活的適應情形,再加上一些必要的新成分,而揉合成一套新的原則,至於新的孝道究應包括那些原則,各人的意見可能互不相同。三項基本原則依我個人的淺見,新孝道可以概括地界定作:在合情、合理、合法的範圍內,子女儘力善待父母之道。這是一種非常籠統的說法,難以作為實踐的參考,因而需要再做進一步的解說。我們可從兩個不同的層次來看新孝道。第一個層次是基本原則,第二個層次是實踐原則。在第一個層次上,新孝道具有三項基本的原則。(1) 合情的原則:子女行孝應以愛心為本,以感情為重,並應設身處地,儘力為父母著想,在對父母表達關懷之情時,應採取其習於接受之方式。(2) 合理的原則:子女行孝應適當運用理性,考慮事實,顧全事理,而不衝動短視,為近誤遠,以私害公,孝行多端,應各自量力而為,不宜過分過度,走入極端,尤不可因孝行而自殘、自虐或自貶。(3) 合法的原則:子女行孝應以不違反現行法律為原則,不可因圖利父母而有犯法之行。父母如使子女為不法之事,子女應好言相勸,而不可

接受「亂命」。若干實踐性原則新孝道的這三項基本原則，還嫌不夠明確。為了便於實行，我們可以根據這些基本原則，進一步提出以下十幾項實踐性的原則：(1) 子女善待雙親，應父母一樣看待，不可厚此薄彼。(2) 子女應儘力多與父母交談，以瞭解其看法、想法及感受。(3) 子女應儘力敬愛父母，而不以言辭或行為侮慢父母。(4) 子女應儘力使父母心情愉快，而儘力少惹父母生氣。(5) 子女應儘力幫助父母從事與完成善舉，而不陷父母於不義。(6) 子女對父母應真心誠意，不可因父母之社會地位與經濟能力而表面做作與應付。(7) 子女言行應儘力使父母引以為榮，不使父母因子女言行而抬不起頭來。(8) 子女應儘力使父母信任與放心，而不使父母為他們的行為擔心。(9) 子女應儘力保持自己的身心健康，以免父母因而憂慮與掛念。(10) 子女應以同情的態度來瞭解父母的時代與生活背景，而不可貿然目為落伍。(11) 父母如有過錯，子女應以委婉的態度耐心相勸。(12) 父母在物質生活上如需照料，子女應儘力予以安排，勿像有所匱乏。(13) 父母生病時，子女應妥為照顧，儘力設法醫治。(14) 父母喪亡，子女應依社會習俗或父母本人的意願，予以妥善安葬。

在以上各項實踐原則中，一上來就說對父母要一樣看待，而不可厚此薄彼。我個人認為這一點非常重要。傳統的中國社會是以男性為中心的，各種傳承的主軸都是父子關係，因此在家庭倫理中，談到孝道與慈道總是「子孝」與「父慈」對稱。善於辯解者雖喜將「父」解釋作「父母」，將「子」解釋作「子女」，總不免予人以勉強之感。事實上，由於以男性為中心的結果，在傳統的中國社會內，子女對父親所表現的孝與對母親所表的孝，在質與量上不免有所不同；父母對兒子所表現的慈與對女兒所表現的慈，在質與量上也不免有所不同。這種差別待遇當然是不應該的，也是不合情理的。孝的意願最重要其次應該指出，在新慈道的各項實踐原則中，大都含有「儘力」二字。這表示上面所列舉的那些原則不是教條，而只是子女善待父母的一些努力方向。各人的本身能力與客觀條件不同，子女只要各盡所能，努力去善待自己的父母就好了，而不必要求每一個子女都以同樣的方式，達到相同的「標準」。

講到這裡，應該順便指出，本節所說的基本原則與實踐原則，在孝道的四個層次中，是屬於第二個層次──孝的原則。當然，比孝的原則更基本更重要的，是第一個層次──孝的意願（即孝意）。不過，由於父母長久地養育

與愛護子女，子女對父母懷有孝的意願應該是不成問題的。事實上，也確是如此。這從過去我們所從事的幾項實際研究，便可以清楚地看出。例如，在民國五十九年所完成的一項研究中，我們以大約五百名大學生為對象，測量他們認為五五七項性格特徵的好壞程度；結果發現，在五五七項特徵中，「孝順的」是被認為最好的三項特徵之一（其他兩項為「愛國的」與「有恆的」）。民國六十一年所從事的一項有關研究，是以國小與國中學生一千五百人為對象，發現有百分之九十七以上的人自稱他們「喜歡」孝敬父母，有百分之九十以上的人自稱他們「已有」孝敬父母這一特點。此外，我們在民國六十三年還從事過另一項有關的研究，探討一千五百餘位大學生的價值觀念；其中一部分資料顯示，在廿二項不同的重要行為中，「孝順與尊敬父母」被選作最重要的三項行為之一（其他兩項是「培育良好品格」與「愛護國家民族」）。從這些零星的研究結果看來，我們的兒童與青少年在孝的意願上應該是不成問題的。

至於孝的能力與孝的行為這兩個層次，常是因時、因地、因人而不同，似乎不宜在此加以呆板的界定。為人子女者，只要能參考新孝道的原則，在自己的能力與環境限制以內努力善待父母，便應該算是盡了子女的本分。善待子女之道在傳統的家庭倫理中，就親子關係而言，雖然常常「子孝」與「父慈」並論，但對後者的重視程度，卻遠不如前者，對後者的分析討論，也遠少於前者，因而形成一種不對稱現象，予人以「重孝輕慈」的印象。這種情形大有改善的必要。親子關係不是一種契約關係，好像善待對方只是在盡義務；親子關係也不是一種契約關係，好像善待對方只是在盡義務；親子關係也不是一種權威關係，好像善待對方只是被迫而為。親子關係是人際間的一種最基本的感情關係，其密切的程度常視雙方長期相互善待的程度而定。如果雙方都能主動地善待對方，那麼彼此的感情便自然會愈來愈深，便自然會更進一步地善待對方。打個比喻說，子女之孝與父母之慈，好像一輛車子的兩個輪子，如果這兩個輪子都同時運轉，「親情的車子」便會順利地前進，如果只有「子孝」的輪子轉動，而「親慈」的輪子不動，那麼「親情的車子」便會停止不前。換而言之，在親子關係中，只有一頭熱，是不自然的，不持久的。只有孝道與慈道並重，才可使兩者都能落實，才會使親子關係更為美滿。新慈道的基本原則過去有關傳統孝道的分析討論很多，因此比較容易知道其內容，而有關傳統慈道的

分析討論很少，所以便難以把握其含義。由於後一事實，在釐定新慈道的原則時，過去的文獻可參考處不多。比照奠定新孝道的方式，我們可以給新慈道這樣一個概括性的定義：在合情、合理、合法的範圍內，父母儘力善待子女之道。當然，正如孝道一樣，我們也可以從基本原則與實踐原則兩個層次，來談新慈道的涵義。就前一層次而言，新孝道的三個基本原則，也同樣適用於新慈道：(1) 合情的原則：父母對待子女，應以愛心為本，以感情為重，並應設身處地，多為子女著想，尤應為其長期的健全身心發展著想。(2) 合理的原則：父母對待子女，應適當運用理性，考慮事實，顧全事理，而不衝動短視，為近誤遠，以私害公；子女秉賦不同，性向各異，父母應重視其個性，尊重其人格，考慮其權利。(3) 合法的原則：父母對待子女應以不違反現行法律為原則，不可因圖利子女而有犯法之行。父母並應遵守保護兒童及青少年的有關法律，尤不可虐待、傷害或販賣子女，也不可教唆或脅迫子女做犯法之事。二十項實踐原則根據新慈道的這幾項基本原則，可以進一步提出以下廿項新慈道的實踐原則：(1) 父母對子女們應公正公平，而不厚此薄彼。(2) 父母應儘力愛護子女、支持子女，而不在情緒或行為上拒絕子女。(3) 父母應慷慨地對子女表達感情，而不對他們冷漠。(4) 父母應鼓勵子女從事多方面的活動，以瞭解與發現子女的各種潛能。(5) 在子女的能力範圍內，父母應給予他們受教育的充分機會。(6) 父母應尊重子女的性向與意願，而不勉強他們去達成自己未能完成的志向或構想。(7) 父母應接受子女能力上的限制，而不勉強他們去做力所不及的事情。(8) 管教子女時，父母應多用獎勵與理喻，少用懲罰、諷刺或其他可能傷害子女自尊心的方法。(9) 父母對子女所做的規定，不宜太多或太少，凡有規定必解說其意義與目的。(10) 父母應容許與教導子女在意見與行動上參與家事，以培養其團體生活的能力。(11) 父母應訓練子女處理自身事務的獨立能力，而不放縱、溺愛、護短或過度保護。(12) 父母應避免嚴苛武斷或任意行施父母的權威，不可輕易將子女合理的異議視為傲慢或反抗；人總是會犯錯的，必要時父母承認自己的錯誤，反會使子女更加尊教。(13) 父母應多與子女溝通意見，鼓勵子女表達自己的看法，以增進對子女的瞭解。(14) 父母應親自教養子女，而不假手他人。(15) 父母應以身作則，在德操與行為上善自檢點，好為子女表率；在相同的事情上，父母不宜以雙重標準來要求自己與子女。(16) 管

教子女時，父母的意見應相互一致及先後一致，以防抵消或減低管教的效果。(17) 父母應儘力改進自己的婚姻生活，不可因為夫妻不和而對子女笙生不良的影響。(18) 父母應體認今日的兒童及青少年與往昔不同，不去拿他們與當年的自己相比。(19) 子女成年後，父母應尊重其交友與擇偶的決定。(20) 成年子女有他們自己的事業與家庭生活，父母應予適度尊重。

在以上各項原則中，有些關係到子女當前生活的快樂與幸福，有些則關係到子女未來發展的健全與否。大家都知道，在身心發展的過程中，個人的內在因素固然重要，但來自父母的影響卻是既深且大的。我們幾乎可以說，父母是子女性格與前途的主要塑造者。在可能的範圍以內，父母如能儘力善待子女，子女的身心便會有較大的機會朝著健康的方向發展，因而易於形成較好的態度性格，較強的適應能力，及較佳的人際關係。一般而言，大部分父母都知道善待子女的重要性，而且願意盡心愛護及教導子女，使子女受到最大的益處。但是，不可否認地，也有一些父母愛護及教導子女不得其法，不但未能使子女獲得應有的益處，反而使他們蒙受不良的影響；有些情形下，甚至會引起子女強烈的反應，進而破壞了親子關係，使子女失去了盡孝的熱忱。個人深信，為人父母者如能好好實踐新慈道，便自然不會產生這些令人遺憾的情形。子女真實的心聲除了新慈道的基本原則與實踐原則外，我也想順便提出一些其他的資料，供作為人父母者參考。在過去兩年中，我們曾經以臺北市的五千多位國中學生為對象，從事心理與行為的研究。在題目眾多的調查問卷中，我們曾靈問過三個開放式的問題，一個是「你覺得最好的父親應該是怎樣的一個人？」，再一個是「你覺得最好的母親應該是怎樣的一個人？」另一個是「你覺得最好的家庭應該是怎樣的？」我們將五千多位學生（男女各約半數）的答案加以分類後，發現他們心目中的「理想父親」所具有的主要特點依次為：(1) 仁慈和藹，(2) 管教認真，(3) 關愛子女，(4) 性情溫和，(5) 重視家庭，(6) 態度樂觀，(7) 有責任感，(8) 瞭解子女，(9) 勸導子女。「理想母親」所具有的主要特點依次為：(1) 仁慈和藹，(2) 關愛子女，(3) 性情溫和，(4) 家庭婦女，(5) 賢妻良母，(6) 重視家庭，(7) 賢慧能幹，(8) 管教認真，(9) 瞭解子女，(10) 勸導子女。而「理想家庭」所具有的主要特點則依次為：(1) 家庭和樂，(2) 幸福美滿，(3) 互相敬愛，(4) 經濟寬裕，(5) 中小家庭，(6) 父母相愛。以上這些特

點，都是子女希望父母與家庭能夠具有的，這是他們真實的心聲，也是他們誠懇的期望。幾句結尾的話以往談孝道的人，大都喜歡為古人作註解，從經典裡摘出一些句子，加以排比翻譯，或加以歸類整理，便算了事。這樣註來解去，總是跳不出古人的思想圈子，總覺有些地方與我們現代中國人的生活不大相干。有些善打圓場的學者，努力為古人的有關章句尋找「現代的」解釋，以為這樣便可以符合現代中國人的需要。這種企圖以舊瓶裝新酒的努力，雖是令人欽佩，但卻總叫人覺得有點勉強，而非實事求是的長久之計。農業社會有農業社會的生活方式，工業社會有工業社會的生活方式，過去為農業社會所設計的一套孝道，恐怕難以一成不變地適用於現代工業社會的家庭生活。在這種情形下，我們只有以傳統孝道中今日仍然適用的精神為基礎，考察現代社會及現代生活的主要特徵，創造一套中國式的新孝道。要想達到這個目的，有賴全體國民的共同努力。

在本文中，我從概括定義，基本原則及實踐原則三方面，就新孝道的內涵提出了一些個人的看法與建議。但是，親子關係是雙方面的，是有相互性的。因此，在強調孝道時，必須也要同時強調慈道，這樣孝道才能持久而自然。基於這個原因，所以本文也從概括定義，基本原則及實踐原則三方面，討論了新慈道應有的內涵。孝與慈是親子關係的核心，雖然重要但卻是每日都要去做的。因而本文所提出的孝慈原則，都是平凡可行的，其間既不強調深奧的哲學基礎，也不強調治國平天下的大道理。孝與慈既然是人生最重要的一種人際關係的最重要的內涵，那還是讓它們落實到人際關係上去吧。

新孝道是子女善待父母之道，也就是子女如何好好扮演「子女」這一社會角色之道，或子女如何善盡其職分之道。有些子女不懂得善盡子女的職分，便應當有人去教導他們，這便是「兒職教育」（「兒」代表「兒」子與女「兒」）。兒職教育也就是所謂的「教孝」。新慈道是父母善待子女之道，也就是父母如何好好扮演「父母」這一社會角色之道，或父母如何善盡其職分之道。有些父母不懂得善盡父母的職分，便應當有人去教導他們，這便是「親職教育」（「親」代表父「親」與母「親」）。親職教育也就是「教慈」。教孝重要，教慈同樣的重要；也就是說，兒職教育重要，親職教育也同樣重要。教孝時應同時教慈，教慈時也應同時教孝。只有兩者同時雙管齊下，父母與子女才會易

於接受。過去幾年，有些機構在推行親職教育方面曾有很大的貢獻，但卻未能同時重視兒職教育。現在，有關單位已決定利用「教孝月」大力推行兒職教育，希望不要忘了同時繼續大力推行親職教育。

總而言之，只要能好好實行新孝道與新慈道，便自然會使親子關係和諧而密切。有了和諧的親子關係，便易於形成真正和諧的家庭；而有了真正和諧的家庭，便易於建立真正和諧的社會。

開來重於繼往

1977年10月10日　中國時報

時間序列是人類生活的一個主要座標,而由於文化上的差異,不同的社會所注重的常是這一序列的不同部分,因而形成了截然有異的價值取向。著名的文化人類學家柯拉克亨（F. R. Kluckhohn）,曾就世界各國文化的生活重點,將時間方面的價值取向分為三個類型,即過去取向、現在取向及未來取向。在談到過去取向的時候,他以傳統的中國社會當作主要的例子,認為中國人拜祖先與厚古薄今的表現,所顯示的便是一種喜愛傳統、偏好過去的價值取向。柯拉克亨所提出的價值取向的類型也許失之粗疏,但身為中國人的我們,也不能不承認傳統的中國社會確乎注重過去而輕忽現在與未來。遺風所及,甚而時至今日,我們還是沒有擺脫這種過去取向的影響。只要稍微注意一下,便不難發現,我們所生活的仍然是一個傳統主義的社會。其中有很多人「往後看」的興趣遠超過「向前看」的興趣,他們根本就是生活在光榮的傳統與燦爛的回憶之中。

當然,一個國家或社會絕不能忽視自己的過去,而事實上也沒有一個國家或社會能夠忽視自己的過去。一個忽視傳統的國家或社會,正如一個患有記憶喪失症的人,既難於從經驗中汲取教訓,也不易形成對自我的認識,更不會建立個人對國家或社會的強烈認同感。但是,如果人們對傳統或過去太過執著,以致因而忽視了現在與未來,則就國家社會的整體發展而言,便會害大於利。具有傳統取向的人,對過去的事物抱著信任與崇拜的心理,而對新創的事物則持有懷疑與輕鄙的態度。他們厭惡蛻變,害怕革新,對繼往的興趣遠大於開來。有些學者將二十世紀的後半葉稱作「進步的時代」。在這樣一個以革新、變遷、進步為主要特徵的時代中,注重繼往的過去取向自然是不相宜的。

對於我們自己的國家及社會而言,以繼往為主的心態顯然更不相宜。我們

目前正是處在反共方殷復國未成的階段，而在國際外交方面，現在及未來的境況相當艱苦。面對這樣的內外處境，我們需要理想與希望來鼓舞大眾的士氣，來堅定國民的鬥志。理想與希望只能從對未來的憧憬中產生，而難以從對傳統的依戀內獲得。在「過去」中過日子，所引起的往往是懷古的幽情與虛幻的安慰，而不是當前的奮發與將來的遠景。只有放眼未來，才能從前瞻中誕生希望，進而誘發有所追求之心，激動開拓前程之志。社會大眾有了理想與志向，不但能夠產生處變不驚的定力，還可導致自立自強的動力。

尤有進者，我們與大陸中共政權正在從事著激烈的競爭，這場長期的競爭主要是非軍事性的，將來的裁判標準是誰能為中國問題的解決提出一個較好的可行答案——民主法治的生活方式，還是共產極權的生活方式。從客觀的角度來看，臺灣海峽的兩邊都在積極進行著各自的「實驗」工作，雙方都試圖證實自己的政治體制與生活方式，是徹底解決中國問題的較佳辦法。海內外的全體中國人，以及全世界的各個國家，都在密切注視著這場生活方式的實驗比賽，因為比賽的結果不僅關係中國人的前途，便是其他的國家也可據為借鏡。我們在此生存奮鬥的意義既是如此重大，大家豈可妄自菲薄？豈可見異思「遷」？但是，我們必須認識清楚，在這場亙古未有的大實驗中，決定最後成績的主要不是誰肯定或維護了多少中國歷史上的傳統，而是誰的辦法確可解決現代中國人當前及未來所遭遇的種種新問題，而使他們在現代世界中能幸福而有效的生活。也就是說，最後決定勝負的，不是誰的生活方式與中國的傳統生活方式最相似，而是誰的生活方式最能適應現代化社會的新型態。因此，任何一方要想贏得這場競賽，開來必須重於繼往。就自由中國而言，在若干方面我們的確已經領先了對方，但是為了爭取競賽的最後勝利，我們應該慎防繼往心態的羈絆，而儘量發揮開來的心態的創新作用，以免蹉跎歲月，失去未來制勝的大好契機。總之，特殊的大環境使我們不能不求新、求變、求遠，而時不我與，這一切的一切，都需要一種「往前看」與「望遠看」的心理取向。

強調「開」來未必就是忽視「繼往」，而是說不要為繼往而繼往，或是為繼往而開來。我們要為開來而繼往，或是寓繼往於開來，文化的功能是相對的，相對於當時當地的時空因素。中國歷史上的某一傳統文化單元，在當時當地必曾發生過促進生活適應的積極功能，但對當代及未來的中國人而言，是否

仍然如此便大成問題。如果它仍舊具有積極的促進功能，便自然會受到保存；如果它不再具有任何正面的功能，那便自然會受到淘汰，即使有人想勉強大家去保存，也是做不到的。在前一情形下，繼往實已寓於開來之中，順理成章，瞭解滯礙；在後一情形下，則實無為繼往而繼往的必要，若強行如此，輕則誤事，重則產生很大的副作用。文化會為它自己說話，有用的文化成分尤其如此，實在不必別人用外力來為它說話。我們這個社會中正有一些先生們，在起勁地做著這種吃力不討好的工作。他們主要的心態是為繼往而繼往，動輒蓋人一頂「破壞中國文化」的帽子，使這個社會的開來精神受到了相當的抑制。

　　我們當中有很多人，由於對中國人當前的處境與未來的前途缺乏認識及信心，便抱住過去的傳統文化來肯定自己，來安慰自己，甚至來使自己感到光榮。這種對歷史文化的認同是必要的，但卻不可沉溺太深，以致失去了以更積極的方法來肯定自己的興趣。不錯，中國的傳統文化中有很多地方使我們感到驕傲，但是我們當代的中國人，究竟有什麼獨特的文化表現能使自己感到驕傲？不錯，我們的祖先是偉大的，但是我們自己呢？我們祖先的輝煌文化成就能算是我們當代中國人的貢獻嗎？這一連串的問題的答案，恐怕都是偏向於否定的。個人以為，對於當代的中國人而言，肯定傳統的中國文化固然重要，開創嶄新的中國文化更加重要，萬萬不能為了前者而妨礙了後者。戰國時代的中國人對中國文化有過獨特的貢獻，漢唐時代的中國人對中國文化有過獨特的貢獻，我們當代的中國人當然也可以對中國文化有點獨特的貢獻。戰國的中國文化在很多地方不同於其前的中國文人，漢唐的中國文化在很多地方不同於其前的中國文化，我們當代中國人所新創的中國文化在很多地方當然也會不同於過去歷代的中國文化，而在千秋萬世以後，它們都將成為有史以來整個中國文化的一部分。明白了這個道理，那麼，此時此地，在社會文化的領域以內，很多新的觀念與思想便不應因為不同於傳統文化的某一方面，而受到無謂的阻撓或干擾。

　　在我們所參與的這場生活方式的大實驗中，為了確保最後的勝利，我們勢必要創造出一種最能適存於現代世界的中國社會型態與中國文化模式。這種屬於廿世紀的中國人的社會文化，要靠創造性的蛻變才能形成，而在這種創造性的蛻變中，我們既不應盲目的拷貝當今外國的社會文化，也不能盲目的複製傳

統中國的社會文化。由於我們所要創造的是一種傳統中國所沒有的社會文化型態，其間必然多少含有一些試誤的成分，而在任何試誤的歷程中，犯錯是不可避免的，甚至是找到正確方向之前所必需的。由此看來，創造性的文化蛻變只有在開放容忍的環境中才有可能，而在閉塞防範的環境中則難有所成。開放容忍是一種對開來有信心的積極態度。

它不但樂於鼓勵創新的嘗試，而且能夠承受創新的錯誤；閉塞防範是一種對開來無信心的消極態度，它既不願鼓勵創新的嘗試，也不肯容忍創新的錯誤。前者使人奮發圖強，促動整個社會向前邁進；後者使人猶豫疑惑，導致整個社會卻顧不前。顯而易見，為了我們自己的「實驗前途」，大家應該儘量捨棄閉塞防範的心理，而儘量採取開放容忍的態度。

前面已經說過，臺灣海峽兩邊的中國人正在從事一種亙古未有的競賽──兩類生活方式及社會型態的較量。我們這一邊所進行的「實驗處理」是民主法治。上文曾經強調，為了使民主法治的生活方式與社會型態將來確能比勝對方的共產極權的生活方式與社會型態，我們必須採取開來的積極態度。但是，民主法治的生活方式及社會型態，是以民主法治的政治體制為基礎。如無前者而想得到後者，則無異緣木求魚。這樣說，我們與對方的競爭看似是在生活方式與社會型態的層面，實則是在政治體制的層面，所以，強調開來主要應自政治方面入手。我們這一邊的「實驗處理」既然是民主法治，那麼為了爭取競賽的最後勝利，在政治方面，我們應該於既有的成就之上，追求品質更高的民主法治，以創造品質更高的生活方式與社會型態。我們要珍視政治上的已有成績，但同時卻要在民主法治的關鍵方面繼續謀求改進；尤其是政黨政治的正常運作、公職選舉的公正合理、立法司法的獨立實施、中央民代積極更新、用人範圍的開擴大度、貧富差距的儘量縮短等方面，特別值得我們本諸至誠至公至大至遠的胸懷，開創更新的境界，締造更高的紀錄。民主法治的素質的提高是沒有止境的，我們在民主法治上提升一分，我們在這場關係生死存亡的大賽中便多增一分勝算。我們全國上下要認清大家在此艱苦奮鬥的歷史意義與時代使命，不貪圖一時的方便，不計較短暫的利益，好好將眼光放遠，將志向擴大，以從民主政治的發皇中，開拓未來中國的萬世太平。

歷史是無情的，時間是無情的，若想免於為歷史的時流湮沒，我們只有擺

脫過去的不必要的羈絆，為當代的中國人（尤其是青年人）揭示出未來中國的遠景，而且證明我們在走向這美麗遠景的道路，已經有了決定性的成就。這美麗的遠景是什麼？品質高超的自由民主法治的均富社會。

地方選舉引起的感想

1977 年 11 月 30 日　中國時報

　　我國推行民主政治以來,規模最大的一次地方公職選舉,已於本月十九日完成,對於這次選舉,事前事後,朝野備極重視,而一般關心民主政治的人士,尤其寄以厚望。選舉結果揭曉以後,由於顯示了一些出乎意料的現象,引起大家濃厚的興趣。近日報端,從各方面探討這次選舉得失者,頗不乏人。論者大致同意,就促進民主政治及加強社會團結而言,這是一次相當成功的選舉。對於此一綜合性的評鑑,本人深具同感。惟自社會的整體發展來看,這次選舉所顯示的意義與問題,可以再加分析檢討之處尚多。因此,本人願以國民一分子的身分,說說個人的一些感想。

一

　　就選舉結果本身而言,這次地方選舉最引人注意的有兩點:(一)投票率比以前顯著提,臺北市超過百分之七十,臺灣省則超過百分之八十;(二)在縣市長與省議員的選舉中,當選的黨外人士頗多為最高票或較高票者。這兩項事實所顯示的是,我們的社會與民眾已經產生了重大的量變與質變。在社會方面,自光復以來,由於政府經濟政策的成功,已使我們的社會,脫離了傳統式的農業社會,逐漸蛻變成現代化的工業社會。現代化到相當程度的社會,必然是一個具有高度分殊性與互依性的有機社會。在這樣一個社會中,由於行業及價值的高度分殊,自然會形成種種錯綜複雜的利益團體,而在很多情形下,這些團體的利益是會互相衝突的,於是任何單一的政黨都不可能代表所有利益團體的利益,因此,在一個足夠現代化的社會中,只要選舉是真正、公開、公正、公平、公道的,任何單一的政黨都不可能獲得「全盤的勝利」,從這個觀點來

看，便不難瞭解這次選舉何以會有較多的黨外人士高票當選。

現代化社會的另一特徵，是具有高度的互依性，這也就是說，現代化社會中雖有種種分殊複雜的利益團體，但是它們彼此之間的關係，卻是非常密切的，不管利害與共，或者是利害衝突。而在一切社會團體中，政治團體與其他各種利益團體的互依性最大，這是因為在一個民主的現代社會中，民選與民任的政府，是依法調節及分配社會權益的主要團體，政府與政治對各個階層的影響既然加大，社會大眾的政治意識與興趣自然高昂，他們對選舉的參與也會積極，從這個觀點來看，便不難瞭解這次選舉的投票率何以會較前提高。

對於這次選舉，我們不僅要從社會變遷的觀點來探討，而且應自「個人變遷」的觀點來分析。在現代化的過程中，不只是我們的社會變了，我們的國民也變了。就個人的層次而言，有三方面的改變是特別值得注意的。第一是經濟狀況的改善。經濟發展的成功，使國民所得的提高，民眾對金錢的觀念大有改變，他們不再對一塊肥皂、一條毛巾、或幾十塊錢感到興趣，賄選自然漸不可能。第二是教育程度的提高。受過完整九年國民教育的青少年已屆投票年齡，加上大批受過高中及大專教育的民眾，遂使選民的教育水準大為增高。而且，由於大眾傳播的發達，出版事業的蓬勃，以及出國旅遊的頻繁，民眾經常接受新的思想觀念，激發新的動機需求。凡此學校及社會教育，都會使民智大開。影響所及，無論是知識見解，或獨立思考判斷的能力，都不是往昔可比。

第三是性格類型的蛻變。由於現代化社會變遷的結果，我們的國民在性格上已大有改變，從實際的研究看來，蛻變的方向是「傳統人」的性格特徵逐漸減少，而「現化人」的性格特徵逐漸增加。其中值得特別注意的，是「權威性格」的衰退及「民主性格」的增長。權威性格是傳統農業社會的產物，它既不利於民主政治的推行，也不利於法治生活的實踐。民主性格則是現代民主社會所需要的性格類型，只有具有這種性格的人，才能在民主的體制下生活得如魚得水。我們的國民既已有了相當程度的民主性格，便表示我們已經具備了進一步實行高超民主的心理基礎。

個人在經濟、教育及性格三方面的改變，所形成的是一種受過良好教育而又經濟充裕的現代「民主人」。這種人有很多心理及行為上的特點，但就目前所討論的問題而言，有兩點是特別重要的。第一，他們有一種「操之在我」的

態度，凡事喜歡積極參與，以藉外在社會環境及物理環境的有利改變，來保護自己的權益。這種積極的精神，表現在政治生活中，便是選舉及其他民權活動的主動參與，投票率的增高自然是意料中的事。第二，他們持有多元的價值觀念，能夠欣賞並尊重各種的不同的想法與做法。尤有進者，他們注重基於個人意志的自由抉擇，凡事喜歡從多個機會、事項或人物中自作選擇，而不喜別人代為選定、限制選擇、或指導選擇。如有代選、限制或指導的情形發生，他們便會產生一種「心理的回抗作用」（Psychological reactance），而試圖恢復自由選擇的狀態。在這種情形下，為了證明自己仍有自由選擇的能力，當事人反而會去喜歡與選擇別人不希望他們選擇的對象。從這個角度，我們不但可以瞭解何以這次地方選舉會有較多的黨外人士高票當選，而且也可瞭解以往所謂的「鐵票」何以漸不可恃。

　　到此為止，我們已經分別從「巨觀」（社會）與「微觀」（個人）兩個面，簡略地分析了地方選舉結果所顯示的一些現象。總括來說，這些現象並不是孤立的，也不是偶發的，而是反映了整體現代化的成效。朝野數十年的努力，終於開了花結了果，使社會與民眾都產生了質的蛻變——變得更適宜於推展品質高超的民主政治。十大建設以後，我們勢將更加快速地成為現代化的工業社會，而社會上分殊與互依的程度亦將隨而大幅提高，人民追求普遍參與的需要也會因此大為增強。在這種情形下，為了能合理地調節與分配社會的權益，以建立充分和諧團結的民主社會，便只有逐漸促進政黨政治的多元化一途。在國民黨執政的期間，我們已經在寶島上建立了中國歷史上從未有過的富裕康樂的社會，我們也希望能在國民黨的手中，建立起中國歷史上前所未有的多元政黨政治。我們這些孤臣孽子，在此艱苦奮鬥的目的，並不是要建立一個避秦的世外桃源，而是要秉承　國父的理想，進行一項民主政治的實驗，以便獲得一種充分民主的運作體制及生活方式，好進而推廣到中國的其他地區。也就是說，我們是在此為中國問題的徹底解決，追求一個完滿的答案。只有在這一意義下，我們才有前途。建立富裕康樂的社會難，建立民主法治的社會更難。國民黨的政治家們已經完成了前者，我們深信他們也能成全後者。如果能夠做到這一點，那麼國民黨不但將是中國歷史上最有貢獻的政黨，國民黨的政治家們也將是中國歷史上最偉大的人物。

二

　　選舉結果以外，也想談談中壢事件所暴露的一些問題。不同於這次選舉中其他的「意外」現象，中壢事件顯然是偶發的。這一事件雖然是孤立的，但是從而得到的教訓，卻應加以普遍化，以防將來類似的事件再度發生。報紙上所發表的有關文字，大都止於事件經過的描述及處理措施的檢討，對於這一事件背後所隱藏的一些重要問題，卻殊少論及。

　　根據報載，中壢事件的主要肇事者，是一些衝動的青少年。這些滋事的青少年之所以「感情用事」，未必是因為他們在政治或選舉上有何堅決的主張，而可能是因為他們在個人生活中是受挫的群。他們在選舉中鬧事，可能只不過是「借題發作」而已。早在去年五月，本人就曾在一篇文章中說過如下的話：「在升學的窄巷中，個性往往會受到最徹底的貶抑。除了那些在能力上能夠適應升學生活的人，大多數青少年都會因性向與興趣不合而格格不入。在這種情形下，我們的社會便充滿了『落空的年輕人』，他們書既未讀好，其他方面的技能也一概不會，只落得個文不文武不武，高不成低不就。更嚴重的是，這種窄化的升學教育為社會製造了很多不快樂的年輕人。在升學的漫長窄巷中，由於缺乏『合模』的性向與興趣，很多『不合時宜』的學生飽受了壓力與挫折。這些受挫的年輕人中，有的可能會因而心理失常，在行為上表現出種種病態，而有的則可能人會對家庭與學校產生敵意，有時甚至還會轉移對象，而在社會或政治方面表現出不良的態度。受挫的年輕人太多，總不是社會之福，因為他們對社會安定可能會構成某種程度的威脅」。中壢事件中青少年的滋事，似乎是不幸而言中。

　　在教育及生活中長期受挫的年輕人，平常可能不敢任意發作，但在無組織的集體情境下，如果「刺激」夠強，便會以當時的人或物作為遷怒的對象，將平時累壓的敵意發洩出來。這是因為在無組織的集體情形下，人會產生一種喪失個人感（deindividuation）的現象，使身歷其境的人減低了責任感與控制力，甚至可以達到一種忘我的狀態，因此平常不敢做的事情，現在也敢去做了。不僅青少年會如此，成年人也會如此。

　　總之，中壢事件似乎暴露一項事實：在升學主義的教育下，長期受挫的青

少年太多,這對社會治安是相當具有威脅性的。說到防治之道,只有從徹底使教育正常化著手,同時並應儘快以社會青少年為對象,大力從事技能訓練及職業輔導的工作。

中壢事件所暴露的第二個問題是,選舉期間有些地區的民眾似乎不大信任選務人員的公正性,甚至對執政黨的公平競爭也抱著懷疑的態度。這種情形顯然不是這次選舉才有的,以往的選舉中也有過類似的現象。這究竟只是一種誤會,還是確有事實依據?為什麼每次選舉黨政首長都是高呼公開、公平、公正,而有些地區的民眾卻仍有懷疑之心,有時甚而發生不愉快的事件?這是否因為黨政基層幹部未能有效貫徹命令,以致自作主張,給人以不公開、不公平、不公正的印象?還是基層幹部要好心切,輔選過分積極,以致踰越了適當而公道的範圍?

我們希望這種選舉期間的不信任,僅只是暫時的,而且是局部的。我們也希望這種令人困擾的不信任,純然是出於誤會。但是,這種不信任是令人不安的,因為它可能擴而大之,轉變成長久性的;我們不希望有這種情形出現,因為這對社會的團結與進步是相當不利的。基於這種顧慮,我們誠懇地盼望黨政當局能夠慎思熟慮、權衡利害儘快設法消除並防止可能引起不信任感的誤會。

中壢事件是令人痛心的。為了防止類似事件的發生,朝野都應以這一「個案」為對象,從事坦誠而徹底的分析,以發現問題、探究對策。事情已經發生了,我們要儘量從中吸收教訓,否則便真是太不划算了。值得在此稱許的是政府人士處理這一事件的賢明態度。事件發生時,警察治安人員堅守祥和忍讓的原則,避免了正面的暴力衝突;事件發生後,有關當局冷靜調查與依法處理的作風,則顯示了充分的自信心及應變力。

從大學青年的一些心態談起（上）

1978 年 1 月 13 日　聯合報

一、對未來生活改善的過高期望

　　在升學主義的教育環境中，大學生是成功的一群。他們涉過了升學競爭的泥沼，成為「幸免於難」的天之驕子。他們不僅是父母的寵兒，而且是社會的希望。對於他們的福利，以及他們的生活，朝野上下都已付出了相當的關懷。大學院校當局及青年輔導機構，也都在情況許可的範圍以內，盡力而為，期使大學青年受到較好的教育，而且確乎已經收到了相當的成效。

　　社會大眾雖然重視大學生，有關機構雖然關注大學生，但重視與關注的主要是衣食住行樂育等方面的表徵事象，而對他們心態上的動力層面，則較少深究。大學生外顯的生活表徵固宜重視，其內隱的心理需要尤應注意，因為後者似乎更能構成影響社會動向的潛在因素。本文將根據實際的研究結果，從三方面來探討大學生的心態傾向，以供社會大眾及青年輔導機構參考。

　　首先要談的是當前大學生對未來生活的期望。根據我們的研究資料看來，大學生對未來短期內的生活改善，懷有相當高的希望。關於這個問題的研究，我們是先在問卷上印好一個十一層的階梯圖，最底層的標號是 0，註明是代表「可能的最劣生活」，其上各層分別標有 1 至 10 的數字，最上層的 10 註明是代表「可能的最佳生活」。受測大學生要依照階梯圖，分就下列三個問題，填出適當的階號：（一）你認為目前你個人正處於階梯上的那一層？（二）你認為五年前你個人是處於階梯上的那一層？（三）你認為五年後你個人將處於階梯上的那一層？我們以同樣的方法調查了一千五百餘位大學生，加以統計分析後，發現五年前的平均數約為 5.1（階梯的中點），目前的平均數約為 5.9，五年後的平均數約為 7.2。從五年前到目前的增加值是 0.8，而今後五年的增加值

是 1.3，後項增加值是前項增加值的一倍半以上。這表示我們的大學生對生活改善的期望，有加速增強的趨勢。不只理工農醫的學生如此，文法學院的學生也是如此。尤其值得注意的是他們對五年後的生活期望，有隨年級的增高而加多的趨勢。

　　在一個上軌道的國家中，早期的快速發展有了成效以後，人民的生活水準獲得顯著的改善，大家對未來生活的進一步改善，便會有更大幅度的期望。一般民眾如此，大學生尤其如此，因為後者自覺教育條件高人一等，對未來當然會有更多的憧憬。而且，他們是自小在比較富裕的環境中成長，會形成追求成就的較高動機，而後者又會匯成推動壯大的一群，凡事只曾見其易，未曾見其難，「抱負的飛揚」是再自然不過的事。我們的大學生對未來生活的改善，其期望之所以有加速增強的現象，便是由於這些緣故。一般來說，對未來的期望較高會是進步的動力。所以，一個國家如能穩定地維持原有的發展速度，大學知識分子之有飛揚的抱負，未嘗不是一個對社會有利的因素。

　　但是，就我們的社會而言，大學生對未來抱負的增強，倒是一個值得顧慮的問題。首先應該指出，在社會經濟發展的過程中，生活的改善未必能一直保持恒定的速率，更不一定會以「正加速度」的型態增加──愈到後來增加的速率愈大。相反地，在很多情形下，生活改善的程度卻可能以「負加速度」的型態增加，即愈到後來增加的速率愈小，甚至在相當時間內維持原狀而全無增加。這種「負加速度」的改善曲線，可能是由於當地社會文化因素所形成的成長極限，也可能是由於政治經濟因素所產生的不利情況。就我們的社會來說，這兩類因素的影響都會存在。在社會文化因素方面，地小人眾而良好的就業機會成長不及，便是一個可能減低生活改善速率的重要因素。至於在政治經濟因素方面，實際的情形則尤其可能形成不利的條件。例如，中共政權存在至今，已經在國際外交與貿易兩方面，為我們製造了相當的困擾，因而引起的連鎖反應，可能會對未來的經濟成長與社會進步，構成滯礙的因素。如果由於某些不利的因素，致使未來生活的實際改善程度，顯著地低於以往生活的快速改善所形成的高度期望，大學生便可能會集體地產生挫折之感，從而衍生出來的慢性敵意，或許會成為社會安定與安全的潛在威脅。如果將來確乎產生了這種巨大

的差距，那麼一旦遇有突發的刺激或事件出現，很多受挫的大學生及大學畢業生，便可能盲目地的做出親痛仇快的事情。

　　當然，我們希望我們的經濟發展與社會進步能夠一直保持恆定的速率，甚至繼續地加速成長。但是，不怕一萬，就怕萬一。為了確保社會將來的安定，在對未來生活的改善方面，應該設法使大學生形成比較切合實際而又富有伸縮性的期望。要想達到這一目的，有幾件事是可以做的：（一）對每年的預期經濟成長率及預期國民所得。政府所懸的目標要比較「保守」一點，而且口氣也不要太過確定，最好能指出達到既定成長目標所需要的配合條件。（二）要使大學生確實瞭解我們目前所處的大環境，並深切體認不利於我們的國際外交及貿易因素。這樣不但可以激起青年人的鬥志，而且還會形成比較有伸縮性的期望。（三）要使大學生面對現實，充分體認此地資源有限而人口眾多的事實，以及人口不斷增長在快速改善人民生活上所造成的困難。（四）要使大學生儘早瞭解畢業後所將面臨的就業實況，以便及早調節自己對未來的期望，並預作心理的準備及適當的計劃。

從大學青年的一些心態談起（中）

1978 年 1 月 14 日　聯合報

二、影響社會的無力感

　　第二要談的是當前大學生對自己與社會間關係的看法。在同一項研究中，我們曾以評定量表的方法，調查一千五百餘位大學生對下列問題的反應：（一）總括言之，你覺得你對你的社會關心的程度如何？（二）總括言之，你覺得你在服務社會、造福人群方面的意願如何？（三）總括言之，你覺得社會對你的影響如何？（四）總括言之，你覺得你對社會的影響如何？（五）總括言之，你覺得你對改造自己的社會所具有的信心如何？經過統計分析後，所得的結果顯示了幾個事實。

　　首先我們發現，在問及對社會關心程度的第（一）個問題上，大家的平均反應界於「還算關心」與「相當關心」之間，而比較偏向前者。在問及服務社會與造福人群之意願的第（二）個問題上，大家的平均反應是幾近於「意願頗強」。這些結果都表示，大學生對社會的關懷之心及參與意願，具有相當的強度。其次，我們發現在問及社會對填答者之影響的第（三）個問題上，大家的平均反應幾近於「頗有影響」。這表示一般大學生感到社會對他們有相當強的影響力。第三，我們發現在問及填答者對社會之影響第（四）個問題上，大家的平均反應界於「毫無影響」與「稍有影響」兩者之間的中點。在問及對改造社會所具有之信心的第（五）個問題上，大家的平均反應界於「信心薄弱」與「尚有信心」之間，而比較偏向前者。這些結果所顯示的現象是，大學生感到自己對社會缺乏影響力與改造力；也就是說，他們在對社會的影響與改造兩方面，似乎有一種「無力感」。

　　從以上的研究結果，可知我們的大學生對自己的社會是關心的，而且也有

頗強的社會參與的意願；同時，他們也感到社會對自己有相當大的影響。這些都是很好的現象，因為這表示他們對自己的社會已經建立了強固的認同之感。但是，另一方面卻又發現，在對社會的影響與改造上，大學生所具有的則是「無力感」，而在現代社會學及社會心理學中，「無力感」常被認為是「疏離感」的一個主要成分。也就是說，在大學生的心目中，他們與社會之間的雙向影響，具有相當程度的不對稱性——他們對社會的影響遠小於社會對他們的影響。長此下去，這種不對稱性可能會導致兩項不利的後果，而這些後果都是我們所不願看到的。第一，在對社會的影響方面，大學生如果長久地感到「用不上力氣」，到後來對社會關懷與參與的熱誠便會大為降低，甚至還可能進而抗拒社會對他們的影響，形成個人與社會間之疏隔狀態，而這對整個社會的密切團結，自然是大為不利的。第二種可能的反應是，長久的無力感使他們逐漸感到不耐煩，甚至錯以為經由平常的正當途徑已經無法影響社會，而必須採用訴諸衝動的反常方式。在這兩者之中，採取前類反應者可能較多，而表現後類反應者則會較少。後者雖少，卻可能對社會造成很大的危害。

所以，大學生在影響社會方面的無力感，是一種不好的心態，值得我們設法加以消除或減弱。在這一方面，可以做的事情很多，有兩點似乎值得在此提及。第一，大學院校與有關機構應該多多鼓勵、發動及組織大學青年從事種種可行的社會服務及社會參與的活動，如社會教育活動、文化建設活動、勸止迷信活動、消除髒亂活動、預防犯罪活動、整頓交通活動、監選監票活動、家庭計劃活動、社會調查活動等，以使他們能從實行中體認到自己對社會的影響，並學習以積極而有建設性的方式參與社會生活。透過在大社會中的親身參與，大學生才能瞭解個人影響社會的種種可能性。以及各種正當可循的途徑。而且，在社會服務及參與的過程中，他們也可以接觸到社會結構與功能的複雜面，進而體認到社會改革曼需要時間與耐性的；有了這種認識以後，便不致於動輒怨天尤人，將一切社會上的毛病都歸因於政治上的人謀不臧。為了使大學知識青年能對社會產生積極的影響，個人很贊成陳百範與丁庭宇兩位大學生在他們所寫的「大學生活面面觀」一書中建議：由諸大學各以校園為中心，將附近地域劃為「大學社區」，由大學師生向社區居民提供各方面的社會服務及社會教育。這種辦法如能認真實行，不僅可以充實大學生的生活經驗，增強認同

社會的感情及影響社會的信心，而且還可藉以實驗有效的社區發展模式，以供推廣全國之需。

　　第二點值得在此一提的做法，是尊重大學知識青年的意見，使他們好的想法能對社會發生作用。大學生的智性與感性很高，而且具有相當的正義感，因此較能覺察社會上不合情、不合理、不合法的地方，毅然提出批評與建議，或是針對社會上的弊端，揭櫫新的價值觀念，倡導新的生活型態，甚至進而發展成一種前導性的「大學次文化」，而能對現實社會產生啟迪的作用。這也就是說，大學生的意見與觀念可以對社會發生創新與前導的功能。問題在我們能否鼓勵他們朝著理性而成熟的方向思考，以產生良好的意見與觀念。這要視我們怎樣對待大學生而定。如果我們把大學生看作幼稚而不可信任的「小孩子」，他們便會一直停留在幼稚而不可信任的狀態。實際上，大學生已經夠大了。如果我們能把他們當作成熟的大人看待，他們便會很快地學著變作成熟的大人；如果我們能尊重他們的意見與觀念，他們便會努力去使自己的意見與觀念值得別人尊重，並儘量放棄衝動而不合理性的幼稚念頭或行為。為了使大學生感到自己的意見與觀念受到社會的適當重視，並因而對社會產生良好的影響，對於他們成熟而理性的思想與表現，學校教職人員及政府有關機構應該盡力加以鼓勵及培育。在這一方面，大眾傳播也可以發生很大的作用；電視、報紙、雜誌應該少渲染一點影劇人員的私生活，而多報導一些知識青年的想法與看法。這樣不但可以消除大學生的「無力感」，而且也可以使他們良好的新觀念成為推動社會進步的動力。

從大學青年的一些心態談起(下)
1978 年 1 月 15 日　聯合報

三、信念與行為的脫節

　　第三要談的是當前大學生在信念與行為上的脫節現象。在上文所說的同一研究中,我們曾就廿二項個人的行為與特徵,請一千五百餘位大學生評定其重要性。結果發現他們認為最重要的五項行為與特徵是:(一)培育良好的品格,(二)愛護自己的社會與國家,(三)孝順與尊敬父母,(四)培養公德心,(五)遵守法律與秩序。認為最不重要的五項行為與特徵依次是:(一)回味過去,(二)出國留學,(三)長相漂亮,(四)凡事順其自然,(五)享受現在。從這些研究結果看來,就他們的價值觀念而言,當前的大學生是非常標準的。但是,就其實際行為來看,卻又會發現在好幾個項目上,他們的所做所為距離其價值觀念相去很遠。觀念與行為脫節的現象,也見之於其他的有關研究。例如,在過去幾年中,臺灣大學政治學系的胡佛教授,曾經針對大學生的政治態度與行為,從事過深入的實徵性研究。他的研究結果,顯示了一項重要的事實:大學生大都認為民主是最好的一種政治型態,但同時卻又懷疑民主政治在中國的可行性;也就是說,在信念上他們贊成民主政治,而在行動上卻又否定民主政治。這種觀念與行為脫節的現象,不但見之於大學青年,而且見之於國中少年。在最近完成的一項有關研究中,我們發現了一個值得注意的現象:在道德觀念上,時常違規犯過的國中學生,並不亞於很少違規犯過的國中學生;換句話說,違規犯過的學生在觀念上並非不知何事該做、何事不該做,而是他們的行為未能符合自己的觀念。這種道德觀念與道德行為的牴觸,當然也是一種認知與行動脫節的現象。

　　實際上,不僅實徵研究的結果顯示如此,便是從日常與青年人的接觸當

中,也會發現價值觀念與實際行為的矛盾現象。常見的情形是,對於什麼事當為、什麼事不當為,很多年青人講起來頭頭是道,但是實際做起來,卻蠻不是那麼回事。隨便舉個例子來說,談起現代生活的規範,每一位大學生都知道上公共汽車「應該」排隊,但在真正上公共汽車的時候,卻又大都爭先恐後、互不相讓。

　　從社會心理學的觀點來看,信念與行為是會不相一致的,但如不一致的程度大到脫節的地步,便成了值得顧慮的問題。這種現象如果發生在大學青年,則尤其值得加以注意,因為大學生最富於理想主義的色彩,而且也最強調內外如一,按理應該是信念與行為之間的差距最小。大學青年群中信念與行動脫節的現象,可能會導致不良的後果。一個人的行動一旦與信念脫了節,信念便失去了對行動的控制作用,他就會變成一個在行為上缺乏內在定力與指導原則的人。這樣的人在個人行動上既不易預測,在政治作為上也難有定力。行動既然不再受制於信念,堅守原則有所不為的可能,便大為減低,其結果將是遷就現實,隨遇而變。在國家處境艱難的時候,要期望這樣的人成為抗拒震撼的中流砥柱,顯然是一件不太樂觀的事。我們的大學青年中居然不乏這樣的人,這當然是很可憂慮的。

　　歸根究底,我國青年信念與行為脫節的現象,主要是特殊的社會化經驗使然。其間有關的因素可能不少,但最主要的似乎是兩方面的原因。其一,我們的教育比較重視價值觀念與道德知識的灌輸,而不太注意有關之實際行為的培養。從幼稚園開始,老師就利用朝會、週會及上課的時間,長篇大論地「訓」學生,以為學生「知道」了以後,便自然會「做到」。甚至將德目與規範編入課本,當作「課業」來教來考,學生也就當作「功課」來背來說,至於實際道德行為的養成,便無暇顧及了。影響所及,說到道德知識或價值觀念,學生都能朗朗上口,但實際行動起來,便是另一回事了。顯而易見,要想防止青年信念與行為的脫節。有關方面的教育改革是大有必要的。在德育與群育兩方面,「觀念教育」與「行為教育」要並重;也就是說,要在教育的歷程中,使學生的信念與行為產生密切的結合。在這一方面,教育效果的評量應以良好行為的建立為標準,而不是以良好觀念或知識的習得為能事。

　　其二,我們的成人世界便存在著信念與行為脫節的嚴重現象。有些人公開

講來是滿口的大道理，但私底下卻是另外一套行為；有些人私底下說起來好像很能明辨是非，但公開的場合卻又常有違心的言行。這種種顯然內外矛盾的情形，看在兒童及青少年的眼裡，日久便會形成一種觀念，以為想法與做法是可以分開的，是不必一致的。一旦有了這種觀念，便會想歸想、做歸做，而且習慣成自然，最後便不再因為信念與行動的脫節，而感到愧疚或不快了。這種不良傾向的防止，有賴於成人世界的大力改進，在個人的層次，為人父母與長上者應該努力使自己的言行一致，以對青少年產生良好的身教效果。在社會的層次，政治與經濟上的種種表現，應當儘量符合公布的政策或目標。例如，民主法治既是政治建設公認的目標，就應努力促使政黨政治的多元化與司法權力的獨立化。若能這樣去做，大學生便自然不會一面認為民主是最好的政治型態，而同時卻又懷疑民主在中國的可行性了。否則，大學生一面從課堂與書刊中學到了民主政治的特徵與理想，一面又拿現實的種種情形加以比對，這中間所引起的誤會便難以言傳了。

　　到此為止，本文討論了大學青年在三方面的心態：（一）對未來生活改善的過高期望，（二）在影響社會方面的無力感，（三）信念與行動間的脫節現象。知識青年的這些心理動力層面的特徵，平常是不易為人所覺察的，但是它們對青年行為及社會動向的影響卻可能是很大的。本文寫作的目的是積極性的，我們希望能透過對實際情況的瞭解，而促進青年教育與輔導工作的更新及改進。過去的有關工作，確曾發生過很大的功效，但青年所遭遇的深層問題常隨外在的大環境而改變，因此幫助青年的做法也應隨之改絃易張。以不變應萬變的辦法；不但會流於被動，而且會誤人誤事。個人願在此再加強調：適當的做法基於正確的瞭解，而正確的瞭解則有賴於完善的研究。但要想對青年問題從事完善的研究，則非由適當的機構專司其事不可。可行的辦法是由政府機關支助大學或學術研究機構成立「青少年研究中心」，由擅長行為及社會科學的專業研究人員，從事長期而有系統的探討。這樣一個研究中心，可以分成幾組，其中有的研究在學青少年的問題及其因應方法，有的則研究社會青少年的問題及其因應方法。若能如此，便不愁青少年問題的難以把握了。而青年們明瞭了問題的癥結之後，也應該把握分寸，善於自處。（完）

社會變遷中的青少年問題
1978 年 6 月 20 日　聯合報

　　自今日開始,一連三個整天,國內社會與行為科學界有關的學者專家,及從事青少年工作的公私實務機構代表,齊集松山機場對面的民航局會議廳,共同研討我國社會變遷過程中的青少年問題。這一學術與實務並重的大型研討會,是由中央研究院民族學研究所主辦,行政院國家科學委員會與臺北市少年輔導委員會協辦。會中將結合學術研究的成果與實務工作的經驗,就國內目前與未來的主要青少年問題(包括青少年犯罪),尋求其瞭解、預防及解決的最佳途徑。

　　此時此地,從社會變遷的觀點來探討青少年問題,有其特殊的意義與價值。我們都知道,過去二十幾年來,由於政府與人民的共同努力,我們的經濟發展與社會建設,都已有了長足的進步,從而引起的現代化歷程,已使傳統的農業社會,逐漸轉變成工商業社會。顯然的社會變遷與文化變遷,不僅表現在社會結構與人際關係,而且也見之於價值觀念與行為規範。在此全面性變遷的過程中,由於社會解體與價值失序的結果,必然會產生一些新的社會問題,青少年問題(尤其是青少年犯罪)便是其中之一,在工商業化所導致的社會變遷現象中,有幾項明顯的因素,足以使青少年問題日趨嚴重:

一、快速的社會變遷會導致嚴重的社會解組,傳統的行為規範或失去其效用或與新的規範相衝突,因而使人產生一種無規範的感覺。一旦缺少了有用而穩定的規範,人們便易於表現出違規犯過的行為。在新舊交替的變遷過程中,青少年尤其難以學得固定而一致的行為規範,因而最易陷入深沉的無規範狀態,在行為上失去其「有所不為」的準則。

二、工商業化的社會變遷會導致自利主義的取向,增強人們改善生活與追求成功的意願。個人抱負的提高是無止境的,但合法的機會卻是有限度的,而

自身能力的局限也常難超越。在這種情形下，個人如果不能及時降低自己的需求，或是控制自己的欲望，便不免會以不合法或不正當的手段來達到目的。在青少年中，這種情形尤易發生。他們看到「成功」的成年人的生活享受，思齊之心油然而生，但因限於自身的能力，無法以合法的方法達到生活享受的目的，其中很多人便自然會出之以不法不當的途徑（如偷竊、騙取、搶劫及從事不法的牟利活動）。

三、在快速社會變遷的過程中，親子兩代所受的教育及影響頗不相同，因而在思想觀念上會有相當大的差距。代間差距的本身未必造成問題，但做父母的卻常會依據自己的意願與觀念，強行干涉依關子女個人幸福的重大事務（如選系、擇偶、就業），致使子女的生活適應發生問題，甚而導致失常心理、違規行為及自殺悲劇。

四、工商業化的社會變遷會導致價值觀念的窄化，逐漸以金錢或財富作為價值判斷的依據。在「經濟利益第一」的原則下，很多商人已經到了只為賺錢不擇手段的地步。他們不惜以製造與販賣傷害青少年身心的物品（如不良藥物、黃色書刊、色情照片等），來作為營利的「事業」。也就是說，在工商業的社會中，若干青少年問題實際上是某些企業化工商活動的副產品。

五、工商業化的社會變遷會使大眾傳播（如電視、電影、報紙、雜誌）成為最有影響力的社會體系。由於其自身商業化的結果，大眾傳播媒介不免互相競爭，終至以傳播色情與暴力內容為能事，這對兒童與青少年（以及成年人）的不良影響是顯而易見的。其中，電視甚至已經演變成一種特殊的次級文化──電視文化。螢光幕上所表現的電視文化，其特徵是裝腔作勢、口舌逞能、服飾華麗、布置考究、快速簡化。影響所及，常會刺激青少年觀眾的消費及享樂慾望，養成好逸惡勞、虛浮巧飾的習性，甚至不願耕耘、但想收穫，高既不成、低卻不就。至於因為受到電視化的影響，而錯以為「大家的生活都比我好」，並進而對自己的現實滋生不滿，則更是意料中的事。

六、在工商業化的社會變遷過程中，人們大都離鄉背井，隨著工作的更換而轉移居所，而且每天在外的活動範圍廣闊，接觸的人數眾多。在這種情形下，

人們無暇詳究別人的底細，彼此都成了萍水相逢的陌生人，個人便很容易有一種「隱於市」的感受。工商業社會的這種易於隱遁的特質，常會使人產生「沒有人知道我是誰」錯覺，而在此一錯覺的「保護」下，人們較易做出臨時起意或順手牽羊的不法行為。成年人會如此，青少年更會如此。

從以上所列舉的這幾項因素，我們不難瞭解社會變遷與青少年問題的密切關係。今日此間的各種青少年問題，大都直接或間接受到社會變遷的影響。中研院民族所主辦這次青少年問題研討會，能夠在主題中強調以社會變遷作為探究的背景，可以說是把握住了問題的關鍵。研討會中所提出的廿八篇論文，直接探討社會變遷對青少年問題的影響者為數雖少，但在各篇文章的討論過程中，與會者卻千萬不能忽略社會變遷的各種因素，只有以這些因素作基礎，才能對錯綜複雜的青少年問題獲得通盤的瞭解。

除了學術與實務並重及強調社會變遷以外，這次研討會還有其他幾個特點。第一，會中所研討的青少年在類群上範圍頗廣，不單涉及到犯罪青少年的問題，而且也包括了在校青少年的問題、工廠青少年的問題、農村青少年的問題及高山族青少年的問題。第二，在研討青少年問題的成因及防治之道時，將同時兼顧家庭、學校、社區及大社會等各方面的因素。第三，研討的目的不僅在瞭解青年問題的真象而且要尋求預防與矯治的有效方法，以供社會大眾及有關公私機構參考。第四，參加研討的學者專家，分別來自人類學、社會學、心理學、精神醫學、輔導學、教育學、法律學、犯罪學、大眾傳播學等學科，共同以科際合作的方式從事研討，以便對青少年問題獲得全面性的瞭解。

這是國內規模最大的一次青少年問題研討會，我們也希望它將是收穫最豐的一次青少年問題研討會。我們更希望將來能每隔幾年就舉行一次類似的青少年問題研討會。

臺灣・香港・腓尼基──
一個文化層面的警覺

1979 年 5 月 24 日　聯合報

　　國立臺灣大學心理學系教授楊國樞，於去年八月應香港中文大學之聘，出任該校心理組主任。今年四月，楊教授由港返臺，再任臺大教職。
　　本文是他的出國感思，由於篇幅所限，僅為摘記。（編者）
　　臺灣與香港都是由中國人組成的自由社會。曾有人主張，就臺灣的環境與條件而言，似乎可以盡量擺脫政治與文化上的羈絆，逐漸發展成一個類似香港的社會形態，變成一個自由貿易區，藉以獲得大量的財富，為臺灣「開創」新的生機與出路。
　　臺灣是否可以或應當發展成為類似「香港模式」的社會呢？這是一個相當有趣並值得探討的題目。
　　現在，我想談談這次我在香港停留八個月中的一些觀察與感想；不過，這些觀察與感想，都是從一個由臺灣去的中國人的主觀意識出發的，在香港土生或土長的同胞們也許會有與我不同的看法，這是必須預先聲明的。
　　我認為，臺灣與香港有相當顯著的差異，各有所長，各有所短。首先就香港不如臺灣的三個方面略陳所見。

一、香港三個方面不如臺灣

　　住在香港的中國人，一般都不以香港為最高的認同對象，他們或許認同在臺灣的中國政府，或許認同在大陸的中國社會；共同居住在一塊土地上的民眾，卻不以本土的社會為最高的認同對象，這是舉世罕有的現象，因此成了香港的特徵。

一般香港居民的認同對象，往往僅在家庭、俱樂部甚或黑社會；但對於層次更高的團體，如社會、國家，則較欠認識。

　　或許可以這樣說，一般香港居民缺乏整體的國家意識或社會意識，亦無總體的文化意識與歷史意識。

　　在臺灣的中國人的認同層次，顯然較香港居民高，透過家庭、社會或學校的教育，絕大多數的臺灣居民都認為，他們代表並傳承了「大中國」的統緒，無論在歷史上或文化上，他們是一群與「大中國」不可分的中國人。

　　過去在臺灣所作的有關研究顯示，無論那一個年齡層的青少年，都有強烈的國家意識與社會觀念。這在香港的青少年中，是無法發生的一種心態與氣質。

　　由於臺灣的居民普遍具有較大的認同對象，對於每一個人來說，就較有努力的目標可循可赴，而個別的努力亦較能統合，整個社會的發展亦顯得較為均衡與穩定。

二、英國政府在香港可能沒有什麼長久的打算，這種統治心態使得香港的社會及文化，呈現偏頗的發展

　　長久以來，香港給人的印象，是一個「自由商業地區」；事實上，當地居民的商業性格也十分顯著，賺錢成了生活中唯一的目標。

　　殖民政府將香港看成「女王皇冠上的珠寶」，不僅大力支持跑馬等賭業，甚至容忍一些不應容許的商業活動存在，色情電影書報即是依例；人慾氾濫，也就難有較高的文化成就出現了。

　　在香港的知識界中，固然有些先生在文化上有所懷抱；當他們面對氣焰囂張的商業社會，內心難免是孤獨與寂寞的。

　　對在香港教書授課的人來說，他們從後輩學子的身上更能感受到一種蒼涼。一般學生就學的動機都是單純的「職業取向」，因此對有關個人或社會終極價值的高等抽象問題興趣索然。

　　怎樣的文化情境，造就怎樣的社會子弟；怎樣的社會子弟，又更進一步地將這個社會推入那種情境。香港似乎已經進入了一個商業文化的惡性循環中。

近年來，有人認為，商業社會的拜金主義與謀利取向，在臺灣也漸露端倪；但是，就我個人的觀察，臺灣的情況較香港要好得多了。

即以臺灣的學生來說，就業固然是就學的基本動機之一，但一般學生尚能將求學視為自我改進的過程，他們追求知識的慾念，遠較香港學生熱烈。

臺灣在文化的價值觀念上比較分化，在我們的生活中，金錢不致於成為唯一的或最高的價值標準，不少人對於金錢以外的文化目標，有很大的熱誠。

三、香港社會的三個長處

在我的印象中，香港是一個貧富懸殊的社會；相對之下，臺灣的貧富差距，顯然比香港小得多。

在香港這樣暴富赤貧並存的社會中，令一般觀察者感到有趣的是，當地並未因為這種狀況而發生政治上的問題。

這種特異的現象，也許與殖民統治有關。百分之九十八的香港居民都是中國人，他們對於外國政府的統治水準並無太大的期望，貧者都將失敗的責任委諸命運乖舛或能力不濟，因此對政府少有要求。

這種現象，與此地民眾幾乎凡事都對政府有所要求，成了強烈的對比。

其次，也可從三個方面，談談香港社會的長處。當然，這些看法也是相當主觀的。

（一）香港不是一個國家，談不上正常的民主政治，但法治的制度與觀念卻相當成熟。香港政府以英國的法治，施行於中國人的社會，竟然也能井然有序，這是一個十分值得參考的社會實驗。

有人認為，中國傳統中的「特殊主義」（Paticularism），論關係、講人情，與西方法治觀念中「在法律面前一律平等」的「普遍主義」（Universalism）大相逕庭；因此，據以推論，中國人不可能生活在一個法治社會中。然而，香港卻是一個「例外」。香港的法治成就足以啟示其他的中國人的社會，應當重新考慮所謂中國民族性不適於法治或民主的說法。

無可諱言，「特殊主義」在臺灣社會中仍然存在，這種現象對於法律的威信頗有損傷；從長遠看，法律是現代生活中的基本規則，當這種基本規則未能予一般人以信心時，允非社會之福。

（二）一般而言，香港公務員的效率不錯，在行政體系上能分層負責，在工作態度上也能就事論事。

過去，香港公務員的習氣極壞，貪汙成風，但自前幾年「廉政公署」設置以來，雖未至弊絕風清的地步，但已大有改善。

分設在各區的廉政公署，除受理貪汙事件外，也過問一般民間的公平問題，如計程車司機抬價，餐廳跑堂強索小費等事，有告必理且主動糾察，對於官箴民風的清廉公正，確實貢獻不少。

近年來，臺灣公務機關的風氣大有改進，但仍有零星的弊案發生，是否亦可設置「廉政公署」一類的機關，專掌其責，應是可以考慮的事。

四、中國文化在臺灣的發展取向

傳統的中國社會是一個「同質社會」，個人間的差異不受鼓勵；然而，香港卻是一個包容性極大的「異質社會」，在法律的範圍內，個人可以充分表達他的思想或行為。

個性在香港社會中受到相當的尊重，在各別的個性表達過程中，相互刺激與競爭，反而使得整個社會充滿了活力。

近年來，臺灣社會的異質性日趨明顯，這是社會進步的表徵，但這種變化仍嫌遲緩了一些。

現代社會應是一個「和而不同」的社會，社會之「不同」乃現代社會之當然趨勢；明明不同，而強求其同，則必將失卻「和」的可能。這是我們在面對未來的社會發展時，應有的心理準備。

以上，係就臺灣與香港兩個社會的若干異同加以比較，現以這些粗淺的比較為基礎，嘗試討論有關未來中國文化在臺灣發展的三個問題。

（一）文化統合：在中西新舊文化的交流薈萃中，香港並未發展出一個統合的新文化體系

在香港那樣小小的地方，很容易發現，一個區域與另一個區域之間的文化氣氛，竟有極大的差異。

這種現象，恐怕僅能存在於香港這樣的一個不作長久之圖的社會中；若發

生於任何一個正常的社會裡，也許就會滋衍事端了。

　　在一個各種異質文化匯聚的社會中，必須設法吸收各別文化的長處與優點，加以融合，不能使文化中的某一個層次或社會上的某一個區域，趕不上強勢或優勢文化的步調，否則整個社會系統就會失去協調。

　　未來，臺灣地區必將日益面對各種文化的衝擊，在容納與抗拒之間，應有合理的規劃，以創造一個統合的新文化為目標，不宜聽任各種文化無結構、無系統地錯亂交雜地存在著。

（二）均衡社會：在中國大陸的社會中，政治一枝獨秀；在香港的社會中，經濟一馬當先。因此，二者都不是均衡的社會，在兩地生活的中國人都無法獲得均衡的生活。

　　在臺灣的中國人，經過三十年的努力，社會的成長顯較中國大陸或香港來得均衡，而此地中國人的生活也顯較上述兩個地區更能平衡發展。

　　臺灣今日在這方面的成就，並非僥倖得之，三十年來我們在民主自由體制上所下的功夫，實為獲致此項成果的基本因素。

　　在民主自由的體制下，允許個人的潛能與需求呈現多樣性的存在，且賦予平等的機會用以發揮與表達。唯因如此，始有實現均衡社會之可能，亦始有獲得均衡生活之可能。

　　就我在香港的觀察，臺灣地區在文化均衡發展上，遠較中國大陸與香港優越，也許一般香港居民亦能作如此看法。在香港的傳播界或知識界中，臺灣的文學、藝術及學術研究，一向受到推重。

　　面對海峽兩邊的對峙局面，若從長期競賽的觀點來看，我們不宜低估文化均衡發展的競爭作用，這實在是一個對所有的中國人都具有吸引力的號召，其力量往往較政治或經濟的因素更有效果。

　　若能實現一個均衡社會，讓大家獲得均衡的生活，即能證實我們所實行的體制最能切合中國人的未來利益。

　　當然，像香港那樣偏頗的商業文化，是難以通往均衡社會的境地的。

（三）香港的文化特徵是只圖眼前，不作長久之計，若干人對臺灣前途的看法亦相當近視，姑將此種心理稱為「香港意識」；所謂的「牙刷主義」，即此種心態的反映。

另一些人對臺灣生存意義的瞭解則相當偏頗，有些海外華人竟將在臺灣的中國人視為「近代中國的腓尼基人」，喻其只知貿易營生，而在飄泊的商旅生涯中，無其他遠大目標可言，這也是另一個角度的「香港意識」。

然而，就中國未來的前程言，臺灣的生存意義，絕不同於香港。

五、當前中國人的文化使命

不久前，中共採取了若干短暫的開放措施，使所有的中國人更能認清，中共根本無法擔負中國未來均衡發展的使命；而此一使命，責無旁貸地落在所有在臺灣的中國人的肩頭。

在臺灣一千七百萬中國人，應義不容辭地挑起這個使命；人類生存的價值當然不在溫飽而已，如今在臺灣的中國人確已掌握了人類生命中所可能追求的無上的價值目標。

我們在臺灣已經實現了中國五千年來最高品質的生活與文化，未來將要使較此一水準更高的生活與文化，實現於全中國。

臺灣不是香港，在臺灣的中國人更不是腓尼基人。

（臺大教授楊國樞講　本報記者黃年記）

中國必須統一於「臺灣模式」（上）

1978 年 5 月 24 日　中國時報

編者按：楊國樞教授去年應香港中文大學之聘，赴該校籌辦心理學系，於上月返國，繼續在臺大任教。居港一年間，楊教授接觸許多海外人士，從而得知他們對中國前途的看法，以及對臺灣、對大陸的真正評價，本文即是楊教授綜合這些意見，再加上他個人冷靜的思考而得。他提出了「中國必須統一於『臺灣模式』」的主張，並且論及為了實現此一主張，國內應有的作法及應改變的觀念，值得推介，並徵求各方的反應。

本文係由本報記者王健壯訪問後加以整理，並經楊教授過目後同意發表。

中美斷交後，中共對外展開了一連串有關中國統一的統戰攻勢，並且放出願意和臺灣通商、通郵、通航，人民相互旅遊的宣傳口號。同時，中共也提出了將來政治上統一的形態，和臺灣自治等問題。我在回國前還看到一則新聞，報導中共外長黃華對美國參議員的談話中，提出了採用聯邦的方式統一中國的說法。

這件事發生時，我正在香港。香港這個地方，各種主張的人有，消息來源很多，因此，我有機會聽到不同的人的意見。中國統一的問題，一向受到關心中國前途人士的注意，中美斷交後，更引起大家的談論，我相信，這個問題未來也將會一直存在，並變得更為尖銳。因此，此時討論中國統一的問題，不但必要，也有很大的意義。

中共高唱的「統一」另有陰謀

中共於中華民國和美國斷交後，再次提出中國統一的問題，對海外許多人而言，本屬意料中事，但有許多在海外的中國人聽到中共這種統戰式的說法

時,仍然引起了相當大的情緒反應,甚至動了真感情,因此,對於這件事,我覺得仍有深論的必要。

關於中國應該如何統一的意見,非常眾多,但可以歸納為兩大類型:一為立即統一,一為將來統一。「立即統一」的方式又可分為兩,一是以大陸現狀為標準,要臺灣向大陸靠攏的統一,另一是以臺灣現狀為標準,要大陸向臺灣靠攏的統一。中共當然是主張以「大陸模式」為標準而立即統一中國。但很多中國人都認為,中國立即統一可以,但必須要以「臺灣模式」作為統一的標準。至於,「將來統一」的方式,它的意義即如同陶百川先生曾經講過的一句話「今天兩個中國,明天一個中國」。主張這種說法的人考慮到目前無論就主觀或客觀的情勢而言,都不具備有統一的條件。

香港的中國人,尤其是知識的人士,贊成中國應立即統一的人很少,大多數是主張將來統一的方式。從香港報紙的讀者投書看來,即使一般市民階層的香港華人,也認為現在談論中國統一的問題,尚言之過早。但有一個值得玩味的問題是:中共為什麼要在中美斷交後,提出統一的口號,他的目的何在?對於這一點,海外也有很多不同的說法。

有人猜測,中共提出統一的主張,根本上是一種姿態。因為中美斷交後,牽涉到臺灣的主權問題,中共於此一時機,不得不在國際上提出統一的論調,藉此肯定他對臺灣的主權,如果此時不講統一,必然會引起國際間的誤解。

也有人認為,中共並沒有立即統一中國的期望或打算,他們也盼知目前尚無統一的可能,因此不妨講出統一中國的大話,把困難推給臺灣,並且讓國際上誤解臺灣沒有統一的誠意。中共更深一層的用意,是希望放出統一的口號,對臺灣內部能發生分裂的作用。尤其是希望能瓦解臺灣內部那些沒有與中共鬥爭經驗,而懷有大中國意識的年輕人對政府反共國策的向心力,並對中國大陸產生幻想,造成臺灣內部的糾紛。

臺灣的成就為全中國人所珍視

但是,我從海外人士討論中國統一的談話,更觀察到一個重大的轉變:多數人都不主張採用武力來達到統一的目的。這個轉變,在以往是無法想像的,

甚至對中國大陸同情的人，或政治立場極端左傾的人，也不再贊成在大陸與臺灣的統一過程中，要引發一場武力的衝突。

海外人士的這種轉變，非常值得我們重視。一則可見，多數人已拋棄了採用軍事解決臺灣與大陸問題的看法，而考慮到社會型態的問題。再則，更重要的意義乃是，海外人士已肯定了臺灣三十年的成就。在一般人直覺的判斷中，中國統一如果要訴諸武力，則吃虧的一定是臺灣，而多數海外華人，認為臺灣三十年所建立的政治、社會或經濟型態，確實比中國大陸要好得太多，臺灣這種現狀是值得珍惜的，基於這種認識，他們實在是不希望臺灣的成就在一場武力衝突中被摧毀。

我在香港有一位外國朋友，他的太太有一次告訴我，她曾經在學校上課時，問一位去過大陸，也來過臺灣的左傾學生說：「如果再過一個月，香港即將陸沉，而那時你能去的只有臺灣和大陸兩個地方，你要選擇那裡？」那位學生考慮後的答覆是：「去臺灣」。類似這位學生想法的海外華人，並不在少數。這幾年的事實證明，臺灣確有值得全中國人珍惜的理由，這種認識，固然是海外中國人在觀念上的一大改變，但也代表臺灣已建立了不可被任意抹殺的成就。

然而，有一點必須說明的是，海外知識分子在比較臺灣與大陸時，所以覺得臺灣的成就值得珍惜，並不只侷限於臺灣的經濟成就，因為，大陸若有意在經濟方面與臺灣競賽，若干年後，即可能會接近目前和臺灣之間的差距，海外知識分子重視臺灣的理由，毋寧是因為這三十年來，臺灣提供了民主憲政施的可能性。尤其是，政府多年來一直將民主憲政作為國家的基本政策，鍥而不捨的努力推動的作法，才是海外知識分子支持臺灣的最重要的因素。

從政治社會文化宣傳反守為攻

我們可以想見，中共往後仍然會提出以中國統一為口號的各式統戰為調，臺灣未來將如何因應中共這種統戰攻勢，對我們政府而言，也就成為了一項重要的課題。

有許多人認為，我們過去的作法太過被動和保守，處處受制於人，但今天

的情勢不同了。臺灣目前已有足夠的成就和力量，可以在宣傳上反守為攻，不能再如以往一樣，每當對方提出一個要求，即窮於應付。現在，政府應該考慮如何可以比中共先下手，先講話，也提出讓他們無法接受，無法達成的難題。這種改守勢為攻勢的因應之道，必須要從下列政治外交，社會文化及海外工作三方面，同時著手作起。

　　關於政治外交方面的因應措施。目前，對我們最不利的是，西方國家對於中共提出的許多動聽的統戰論調的背景與作風，沒有深刻的瞭解，往往在中共提出統一要求，而我們表示拒絕接受時，誤會我們不具有如中共一般的統一誠意。

　　西方國家人士不瞭解中共的因素有兩點：一是他們不知道中共可以把手段和目的，截然劃分為二，中共提出的口號雖然動聽，但他自己是否會遵守實行，卻是另外一件事，中華民國與中共有相當豐富的鬥爭經驗，但多數西方人士卻無法體會。第二是，中共政治缺乏一套完整的制度，和良好的法律運作系統，一朝天子一朝臣，政策度上的此一特性相反的轉變，根本就沒有持續性的政策可言，但中共制度上的此一特性，對於民主國家的人士來說，卻是一件無法想像到的事情。

　　雖然，西方國家因為對中共特性不夠瞭解，轉而對我們發生誤會，但若中共不斷提出統戰論調，而我們卻一無反應的話，在國際社會中難免會形成不利於臺灣的言論，影響到對外貿易和國民外交的繼續開展。因此，政府必須要設法扭轉此一頹勢，提出另一套對對中國前途和人民福祉更為有利的統一條件，讓國際人士瞭解我們並非沒有統一中國的誠意。

要求中共向「臺灣模式」「認同」

　　但這項統一條件的提出，必須要很明確地指出：中國應該統一於何種模式之下？目前很多人既然認為，臺灣模式的統一要好，則我們即應提出中國應統一於臺灣模式的主張，以與中共的統戰對抗。以臺灣模式統一的概念，雖嫌籠統，但有關民主、自由、法治、人權等特點，我們都可以將它們納入統一的條件中，要求中共必須認同於此。

當中共于不久前提出要與臺灣通郵等要求時，行政院長孫運璿立即發振嚴正聲明，予以反應的作為，海外有很多的風評，認為政府這種反守為攻的策略，已使中共難以招架。但在要求中共必須取消或廢棄什麼之外，如果更能提出中國應統一於什麼標準，或中國應成什麼模式的主張，這個力量可能要更大。例如，政府甚至可以提出這樣的口號：中國必須統一，但是統一於臺灣模式。必要時，更可以在聯合國的監督下，讓臺灣和大陸上的中國人民，採用公民投票的方式，來決定中國應該統一於何種模式的問題。

　　對於類似這種口號的提出，我們必須要有充分的信心，因為中共絕對不敢接受這種作法，即使他們答應了，結論也很清楚，相信絕大多數的中國人都會選擇臺灣模式的統一方式。自然瓦解，也可以冰釋國際上對我們的誤解，對我們是有利無害，對中共卻是有害無利。（上）

中國必須統一於「臺灣模式」（下）

1978年5月25日　中國時報

臺灣的成就予中共強大的壓力

然而，僅只是應付中共的統戰攻勢，仍不足以完全以完全改變國際上對我們的成見，在實質上，政府仍然要更加努力地朝向民主法治的路途，繼續邁進，始克有成，這中間的理由有兩點：（一）確保臺灣三十年的成果。清末民初以來，中國知識分子為了尋求解決中國問題的答案，不斷地嘗試各種不同的主義，演變到今天，只剩下有兩組人在臺灣海峽的兩邊，還在實驗兩種不同的制度，彼此互作競賽，而到此為止的實驗結果證明，大陸上的成績要比臺灣差得甚多，中共最近也承認要向臺灣學習。為了要擴大臺灣三十年的實驗成果，因此，對於實行民主法治的工作，我們要更加強，讓未來的事實證明，臺灣走的道路是對的，大陸是錯的。（二）拉大臺灣和大陸社會及政治素質的距離。這並不是希望擴大臺灣與大陸之間的分裂，因為，臺灣在政治和經濟上愈有成就，對大陸則愈構成強大的壓力，使生活在大陸上的人民樂於接受統一於臺灣模式的作法，並藉著這股壓力在大陸內部，造成暴力或非暴力的風潮，逼使中共改變，朝向民主、自由、法治的方向修正，這樣的結果，對未來中國統一的工作，也大有利益。

在大多數海外中國人及關心中國前途的國際人士心目中，臺灣已成為解決中國問題的唯一希望，這個事實，也令人一則以喜，一則以憂。由於大家對臺灣的期望日益增高，相對的對臺灣的要求更為殷切，政府稍一不慎，即可能使很多人失望，因此，今後在政治措施上，政府必須要以戒慎恐懼的心情，拿出新的作風，逐步地朝著進步、成熟的方向去發展，只要作法正確，很容易便滿足了海外多數人對於臺灣的期望，強化他們對臺灣的信心。

其次，再談到外交工作。我認為將來我們有團體或個人，出去參加國際性的民間組織所舉辦的活動和會議時，關於代表名稱的問題，應該採取彈性的作法，不必斤斤計較於此，要盡量使得作法更趨靈活、更具現實性。不然，困擾甚多。今天，大家都怕在名稱上走向「臺灣國化」，影響到中華民國在國內與國外的合法地位，但許多人卻有不知不覺地在意識上趨向「臺灣國化」的現象，則更值得憂慮。我們有些政府官員在講話時，甚至在一些重要政策措施中，就常有這種意識的流露。因此，目前要注意的問題，倒是如何去防止我們在意識上流於「臺灣國化」，並不是只計較名稱的問題。尤其在民間性的國際活動中，對名稱應採伸縮性的作法，我們只會因而得利，絕不會吃虧，而且也因此把難題推給了中共，讓他們去傷腦筋。我們不久前在奧委會的作法，即是最好的例證。

對社會文化反攻問題不容忽略

再談到關於社會文化如何「反攻」的問題。這個層面的重要性，並不亞於政治外交，但常被人忽略。我在香港時，當地有許多知識分子都覺得臺灣三十年來，在社會文化方面的成就，也很值得中國人珍惜。尤其，中國大陸自文化大革命後，凡事政治掛帥，文化一片貧乏，不論是社會科學、文學、藝術等，都幾乎交了白卷，和臺灣比較之下，優劣立判。臺灣在文化上的這種優勢地位，也大為增加了海外中國人對臺灣的好感的支持。

正因為如此，政府今後除了要使政治、經濟突出外，更要努力在文化上代表中國，領導中國，更進一步的要在文化上統一中國，使臺灣成為中國人土地上的文化學術中心。因此，政府此時必須改變一味注重政治、經濟，以及舉凡一切措施都要立竿見影的觀念，要多從事文化工作的投資和獎勵。另外，也應設法經常召開以中國學者為主要對象的學術性會議，邀請世界各地的中國學人來臺灣參加研討。過去，我們太注重邀請外國人來臺灣開會，討論一些與我們並不十分密切的問題，今後，這一作法必需改變，我們要讓全世界的中國人體認到，只有在臺灣這樣的社會環境下，才有發展出高度文化型態的可能性。

至於，從事「文化反攻」的途徑，可由三方面著手：（一）大陸文革後，

學術方面的成績（尤其是社會科學）是一片真空，程度很低；資料、書籍或刊物都很缺乏，甚至連基本的課本都沒有，將來大陸勢必要採用許多中文的教材，因此，有一可能性便是，將來臺灣有關文藝、學術的書籍，可以透過香港傳到大陸去。（二）大陸要從事建設工作，需要「臺灣經驗」作為借鏡。例如，大陸上有一分相當重要的科學刊物，即曾轉載過臺灣「科學月刊」上一篇談論養？問題的文章，只要臺灣在學術上真有成就，大陸在建設過程中，就必然要學習臺灣已有的成就和經驗。（三）臺灣近年來在文學藝術上的成就，逐漸得到外國學者的肯定，而在他們的著作中加以引用，甚至將臺灣作者的作品全本譯成外文。因此，將來也有可能，借著外國學者的譯介，再透過大陸在國外採購的途徑，流傳到大陸上。

這樣的方式的「文化反攻」可以向全中國的人證明，臺灣今天的模式，不但在政治及經濟上，可以有很好的發展，在文化上亦復如此。特別是在臺灣與大陸的長程競賽中，社會文化工作的重要性，更不可忽視。

關於今後海外工作的四點意見

最後，再談到海外工作的問題。大陸在還未實施四個現代化政策前，是隱藏起來不讓外人觀看，但自實施某種程度的現代化政策後，有些地方便遮掩不住，讓人多少有了認識。有些過去對大陸存有幻想的中國人，在看清真相後，慢慢地瞭解到中共走的是一條不會有結果的路子，也體認到他們對中共過去的幻想和期望，都是不切實際的。這些看法改變的海外中國人，便轉而重視臺灣，期望臺灣。從這點可以明白，今天海外的情勢，對臺灣十分有利，政府在海外的工作也應比以前要更有信心，更採攻勢，也更要開闊。我個人對今後的海外工作，也有四點意見提供當局參考。

一、政府應有開大門，走大路的決心和作法。對於那些不是很明顯與臺灣敵對的人，應該歡迎他們回臺灣看看，提供國是的意見。有人也許會恐懼因此而讓別有用心者滲透進來，但與大量收攬人心的成果相比，這層顧慮便顯得微不足道了。更何況，即使有少數人滲透進來，在臺灣這樣的社會環境中，也不可能發生什麼作用。

二、政府要有既往不咎的寬容精神。過去，有些人在海外發表過不利於臺灣的言論，或者有明顯左傾行為，如果他們現在的看法和態度有所改變，政府便應在某種程度下接納他們，不要再貿然地繼續排斥他們，把他們劃在圈外，而造成國家的損失。

三、政府應該歡迎去過大陸的人來臺灣比較一番。有些人過去對大陸很嚮往，態度也很激進，並且去過大陸很多次，但當他們發現大陸的缺點後，便想來臺灣看看，政府對於這種人應該歡迎他們入境，我們不怕和大陸比較，只要有比較，對我們都是有利，會得到更多人對臺灣的好感和支持。香港有一位很有成就的社會學者，曾經去過大陸觀光及從事研究工作，不久前申請來臺參加一項學術會議時，竟以找不到旅館的理由，而受到拒絕。這種作法難免會引起無謂的猜測，必須重新檢討。

四、政府要有「不是敵人，便是朋友」的胸襟。海外工作單位每次邀請當地人參加雙十節酒會時，對受邀者名單的擬定都過於謹慎，很多人因為沒有受到邀請，而發生誤會或猜測，甚至，還有人因此不敢回國。事實上，這種結果的造成都是因為主其事者過於保守謹慎，千挑百選後，固然邀請了一些人，但同時也得罪了更多的人，這種代價實在太大。

再以國建會的召開來說，海外多數人都將這項短期性的會議，視為小型的國是會議，不同意見的人可以在此交換對國是的看法，提供政府參考。但演變至今，很多海外人士卻誤解當局只是邀請「自己人」回來開會，失去了博採眾議的原意，尤其是受邀參加國建會者的名單，並不加以公布，更在海外引起了各種揣測及批評。因此，政府除了應當考慮參加國建會人士的代表性外，更應及早公布受邀者的名單和簡歷，對海外中國人發揮宣傳的效果，更可因而化解海外人士對政府的誤解。

以上各項意見，是自從中共在中美斷交後對外發出統一中國的統戰口號後，我在海外聽到的一些意見、見聞和個人對這個問題思考後的一個歸納，希望政府能透過各項因應的措施，使臺灣在中共統戰的壓力下，不僅能夠屹立不搖，甚至可以反過來產生一個更大的壓力，逼促大陸逐漸的朝向我們的模式改變，這點用心和期望，相信是每一個有理性的中國人的共同看法。（下）

沉潛致遠・以小化大──
當前幾項基本觀念的檢討

1979 年 6 月 25 日　聯合報

　　美國與中華民國斷交以後,由於外在情勢的激變,社會上不免產生了不安的反應。其中有些特別敏感的人士,信心喪失,見異思遷,私下做著一走了之的打算。也有的人們,雖無他適之心,卻對臺灣生存發展的未來意義,缺乏切實的瞭解,因而也失去了堅持奮鬥的意志。過去二、三十年的努力及成就,雖然已使我們的社會及大眾具備了深厚的定力,但如政府未能及時加以適當的肆應,局部的欠穩傾向,便可能演成整體的動搖現象,到時如果社會上都是人心惶惶,事情就不好辦了。

　　事實上,臺灣的前途大有可為。其當前的自保與生存固無問題,其未來發展的模式,更可據為統一中國的藍本。當此疑惑易生之時,政府應以更積極的想法與做法,顯示實現未來目標及理想的決心,以使社會大眾形成堅實的安全感與理想心。要達到這個目的,必須先行突破一些觀念上的限制。下面將就幾項基本觀念,略作分析與檢討,以供有心人上參考。

消除船上意識

　　過去,我們朝野人士都愛把臺灣比作一條船,而且是風雨飄搖中的一條船。打這種比喻的人士,原是懷有積極的目的,希望藉著「風雨同舟」或「同舟一命」的感懷,激發和衷共濟的心意。這個目的當然是好的。但是,經過一再的強調以後,「船的影像」感來愈強,影響所及,一方面固然可能已經產生了「和衷共濟」的功效,另方面卻也形成了一種出乎意外的社會心態──「船上意識」。這種意識的特點是飄流浮蕩、心不落實,在重大事情上不做長遠的

打算,對環境與未來也缺乏「操之在我」的決心。

最近幾年來,由於公職選舉競爭漸趨激烈,分殊歧異的意見與行為時有出現,敏感謹慎的人士不免憂心忡忡,常常提出一種「小船理論」,把臺灣說成驚濤駭浪中的一葉小舟,任何人在艙內跺跺腳,都有導致翻船的危險。這種理論是叫人小心謹慎,立意當然也是好的。然而,這種說法卻益發增強了船上的意識,而且是一種生活在小船上的意識。

「船上意識」使人有缺乏重心與實力的憾覺,遇事得過且過,不肯力耕深植,避免沉潛做法。在這種心態下,人們易於形成一種「外控的態度」,感到自己的現在與未來,都是操之在變幻莫測的「海洋環境」。於是,聽天由命的消極心情油然而生,頓覺人算不如天算。有了這樣的想法,便會只求近功快利,不重久遠的目標與理想。

顯而易見,對於臺灣當前的情勢及未來的前途而言,「船上意識」確是一種不利的社會心理,應該設法予以消除。強調和衷共濟是應該的,但卻不必過於借重船的比喻。臺灣不是一條「船」,我們的大眾也不是「乘客」。臺灣是一塊堅堅實實的中國陸地,我們是一群認認真真的中國人民,大家要一起腳踏實地,好好在此為創造民主中國的社會與生活而努力。避免恐懼情緒「船上的意識」已經是有礙於穩定感的建立了,而真正破壞大眾自信心的,卻是「淪陷意象」與「逃難心態」。

無可否認,長久以來的反共教育及宣傳,確已產生了相當的功效。不過,由於過分強調中共殘暴行為的描述,在社會大眾間不免形成了強烈的「恐共」情緒。結果不僅難以培養「勝共」的決心,甚至削弱了反共的意志。畏懼的情緒,最能瓦解鬥志。

自從高棉與越南等國淪陷以後,棉共與越共倒行逆施,製造了種種殘酷的事件。基於宣傳的理由,此間的大眾傳播工具曾大事報導,甚而將越南難民的血淚故事編成專書,鼓勵在校學生研讀,以使大家瞭解共黨統治的本質。這種做法有其道理,也能產生相當的正面效果。但是,在這一類的宣傳活動中,強調恐怖與苦難的程度如果超過某一限度,便會違成過分強烈的恐懼情緒。社會大眾原來就有「船上意識」,加上美國與中華民國斷交的情境因素,這種情緒便很容易喚起「淪陷」的意象,進而形成一種不安於此的心態。

更清楚地說,這種不必要的恐懼情緒,至少可能產生三項不利於臺灣安定與發展的社會心理:

第一,「淪陷意象」足以添發「逃難心態」。這種不安的反應,使人心有別騖,暗中另做打算。影響所及,起碼在某些社會階層,已經形成了所謂的「牙刷主義」。有些人想盡了辦法,在國外為自己及家人預做居留的安排,並運用種種方法將資財移轉海外,以便「必要時」一走了之。有的人甚至利用經濟犯罪的手段,在此大撈一筆,然後遠走高飛。

第二,過強的恐共懼共的情緒,會增長他人的威風,減滅自己的志氣。如此則思想消極,缺乏勝共的意志,進而還可能造成失敗主義。在這種情形下,人們會對臺灣未來的前途觀念模糊,難以形成積極的長遠理想。

第三,恐懼的情緒會使人在心智活動上發生退化現象,進入比較原始的狀態。根據現代心理學的研究,人類的動機可分好幾個層次,其中有的水準較高,有的則較低。高級的動機會引發高級的行為,低級的動機則激起低級的行為。在強烈的恐共情緒下,人們所缺乏的是安全感,因而在生活中最有支配力的是追求安全的心理需要。這是一種水準或層次很低的動機,所引發的都是比較低級的活動,如逃避行為、攻擊行為、自衛行為及追求金錢與享樂的行為。由於缺乏比較高級的動機,創造性與深潛性的心智活動,便不易蔚成主流。也就是說,這個社會如果是由惴惴不安的恐共情緒所支配,那就不易發展出一種素質高超的生活方式,也不會形成一種深厚精緻的文化型態。

由此看來,畏懼恐惶的情緒,對臺灣當前的穩定,以及未來的發展,都有相當不利的影響。因此,在反共的宣傳策略上,便不能不十分慎重。當然,使社會大眾充分認識共黨統治的本質,是非常重要的,但在作法上卻不宜過分訴諸恐懼情緒。報導共黨暴行的目的,是希望民眾改變對共黨的態度,從而產生警覺之心。在態度的改變中,最重要的是認知改變,但當恐懼之心太強時,情緒活動壓抑了認知活動,態度改變的效果反而不好,最後所引起的將不是積極的警覺戒慎,而是消極的驚慌畏縮。

為了避免這些不利的情形,在從事有關的宣傳工作時,應該注重事象的客觀分析,並使之概念化或理念化,以激發大眾的認知活動;要儘量少用過分聳人聽聞的表達方式,以免引起太強的情緒反應。在與美國斷交以後的相當時期

內，在這一方面尤應特別慎重。否則，把大家嚇破了膽，事情就不好辦了。顯示充滿信心臺灣已有足夠的實力，以求自保與發展。但是，處於當前的內外情勢，社會大眾卻需要在主觀上增強信心。由於客觀因素的限制，直接提高民眾對臺灣前途的信心，並不易為。信心是可以傳染的，較好的途徑是先由政府與民間的知識分子表現出充分的信心，然後再擴散到整個社會。

幾十年來，社會大眾已經習於倚重政府，因而後者如能對未來顯示充分的信心，前者便也會具有信心。在這一方面，政府過去已有相當的表現，今後如能在以下四方面繼續努力，成效當會更大：

第一，多做長遠打算。表現信心的最好做法，是顯示政府凡事都有長遠打算，都有長期的計劃。過去，政府已很能把握這個原則，歷次的經濟發展計劃，十大建設計劃，文化建設計劃，以及主要都市發展計劃，都是很突出的例證，皆已發揮了顯示信心的作用。但是相對地，在民主憲政的拓展方面，卻少等量齊觀的發展計劃，予人以過渡時期一仍舊貫的印象。一些與長遠打算最有關涉的基本問題，如政黨政治正常化與中央民代更新化，都是久懸未決的重大事項。政府要想更進一步表現出長遠打算的信心，理應在這些項目上多做努力。其中政黨政治正常化一項尤其重要。當然，由於一些現實因素的限制，政黨政治的實踐不能躁進，但卻也要時時表現漸進的努力與成效。

臺灣社會的發展，及人民素質的提高，已經形成了一種政治參與的迫切需要，而想滿足這種普遍而深入參與的需要，捨正常的數黨和平運作，實別無他途。當局應慎審大勢，體認理性而成熟的數黨政治是安定和平與反共勝共的唯一保證。當此之時，不僅應鼓勵已有的青年黨與民社黨恢復活力，而且也要容忍人民從事正大光明的組黨活動。如此則一切政治參與都可在陽光下進行，任何人想走偏鋒，都將難以獲得民眾的支持。一旦有了法定的正常政治參與之途，種種乖戾偏頗的可能發展，都將消弭於無形。也只有如此才能使政治及社會權力的分配，達到一種動態的均衡境界，以創造一個真正穩定而又有動力的安和樂利的社會。在數黨政治的正常運作中，執政的國民黨可以經常受到刺激與考驗，自易產生更新的蛻變，發揮更大的活力。

第二，多採開放做法。我們的政府一向標榜開放社會的建立，藉以對抗中共的封閉社會。去年的開放觀光旅遊護照，及今年的開放雜誌刊物登記，都是

開放做法的例證。這些措施公布實行後,在海內外普遍獲得好評,咸認是很有自信心的表現。有些人士甚至用「成熟作風」來加以形容。由此可見大家對開放做法期望之殷,政府若能貫徹既定的原則,漸次在其他方面多所開放,定必更能予社會大眾的信心。

第三,表現成竹在胸。政府的種種表現,都會在不知不覺間對民眾產生暗示的作用。政府在各類事務上若能表現得胸有成竹(而非胸有成見),便會在社會大眾間形成定力,使他們對政府產生信賴感。在很多方面,政府過去已能予人以胸有成竹的印象,但在有些事情上,卻也使人有相反的觀感。例如,在用人方面,政府高層官員及黨部高級幹部,時有調動頻繁的現象,好像坐未暖席便又改任他職。這種情形不禁使人想起籃球比賽的例子。在兩隊比賽時,如果其中一隊頻頻叫停換人,觀眾不僅會懷疑該隊調兵遣將是否胸有成竹,甚至還會誤會該隊賽事不夠順利。我們所擔心的是,政府及黨部中高層人員調動過於頻繁或任期過於短暫,也會使民眾產生同樣的懷疑與誤會。

第四,改採攻勢作風。面對中共的統戰策略,政府應改守勢為攻勢,變被動為主動,對方提出令人難以實行的做法,政府也可提出對方不能接受的條件,基本的運作方向,是堅持自由、民主、法治、人權及均富的建國模式,據為統一中國的張本。借助民間諍言政府而外,在增強民眾信心方面,民間的知識分子也可扮演舉足輕重的角色。在平常時期,知識分子是社會的良心;在特殊階段,知識分子是社會的砥柱。由於他們具有敏感的心靈,遼闊的知識,分析的能力,及強烈的正義感,常能穿透事象的表面,撥開變幻的迷霧,掌握基本的事理,從而擇善固執,穩若磐石,成為社會的定力。當此之時,我們的知識分子特別應該發揮理性的光輝,以冷靜的態度,從事獨立的思考與判斷,為臺灣及全中國的前途尋找出路。作為理性化的理想主義者,我們的知識分子應該努力闡揚大家在此生存及發展的意義,以幫助民眾袪除種種消極的心理因素,進而建立積極進取的社會心態。

另一方面,我們的知識分子也要本諸良知良能,為政府與社會善進諍言。當此懸疑困惑之際,社會的發展方式,國家的未來前途,隨時都會出現前未之見的情況,遭遇艱困待決的問題,政府縱然有能,也未必能面面俱到,萬無一失。經過卅多年的生聚教育,民間已是濟濟多士,他們的所知所見,常有一得

之愚，發為言論，足可供作政府參考。更何況，民間的知識分子來自各種階層，寄身各個角落，代表著不同的社會觀點與團體利益。對於他們的意見，政府若能遍加採擷歸納，便易於偵知民間所好者為何，所惡者為何，從而集思廣益，必可獲得施政的最大效果。尤有進者，在重大的政治、經濟、社會及文化問題上，民間的知識分子間，常會利用大眾傳播媒介相互辯駁，其最後的討論結果，尤有參考的價值。

在一個追求民主的社會中，民間知識分子還可發揮一種更重要的功能，那就是對政府的監督作用。此時此地，我們尚無能夠發揮正常功能的在野黨，影響所及，原應職司監督政府施政的各級議會，並未充分產生這種作用。在此過渡階段內，民間知識分子的言論，正可補救議會功能之不足，發揮部分的監督功能。也就是說，當此民主政治有待發皇之時，民間的知識分子雖無議會所擁有的權力，但卻可透過大眾傳播媒介，以訴諸眾意的手段，對各級政府發揮監督性的壓力。就民主政治的實際運作而言，民間知識分子的這一功能，當然是相當重要的。

瞭解了以上的社會角色與功能，我們的知識分子便應把握時機，為人民之喉舌，為政府之諍友，知無不言，言無不盡，以善盡自己的社會職責。只要是理之所在，官方愛聽也好，不愛聽也好，總要用良好的風度予以表達。最後當能形成清流，發揮促進國家社會進步與穩定的平衡作用。沉潛以便致遠在未來的歲月中，僅只化消極情緒為積極信心是不夠的，更重要的是善用有利的心理因素，從事沉潛致遠的做法，以圖未來能徹底地解決中國問題。要想達到這個目的，我們必須在此建立一種整體制度，以近可安臺，遠可復國。這種制度應是在政治上民主化，在經濟上均富化，在社會上福利化，在文化上精緻化，在教育上開放化。這樣一套體制則只有在自由、民主、法治的環境中，才有成長茁壯的可能。

多年以來，政府一直以建立民主社會為號召，實是明智之舉，而事實上，這也是一般社會大眾的心願。至於知識青年階層，則更是民主體制的熱心支持者。最近，中國國民黨青年工作會委託中國心理學會，以一萬五千餘名大專學生為對象，完成了一項調查研究。所得結果清楚顯示，我們的青年大都認為民主是最好的方式。例如，在問及最理想的政治體制時，選答人數最多的是美國

式、西德式及英國式的政治體制,這些都是世界上最有成就的民主政體。在問及最可能作我國借鏡的國家時,選答人數最多的是以色列與西德。以色列是一個四面受敵的國家,西德則是處在分裂狀態的國家。但兩者卻因認真實行民主政治,渡過種種難關,獲得令人欽佩的成就。因此,知識青年之認為我們應該以此兩國為借鏡,實在具有重大的意義。他們的意見顯然表示,即使對處於內戰或分裂狀態的臺灣,貨真價實的民主政體仍然是最為有效的政治模式。

朝野既皆選定民主法治作為安臺復國的整體制度,那麼在和平中朝著這個方向努力,便應當是最為沉潛的做法。在民主政治的實踐方面,過去已有相當的成就,我們只要循著既有的定向,繼續奮進,當可於數年內大有成就。眼前亟待解決的是中央公職人員選舉的恢復問題,所應考慮的主要是時間因素。原則上,應在年底中美協防條約失效後恢復,但太早或太晚均非所宜。太早則協防條約中止之沖激仍在,人心未定,進行「選戰」易生斷動;太晚則協防條約中止之影響已失,人心思進,若仍未恢復選舉,則民眾疑竇叢生,整體的理想必失。無論恢復選舉之時間為何,理應在條約中止前予以公布,如此則表示政府充滿信心,對一切都胸有成竹。這種不憂不懼的表現,足可安定民心,減少斷約所可能造成的不利影響。以小可以化大努力從事沉潛致遠的追求,假以時間,未來定可在臺灣建立起一套以人本精神為基調的整體制度,創造出一種民主化、均富化、福利化、開放化及精緻化的社會文化與生活方式。到了那時,臺灣將是一顆質地高超的金鋼鑽,光芒四射,無堅不摧。

臺灣僅是蕞爾小島,不易以數量取勝,但若做到以上諸項,則必可創造質的優勢,而對中國大陸構成整體性的全面壓力,使大陸同胞覺得臺灣已經找到了徹底解決中國政治、經濟、社會及文化問題的答案。當此之時,大家夢寐以求的政治反攻、經濟反攻及文化反攻,便可水到渠成,莫之能禦。面臨這種情勢,共產黨人在中國所做的極權實驗,勢將為大陸同胞所唾棄,而在政治、經濟、社會及文化上發生蛻變,逐漸轉化成臺灣所發展出來的整體模式。

總而言之,從今以後,只要我們能努力在此建立品質高超的民主、法治、均富及開放的體制,將來總會有以小化大的一天。到了那時,中國的統一問題自可迎刃而解,使全國永遠走上康莊的大道,中華民國也將從此永垂不朽。

肯定理性價值・民主是為愛國──
由中泰賓館事件談若干政治人物言行的偏差
1979 年 9 月 12 日　聯合報

中美斷交以後,社會上某些政治人物所表現的情緒化反應,似有升高的跡象,不但有口頭上的爭論,而且還發生行動上的衝突。九月八日「美麗島」雜誌在中泰賓館舉行創刊酒會,「疾風」雜誌社的一些工作人員,以幾位反共義士為首,則聚集了一些人在中泰賓館外面示威與責罵,情況混亂,後出動大批憲警前往處理,僵持達五小時之久,頗引起社會大眾的關心。除此之外,部分黨外政治人士最近在國內及海外所發表的一些不甚得體的言論與文章,及逾越常軌的行動,都顯示了這些衝突的升高。這種情況如不加以疏導,任由其繼續惡化下去,於社會安定和諧均將產生負面的影響。此地不但是我們安身立命之所在,也是我們的後代子孫謀求發展的基礎。我們都希望安定與進步,期能賡續發展。目前某些政治人物所表現的情緒化反應,顯與此一願望相牴觸。因此,我願意借此機會表示個人的一些看法。

一

首先要談理性問題。

目前政治意識上的兩極化現象,一端為黨外政治人士,另一端為反共愛國人士。我個人不贊成用「左派」或「右派」這種名稱,因為黨外政治人士不一定就是左派,而將反共愛國人士稱之為右派,也不一定相宜。讀了這兩類政治人物所發表的文章,我個人的感覺是,他們兩方面都愈來愈沒有耐性,對理性逐漸失去信心,甚至對理性抱著輕視的態度。

有些反共愛國人士說理性是懦弱的,是不敢「迎擊」黨外政治人士的藉口,

要不懦弱就應該「打倒」他們，「消滅」他們。

有些黨外政治人士也對理性抱著懷疑而保留的態度。他們認為只有在公平、公正、公道的條件下，談理性才有意義。在強者無限制的壓制之下，讓弱者來談理性是沒有意義的。有人甚至舉正在被強姦的女子為例，認為叫她在這種情形下講理性，是不切實際的。

兩者的說法，初聽似乎都有道理，但仔細想想卻都經不起分析。

所謂理性應包含三個主要成分：（一）根據知識（包括法律知識），（二）合乎邏輯，（三）基於善意。所謂理性的態度或做法應該是以知識為基礎，作符合邏輯的思考，而根據思考結果發為言論或行動時，則應遵守善意的原則。此處所謂的「善意」是指無違於以下兩個條件：（一）有助於社會的安定與進步，至少不破壞社會的安定；（二）有利於其他個人、團體或整個社會大眾。如果所作的判斷、言論或行動，是以知識為基礎，並作了符合邏輯的思考，但是卻不符合善意的原則，則仍然不能算是理性的做法。

瞭解了理性的內涵，我們便可回頭來檢討兩極人士對於理性的看法是否能令人信服。

先談反共愛國人士的看法，若干反共愛國人士認為理性是懦弱的。但是，理性是否真如他們所說，是懦弱者的藉口呢？恐不盡然。從心理學上說，一個人有了強烈的情緒反應，最自然而容易採取的是攻擊性行動，而最難的是控制住自己的情緒，運用知識冷靜地瞭解情況，然後透過邏輯的思考，作出與人為善的反應。這需要很大的克制能力才能做得到。因此，真正懦弱的應該是那些順應情緒而作反應的人，能抑制情緒而作建設性反應者才是真正的大智大勇。因此，理性絕不是懦弱者的藉口。

而且，從另一方面說，情緒化行為的結果，往往也惹來對方以情緒化行為反擊的行動，很容易變成以暴易暴。所以，原始性的情緒化反應，於事不但無補，而且可能造成更不好的後果。

至於少數黨外政治人士的懷疑理性的說法，我們可以理解多少有其經驗上的背景因素，他們或許因為過去曾經受過一些委曲而作這種認定。不過仔細分析起來，政治問題所涉及的層面與一位女性被強暴，在性質上及意義上大不相同，不能驟作類比推論。不同於強暴事件之僅只涉及個人，政治性的事務常會

涉及廣大的民眾，而對整個社會產生極為嚴重的後果。因此，從事政治活動者絕不可像被強暴的女子，輕言放棄理性。更何況，即使被強暴的女子，也應儘量運用理智，設計逃避暴徒的獸行，並繩之以法（以往不乏先例）。否則，如果過分激怒暴徒，恐怕連自己的生命都有危險。

不過，少數黨外政治人士提出此種說法，也顯示了另一個問題，那就是「能不能」理性與「應不應」理性的問題。站在社會公益的立場，我認為執政黨應該對走正道的黨外政治人士多留一些迴旋的餘地，讓他們一方面覺得自己「應該」講理性，另方面也覺得自己「能夠」講理性。也就是說，要改進使黨外人士能夠講理性的客觀條件，儘量減少不必要的干擾，這樣才能化解與防止過分情緒化反應。對於不走正道的政治人士，則應依法辦理，勿枉勿縱。

總而言之，少數反共愛國人士對理性的輕視不一定是對的；黨外政治人士對理性的懷疑也是同樣站不住腳，經不起分析的。無論如何，我們希望雙方都能忍辱負重，恢復對理性的信心與重視。有關單位與社會各界，也應在做法上加以配合。

二

其次要談容忍與讓步的問題。

我個人發現，有些反共愛國人士似乎認為自己才代表真理，從最近他們所表現的一些行為來看，這種趨勢似乎愈來愈強烈。他們的動機也許很好，但行動方面似乎值得商榷。

從這幾位先生過去的背景來分析，由於他們都是反共義士，他們在一個封閉而一元化的極權社會中長大，對於多元化的社會，可能有些不太習慣，在一元化的極權社會中，只容許一種思想上的主流，凡不是主流者，都視之為異端邪說，都要加以消滅、打倒。但是，在一個多元化的民主社會中，只要在法律容許的範圍內，可有不同的思想言論或行為存在，你也許覺得不順眼，但是他受到法律的保護，你不能加以干涉。這是多元化社會的主要特點之一。但是，就社會進化的過程來看，多元的社會比一元化的社會，更能合乎人性，更能發揮人們的潛能，也更能加速社會的進步。因此，我要奉勸少數反共愛國人士，

希望你們能擺脫過去的習慣，設法使自己學習適應多元化社會的思考及生活方式。

當然，在多元化的社會中，並非不可對與自己不同的主張有所批評，但是此種批評必需在法律許可的範圍內行之，不可公開謾罵、侮辱，更不能有過激的個人或群眾行動。

一個自由民主法治的社會，容忍是必備的條件之一，對於與自己的觀點不相同的意見，應該養成樂於深入瞭解並能加以欣賞的習慣。我可以不贊成你的主張，但是我不能干涉你有那種主張，除非你的那種主張是違法的；更不能動輒以「打倒」或者「消滅」來發洩自己的情緒，當然更不能採取行動，否則你自己可能就先違法而要受法律的制裁。

社會上不同的意見，有的能為大多數人所接受，有的則僅能為少數人所接受。對於各種不同的意見，社會大眾有自我選擇、校正及淘汰的本事，只有少數人能接受的意見，久而久之，會受到淘汰，至少不會發生決定性的影響力。因此，對之不必太過緊張。

三

第三，要談愛國與民主的問題。

九月八日聚集在中泰賓館外面的人士中，曾有人在罩袍外面寫著「愛國有罪嗎？」的句子，這句話牽涉到若干基本概念的問題，應該加以澄清。

首先要說說什麼是愛國，我們不妨先對它加以定性分析。愛國包括三個層次：（一）愛國情操，包括對自己國家的認同感與愛好感；（二）愛國目的，包括使自己的國家不受侵犯及更形強健；（三）愛國行動，基於愛國情操，而為了達到愛國目的所做的行動。以上三個層次在概念上必需分開，否則很容易產生錯誤的結論。

愛國究竟有沒有罪呢？這要看從那一個層次去談。愛國情操是不會錯的，愛國目的也是不會錯的，但是愛國行動卻可能有對有錯。我們翻開中外的歷史，可以找出很多「愛國行動最後變成誤國行動」的例子。歷史上多少次大規模的殺戮與迫害，主事者不也都是打著愛國的旗號嗎？然而結果如何呢？二次

大戰期間，納粹黨徒都是強烈的愛國者（有強烈的愛國情操與愛國目的），結果不但把德國自己毀了，也使世界人類受到莫大的痛苦。戰前日本右派的軍國主義的軍人，都具有強烈的愛國情操與目的，所採取的愛國行動是對內極權，對外侵略，最後差一點亡國。你能說他們不是愛國嗎？

這一類慘痛的歷史教訓，真是斑斑可考。羅曼羅蘭曾經說過一句名言：「自由！自由！多少罪惡假汝之名以行之。」如果稍作改動，把這句話改作：「愛國！愛國！多少罪惡假汝之名以行之」，應該也是非常妥貼的。

愛國的情操與目的是對的，但是愛國的行動則必需合理，如此才可避免對國家對社會產生不良影響。有很多極端的愛國主義者，往往說別人不愛國。其實，就個體發展的觀點來說，自小在國內長大的人是沒有不愛自己國家的。大家愛國的情操雖有強弱之不同，但大體來說，除非別有用心，絕大多數人都是愛國的，只是表現的方式可能不同而已。如果因為別人的愛國方式與自己的方式不同，就否定別人的愛國情操與愛國目的，那是不公平的。

與愛國有關的另一問題，是愛國與民主的關係。去年年底競選期間，曾經在臺大附近出現過「民主牆」，另一些反共愛國人士則樹起「愛國牆」以為對立。其實，這兩者是對立不起來的。愛國同時包括了情操、目的、行動，但民主則只屬行動或手段的層次。

主張民主的人，除非他別有用心，總是發乎愛國情操與愛國目的，想以民主為手段，達到愛國的目的（使自己的國家強健）。如將兩者互相對立，好像變成了要愛國就不要民主，這不但在邏輯上說不通，而且也違反了我們的基本國策。

愛國與民主的關係，似乎可以作這樣的認定：真心主張民主的人，一定是愛國者，而愛國者則不一定以民主為手段。如將兩者對立，一方面不利於愛國的基本情操，另一方面也達不到使國家強健的目的，同時還把民主的名譽破壞了。

四

最後，為了緩和兩極化的現象，也想乘機談談個人對有關人士的一些期望：

先說對於黨外政治人士的期望。目前，國家所處的大環境如何，大家都應該很清楚。維持國內的安定與進步應該是任何從事政治活動的人在採取政治行動之前，必需要考慮的因素；在另一方面，卅年來臺灣的建設與中國大陸比較，孰優孰劣，大家心中也很清楚。因此，為了建立政治團體間的互信，以避免無謂的懷疑與干擾，我認為黨外政治人士應有如下之認識與做法：（一）堅守反共的立場；（二）放棄地方主義色彩，不能有臺獨傾向；（三）不可走暴力的路線；（四）不宜全盤否定執政黨及政府過去的成就，如此才能使別人心平氣和地從事相應的政治活動；（五）推展民主運動必需要以現有的憲政制度為基礎，依實際需要逐漸修改，而不能全盤加以否定；（六）在民主政治的理論與實踐兩方面好好下功夫，以顯示其對民主政治的素養與決心，樹立民主政治人物的典範。

次談對反共愛國人士的期望：（一）不以自己的反共愛國而懷疑別人不反共不愛國，要知道愛國的情操與目的大家都是一樣的，但愛國的方法是可以有差異；（二）不要輕視理性、放棄理性，尤其從大陸來臺的反共義士，應該多多體認多元化社會的特質，並努力加以適應，儘量控制情緒，容忍合法的不同意見；（三）不要以暴易暴，尤其不必要動輒喊出「打倒」什麼，「消滅」什麼的口號，因為這樣做不但不能解決問題，反而火上加油，使大家都退化到動作的層次；（四）體認法治的意義與重要，愛國更要守法。

再談對政府有關單位的期望。由於社會變遷很快，社會性質也逐漸與前不同，政府有關單位在做法上應有改變。具體來說，有以下幾點建議：（一）法治的觀念非常重要，無論制訂法律或修改法律一定要以真正的民意為依歸，制法或修法之前，應該加以公開公布，讓民眾有機會表示意見，如此所制訂的法律才能確保其可行性，將來依法執行才會有好的效果。（二）法律不應是統治人民的「工具」，而是當作大眾生活行為的合理規範。法律執行應採取普遍主義，不問對象的身分、黨別、性別等，一體遵行，絕不能有差別特遇，以免失去法律的公平性。（三）對於有違法行為的個人或團體，當然應該依法取締，但是如果該個人或團體的行為，是在朝向守法的道路上走，即應該加以鼓勵與保護。治安當局這次對中泰賓館內依法活動的「美麗島雜誌社」人員加以保護的做法，是值得讚揚的，但是對於場外不合法的行動，當時應該依法儘快取締

才對,這樣當不致拖延長達五小時之久。(四)為使黨外政治人士能在正當的軌道上運作,有關單位應在法律許可的範圍內,儘量給予迴旋的餘地,減少不必要的干涉,以化解對立的態勢。(五)應該多採取先期行動(正式採取法律行動以前的行動),例如在發現政治人士有違法的趨勢時,可以儘快用連繫、協調、勸導,甚至警告等方式,提醒他們注意行為的法律後果,進而產生自我約束,避免演變成過激的情緒反應。(六)政府對於很多事情,似乎不必再像過去那樣,採取過多的干涉主義,在不影響社會安定的原則下,若干禁令似應加以放寬。以辦雜誌說,讓政治人士在雜誌上寫文章表達意見,總比在街頭上聚眾喧嘩或採取更激烈的行動為佳。更何況政府還可以從文字的表達中瞭解民意的趨向,做為改進施政的參考。政府應該瞭解,民眾都希望安定,不希望有任何變亂,只要能對自己有信心,少數政治人士的過激或不當的言論或行動,社會自己就會把它加以淘汰的。勉強的限制,反而會製造緊張甚至激成變局。

最後,我願以過去個人所提出的知識分子討論問題時應該持有的態度,亦即消極的做到「八不」,積極的做到「八要」,與反共愛國人士及黨外政治人士共勉:

「八不」是,(一)不斷章取義、(二)不咬文嚼字、(三)不人身攻擊、(四)不惡言惡語、(五)不猜疑動機、(六)不蓋人帽子、(七)不假公濟私、(八)不黨同伐異。

「八要」是:(一)要就事論事、(二)要合乎邏輯、(三)要重視證據、(四)要態度誠懇、(五)要心存仁厚、(六)要忘卻私利、(七)要能識大體、(八)要善於服輸。

(臺大教授楊國樞口述　本報記者陳祖華摘記)

贏取安定和諧——
以真正公平的選舉

1980 年 11 月 21 日　聯合報

今日是增額中央民代選舉開始競選活動的第一天，舉國上下都以戒慎莊重的心情，希望這次民主選舉籌夠順利成功。凡是關心這個社會的人，皆會深切體認這次選舉的重大意義：

（一）自從高雄暴力事件以後，整個社會受到極大的震撼，意見情緒上的兩極化傾向，使團體與和諧受到不利的影響。大家都希望透過一次公正的民主選舉，發揮療傷止痛的功效，以平服過去的創痕，為未來的安和與共信，奠定更堅實的基礎。

（二）中美斷交以後，社會大眾產生了憂患意識，感受到安全危機，進而體認到政治決策對個人安危及前途的重要性。這種體認喚起了政治參與的意願，而這次選舉正可有效的滿足這種意願，使人們感到自己能夠影響政治運作。而且，這次選舉的實行，顯示政府對未來的照常發展胸有成竹，這也可以祛除民眾的不安全感，進而產生相當的定力。

（三）這次中央民代選舉，改變幅度碩大，當可順著強化中央民代機構的功能，提高立法與監督的效率，以有效因應社會變遷所帶來的種種新需要。

（四）中共雖然大力壓制民主運動，並已取消四大自由，但大陸同胞要求民權與選舉的心願，卻未曾稍歇。這次選舉正可顯示中華民國追求民主的決心，在做法上如能塑造新的形象，則更可使大陸同胞承認：民主政治應學臺灣。

（五）大陸自較前開放以來，眾多海外僑胞探親或遊歷歸來，深切認識中共政治問題的嚴重。海外知識分子多已認清共產極權政體的本質，不再有中共政權能實行民主的幻想。他們對大陸民主前途失望之餘，轉而對臺灣

的民主政治寄以很大希望。這次選舉若能更合理更進步，必可大大增強海外同胞的向心力。

（六）最近幾年，我們鄰近的幾個國家，在民主政治的實踐上，都已退卻或墮落。這次選舉的實行與成功，可以向世界顯示：在萬難之中，中華民國仍能堅守民主陣營，這是將顯著的改進我們在國際社會中的形象。此次選舉既有這麼多的重大作用，當然只許成功，不能失敗。但所謂成功，並不是指那一個黨當選多，那一個人得票多，而是指整個選舉能在真正公平的條件下完成。只有真正公平的選舉，才不會有人靠特權而當選，落選的人才能心悅誠服，不生懷恨憤怒的情緒。真正公平的成功選舉，以光明磊落的方式，解決了權力分配與參與衝突的問題，所以會增進社會的安定與和諧。不公不正的失敗選舉，則會快速製造不平的潮流，為社會的不安埋下了禍根。由此觀之，不公不正的選舉，還不如不選舉。

政府與執政黨當然瞭解這番道理，所以像以往歷次選舉一樣，特別強調公正、公平、公開的原則。這番苦心，國人皆知。但遍觀英美日等高度民主的國家，選舉時政府與選務機關並不宣傳「三公」，而人民仍然相信選舉的公平性。所以，口頭上強調「三公」是不必要的，有宣傳「三公」的長久歷史，也不是一件好事。

我們虔誠的希望：這是中華民國宣傳「三公」的最後一次選舉。

如何提高大專院校的師資素質與學術水準

1981 年 3 月 14 日　聯合報

最近，教育部針對大專院校教師，做了一項調查，獲得若干結論。其中有幾點在報上披露後，特別引人注意。

教育膨脹形成師資問題

第一，大專院校教師的學術活動不夠積極，有百分之五十七的教師從不參加任何學會，百分之九十一以上從來沒有參加過任何國際性的學術會議。

第二，大專院校教師的學歷水準不夠，有待提高。調查顯示，擁有博士學位的大專教師，百分比很小（百分之十八），有碩士學位的稍多（百分之三十四），而大部分只是學士學位（百分之四十一）。有相當數量的教師，其學歷還在學士學位以下。

第三，大專院校教師沒有充分發揮研究的功能，其中竟有百分之六十二的人，從來沒有出版任何著作。至於發表過著作的，其著作是不是夠學術水準，也是一個問題。

第四，部分教師聘任的職稱，與教育部審訂的資格有相當大的差距；也就是說，大專教師裡面，有很多「黑牌」教授，副教授或講師，甚至還可能有名不副實的助教。

第五，私立大專院校的教師，大部分任課時數太多，有的還要擔任行政工作，負擔太重，影響教學與研究。

第六，私立大專院校的兼任教師比例太大，而專任教師只占百分之四十七左右，對私立院校教學水準的提高，十分不利。

教育部這六點研究結論，可以說很忠實的反映了當前大專院校的師資問

題。這些情況已存在多年，即使不經調查，我們也可以思過半矣！然而，教育部這次主動的來展開調查，發掘實情，這種精神令人讚佩，且足見教育主管當局勇於面對問題，樂於解決問題。我們很期望教育部能針對問題癥結，迅速加以改善。

大體說來，私立學校的師資問題，比公立學校來得嚴重，專科學校則比大學嚴重。在專科學校這一部分，主要原因是過去幾年，專科教育膨脹太快，師資需求增加太多，而事實上國內並沒有儲備足夠的教師人才，以致許多學校開辦之初，就吸收了許多學歷水準不夠，甚至不知學術為何物的教師。

另一方面，專科教育多半注重技能性的訓練，這些科目強調技術與實務的經驗。因此，若干術科很好，學歷不高的教師也受聘任教；從學術活動的標準來看，這些教師的研究能力及參加學術性集會的情形，當然要差得多了。

綜合來說，上述六項調查結果中，第四、五、六項，涉及教師的資格審查，任課時數及兼課比例等問題，很明顯的是教育與學校行政上的缺失，解決之道也惟有從加強行政監督與管理著手。至於第一、二、三點結論，基本上顯示了大專教師的學術水準與研究意願的低落；這就不單是行政手段能解決得了的了。本文即擬針對這些教師水準與學術研究的問題，提出十點具體建議，以供有關人士參考：聘用新教師須把緊關口第一，大專院校的教師陣容要維持一定的水準，在聘用新任教師時，即須把緊關口。過去各校聘任教師人選，由於聘任程序或做法上的偏差，所用非人，在所難免。

照道理講，學校要聘用教師，應該尊重相關科系的意見，不宜由校長或一、二領導人逕作決定，畢竟個人所見有限，強做主張的話，搞不好就成外行充內行了。所謂尊重相關科系的意見，並不是說要由科系主任個人私自決定，而應交由系裡的教師共同討論，以取得用人的公準。這樣去做，新任教師的聘用，才不致因一兩個人的好惡，或人情上的壓力而汰優擇劣。

有關擬聘教師人選的資料，不論是學歷、教學經驗或研究成績，都應儘量搜集，讓全系教師在系務會議上來共同評鑑與決定。事先若能邀請擬聘人選到系先作學術演講，當更有助於瞭解其學術水準與研究能力。如果各校教師的甄選，都能像這樣以公開公正的程序取決於眾議，學術背景欠佳之士便無由倖進了。

簡而言之，只有使聘任程序民主化與制度化，才能選得較有學術水準的人才。

第二，教師升等也應該民主化與制度化。教師升等的本意，在鼓勵教師增進學術能力，藉以獎優懲劣，以使進退有序。然而，教師升等的權力，如果完全操於學校與科系主管之手，而不經由科系民主的方式，建立具有公信的升等程序與標準，則升等不僅不能發揮誘導學風的作用，還可能徒增人事上的紛擾，敗壞學術界的上進氣氛。

為了公正起見，教師升等可以用公式化的內容來做評鑑，合於升等年資的教師，應就平常在學術著作、教學表現、對系裡的服務、對社會的服務等項目，分別評定其成績，並儘量以分數代表之。評鑑的項目與所占比重，可隨科系情況而調整，這種評鑑在精神上應維持必要的獨立性與保密性。至於參與評鑑的人，可由系內比升等者階級較高的所有教師來共同審核與評分；必要時，並應邀請校外學者評審，但應以與升等者的研究興趣相近者為限。如某講師擬升等，則由系內副教授及以上的教師來個別私下分項考察與評分，以鑑定其成績與水準，然後代入公式，並予以加權與平均，這種制度化的做法，取決於眾意，既不致授人以柄，無形中也可使升等教師平常即知所遵循，努力上進。

資格審查方式應求改進

還有，目前我們的教師等級太少了，從助教、講師、副教授到教授，只有四級，影響所及，一名教師在學術上往往沒有經過足夠的歷練，即可在相當短的時間內輕易當上教授，而使升等失去了鼓勵的作用。因此，大專教師的等級，應該設法酌予加多，以便能長期維持教師不斷提高學術能力與成就的動機。

第三，教師聘升資格與著作審查的方式應該改進。目前，教師著作的審查有校內及教育部兩種，校內審查最怕的是人情困擾。不過，校內審查只是各校內部過濾教師升等人選的措施，對教師的正式資格沒有決定權，影響尚不大，最重要的是由教育部所主持的審查，能不能令人信服。

例如，送請教育部審查的教師著作能否通過，跟送給誰審查關係很大，有的審查者特別好講話，容易過關，有的委員打的分數特別緊，容易讓人吃虧。

教育部應設法印證審查者評分是否有過於偏頗的情形，一再評分過低或過高的審查者，不應請他繼續審查。

由誰來決定審查者的人選，也是左右審查的水準的關鍵。目前，大專教師著作審查的工作，主要是由教育部的一個學術審議委員會推動，可是這個委員會所聘請的委員，多半是德高望重的老先生，大部分自己已經很久不做研究了，跟當前做研究工作的中堅分子脫節很遠，不易獲知行內各學者的研究造詣。可想而知，由這些委員先生來決定著作審查的人選，或許難以掌握當前學術研究的現勢，而可能將著作送給不適當人審查。

因此，我建議教育部在學術委員會之下，每一學門成立一個顧問性質的小組，由當前各學門中真正在做研究，瞭解本門學科的現勢，而研究成績卓著的人組成。當有本學門的教師申請審定著作時，就由這個小組先就著作之專題內容提出審查者的人選，建議學術審議委員會參考採納。這樣審查的結果比較符合學術的需要，教師著作審查的水準才會提高。

第四，對教師的待遇應發揮鼓勵學術研究的作用。目前，大專教師的薪資待遇，完全以年資為累進的標準，跟做研究的成績毫無關係，對用功的老師反而形成一種無形的挫折。努力做研究的老師得不到實質的鼓勵學術活動自然停滯不前。

從現實情況來說，我們如果要改良薪資辦法，讓薪資的累積同時用年資和研究成績來衡量，似乎一時不易做到。然而，各校本身不妨湊集一筆基金，做為研究獎金，定期發給研究成績較好的教師。這種辦法，即使不計金額高低，其象徵意義對用功的教師也會產生不小的鼓勵。

又如，教育部每年都頒獎給「資深優良教師」。其中「優良」二個字事實上毫無意義；做老師的都知道，只要年資夠了，到時候自然可領獎狀。像這種對研究與教學沒有積極鼓勵作用的褒獎，不妨撤除，改在各校設立學術獎金，而且提高金額，以直接刺激學術研究活動的進步。教學工作當有定期評鑑類似的做法很多，總之，對教師的獎勵，應針對學術成績而發，而不以學術以外的因素（如年資）做獎勵的標準，才算發揮了獎勵學術的本意。

第五、對教師的教學工作應有定期的評鑑。一般人總以為，對老師本身做評鑑，有失教師的尊嚴，而且違背尊師重道的原則。然而，依目前情況，大專

教師只要沒有嚴重犯法事件，沒有政治乙的原因，幾乎可以高枕無憂，有些教師就不免日久生懈了。

對於這個現象，我們可以用課堂評鑑的方式來加以補救。教師本身也許不便評鑑，但教師的教學活動則可評鑑。各校如果要求教師自行定期在課堂中發評鑑表給同學，由學生就教材難易、教學方法、課程內容等方面表示意見，收集後供老師自己參考。這等於提供教師一個自我觀察及檢討的機會，可以刺激教師在教學上不斷進步。

這種做法，最重要的是對事不對人，受到評鑑的是教學上的問題，而不是教師的人身問題，不致影響教師的尊嚴。評鑑的項目如果加些變化，例如教師在教課內容中有沒有創見，則可以藉此從側面觀察教師的研究成績，進而刺激教師的研究動機。

第六，大專院校教師應舉辦在職訓練。有的教師在任教之初，由於沒有接受完整的學術訓練，或者任教以後，久未接觸本門學術的新知識，幾年後就落伍了。

對於這類教師，除了設法激勵他們做研究或涉獵新知識的動機外，學校方面還應該讓他們輪流接受在職訓練。原因是，許多學校的教學環境與研究設備都不適合教師自修，教師的研究與教學能力不可能提高。在這種情況下，學校可以有幾種做法，一種是讓本校教師分批到設備較好的相關學科研究所去聽課，甚至修學位；如此一邊進修，一邊教課，研究與教學水準才會不斷提高。據我所知，國科會目前也有一筆經費，專門供教師在國內或國外進修之用，也是這種用意。

再者，教育部可以利用寒暑假，設計一系列的分科學術研究講習會，以充實此類教師的基本研究能力，同時在會後追蹤輔導學員的研究工作，以逐漸提高他們自己做研究及接受新知識的意願與能力。

培養重視學術研究風氣

第七，學校內應培養重視學術研究的風氣。學校的領導人，包括校長、教務長、院長及科系主任等，一定要重視學術，校內的學術活動才會蓬勃發展。

如果一校之長只注意蓋房子，或是為了省錢而過分增加教師的教學時數，這種學校很容易就扼殺了教師的研究興趣。

又如甄選科系主任，應該從學術觀點去選人，選出來的人才會以系內的學術風氣為重。科系主任如果自己不重研究，不辦研究，或學術水準不夠，而只是將主任當官來做，到處應酬巴結，便會將整個系風弄壞，使學術流為次要。

總之，學校內的一切措施，都應以支援學術為優先目標，行政上的考慮、現實政治的顧忌，都不可阻礙學術活動的發展。校長、教務長、院長、科系主任都是學術主管，應對校內、院內或系內同仁的學術工作時時關心，在研究工作上如有困難，應竭力幫助解決，給予必要的精神與實質支援。

第八，應健全學會的功能。在一個學術發達的社會裡，學會的角色甚為重要。由於學會經常召集學術研討會，讓學者共聚一堂，互相發表論文與觀摩辯論，無形中促成了學術上的競爭與交流，對提高研究風氣十分有幫助。

然而，學會要發揮這種功能，必須先有健全的人事。學會的活動應以學術為主，學會的主持人應有足夠的學術成就與聲望。可是，坦白的說，我們的學會常常不是這麼回事。國內的學會大部分都像「打牙祭」的吃會，每年例行性的聚聚餐就算了事。學會的主持人也未必有很好的學術成就及學術熱情，倒不乏以政治色彩為重的人。這樣的學會組織當然不能發生領導學術的作用。

第九，打破仕宦不分的觀念。政府常喜歡在學者中間找人，來擔任政府機構中的職務，這對增進政府效能大有助益，當然是一件很好的事。但是，這些進入宦途的學者，一方面忙於公務，脫離了學術研究，一方面還捨不得放棄學校裡的課程。他們身不由己，上課不是遲到早退，就是請假不到，一學期上不了幾次課，而且因為事前不能好好準備，講課常是東拉西扯，缺乏深度。

換句話說，仕優則宦雖是件好事情，可是學者做官還是離開教職比較好，以免延誤研究與教學工作。如果將來要重回教壇，則可暫時留職停薪，以避免仕宦干擾的不良現象。

從另一個角度來說，有些科系的主任為了拉關係，或應付人情，找一些官員來教課，也同樣嚴重影響研究與教學。而且，這還給其他教師和學生極壞的示範作用，以為不必努力研究，只要做了官，便可左右逢源，無往不利，好像官做久了就有了學問，「教授」就可垂手而得。這些不好的影響，都是官學不

分，徑渭不明所造成的，必須加以改善。

　　第十，提高大專教師的薪資待遇。國內大專教師的待遇，跟亞洲其他同樣進步的國家（如日本、韓國、香港、新加坡）相比，要少得很多，跟國內其他行業，尤其是工、商界比較，同樣要相形見絀。

　　一般人總以為，做教師的應該清高，事實上，清高並不等於清苦。何況，現在的社會價值觀念變了，即使是教師也有改善生活的需要與權利。

　　由於待遇不高，許多大專教師為了補貼開支，只好到處兼課兼差，或者私下自己經營事業，最後被犧牲的仍是學術與學生。

提高待遇促進心理平衡

　　待遇過少，在心理上還有另一層影響。每個人在心目中都有一座「天平」，希望自己在工作上的努力與因而所得的報酬能夠平衡。報酬可以鼓勵工作動機的理由也就在此。如果大專教師覺得他的薪資待遇偏低，為了使心中的「天平」平衡，便自然會減低努力的程度。這不知不覺會對教師們的教學情緒與研究動機產生不利的影響。反過來說，如果待遇能適度提高，則不僅對大專教師的現實生活有所補益，同時也會使他們有一種受到尊敬與重視的感覺。後一效果可能比待遇調整本身還來得重要。

　　以上十點，都是針對目前大專教師的實際問題而提出的具體建議。如果能朝著這些方向不斷努力，對於提高大專院校的師資素質與學術水準，一定有很大的幫助。（本文由臺灣大學楊國樞教授口述，記者魏誠整理，並經楊教授過目）

我們需要人文化的科技

1983 年 7 月 31 日　中國時報

　　行政院孫院長日前在國建會閉幕式上提到,由於有些學者擔心科技的快速發展,可能引發人類文明的危機,所以近年來,政府在著重科技發展的同時,也特別注重人文精神的建設,使能滋養科技,以充分發揮科技的社會意義,開創一個人文與科技相輔相成而交互輝映的新時代。

　　孫院長這一席話,涵義相當廣闊而深刻,涉及人文與科技兩者彼此關係的問題,攸關我們邁往現代化的基本取向,值得進一步闡釋。

　　首先就觀念層次來說。長久以來,有不少人把科技與人文視為對立的概念,認為兩者本質上是互相衝突的。這種看法並不恰當。但是,為什麼會有這種由來已久的觀念呢?仔細推究起來,主要是因為自科技文明高度發達以來,人們過分注重物質生活與物質價值,影響所及,在整個社會生活與社會組織中,形成一種以物質為中心的價值體系,使人們在生活中感到人的重要性大大降低,幾乎被各種科技與物質文明所籠罩,顯現不出人的價值與意義。因此,有人就把這種人文精神的式微,歸咎於科技的發達,久而乃將科技與人文視為對立的概念。

　　要扭轉這種偏差的觀念,可以從消極性與積極性兩方面來努力。一、在消極的方面,我們不應把科技領域所形成的價值觀念,如效率化、速度化、控制化、標準化、集體化等,過分注入人們的日常生活之中;也就是說,科技領域的價值體系,應當只限制在特定的範疇之內,不要膨脹到完全占據了人文領域與人文生活,必須給人們保留一個精神自由的園地,使性靈得以抒發,使感情得以排遣,以充分享受精緻的文化生活。

　　二、在積極方面,我們應以科技的發展來促進人文的發展。第一,科技發達以後,經濟生產力提高,必然會大大改善人們的物質生活,使衣食住行等生

物性需求獲得充分滿足，進而提升人們的需求層次，從事人文性的精神追索。如此一來，音樂、文學、藝術、哲學等人類精神層面的探究，必將因大量的需要而日趨發達與進步，從而豐富了人文的精神與境界。因此，科技的發達，非但無礙於人文精神的建立，反而有助於人文精神的進展。

第二，科技發達足以拓展精神生活的領域，使音樂、文學及藝術的表現形式更為多樣化，更具創新力。譬如，音響器材隨著科技的進步而日趨精密，聲光設備的進步促進了視聽藝術的發達，科技在傳播與資訊上的運用則擴展了知識與觀念的溝通。這都說明了科技的發達，大大提高了人文精神與生活的品質，使人們更有能力開發自己精神層次的需求。

最後再就實踐層次來說。要使科技與人文相輔相成。互相滋養，這種想法如果僅停留在觀念層次，必然無濟於事，必須使之政策化，並以實際的行動求其落實。這一方面有三點必須注意：

其一，政府對發展科技與人文兩方面的經費，雖不必求其均等，但其分配必須維持一個合理的均衡比例，不應有偏枯的現象。

其二，在培養科技人才的同時，對音樂、文學、藝術、人文學科及社會科學的人才，也應有計劃、有步驟地積極培養，使其不致短缺匱乏，同時並要不斷提高人才的素質。

其三，單有經費與人才仍然不夠，還要不斷進行社會教育，使「科技與人文應維持平衡」的思想觀念，生活方式能普遍深入民心，並進而生活化。

倘若能夠統合以上三者，落實為政府的實際政策與做法，則人文精神必將隨著科技的日漸發達，而益趨精緻與豐富。那時，再也不會有人擔心科技的快速發展會造成人類文明的危機了。

總之，我們所需要的是人文化的科技。只有人文化的科技才能建立人文化的現代社會，只有人文化的現代社會才能提供人文化的現代生活。

臺灣還不是一個多元社會嗎？

1983年9月9日　聯合報

　　我的朋友林毓生教授，執教於美國威斯康辛大學，是專治思想史的有名學者。他於最近返國，參加中央研究院三民主義研究所主辦的「中國思想史研討會」，並在上月十五日假臺大學生活動中心大禮堂發表公開演講，題目是：「到底什麼是多元社會？」

　　次日的聯合報，披露了演講的要點。新聞報導中說，毓生兄認為多元社會是最有生機、效率及組織的社會，在這種開放的社會裡，每個人都可發揮最大的潛能。他更進一步強調，多元社會並不是一種為所欲為的社會，更不是一種混亂無序的社會；多元社會的建立是以一套共識為基礎，透過自由意志的運作，落實為合理有效的法治規範。討論了多元社會的這些特性後，毓生兄為當前的臺灣社會下了一個診斷性的結論：臺灣還不是一個多元社會。他特以此間有錢人花錢方式的「單元化」為例，來說明臺灣社會尚未多元化。他進而指出，臺北是個兩百多萬人的大城市，有各種不同性質的基金會，卻無一所像樣的音樂廳，可知這個社會運用財富的途徑既不多樣，也不均衡。

　　毓生兄對多元社會的性質所提出的籠統看法，大致是可以接受的。但是，他說臺灣還不是一個多元社會，卻是值得商榷的。要想診斷臺灣是不是一個多元社會，必須同時從事兩個層次的分析：（一）以世界上公認的多元社會為對象，進行實徵的與概念的分析，從而抽離出社會多元化的共同標準或向度；（二）以臺灣當前的社會為對象，針對社會多元化的主要標準或向度，以實徵研究的方法，進行定性與定量的分析。只有完成了這兩項分析工作，經由比對以後，才能切實論斷目前的臺灣是不是一個多元社會。至少應該一方面根據世界社會科學中有關多元社會的既有研究成果，分析出幾項具有實徵意義的社會多元化標準，另一方面再根據國內社會科學中有關臺灣社會的既有研究發現，

以及自身長久不斷的深入觀察，從事有系統的比較對照，才能看出臺灣究竟是不是一個多元社會。但是，從演講的新聞報導看來，毓生兄既未有系統的提出具有實徵意義的社會多元化標準，也未分就這些標準，提出具體的證據或分析，有系統的說明臺灣社會多元化（或單元化）的情形。如此而遽然論斷臺灣還不是一個多元社會，豈非診斷太快？

毓生兄認為臺灣還不是一個多元社會的主要證據之一，是臺灣有錢人花錢方式的單元化。但是，有關富人花錢方式的此一論斷，實在未必可靠。這是一個實徵性的問題，而有關的實徵資料與觀察，卻顯示富人花錢的方式並不似一般人所想像的那麼單元化。此間的有錢人並不全是聲色犬馬、吃喝玩樂，也有很多富人熱中於各種文化性的消費活動。退一步說，即使富人的消費型態是單元化的，也不能說整個社會的消費型態是單元化的。除了富人之外，社會上還有其他各類民眾，他們的消費型態與富人大有不同。所以，即使全部富人花錢的方式都是一樣的，我們仍然可以說整個社會花錢的方式是多元化的。此處所論斷的是「社會」消費型態多元化的問題，不是「富人」消費型態多元化的問題。

消費型態的多元化，是社會多元化的一項具有實徵意義的標準，但卻不是一項主要的標準。從社會科學家對多元社會的研究與分析看來，社會多元化的主要標準有以下幾項：（一）思想信仰的多元化，（二）價值觀念的多元化，（三）行業職業的多元化，及（四）自立社團的多元化。這些都是最基本的標準，從而可以衍生出很多其他的標準；例如，消費型態的多元化主要是從價值觀念的多元化衍生而來。在毓生兄的演講中，似乎並未提到這些判斷社會多元化的基本標準，也未針對這些標準，對臺灣社會從事定性與定量的分析。如此而遽然論斷臺灣還不是一個多元社會，豈非有所偏失？

那麼，就上述四項主要標準而論，臺灣究竟是不是一個多元社會？我個人對這個問題的答案是肯定的。我們可以分就每項標準，舉出各種研究結果及觀察資料，來支持這一肯定的答案。個人過去曾經發表過一些有關臺灣社會多元化的文章，此處因限於篇幅，不擬多所贅述。其實，只要是長久住在此地的人，大多不會否認臺灣在思想、價值、職業及社團各方面已經相當多元化的事實。即使根據平常觀察的印象，也可體認到臺灣至少已經是一個雛形的多元社會了。

毓生兄一向為學認真、論事嚴肅，言出自他，非同小可。他以海外學人之尊，斷言臺灣尚非多元社會，一經報章披露，影響非同等閒。朝野軍民，以孤臣孽子之心，在此蕞爾小島奮鬥三十餘年，尚不能締造一個小小的雛形多元社會，未免令人喪氣。故敢以請益之心，表示個人的不同意見，寬宏如毓生兄，當不致罪我也。（原載預定九月十日出版的「中國論壇」半月刊第一九一期）

邁向民有民治民享的真正多元社會——
「邁向開創的年代」系列專欄之五

1984 年 3 月 25 日　中國時報

　　在人類追求合理社會與合理生活的世界潮流中，臺灣地區正在快速地從農業社會轉變成工商社會。事實上，時至今日，我們的農業人口已經減低到百分之二十五左右，非農業人口則已升高到百分之七十五上下，儼然成為一個雛形的工商社會。

　　在過去幾十年中，隨著工業化與商業化所引發的社會變遷，傳統農業社會的種種限制與禁制逐漸鬆弛，人們開始脫離來自政治、經濟及社會的不合理壓抑，在群體與個人行動上，獲得了較大的自由。社會逐漸開放的結果，民眾依據自我意願在各方面有所追求的機會愈來愈多了，在同一方面享有同樣機會的人數也愈來愈多。以這種最根本的「機會多元化」或普及化為基礎，社會內部引起了自發性的分殊化以及複雜化的歷程，從而在很多重要方面，形成了多元的現象。

臺灣社會多元化的成績

　　多元化是臺灣社會整體發展的主要特徵與方向。為了確切瞻望我們社會未來的發展，理應就各個重要層面，對臺灣社會多元化的成績作一評估。以下將就職業、社團、思想、參與、分配及其他六大方面，對臺灣社會各方面多元化的程度加以評分。評估的依據是有關的實徵研究資料與個人直接觀察，但因限於篇幅，無法在此舉證。如果最高是一〇〇分，最低是〇分，個人覺得到目前為止，臺灣社會各方面多元化的得分應如下列：

　　一、職業多元化：八十分；二、社團多元化：七十分；三、思想多元化：

六十二分（平均數），（一）政治思想多元化：五十一分（得分較低，有待努力），（二）社會思想多元化：六十五分，（三）文化思想多元化：七十分（含文學思想與藝術思想）；四、參與多元化：六十八分（平均數），（一）政治參與多元化：六十五分，（二）經濟參與多元化：七十五分，（三）社會參與多元化：六十五分；五、分配多元化：七十分（平均數），（一）教育分配多元化：九十分，（二）財富分配多元化：七十分，（三）權力分配多元化：六十分（得分較低，有待努力），（四）資訊分配多元化：六十五分，（五）價值分配多元化：七十分；六、其他多元化：七十三分（平均數），（一）消費型態多元化：七十分，（二）休閒活動多元化：七十五分；總平均分數：七十一分。

以上是我個人心目中臺灣社會多元化的一張成績單。總平均分數所代表的是臺灣社會整體多元化的程度，這個分數不但已是及格了，而且還比及格分數超過十來分。所以，依個人的淺見，臺灣應該算是一個雛形的多元社會了。

在中國土地上締造成果

在此為止，我們所擁有的雖然只是一個多元社會的「初級生」，但卻是有史以來中國人在中國土地上所建立的唯一多元社會。我們應該特別珍惜與呵護這個朝野共同締造的嶄新社會，並繼續加倍努力，以不斷提高其品質與格調。因為，只有貨真價實的多元化社會，才是一種最有人本精神的社會，也就是一種最「把人當人」的社會。就消極的方面來說，這種社會至少具有以下幾項作用：（一）在政治上，可防止權威主義：在多元社會中，政治資源與權力比較分散，且能相互制衡，濫權與弄權的情形不易產生。（二）在經濟上，可防止壟斷現象：多元化的經濟團體與職業團體，為了自己成員的利益，會互相注意與監督，並進而透過立法來防止經濟壟斷。（三）在社會上，可防止階級主義：多元社會強調個人在多元發展中的平待性，森嚴的階級壘難以形成，以宗親、種族、黨派或性別為基礎的歧視，也可減弱或避免。（四）在文化上，可防止僵滯現象：在多元社會中，各種「次級文化」齊頭並進互相競爭，各求發展，不致因受到壓抑而僵滯不前。（五）在思想上，可防止武斷主義：多元社會會

珍視與保護多元思想,以定於一尊的「正統思想」自居,視其他思想為旁門左道的武斷排斥,自然是行不通的。

在積極方面來說,品質高超的多元社會則至少有以下幾項好處:(一)可適應社會大眾的個別差異:在開放的多元社會裡,個人可免受外界的不合理限制,獲得較多的選擇機會與方向,易於實現自己的潛能。換言之,多元社會較能滿足各人的不同需求,使多數人都能發揮自己的特點與創造力。(二)可提高多數人的價值與尊嚴:在多元社會裡,社會利益或資源的分配較能公平與公正,多數人都可受到適當的待遇,獲得應有的尊重,而無屈辱不平之感。(三)可激發個人活力與團體潛能:多元社會中的群己關係多是意願性的,故能促使個人積極參與,團體靈活運作,形成進步快速的動力性社會。(四)促進社會的自我調整能力:多元社會鼓勵公開的比較與批評,在公眾事務上容易避免與改正錯誤,從而作正確的調節或抉擇,進而使整個社會具有高度的伸縮性與可塑性。(五)增強社會內部均衡性團結:在多元社會中,基於公平正義的原則,透過民主法治的合理運作,及權利義務的適當配合,乃能使社會內部的不同團體或個人,產生相互間的均衡性整合,進而自可形成真正團結與和諧的社會。

以統合與突破來提升品質

品質高超的多元社會既有很多的優點,自然成為人類追求幸福社會的主要標的。潮流所趨,臺灣社會也是朝向這一軌跡發展,並已獲得初步的成就。回顧過去,我們所走的方向是正確的;展望未來,我們還應循著同樣的方向加倍努力。臺灣社會進步至今,顯然面臨兩項發展上的挑戰,等著我們去做適當的迴應。第一,過去幾十年來,我們在職業、社團、思想、參與、分配及其他各層次,確已有了多元的現象,但在結構與功能兩方面,若干分殊歧異的單元之間卻缺乏有機的統合。在社會多元化的早期,這是正常的現象,但如不能及時突破這一困境,社會的整體發展便會遇到瓶頸。第二,在我們社會多元化的成績單中,政治思想多元化與(政治)權力分配多元化兩者得分最低,不是勉強及格,就是尚可補考。這兩方面的多元化,是多元社會的「照牌特徵」,如果進展太慢或全無進展,勢必嚴重影響社會的體質。有些學者至今不承認臺灣是

一多元社會，便是因為臺灣在這兩方面多元化的成績太差。尤有進者，政治思想與政治權力分配如果未能多元化，便會形成一隻「看不同的手」（甚或「看得見的手」），對社會其他各方面的多元化產生非常不利的影響。這兩方面多元化的困境如果不能有效突破，臺灣社會的整體發展也必遇到瓶頸，甚至永遠難以成為貨真價實的多元社會。

社會是一整體，在建立多元社會的歷程中，分殊化與統合化必須同時並進，才能有效保持社會的有機體質。統合化主要是為了達到「異中求同」（求共識）與「不同而和」（求和諧）的目的，以使大眾能有一合理的社會生活。在我們的雛形多元社會中，要想達到同樣的目的，也必須加速社會統合的工作。簡括而言，這可從制度化的與非制度化的兩類方法入手。

以政治發展帶動社會發展

就制度化的統合方法來說，最重要的是健全代議民主與增進公平法治。在我們這初級的多元社會中，不同職業、社團及思想的人，各有其不同的需求與利益。只有使立法院與各級議會的運作與功能更為健全，社會上的多元需求與多元利益，才能在議事決策過程中受到充分的考慮，進而經由合法的程序達成協議。健康的代議制度應賦予議士以充分的議事與溝通之權，行政機構不應以任何理由對其免責範圍擅加限制。同時，為了使多元化的社會需求與利益獲得最好的反映、代表及實現，今後應及早超越心理的障礙與歷史的包袱，容許新政黨的組織與運作。在未來的十年中，臺灣社會多元化的瓶頸能否突破，主要的關鍵因素之一便是「黨禁」的問題。這個問題不能解決，則政治思想、政治參與及權力分配三方面必難真正多元化，臺灣社會的整體發展勢將長期陷入難以掙脫的「低原期」。

尤有進者，瞻望未來十年，此間的政局必將保持一黨獨大的模式，由國民黨繼續執政。在一個多元化的社會中，大黨與小黨應有不同的自處之道。小黨必以代表大黨無法有效代表的社會需求與利益為優先，大黨則應努力擴展範圍，以能代表更多不同的社會需求與利益得計。基於這個道理，多元社會的獨大之黨，必在內部發生多元化現象。而內部一旦多元化，為了統合其內的多元

成分及多元利益,勢必導致黨內的民主化。在今後的歲月裡,身為執政的獨大之黨,為自己的長遠發展謀,國民黨應該力求黨內的多元化,以有效代表多元社會的多元需求與利益,並經由合理程序使其在黨內獲得適當的整合。

在一個多元的社會中,公平法治的統合作用尤其明顯。法律是制度化的社會規範,用以節制個人間、團體間及個人與團體間的種種關係。不同類別的法律是就社會生活的不同方面釐定人際間及團體間的行為規則,以產生防止及解決社會衝突的作用。因此,法律是統合與調節多元因素的最直接手段。社會愈多元化,所需要的法律便愈多愈細。從這個觀來看,我們所面臨的主要困難是立法速度不夠及立法觀念保守。就前者言,我們立法的速度遠落於社會需要之後,若干早已多元化的範疇失去了及時統合的機會。就後者言,在立法過程中,研擬法律草案所根據的基本觀念過分保守,難以符合多元社會的開放取向與人權精神;例如「選舉罷免法」與「刑事訴訟法」,立法之後即有部分條文滯礙難行,有的甚且明顯違背「罪刑法定主義」。

在過去幾十年的變遷過程中,先是經濟發展帶動社會發展,後又寄望社會發展帶動政治發展。但時至今日,進一步的社會發展顯已受制於政治發展,我們便不能不轉而祈靈於政治與法治的突破,熱切希望在未來十年中,能以政治發展帶動社會發展。

邁向多元中國社會

多元社會的統合只靠制度化的方法是不夠的,還需要非制度化的方法配合。所謂非制度化的方法,主要是指容忍、溝通、讓步及共識四步曲。多元社會是一種各方面都充滿差異的社會,日常生活其中,我們必須接受異己,容忍異見,並能見怪不怪。但光是容忍異己異見,互不接觸聞問,便仍是各自為政,難以有效統合。所以,對於我們身邊的個人與團體,容忍之後還要溝通協調,進而去除不必要的誤解,並就真正的差異互作讓步,以尋求可能的共識或協議。以這樣的態度與習慣來生活,許多不必要的人際與團體衝突都可避免。實際上,無論是此處所說的容忍、溝通、讓步及共識,或是上文所說的代議民主與公平法治,都是多元社會中解決衝突問題的重要手段,只是前者已成為制

度化的規則，後者則只是日常的行為策略。

　　在今後的年代中，只要我們能兼用兩套方法，雙管齊下，努力去做，則不但可使以往的多元化成果得以統合，且可突破發展的瓶頸，晉達品質更高的多元化境地。等到我們在臺灣建立了高超的多元社會，便可將之推廣到整個中國，從而締造高超的中國社會，使所有中國人都能掙脫單元的極權世界，及早享受真正多元社會的好處。這是我個人的理想，也希望是所有在臺灣的中國人的理想。（「邁向開創的年代」系列專欄全文完）

山窮水盡疑無路・柳暗花明又一村——
試談黨外今後應有的一些做法

1984 年 8 月 20 日　自立晚報

　　黨外雜誌最近在內容上的過分內幕化與新聞化，及黨外代議士問政氣勢的軟弱無力，黨外運動似乎已經進入了踟躕不前的瓶頸階段。黨外應以更高度的耐心與理性，以更開闊的眼光與器識，來重新檢討目前所遭遇的困難，及未來所應走的方向。

　　近幾月來，黨外的主要政論雜誌，競相以國民黨的權力演變與家族歷史，從事內幕性的報導與分析，引起了各方的密切注意。同時，近來警備總部對此等雜誌加緊查禁，新聞局長又在國外責備黨外雜誌別有居心，而黨政有關報導群起呼應，激發了黨外有關人士嚴重的不安全感。這幾日，復因政府毅然減刑假釋林義雄等人，使社會大眾在寬慰之餘，再度對黨外問題加以關注。

　　基於對民主政治的熱切執著，很多人對黨外運動一直懷著歷久不衰的期望，將黨外看做一種可能引發政黨政治良性循環的變因。顯自高雄不幸事件以來，在嚴重打擊與挫折之下，黨外人士雖然力求相互批判與自我調節，但時至今日，整個黨外情勢似乎並未凸顯清楚的導向與理路。相反地，觀諸黨外雜誌最近在內容上的過分內幕化與新聞化，及黨外代議士問政氣勢的軟弱無力，黨外運動似乎已經進入了踟躕不前的瓶頸階段。

　　窮則變，變則通。處於這一發展上的膠滯狀態，我們認為黨外應以更高度的耐心與理性，以更開闊的眼光與器識，來重新檢討目前所遭遇的困難，及未來所應走的方向。經過這樣的徹底思辨與努力，才能尋得變化黨外體質之道，及促進黨外發展之途。在此，個人願以野人獻曝之心，略議黨外運動今後應有的一些做法，以為黨外有心之人參考。

以質制量 · 以理制力

首先應該指出，近年來黨外人士的互相批鬥，已在社會大眾間引發了很不好的聯想，也喚起了很不快的回憶。近幾個月，黨外雜誌紛紛改為週刊或半月刊，競相報導政治內幕，予人以各立山頭、互爭利益的印象。這些情形對黨外追求民主的形象頗不相宜，甚至使部分民眾懷疑黨外人士的水準與意圖。

目前，在社會大眾的心目中，黨外的政治形象已是相當曖昧不明，混淆不清。這會使民眾對黨外逐漸失去信心與信力，進而妨礙了黨外民主運動的正常發展。我個人認為，黨外當前的急務之一，是如何儘量改善自身的公共形象，以爭取民眾對黨外的好感與信心。

要想達到這一目的，有幾事是必須去做的。與執政的國民黨相比，黨外的人數與力量真是微乎其微。要對這樣強大的對手發生制衡的作用，黨外只能以質勝，而不能以量勝；只能以德（或理）勝，不能以力勝。這是自明之理，實在沒有多少討論的餘地。然則，黨外如何以質制量，以德制力？我個人認為，這只有靠黨外自身不斷地增進素質，積極地改變作風。這可從以下幾方面去努力：（一）黨外政治人士應儘量提高自己的（民主）政治理念與生活品格，在言行上時時以黨外形象為念。黨外如能成為民主的道義結合，則無心民主政治的人士，自必興趣索然，自行退隱。（二）黨外雜誌應不斷導正內容，勿使淪為內幕新聞的刊物。人與事的報導與批評應以其有政治意義者為限，且宜採取就事論事與心存厚道的態度。人與事的評述之外，尤應保留相當篇幅，以從事民主教育。探討民主理論，並解析有關臺灣前途的重大問題。（三）黨外的各級代議士應不斷瞭解施政實況，增進有關學識，以加強質詢水準。質詢之準備與從事，應設法互相支援與配合，以針對問政重點，造成聲勢，產生實質的制衡作用。

瞭解民眾 · 配合需要

黨外應該檢討的第二件事情，是訴求對象的問題。黨外的政治人物，只有在競選的時候，才考慮到訴求對象的問題，平時則含含混混，對政治訴求的對

象,並無清晰的概念。黨外必須認清,目前及可見的未來,我們的社會係以中產階層及農工大眾為主體,任何政治團體都必須以這兩類民眾為主要的訴求對象。但是,黨外瞭解這兩類人的問題與需求嗎?如果瞭解不夠,又如何能在政治主張與作為上抓住民心?我們希望黨外與黨內都能好好去瞭解這兩大類民眾的需求,並作為問政與施政的依據。只有這樣,一個政治團體才能真正「永遠與民眾在一起」。

黨外不能只靠個人感受去瞭解民眾,這是不夠的。黨外的政策研究會、各個有盈餘的黨外雜誌及各位黨外代議士的民眾服務站,都可加以協調配合,互相分工合作,以克難的方式按時進行民意及需求調查。透過這種方法,黨外才能真正瞭解社會問題,掌握社會脈動,進而與社會需求相結合。也只有如此,黨外才能與時俱進,而不致為社會所淘汰。

隨勢演進 · 水到渠成

黨外所應檢討的第三件事情,是領導方式與組織型態的問題。論者當將黨外發展的若干困難,歸諸黨外缺乏強而有力的領袖。我個人對這種說法採取保留的態度。黨外並不是要鬧革命,用不著強而有力的領袖來統御。強而有力的領袖會有強而有力的獨斷作風,其領導方式當是人治式的,難以建立民主的運作型態,黨外如有這樣的領袖,黨外便難以民主。黨外內部如不能民主,又如何能習於國家的民主運作?又如何能扮演民主的制衡角色?真正的民主國家不需要自身強而有力的領袖,民主制度會使他強而有力——有效扮演他應扮演的領導角色,民主政治主要是靠制度來使領袖發揮力量,而不是靠領袖個人的「魔力」及「魅力」來發揮作用。

人治支配了中國政治幾千年,確乎可以休矣。時代進展到這個階段,我們中國人實在應該徹底「斷奶」,不再過分依賴強而有力的領袖。黨外既以追求民主為己志,在這一方面自應事先身體力行,不要再把希望寄託在強而有力的領袖。如果黨外的運作太依賴強而有力的領袖,則領袖在黨外就在,領袖去則黨外便會瓦解。為未來的健全發展計,黨外今後最好能即時建立集體領導的型態,以發揮群策群力、互相配合的功效,在此政治現實下,黨外似乎不必拘泥

政黨之名，而要努力追求政黨之實。黨外的存在，多少會對執政黨產生制衡的作用。黨外應以正大光明的方式，組織多種正式或非正式的團體，從而建立更高層的體系，加以協調與節制。隨著時勢的演進，再逐漸使其形制度化。如此循序漸進，水到渠成，多年之後，社會大眾自會以政黨視黨外。

黨內外處理組黨問題的上策、中策及下策

1986年1月20日　自立晚報

　　面臨新的情勢,政府與執政黨應以理智而富彈性的方式處理黨外的組黨問題。黨外亦宜本諸相忍為國的精神,儘量體諒國家處境的艱難,採取漸進的策略,以避免正面的衝突與立即的損失。

相忍為國以突破瓶頸

　　上屆縣市長及省市議員選舉以來,黨外正式宣布組黨之議甚囂塵上,引起社會大眾的關注。政府有關首長在立法院及其他場合,曾一再以仍值戒嚴時期為由,強調組織新黨尚非其時。在雙方各執己見的情形下,對峙之勢陡形增加,使社會氣氛平添幾許不安。

　　在最近舉行的「南園會議」中,海內外學者從各種角度研討國家未來十年的發展,咸認臺灣在政治、法律、經濟、社會及外交等方面多已遭遇瓶頸,但歸根究底,各方面的發展所以發生重大困難,主要是受政治因素的限制;也就是說,經濟、社會及外交各方面的發展所以遭遇瓶頸,主要是因為政治發展先遭遇了瓶頸。因此,與會人士大都承認:政治發展是國家未來十年發展的關鍵,政治革新的瓶頸如不能突破,其他各方面革新的瓶頸必將難以突破。同時,與會學者也大都同意,未來十年要想突破政治發展或革新的瓶頸,捨徹底實行民主憲政,別無他途。民主憲政的理論已知民主憲政的架構(中華民國憲法)已有,剩下來只有肯不肯認真實踐的問題,徹底而認真的實行民主憲政,則只有超越戒嚴法令的格局,真正回歸憲法(中華民國憲法),唯有如此,國家的政治體制與體質才能脫胎換骨,突破戒嚴政治的瓶頸,帶動其他各方面的發展。

　　在回歸憲法的過程中,脫胎換骨的主要做法之一,應是擺脫戒嚴政治的包

袱,恢復中華民國憲法賦予人民的組黨權利。政府如不此之問,仍然以戒嚴法令禁絕人民組織新黨的可能,則不僅難以突破今後十年國家發展的瓶頸,甚且易於導致政治緊張。而且,去年縣市長及省市議員選舉,黨外候選人在各個選區皆能造成相當的聲勢,顯然黨外已有不可忽視的社會基礎,同時也顯示民眾需要政治制衡力量的存在與運作。面臨這些新的情勢,政府及執政黨應以理智而富彈性的方式處理黨外的組黨問題。同時,黨外也宜本諸相忍為國的精神,儘量體諒國家處境的艱難,在處理組黨的問題時能採漸進的策略,以避免正面的衝突與立即的損失。

政府五種做法各有得失

黨外組黨問題攸關臺灣未來的發展,個人願以國民一分子的身分,越俎代庖,試為黨內外分別畫策。就執政黨與政府而言,面對黨外的組黨嘗試,至少可有以下五種做法,其高下利弊各有不同:

第一策(上上策):政府主動依據中華民國憲法制訂政黨法,開放黨禁,人民可依法自行組黨,以導之以正,使政黨政治能運作於法制之中。

第二策(中上策):政府容忍黨外公共政策研究會(簡稱「公政會」)及其他既有黨外團體之自然而正常的發展(包括成立地方分會),同時受理政治性新社團的申請成立。

第三策(中策):政府容忍「公政會」及其他既有黨外團體之自然而正常的發展(包括成立地方分會),但暫不受理政治性新社團的申請成立。

第四策(中下策):政府強制「公政會」及其他黨外團體辦理登記,或易名後再辦登記。

第五策(下下策):政府逕行取締「公政會」,並不准以任何方式辦理登記。

黨外五種做法亦有利弊

就黨外而言,在努力形成新黨的過程中,則至少有以下五種做法,其高下利弊各有不同:

第一策（上上策）：黨外以漸進方式積極發展並健全「公政會」的結構功能，且依制度化的辦法逐步成立地方分會，同時另向內政部申請成立政治性新社團。

第二策（中上策）：黨外以漸進方式積極發展健全「公政會」的結構及功能，且依制度化的辦法逐步成立地方分會。

第三策（中策）：黨外「公政會」及其他既有黨外團體向內政部辦理登記，或易名後再辦登記。

第四策（中下策）：黨外逕行宣布組黨，並立即在全國各地著手實行。

第五策（下下策）：黨外「公政會」及其他黨外團體繼續組織鬆散，相互猜疑與抵制，且對自身組織化的整體議而不決，決而不行。

雙方應否各自採取上策

以上為黨內外各畫五策，並註明各策之高下。雖因限於篇幅，無法個別分析每一策略的利弊得失，但明眼人只要略事考慮，即可思過半矣。筆者個人既非黨內也非黨外，不過是身在此山中的一介布衣，深信只有經由和平改革所達成的民主憲政才能確保臺灣的福祉，才能解決中國的問題。基於這樣的立場與看法，我們希望執政黨與黨外不但不宜採取各自的下下策（第五策）或中下策（第四策），也不一定採取中策（第三策）。雙方最好都能同時採取各自的上上策（第一策）或中上策（第二策）。若能如此，實質而有效的新政黨才能以和平安全的方式逐漸形成。有了能充分發揮制衡作用的健全政黨政治，方可奠定民主憲政的堅實基礎。有了貨真價實的民主憲政，則以之發展臺灣，以之統攝大陸，都將無往而不利。（七十五年一月八日「自立晚報」第二版談及黨外組黨問題時，曾有「曾經負責黨內外溝通的學者楊國樞」等語句，實則本人從未「負責」黨內外溝通事務，特此順便聲明。）

充實中央民意機構的基本觀念

1986 年 4 月 21 日　自立晚報

不應僅將國民代表大會視為一種象徵政權的機構,而純以「政治號召」為目的,它也應加強發揮自己的實質功能;不應僅將立監兩院視為一種參與治權的機構,而只注意其功能性,它也應儘速增加自己的實質代表性,否則其功能性必將落空。

近月以來,社會上發生了不少事情,政治上也發生了不少事情,輿論界的分析與討論此起彼落,發揮了振聾發聵的作用。有些重大的事情,涉及基本觀念的問題,值得再加反覆申議。其中最受社會關注者,是有關充實中央民意代表機構的問題,實有進一步從事深入研析的必要。

實質代表性與象徵代表性

充實中央民意代表機構的問題,已經到了不能再拖的地步。國民代表大會憲政研討會第一委員會,經過二十幾次會議,現已完成「如何充實中央民意代表機構,維護憲政體制」的研究案。同時,輿論界已有多位學者表示意見,分從不同觀點提出各種解決方案,個人不擬在此建議任何充實中央民代的具體辦法,僅就解決此一問題所涉及一些基本觀念,加以分析與討論。

民主國家的民意機構必須具有代表性,否則便喪失合法性,當然也難以發揮功能性。中華民國的中央民意代表機構(國民大會、立法院及監察院),當然也不例外。中華民國目前所能控制的地區限於臺澎金馬,大陸地區的代表無法改選,中央民代機構自難具有全然的代表性。但是,任何民意機構的代表性都是相對的而非絕對的,都是程度的而非固定的,重要的是在可能的範圍內儘量提高其整體的代表性。在大陸民代無法改選的現實條件下,要想儘量提高中

央民意機構的整體代表性,便必須將實質代表性與象徵代表性分開考慮。所謂「實質代表性」,是指民意代表經由選舉獲得直接的代表權中,所謂「象徵代表性」,是指民意代表非經直接選舉獲得象徵的代表權。在可預見的未來,三個中央民意機構的代表中,只有直接選自臺灣地區者具有實質代表性;非經直接選舉而代表大陸同胞者,則只能具有象徵代表性。未來的中央民意機構勢必兼具實質代表性與象徵代表性。這種兼容並包的混合代表性,可以稱為「過渡代表性」。

要想提高中央民意機構的整體代表性,必須同時提高其實質代表性與象徵代表性。對整體代表性的提高而言,象徵代表性的重要性自然遠不及實質代表性。尤有進者,代表性本身只是一種手段,其目的在使民意機構獲得合法性與功能性。實質代表性與象徵代表性所形成的合法性或功能性,在性質上有所不同。實質的代表性將導致實質的合法性與功能性,象徵的代表性將導致象徵的合法性與功能性。對提高中央民意機構的整體合法性與功能性而言,象徵合法性與功能性的重要性自然遠不及實質合法性與功能性。

實質代表應多於象徵代表

從以上的分析,我們可以說:在國家的過渡時期,中央民意機構的代表性勢必兼含實質的與象徵的兩種成分。就其整體代表性的提高而言,實質代表性的重要性遠大於象徵代表性;就其整體合法性與功能性的提高而言,實質合法性與功能性的重要性又遠大於象徵合法性與功能性。基於此種認識,充實中央民意機構的任何方案,都應賦予實質代表性以較大的比重,只有如此才能使民意機構具有更多的實質合法性與功能性。具體實現這一原則的做法,是儘量提高從臺灣地區直接選出之中央民代的比率,儘量減少象徵性代表大陸同胞之中央民代的比率,前者的比率不僅應大於後者,而且不宜低於百分之七十(約為三分之二)。中央民意機構的實質代表性、合法性及功能性,與其民選成員的絕對人數及相對比率密切相關,後兩者愈大,則前三者愈高,此即為什麼直接選自臺灣的民代在人數與比率上應儘量增加。中央民意機構的象徵代表性、合法性及功能性,與其遴選成員的絕對人數及相對比率關係不大,後兩者即使很

少很小,前三者仍會具有足夠的象徵意義,此即為什麼代表臺澎金馬以外地區的成員可以儘量減少。依此而行,不僅將高度提升三個中央民意機構的整體代表性、合法性及功能性,而且還可大幅降低每一機構的成員總數,從而減輕政府與人民的財政負担,中央民意機構的象徵性成員所占比率一旦居於少數,以往民間的有關不滿或不平,自可消弭於無形。

代表性→合法性→功能性

論者或謂中央民意機構的代表性與功能性應嚴加區分,國民大會屬「政權」機構,應以代表性為重,立監兩院屬「治權」機構,應以功能性為主。這種說法值得商榷。從上文的分析可知,就民意機構而言,代表性與功能性並非同一層次,而是具有程序性的因果關係,其先後順序應為代表性→合法性→功能性。民意機構如無代表性,則無合法性,無合法性自難在政治運作中發揮應有的政治功能(而非行政功能)。國民代表大會應有自己的代表性、合法性及功能性,立監兩院也應有自己的代表性、合法性及功能性。三個中央民意機構的位階雖然不同,但其代表性、合法性及功能性都相互關聯,無法偏廢。換言之,不管是國民代表大會或立監兩院,代表性(尤其是實質代表性)必須列為首要,否則必難產生應有的合法性與功能性。將來的國民代表大會、立法院及監察院,都應以增強為實質代表性為基本原則,亦即其成員皆宜以實質代表占多數,以象徵代表佔少數。只有如此,才能在強化「政統」的同時,也兼顧到「法統」的延續。

從中山先生權能區分的觀點來看,國民代表大會與立監兩院都是有「權」機構,其權的來源是代表民意。此等中央民意機構是在不同位階上行使民權,以達到監督與制衡各級行政機構與首長的目的,使後者能善加發揮其「能」。既然皆屬民意機構,其合法性與功能性自然都以代表性為基礎。國民代表大會如此,立監兩院也是如此。明乎此,前者應重代表性、後者應重功能性之說,在學理與實踐兩方面都將難以成立。此處應該特別強調:不應僅將國民代表大會視為一種象徵政權的機構,而純以「政治號召」為目的,它也應加強發揮自己的實質功能(選舉、罷免、創制、複決);不應僅將立、監兩院視為一種參

與治權的機構,而只注意其功能性,它也應儘速增加自己的實質代表性,否則其功能性必將落空。

知識分子不可做政治幫閒

1986 年 10 月 20 日　自立晚報

　　真正的知識分子並不是不可為政治當道講話,重要的是論事動機要純正、精神要獨立。如果認為政治權威的所為是對的,便應誠心誠意的加以稱讚與支持;如果認為是不對的,便應誠心誠意的加以批評與反對。

　　數週以前,敦理出版社為慶祝「當代批評文存」的發行,曾在耕莘文教院舉辦了一系列的公開演講。其中一次,我應邀以「社會多元化與政治開放化」為題,討論多年來政治開放化的不足對臺灣社會多元化所造成的不利影響,並指出知識分子在爭取政治開放化方面所應扮演的角色。那次演講中,我只是順便點到知識分子的問題,針對此間知識分子令人失望的表現,以及在現實環境中所處的困境,發了幾句感慨之言。不料,這一部分的演講內容,經自立晚報披露後,引起幾家背景特殊的報紙為文「圍剿」,歷時竟有數週之久。在演講時,我只是根據以往的現象與觀察,呼籲臺灣的知識分子要高瞻遠矚,超然獨立,莫為政治的幫閒。這原是一種有則改之,無則加勉的說法,實在不懂何以會引起特殊報紙的特殊反應,而且還反應得這麼大這麼久。這可能是因為我自己言辭拙笨,表達不清,以致造成了不必要的誤解。我寫這篇短文的目的,便是想專就有關知識分子的幾個問題,再作一點分析討論。

真正知識分子的畫像

　　演講後的數週內,幾家背景特殊的報刊,密集發表了好幾篇就知識分子問題向我質疑的文章。拜讀了這些大作,不禁啞然失笑,因為他們所說的「知識分子」,大都不是我所說的知識分子。其中有不少以知識分子自居的作者,竟然望文生義,認為「知識分子」就是學歷高超的人,如擁有學士、碩士或博

士者；或是在某方面學有專長的人，如物理學家、化學家、數學家、社會學家或經濟學家。實則，有學識或知識的人，未必是我所說的知識分子。雖然，我所說的知識分子，必然是有學識或知識的人。不過，除此之外，他們還要有些別的重要特徵。那麼，究竟應該具備那些重要特徵，才能算是我所說的知識分子？

今年九月十三日至十五日，中國論壇社在南園舉辦「知識分子與臺灣發展」研討會。在做總結報告時，我曾綜合大家的論文與討論，從人格心理學與社會心理學的觀點，提出知識分子的九項重要特質：（一）豐富的知識（知識、見識及智慧），（二）社會的關懷，（三）純正的動機（智慮精純），（四）遠大的眼光（高瞻遠矚），（五）崇高的理想，（六）分析的能力，（七）獨立的精神，（八）批判的精神，（九）抗壓的能力。在以上各項個人特質中，豐富的知識學問僅佔九分之一。所以，只有知識學問，還不能算是一位知識分子，尤有進者，作為一個知識分子，他所需要的知識學問，不可只是侷限於某一狹窄的範圍，否則便只能算是一位專家或學者。我所說的知識分子，必須具備更闊廣的知識與見識，更高遠的通識與智慧。只有如此，知識分子才能超越專家與學者，對國家社會的各類重大的通盤問題，提出有用的看法與建議。

具備了上述特質，知識分子才能隨著時代的變遷，扮演其獨特的社會角色，發揮其獨特的社會功能。在正常的情形下，我所說的知識分子，可以扮演數種社會角色：（一）他是國家社會問題的診斷者，（二）他是國家社會事務的批評者，（三）他是國家社會改革的建議者，（四）他是國家社會理想的提供者。所以，隱瞞問題、粉飾太平者不是知識分子，阿諛諂媚、人云亦云者不是知識分子，消極疏離、墨守成規者不是知識分子，只顧眼前、得過且過者也不是知識分子。診斷問題、批評國是、建議改革及提供理想，皆為社會進步與國家發展之所繫，能此四者，難怪有人要說知識分子是「社會的良心」了。

缺少真正的知識分子

前面已經說過，一個人必須具有豐富知識、社會關懷、純正動機、遠大眼光、崇高理想、分析能力、獨立精神、批判精神及抗壓能力等特質，才能在

社會及國家層次發揮診斷問題、批評國是、建議改革及提供理想等功能，從而成為一位真正的知識分子。依這些標準來看，我們可以發現幾點令人失望的事實。首先，近幾十年來，臺灣的政治與社會土壤，極不適合知識分子的培育。自國府遷臺以來，厲行戒嚴體制，基於安全第一的理由，凡事追求一元化及管制化。在此環境中，父母以安全自保告誡子女，教師以安全自保告誡學生，上司以安全自保告誡下屬，人人自警自保，終於建立了一個徹底明哲保身、自求多福的社會。在這樣的社會裡，大多數的重要事物都是制式化或標準化的，懷疑既不容許，分析也無必要；獨立批判既會帶來麻煩，關懷社會也將受到勸阻。這樣的成長環境，當然培養不出眾多的知識分子。即使有少數「漏網之魚」，勉強有點知識分子的形象，也多半是先天不足、後天失調，在歷盡辛酸之餘，勉力而為罷了。

此次，南園會議，研討的主題雖是「知識分子與臺灣發展」，但會中分別以專文論述的「巨大知識分子」，卻只有胡適、徐復觀、殷海光及陶百川四位。四公的養成之年皆是在大陸，嚴格的說，都不能算是臺灣培養的知識分子。臺灣社會中其他比較巨大的高齡知識分子，也大都是同樣的情形。而在六十歲以下的人口中，我們已經看不見有什麼突出而巨大的知識分子。自國府遷臺以來，即屆四十個年頭，其間竟未培養出一位像樣的知識分子，真算是一件難能而不可貴的事情了。華裔美國人李遠哲教授榮獲諾貝爾化學獎後，不少人感慨臺灣以內出不了學術大師。其實，就臺灣過去這種小鼻子小眼睛的教育、社會及政治環境而論，何止出不了大師，就是「大士」（巨大知識分子）也是難求的了。

切莫淪為政治的幫閒

多年以來，臺灣的知識分子所同時承受的壓力與誘惑，主要是來自政治權威、工商團體及大眾傳播三方面。政治力量常軟硬兼施，威逼利誘，以突破知識分子的防線，使其成為政治幫閒。工商界慣以經濟利益引誘知識分子，從事對其有利的研究，發表對其有利的結論。大眾傳播則掌握社會輿論，可以使人揚名立萬，也可使人身敗名裂，因而無意願得罪報紙與電視。在這三大壓力與

誘惑的夾縫中，抗壓能力薄弱的知識分子，要想堅守自己的理想，維持自己的原則，便難乎其難了。

　　當然，臺灣知識分子所受的最大壓力與誘惑，是來自政治權威。在泛政治主義的環境中，政治的力道無所不在，以有形與無形的各種方式，時時抑制知識分子的思想與言論。影響所及，狂狷者日趨偏激，陰柔者逐漸曖昧，軟弱者則乾脆依附權威，徹底成為一面倒的政治幫閒。一旦走了後者之路，上焉者不得不替當道的政治舉措強做解人，去勉強尋找理論根據；下焉者只能在政治權威之前人云亦云，成為十足的應聲之蟲。能如此者，必可上下得益，左右逢源，人人皆曰「智者」。風氣如此，徒呼奈何？

　　其實，真正的知識分子並不是不可為政治當道講話。重要的是知識分子論事動機要純正，精神要獨立。只要能摒棄自利的考慮，以社會公益為依歸，在超然獨立的原則下，運用自己的分析能力，發揮自己的批判精神，就國家社會的大是大非，提出個人的看法與建議，便是在扮演知識分子的角色。這些看法與建議，有時可能與政府的立場相同，有時則可能與政府的立場相左。知識分子自己如果認為政治權威的所做所為是對的，便應誠心誠意的加以稱讚與支持；如果認為是不對的，便應誠心誠意的加以批評與反對。這樣才是知識分子的本色，方能表現知識分子的獨立精神。否則，總是袒護政府，或一味反對當道，恐怕都不能算是真正的知識分子。

再談知識分子及其相關問題
1986年11月8日　自立晚報

今天多數民眾都以充滿希望的心情瞻視未來，但仍有些人活在過去的失敗經驗與恐共情緒中。他們以一套四十年以前的邏輯與經驗，來解釋現在的事務。透過他們的有色眼鏡，什麼人與事都好像「有問題」。

十月十九日，我在自立晚報發表「知識分子不可做政治幫閒」一文，原是就前次演講中有關知識分子的部分，稍作進一步的說明，所抱的是一種與人為善、彼此相勉的意思。撰寫該文時，我努力出之以平靜之心，道之以明顯之理，舉之以實際之事，以為如此當可在不觸人之怒的原則下，表明自己對知識分子問題的基本看法。

料想不到，該文刊出後，仍然是觸犯了政治禁忌，又引發那一、兩家背景特殊的報紙的第二度圍剿，談知識分子問題，而會觸犯禁忌，真是天下少有。我也不過咬文嚼字的奉勸知識分子不要做政治幫閒，既未指名道姓，也沒開口罵人，竟然再度引起少數特殊報紙的激烈反應，這不正可證實臺灣的政治土壤不太適合知識分子的培育嗎？

有些愛護我的朋友，勸我就此忍氣吞聲，好好做個順民，以免吃虧。我原想照著他們的好意去做，但轉念一想，知識分子的問題，不是個人一己之事，既然表示了意見，還是應該繼續把話說清楚。

應以認真負責態度談知識分子問題

從十九日之文發表至今，為時不過兩週，這少數一、兩家特殊報紙，竟一口氣發表了將近三十篇圍剿的文章。這樣的陣仗與效率（至少就數量而言），只有在戰場上對敵作戰時才得一見。除了少數例外，這些文章的筆調與思路如

出一轍，好像是一個口令，一個動作。大多數文章都不是在分析或討論問題，而是毫無根據的亂戴各色帽子，肆無忌憚的發洩漫罵情緒。在漫罵的眾多詞彙中，包括了「共匪昔日玩弄的老把戲」、「會引聖經的魔鬼」、「冒牌知識分子」、「邪惡幫兇」、「政治蟑螂」、「巧言亂德」、「存心不良」（好在尚未指名道姓，或主詞指謂未明，否則大家只有公堂相見）。討論知識分子問題，出言如此無狀，竟要運用這些惡劣無聊的字眼，除了搖頭嘆息，還有什麼話說？

另一個奇怪的現象，是多數文章都用筆名，亂罵的文章尤其如此。有些文章以「本報記者」發表，有的則乾脆全不署名。有些作者看似用了真名，但細看又有點不像真名。也有的作者既然用了筆名，卻又在文後加註「本文作者為國立大學教授」，或「本文作者為留美博士現在國立大學任教」，但又不明說是那家大學的教授。談論知識分子的問題，竟也如此藏首藏尾，毫無認真負責的精神，真不知是那一種路數？在這一點上，我倒是蠻欽佩馬起華與閻沁恒兩位老友，他們以真名實姓在那一、兩家特殊報紙上為文有所反應，至少表現了負責的態度。馬公是政大三民主義研究所的教授，閻公是政大歷史學教授而曾任訓導長多年，他們對知識分子問題的理解與體認，自然不同於我，但能以負責的態度公開討論問題，雖然火氣稍微大了一點，總算是一種可喜的現象。

我從未說過臺灣只有四個知識分子

除了亂戴帽子與肆意漫罵以外，這次圍剿的文章，如「斷章取義」，如「截頭去尾」，如「挖字填詞」，真是不一而足。例如，為了達到使我的言論引起眾怒的目的，很多文章都異口同聲的咬定我在文中說過「臺灣只有胡適、徐復觀、殷海光及陶百川四個巨大知識分子」。有的作者甚至將「巨大」兩字挖掉，硬說我講過「近四十年來臺灣只有四個知識分子」，或說過「臺灣的知識分子只有胡適、徐復觀、殷海光及陶百川四位」。也有的文章乾脆說我為文宣稱：「四十年來，臺灣未培養出一個知識分子」。

實則，我的文章是說：在一次「知識分子與臺灣發展」的學術研討會中，分別以專文討論的「巨大知識分子」，只有胡、徐、殷、陶四位（其他巨大知

識分子則無專文討論）。然後說到臺灣的其他比較巨大的高齡知識分子，也與上述四位一樣，其養成之年大都是在大陸。再後則說到六十歲以下的人口中，已經看不見有何突出而巨大的知識分子，即在過去四十來年間，臺灣並未培養出一位像樣的知識分子。我哪裡說過「臺灣只有胡、徐、殷、陶四個巨大知識分子」？又哪裡說過「臺灣只有四個知識分子」？我雖不願就此論定那些文章的作者都是在挑撥離間，製造知識分子的分裂，但是難道他們讀人家的文章都約好不戴眼鏡嗎？

　　我在文中倒是說過：「四十年來，臺灣尚未培養出一位像樣的知識分子」。我所說的「像樣的知識分子」，是指能符合我在十九日之文中所說的九項性格特質及四項角色功能的巨大知識分子。老實說，依據那些比較嚴格的標準來看，很難在六十歲以下的臺灣人口（久居海外的僑胞不算）之中，找到真正巨大的知識分子。你可以說我懸的標準太高，但不能說我狂妄。「像樣」的知識分子，原是一種「稀有動物」，當然應以高超的標準來評鑑。如果有人願意改採低下的標準來界定「知識分子」，然後認為臺灣的巨大知識分子滿坑滿谷，那或許也算是「一家之言」，別人可犯不著因而破口大罵。但是，就討論知識分子批評與建言的功能來說，這種等而下之的「一家之言」又有什麼意義？那麼多滿坑滿谷的「巨大」知識分子，他們都能扮演批判國家社會重大事務的角色嗎？都能從批評中提出積極的理想與建議嗎？過去四十多年來，我們所看到與聽到的卻是相反的景象：滿坑滿谷的人都在齊聲附和，都在歌功頌德，都在報喜不報憂。臺灣是個蕞爾小島，有滿坑滿谷的歌功之士，就不可能同時有滿坑滿谷的知識分子，更不要說是巨大的知識分子。

討論知識分子問題不可戴人紅帽子

　　在圍剿的文章中，作者所採用之最威武的手段是戴帽子。這類老舊的方法，他們運用的最得心應手。其中有的作者暗示我是「共匪」，有的作者暗示我是一個「只知同情自決分離主義，而從不獻身反共行列的人」。看來，這些「文化尖兵」對我過去的文章與言論並不熟悉，否則他們就不會輕率地戴我這些帽子。在過去二十多年來，我的基本思想與立場，始終穩定一致，絕無察言

觀色、東倒西歪的情形。長期以來，我的文章與言談曾一再顯示：我既不贊成共產極權主義，也不接受臺獨分離思想。而且，作為一個自由主義者，我對任何型態的暴力運動或行動（包括街頭暴力），都會深惡痛絕。我雖無疑無憂、無懼，但如此這般的一說，倒不免落入了「表態」的俗套。時至今日，我們還是脫不了「表態政治」的窠臼。新的政治團體成立時，要向別人表態；個人在政治上受到誤會時，也不能不有所表白。這就是我們的現實政治環境。誰能說這裡是培養知識分子的良好政治土壤？誰又能說這裡是有利知識分子生存的適宜政治氣候？

說來說去，還是沒有說到這少數報紙為什麼要用將近三十篇文章來圍剿一篇短文。我的文章也不過是規勸知識分子不要做政治幫閒。起初我真參不透圍剿的個中道理，經過比對幾篇類似文章的論調後，才算是恍然大悟。原來他們以為我是在玩弄昔日「共匪」早已玩弄過的「老把戲」，目的是使知識分子不敢為政府講話。其中一篇文章的以下話語，簡明扼要的道出了圍剿的理由：昔日」在大陸上共匪那一套老把戲，找幾個無聊文人、共匪的文化打手，用惡毒名詞，把為政府主持正義說公道話的知識分子，罵成「頑固分子」、「死硬派」，使當時的知識分子不願意再說話，於是共產邪說趁機猖獗，誤導了大陸上的民心，乃使大陸淪為今天的人間煉獄！」他們既然認為我有這麼大的「陰謀」，當然非就我的「邪說」加以「消毒」不可。

不應將大陸失敗責任推給知識分子

老實說，我真為這些先生們感到難過，現在是什麼年頭了，還會白紙黑字的印出這種話來。臺灣的社會已經進步到這個地步，臺灣的民眾已經蛻變到這種程度，誰還會相信這些一廂情願的說法。過去幾十年來，有人老是將當年大陸的失敗，推給幾個「民主人士」或知識分子，然後就好像自己沒有責任了。請問：幾個手無寸鐵的知識分子，就能使當年大陸的民心徹底轉變嗎？就能使國府的幾百萬大軍潰退嗎？知識分子真是可憐，他們總是最順手的替罪羔羊，隨時準備為別人的失敗背負十字架。這段大陸的歷史去今不遠，將來總有一天會真相大白。

中華民國的經濟即將躋身已開發國家之林，解除戒嚴與開放黨禁以後，政治與社會必會走向更民主開放的境界。當此之時，多數民眾都以充滿希望的心情瞻視未來，但現在有些人卻仍然活在過去的失敗經驗與恐共情緒之中。今天的臺灣已不是四十年以前的大陸，今天的政府已不是四十年以前的政府，今天的民眾也不是四十年以前的民眾，但這些活在過去的人卻老以一套四十年以前的邏輯與經驗，來解釋現在的事物。透過他們的有色眼鏡，什麼人與事都好像「有問題」。心理學上所說的「妄想傾向」在此算是找到了最鮮活的範例。

知識分子應立志為國家社會盡大忠

其實，為了戴我這頂紅色的大帽子，他們還是故意扭曲了我的文義，把我塑造成別有所似的稻草人。在十九日之文中，我從未用過比「政治幫閒」更嚴厲的字眼，哪裡稱得上用「惡毒的名詞」。我用「政治幫閒」這個名詞，完全收其描述性意義，主要是奉勸知識分子將來不要喪失了獨立精神，輕易去應聲附和政治權威。但我從未說過知識分子不可為政府講話。實則正好相反，我在十九日之文中曾有以下的語句：「真正的知識分子並不是不可為政治當道講話。……知識分子自己如果認為政治權威的所做所為是對的，便應誠心誠意的加以稱讚與支持；如果認為是不對的，便應誠心誠意的加以批評與反對。……否則，總是袒護政府，或一味反對當道，恐怕都不能算是真正的知識分子」顯而易見，那些喜歡戴人紅帽子的作者，全不理會我的明顯文義，硬以公然說謊的方式，栽誣羅織，製造莫須有的罪名。他們可能沾沾自喜，自詡忠貞。但這充其量只能算是「小忠」，而「行小忠，則大忠之賊也」（韓非子，十過）。早在先秦時代，韓非子即將這種「小忠」列為辦理國事者十大過失的榜首。自命忠貞者，豈可不慎？

理性態度是知識分子的第十大特質

最後，我必須遺憾的指出：時至今日，臺灣還是有人不能冷靜而理智的討論知識分子的問題，而且也難以容忍別人，冷靜而理智的討論這個問題。我現

在愈來愈覺得理性態度對知識分子的重要性，因而決定在十九日之文中所提的九項知識分子的主要特質（豐富的知識、社會的關懷、純正的動機、遠大的眼光、崇高的理想、分析的能力、獨立的精神批判的精神、道德的勇氣）之外，再加「理性的態度」，湊足十項。知識分子能同時具此十者，便是一位十項全能的知識分子，庶幾可以稱為「十全知識分子」。

三談知識分子及其相關問題

1987年1月12日　自立晚報

　　真正的知識分子實在是一種俠客,因為他們是以悲天憫人之心去同情弱者、關懷社會、熱愛國家。不過,知識分子既是一種觀念人,所以只能算是一種「文俠」,而不是一種「武俠」。

　　我在自立晚報寫過兩篇談知識分子問題的文章。第一篇是在十月十九日發表,題目是「知識分子不可做政治幫閒」。此文一出,觸怒不少自己心裡有數的人士,他們利用所能發動的背景特殊的傳播工具,從同樣的立場,以類似的論調,進行所謂的「圍剿」工作。為了有所答辯,我又在十一月八日發展了第二篇有關文章,題目是「再談知識分子及其相關問題」。此文之後,那幾家立場相同的報紙與雜誌,又陸續出現了好多篇討論有關問題的文章,但態度與筆調已大有改善,實在是一個可喜的現象。

　　在此政治氣壓很低的小島上長久生活的讀書人,對知識分子的問題與處境,多會有很深很強的感慨與體認。我個人當然也難例外。在十月十九日的第一篇文章中,我確是在認真地檢討臺灣知識分子的困境(其實也是全中國知識分子的困境)。但因限於篇幅,所能談論的問題很少,所能探討的深度也有限。第二篇文章主要是為了答辯,當然更難提出新的問題,引伸新的觀點。也就是說,我雖然已經寫了兩篇文章,但有關知識分子問題的討論,卻仍感意猶未盡。所以,便不能不在這裡再談一次。

知識分子與群眾的關係如何?

　　在此「三談」之中,我將不作任何新的答辯,而以全部篇幅用來討論一些新的問題。

我想討論的第一件事項，並不是一個全新的問題，而是針對知識分子當前的困境，提出一些新的補充，在十月十九日的文章中，討論臺灣知識分子當前的困境時，我曾強調此間知識分子目前是同時受到三方面的誘惑與壓力：政治權威、大眾傳播及工商企業。但從近年來的政治與社會發展看，知識分子當前還受到來自第四方面的誘惑與壓力，即社會群眾的誘惑與壓力。在現代的工商社會中，隨著教育的普及與提高，以及個人主義與自我意識的抬頭，社會大眾已經不再是愚昧無知的被動之人，轉而成為既有主見又想參與的主動之士。影響所及，使政治與社會運作日益大眾化與普羅化而政治與社會菁英分子的影響力則逐漸衰弱。在此情勢下，屬於菁英分子的知識分子要想發揮作用，常需獲得群眾的認同與支持，群眾的誘惑與壓力於焉形成。為了維持或獲得群眾的認同與支持，知識分子可能會有意無意地遷就群眾的好惡或無存之見，喪失了獨立、客觀及理性的精神。有些過分迷信群眾的知識分子，甚至以群眾為師，不問是非黑白，好群眾之所好，惡群眾之所惡，完全為群眾牽著鼻子走。而事實上，在很多情形下，所謂群眾也者，也不過是社會上的一部分人。

為了對抗來自現實政治權威的誘惑與壓力，知識分子特別需要群眾的認同與支持，因而也特別容易受到群眾的影響，而喪失了分析判斷的獨立性與客觀性。這是知識分子最易遭遇的陷阱，積極推動政治反對運動的知識分子（如參加黨外運動者）尤其易於步入這樣的陷阱。這些直接投身政府與社會運動的知識分子為了自我保護或對政治權威施加壓力，勢必急需擴大自己的群眾基礎。經由群眾聚會的親身參與，這些知識分子最能深切體驗群眾的氣勢與魅力，也最有機會享受群眾的掌聲與喝采，最後可能逐漸依賴群眾，再也無法抗拒群眾的誘惑與壓力。尤有進者，由於大眾傳播是影響群眾及獲得群眾認同的主要途徑之一，屈服於群眾的知識分子也常易屈服於大眾傳播，成為後者的附庸。

身為當前臺灣社會的知識分子，不僅應努力抗拒來自政治權威、大眾傳播及工商企業三方面的誘惑與壓力，而且應努力抗拒來自群眾的誘惑與壓力，在針對政治及社會重大問題從事分析、批評及建議之時，要真能做到獨立、客觀及理性的境地。尤其是投入黨外政治運動的知識分子，更當特別注意，以盡力預防或擺脫群眾的誘惑與壓力，說自己所當說、寫自己所當寫、做自己所當做。切不可以聽到掌聲就迷失了自己，看到喝采就忘卻了理智。否則，恐將成為被群眾牽著鼻子走的依賴者，再也不能算是知識分子了。

知識分子應否直接採取行動？

　　我想談的第二個問題是：知識分子應否起而直接採取實際的行動？這是一個極其複雜的問題，牽涉的條件甚多，實無清楚簡明的答案。此處我只能嘗試說說自己的看法，是否得當遂有待更深入的討論。

　　基本上，我個人認為知識分子是一種觀念人（man of idea）而不是一種行動人（man of action）。作為一個概念人，知識分子所扮演的主要社會角色是分析社會問題、批評社會現象，提供解決建議及建構社會理想。能夠有效扮演這些角色，便算成功地發揮了知識分子的社會功能。至於實際去施行這些建議或培養這些理想。那主要是政府、民眾及其他人才的工作，便不是知識分子的責任了。簡單地說，我認為知識分子對現實政治與社會問題的主要作用是「坐而言」，而不是「起而行」。坐而言與起而行是兩類截然不同的活動，須由兩類具有不同特長的人去做。有效地的起而行，所需要的是具有領導或實踐才能的行動人。

　　當然，分析、批評及建議也是一種行動，但卻都是坐而言的行動，而不是起而行的行動。坐而言的行動所涉及的主要是應否及如何改革的問題，起而行的行動所涉及的實際改革的作為，簡單地說，前者可以稱為程序性的行動，後者可以稱為實踐性的行動。知識分子的行動應以程序性者為主，實踐性者則在其次。但在有些國家（特別是第三世界的國家），政府與民眾的改革能力甚差，常無法有效實踐知識分子的改革建議與計劃，有些知識分子只好自己起而採取改革或革命行動，親身推動自己的改革或革命計劃。常見的可能有兩個主要的結果。其一，擅長分析、批評及建議的優秀知識分子，未必能成為能幹的改革或革命實踐家，因而可能使改革或革命一無所成。其二、即使有些知識分子真能轉化成能幹的行動實踐家，在強烈的行動取向與情緒壓力之下，常會逐漸喪失了理性的、客觀的精神，消除了寬厚的、溫柔的心懷，再也不能有效地發揮知識分子的功能。後項結果顯示了一個重要的現象：使一個知識分子不再是知識分子的有效方法之一，是讓他（或她）變成一個行動人。

　　事實上，知識分子所可採取的行動很多。除了程序性的行動以外，還有另外四類重要行動，也是知識分子可以盡力從事的。其一是推廣性的行動：為了

推廣自己，觀念與建議，知識分子可以開書局，辦雜誌及辦報紙的以產生預期的社會教育功能。其三是團結性的行動：為了互相策勵，並增強共同的影響力，思想與主張相近的知識分子，可以成立有組織的社團。陶百川先生之倡議成立類似英國費邊社的知識分子組織，便是一個眼前的例子。其三是實驗性的行動：為了驗證自己的改革建議或計劃的可行性與有效性，知識分子可以在現實社會中進行局部的實驗，當年晏陽初先生在大陸鄉下進行農村建設的實驗，就是一個明顯的例子。其四是抗議性的行動：為了突顯政治或社會問題的不公平、不合理，知識分子可以和平的方式進行個人或集體的抗議行動。當年英國的羅素與印度的甘地兩位先生，常以這種方式從事抗議活動。數月前此間有十一位臺大教授聯合宴請林正杰先生，也是一種和平性的抗議行動（針對議員免責權與司法公正性兩大問題提出抗議）。

總之，知識分子主要是一種觀念人，而不是一種行動人。羅家倫先生在談到「俠客」的概念時，曾提出如下的定義：「俠是偉大的同情」。就這一意義而言，真正的知識分子實在是一種俠客，因為他們是以悲天憫人之心去同情弱者，關懷社會，熱愛國家。他們的同情、關懷及熱愛是偉大的，因為他們所同情、關懷及熱愛的對象，已經超越了自己的本身、親朋、團體及黨派。不過，知識分子既是一種觀念人，所以只能算是一種「文俠」，而不是一種「武俠」。知識分子不大會「以武犯禁」，但卻常有「以文犯禁」的機會。我們希望此間的知識分子都能好好地做個稱職的文俠。

迎接政治蛻化的新紀元——
解嚴後所面臨的三大政治習題

1987年7月4日　中國時報

　　「國家安全法」已在立法院通過,並咨請總統明令公布實施,旋將宣布解除實施達四十年之久的戒嚴令。歷經幾近半世紀之久的戒嚴令,一旦宣布解除,不但對臺灣而言是一件大事,對整個中國來說,也具有重大的意義。換言之,它意味著臺灣即將邁入一個新的紀元。這正如生物成長過程中的蛻變現象,其中的每一次蛻化,不僅僅是外型的改變,而且是體質上全面的脫胎換骨。而解嚴後臺灣在政治上所產生的「蛻化」,亦將不只是量的轉變,而且是一種質的蛻化。這種「政治蛻化」必將使臺灣政治體質脫胎換骨,進入一個嶄新的階段。

　　新階段的未來轉變,將呈現在兩大方面,一方面是政治本身的,另一方面則是社會方面的。就政治本身而言,解嚴後不但政治結構將面臨重整,政治氣氛也將全面改變。另一方面,政治體質、結構及氣氛的轉變,亦將反映到整個社會,促使社會、文化及經濟等方面發生重大改變;在趨勢下,過去之「政治掛帥」所形成的「泛政治主義」將會大會降低,至少在社會、文化及經濟生活方面,許多無謂的政治干預將會減少,這對臺灣未來的前途影響很大,也將是解嚴前後最大的不同。

民主憲政程度日益提高

　　解嚴後的新階段究竟將會如何發展?假如捨去社層面的蛻變不談,純就政治發展方面而論,我認為其最大的特點將是民主憲政的程度日益提高。為了在未來蛻變中真能更進一步提高此間民主政治的素質,在這裡有必要將幾個即將

面臨的重要政治問題在此提出來討論,而這些問題的能否順利解決,勢將成為臺灣政治體質是否能成功轉化的最大關鍵。

一、新黨結社的問題

國家安全法公布實施以後,即將面臨的第一道難解的政治習題,是人民團體組織法的制訂及民進黨的登記問題。

「國安法」第二條明訂:「人民集會、結社,不得違背憲法或主張共產主義,或主張分裂國土。」顯而易見,此一政治宣示性的條文,勢將成為訂定人民團體組織法之張本。若果真如此,則未來行政院將該法送請立法院審議通過的歷程中,必遭民進黨在立法院內外的激烈反對與抗議。在人民團體組織法中,如直接引用國安法第二條作為約制政治性社團之登記與運作的依據,則因直接涉及民進黨的合法地位問題,該黨起而抗議的激烈程度,必將超過反對國安法的情形,屆時可能在社會上造成很大的困擾。

「國安法」第二條所說的不得違背憲法、不得主張共產主義及不得主張分裂國土三者,將來的人民團體組織法如直接引為依據,皆將引起針鋒相對的嚴重爭議。不得違背的「憲法」是指那一部憲法?是原版的「中華民國憲法」?還是為「臨時條款」所凍結以後的憲法?不得主張的「共產主義」,是指誰的共產主義?(馬克斯的共產主義?列寧的共產主義?還是毛澤東的共產主義?)是指那個國家的共產主義?(匈牙利的共產主義?波蘭的共產主義?還是中共的共產主義?)如有政治團體主張三通或與中共和平共存,是否算是主張共產主義?不得主張的「分裂國土」,與「臺灣獨立」有何不同?如有政治團體主張與中共和平共存或競進,是否算是主張分裂國土?以上都是極具爭議性的問題,將來在人民團體組織法的立法過程中,必然是各說各話,引起極大的社會紛爭。

約制政黨登記易生紛擾

人民團體組織法最後如真將「國安法」第二條的內涵放入條文之中,則不但不能解決民進黨的登記問題,反會引發長期的政治鬥爭與街頭衝突。顯

而易見，有關單位如依「國安法」第二條之內涵「嚴格」執行，則民進黨的黨綱黨草中可能有些部分難以通過。在此情形下，主管單位自必要求民進黨有所修改。但民進黨礙於顏面及其支持者的壓力，勢難接受此種修改黨綱黨章的要求，最後必然陷入僵局，從而可能引發持久的群眾活動與社會紛擾。尤有進者，從過去兩年多黨內外的溝通經過看來，黨外政治人士深怕因自己立場軟弱而失去黨外選民支持，因而對黨外社團向政府登記一事多不願表露積極的態度。在此「心結」下，民進黨向政府辦理登記的意願本即不高，而且還曾激烈反對「國安法」的制訂，如人民團體組織法援引「國安法」第二條作為約制之依據，民進黨正可以此為由而拒絕辦理登記。即使勉強嘗試辦理登記，如因部分黨綱黨章為主管單位認定不合「國安法」第二條之精神，則民進黨正好藉此拒絕修改，進而甚至發動群眾抗議行動，長期僵持不下，為社會帶來嚴重的不安。在拒絕登記或拒絕修改黨綱黨章的情形下，民進黨勢將一直處於「不合法」的狀態下，有關單位如不加解散或取締，則司法威信大失；如強加解散或取締，則民進黨已有政黨之實（擁有相當的民眾基礎），自必遭強烈的反抗，從而可能造成難以彌補的創傷。

在民進黨的激烈反對下，政府及執政黨仍然堅持制訂「國安法」，並將第二條視為重點之一，則將來制訂人民團體組織法時，定會將此條的內涵放入新法的條文之中。但為避免以上所說的不良後果，個人願提供三項建議，以供有關單位與人士參考：（一）「國安法」完成立法程序以前已經成立的政黨（國民黨、青年黨、民社黨及民進黨），視為既成事實，僅加追認而不必再依人民團體組織法辦理登記。（二）在「國安法」與未來之人民團體組織法的施行細則中，對第二條之內涵儘量從寬解釋，以能容忍現有四個政黨的黨綱黨章為原則。（三）將「國安法」第二條視為政治宣示性的條文（此本為執政黨之原意），任何政治性團體如有所違背，則以黨政溝通與黨黨溝通的方式予以協調改進，而不強行訴之於法，或繩之於法。

二、回歸憲法的問題

解嚴後的第二個必將面對的政治習題是回歸憲法的問題。過去，曾有許多

人呼籲要回歸憲法,當然也有許多人不表贊同。這個問題很可能將在解嚴後變成政治爭論的重要主題,而其中的焦點將是臨時條款的存廢問題。有的人認為要回歸憲法,就是要實施「原版憲法」,而有人卻認為臨時條款與憲法是分不開的。假如民進黨堅持的是前者,而執政黨又認為已讓步太多,臨時條款絕不廢除,則勢將造成嚴重的政治衝突。

臨時條款將成政爭焦點

執政黨應加留意的是,民進黨將來若以「廢除臨時條款」作為解嚴後政治訴求的新主題,其理直氣壯的程度,將遠勝過目前對國安法的反對。國安法的訴求層次畢竟還太高,而且有高度仁者見仁智者見智的成分,民進黨最多也只是反映其反對的立場罷了。但臨時條款就不同了,它相當程度的是在凍結憲法,也等於是一種使憲政難以原貌呈現與運作的明顯障礙,假如執政黨礙於最高當局已作明確政治宣示,而執意主張臨時條款是憲法不可分割的一部分,則此問題在未來勢必成為雙方政爭的主要戰場,而其複雜的程度也遠比國安法制訂與否為大,因為它涉及的是基本的憲政體制問題。

我個人認為:解嚴之後,人民的心胸與視野將更為開闊,將逐漸不再能接受臨時條款的存在,而未來一旦民進黨以此為政治訴求的問題,不但可能在國內受到廣泛的支持,很可能在國際上也會得到相當的同情,其聲勢必將大過目前對國安法的反對。我最擔心的情況是,假如執政黨堅決保衛臨時條款,長久相持不下,則很可能導致民進黨及其支持者乾脆一不作、二不休,連原版憲法都一起否定掉。目前民進黨大致主張回歸憲法,表示他們還承認中華民國憲法與體制,一旦連憲法予以否定,而主張另行制訂「基本法」什麼的,那就涉及到基本國體的問題,那就到了迫使國民黨攤牌的時候了。當然,國民黨是不會輕易容許其他政黨連憲法都否決掉的。更具體的說,在未來有關臨時條款的政爭過程中,國民黨可能的反應方式有三種。第一種方式是儘量拖延,拖到最後不能再拖時,再同意廢除臨時條款,第二種方式是運用最嚴厲的手段來反應,可能是大規模的運用「公權力」採取類似高雄事件的作法。第三種方式則是接受民進黨的主張,另行制訂替代性的法律。在可預見的未來,在上述三種方式

中,以第三種的可能性最小;第二種的可能性也不大,因為那等於是玉石俱焚;最可能的方式還是第一種,但在時機上還是嫌遲了一點。

認清時勢所趨掌握機先

我認為上述反應方式均非上策,國民黨最好能提前採取行動:國民黨既已認清民主潮流之所趨,決心貫徹民主憲政,何不掌握機先,在解嚴之後主動而有計劃的廢除臨時條款,並預先做好應有的種種準備,尤其是要在民進黨還未提出有關要求以前就作好了。如此則可顯示國民黨具有充分信心,足以迎接一切「政治蛻變」的挑戰,而能主動提升民主憲政的品質,將獲得國內外一致的讚揚。但若不此之圖,將來假如一味拖延,最後只有走上前面所提到的三種下策之一。

回歸憲法與貫徹憲政將是解嚴後國民黨不得不面對的政治課題,而它的解決方式,必將深切影響今後臺灣的政治發展。

三、執政黨的內部蛻化

解嚴後,執政黨要面對的第三個課題,是其本身體質改變的問題。國民黨畢竟是目前臺灣的主流政黨,它的思想、觀念及體質,都會直接影響到解嚴後的狀況。

解嚴後,執政黨在體質上的轉變,其主要方向應是加速變成一個純粹的「民主」政黨,而不復再是一個「革命民主」政黨。民主則革命自在其中,革命則民主不見了。這種由革命民主政黨到民主政黨的蛻變過程中,執政黨有幾個努力的方向:

(一)在觀念層次上,應提醒自己的黨員,認清目前已進入兩黨和平競進的階段,不宜再如過去一般,將與自己黨派對立的其他黨派或政治人物視為陰謀分子、分歧分子或叛徒敵人,而應體認惟有兩黨共同相應運作才能在政治舞台上演好民主的大戲。雙方彼此不視為敵人,而只是和平競爭的政治團體,從而方能培養出更開闊的容忍胸襟。

(二)臺灣的政治已逐漸邁入「普羅化民主」的階段,普羅化的民意基礎勢將

成為任何政黨執政的基礎。對於這情形，執政黨應早作準備。事實上，目前已有不少執政黨籍增額中央民代（尤其是立法委員）已難以完全服從「黨鞭」的指揮，而逐漸以民意為依歸。此一演變，已形成一種趨勢，今後會日益明顯而強烈。執政黨不宜強行抗拒此一轉變，反而應當迎接此一轉變，使有民意基礎的中央民代在黨內有更大的發言權與決策權，而且在行政院組閣時多加重用這些人才，使執政黨與政府具有堅實的民意基礎。

（三）國民黨內部應加速民主化，使內部黨員有更大的參與權。黨的組織、決策及人事，應儘量反映全體黨員的意見，使所有黨員都有參與的機會，如此黨所受到的支持才能更為紮實。執政黨內部的民主化，在運作與實踐上應加以制度化與公開化。

加速執政黨內部多元化

（四）執政黨內要加速多元化。執政黨的黨員原來就是來自不同的階層，本身亦代表不同的利益，自然會形成不同的派系。過去，執政黨強調「黨外無黨，黨內無派」，而在時勢推移中，多元化的社會必然會有多元化的利益，而多元化利益也一定會反映在黨內的派系之中，而透過派系間的互動與調和，反映在執政黨的決策之中，進而貫徹到政府的施政之內。執政黨應充分掌握此一趨勢，才能有效適應多元化社會的挑戰與需求。現在，黨外已經有黨，黨內又何妨有派。

四、展開進取性的改革

執政黨過去的改革，比較偏向消極而被動的「防衛性改革」。這種改革往往因時效之延誤，或防堵性動機的侷限，反而不易受到太多的好評。在解嚴後的時代中，我們希望執政黨能掌握機先，以積極而主動的「進取性改革」，來迎接解嚴後一切挑戰。以大開大闔的作風，大公無私的精神，從民主憲政的基本體制上去從事徹底的政治改革，以在此由或土地上締造貨真價實的民主政體，為中國的歷史開創嶄新的一頁。

從「強人政治」到「常人政治」

1988 年 1 月 21 日　自立晚報

經國先生逝世以後，大家應儘快從依賴強人轉變為信靠制度。

故總統蔣經國先生逝世，朝野軍民表現出一種處變不驚的成熟境界，這一令人欽佩的反應形態，顯示政府與人民皆有相當深厚的定力與韌性。

所以能此，不僅是因為政府擁有特定的制度與法規，更重要的是，經過多年的現代化社會變遷，臺灣社會的結構與資源已相當分散化與多元化，臺灣民眾的觀念與思想也已相當的開放化與獨立化。

經國先生是一位政治強人。在很多人的心目中，他一人身繫臺灣安危，多年來一直是社會大眾在政治安定方面的依賴對象。如今經國先生驟爾仙去，很多人不免會頓感失去依恃。幸而臺灣的民眾對政治權威的依賴雖在，但已不似過去那麼強烈，因而能在最初的震驚之後，立即回復平素的鎮定。對臺灣的民眾而言，政治強人的時代已然落幕。

經國先生顯然是臺灣的最後一位政治強人。從今而後，我們看不出誰能成為政治強人，而且臺灣的民眾已很難接受新的政治強人。至於軍事強人，那就是不必說了。就其對政治強人的依賴而言，臺灣的民眾已是真正的「斷奶」了。

除了民眾的依賴，政治強人如經國先生，還會同時產生另一種心理影響，那就是對他人的鎮懾作用。此一作用，會在政治和社會上形成一種無形的壓力。經國先生逝世後，鎮懾作用與無形壓力都自然消失。影響所及，不但社會氣氛必為之一變，政治氣氛也將大有差異。

可以預見，政府諸首長會更敢於擔負責任，更樂於發表意見，更勇於主動革新。同時，執政黨的中常會開會的情形也將逐漸改變，提出的議案將更為增多，討論的氣氛將更加熱烈，決議的方式將更循多數決原則。總之，政治強人的鎮懾作用已無，政府的官員會更能幹，社會的氣氛會更活潑。

在臺灣的政治發展過程中，經國先生的逝世代表一個舊時代的結束，也代表一個新時代的開始。所結束的是「政治強人」的時代，所開始的是「常人政治」的時代。常人政治就是「大眾政治」，也就是「普羅政治」，但卻絕不是「暴民政治」或「街頭政治」。

個人的意志是無常的，個人的壽命是有限的，因此是不太可靠的；制度的作用是穩定的，制度的效果是持久的，因此是比較可靠的。經國先生逝世以後，大家應儘快從依賴強人轉變為信靠制度。

以民意為依歸的民主法治制度，具有無限大的彈性、韌性及潛力，其有效運作主要是靠團體性的協作，而不靠任何單一個人的英明和強幹。民主制度是需要人人都積極參與的，所以常人，當選的議員縣長市長省長及總統也是常人，政府的行政官員更是常人。在這樣的制度下，既難培養新的政治強人，也不需要新的政治強人。

蔣氏以後的常人政治時代，為了使社會大眾確能發展出一種對制度的強烈信靠，以取代對政治強人的依賴，政府與執政黨必須努力使民主法治的運作更加制度化。

在經國先生辭世以前，論者總希望他能多在幾年，以便在他家長式的統攝力量之下，使民主憲政的制度能獲得安全的發展。但從另一個角度來看，以法為基礎的民主法治原有整套的制度，政治強人一旦不在，也許正是使制度復活的及精進的大好契機。政治強人有形的影響力與無形的鎮懾力無所不在，在長期執政的過程中，自不免會因個人的某些特質的突出，而使制度的作用不易充分展現。這些因素一旦消失，制度的原有形貌與功能反會自然重現。

尤有進者，經國先生逝世以後，依制度的運作而執政的新的政府首長，因為自己並非政治強人，自然會強調制度所給予的職權，而且各首長已無須向政治強人負責，只有依據制度所賦予的職權行事，改向制度負責。由此觀之，在蔣氏以後的常人政治時代，民主法治的憲政體系應會加速制度化與成熟化。

我們為什麼要組織「澄社」——
試談個人的一些認知與體驗

1989 年 6 月 22 日　中國時報

　　澄社在宗旨中所揭櫫的自由、公平、民主、多元及均富的現代社會，實在就是一種自由主義的社會。我們今後努力的目標，就是要在臺灣促進與實現這樣一種社會。但是我們不是心胸狹窄的地域主義者。我們不僅要「獨善其身」，而且也想「兼善天下」。也就是說，我們不僅希望在臺灣建立自由主義的社會，也希望在中國大陸及其他地區建立自由主義的社會。

澄社命名的意義

　　我們以「澄社」為名，有其特殊的意義，最早原想以「誠社」命名，取其「不誠無物」之旨。但有的發起人覺得這樣太不謙虛，道德意味也太重，不如用個諧音字代替「誠」字。最後選擇了「澄」字，一方面以音代「誠」，另方面又其他三層意思。「澄」字的第一層意思是澄清（動詞），表示澄社的主要功能是以言論為社會澄清觀念與問題。「澄」字的第二層意思是澄實透明的意思，也具有誠實、誠懇及誠信的涵義。「澄」字的第三層意思是純淨（形容詞），表示澄社的動機與行動是單純的，絕無自私自利的意圖，或骯髒齷齪的做法。

　　澄社今後的作風，就是要以純淨的動機、用透明的方式來論政與論事，以達到澄清觀念與問題的目的。我相信我們能做到這一點，因為澄社社員具有幾項與此相關的有利特點：（一）學有專長，有厚實的知識基礎；（二）論事理性，有良好的分析能力；（三）關懷社會，有純正的動機目的；（四）超然獨立，有足夠的抗壓彈性；（五）有所不為，有高度的反省意願；（六）胸襟開敞，有豁達的處事態度。事實上，在徵求每位社員的時候，我們就同時考慮到這些標準。

與費邊社的不同

澄社不是「臺灣的費邊社」，也不是「中國的費邊社」。一百年前成立於英國的費邊社，是人類歷史中影響最大的知識分子社團，在最近一個世紀內，對其他國家的知識分子啟發甚大。身為知識分子，我們對費邊社的歷史盛事，多年來一直心嚮往之。澄社的成立，未嘗不是見賢思齊的結果。但澄社的意識型態與組織運作，卻截然不同於費邊社。

在意識型態方面，費邊社所倡導的是一種溫和的社會主義，他們意圖以漸進的方式在英國建立民主的社會主義國家。澄社所提倡的則是一種現代的自由主義，與費邊社的宗旨頗不相同，自不宜以費邊社在英國的功過，轉而期望於澄社。不過澄社與費邊社倒是有一共同的最終目的，那就是追求「最大多數人的最大幸福」。

在組織運作方面，費邊社是一個不折不扣的政治團體，鼓勵成員積極參政或競選公職，以達到逐漸轉化英國政治與社會的目的。該社不但協助成立了工黨，而且後來隸屬於工黨，有不少社員擔任工黨的議員。其社員最多之時，高達八千多人，擁有幾十個地方分會。

與此不同，澄社主要是一個知識分子論政的團體，採取的論政而不參政的原則，試圖以獨立而客觀的立場批評時政，並針對社會上不公、不平、不義之事，加以分析與呼籲，進而提出積極的改革意見。為了保持超然的論政立場，澄社的組織章程特別規定：社員出任黨政職務者，即應無條件退出本社。澄社既無意爭逐政治權力，自無必要設置地方分社，而且也不會大量吸收社員，能超然論政而又秉持自由主義的知識分子原非眾多，在可預見的未來，澄社社員人數的成長自不會太快。

結語

澄社不只是一個「坐而言」的團體，而且是一個「起而行」的團體。也就是說，我們主要是以言論提出自己的主張，但必要時也會用適當的行動來表達或推廣這些主張。最後應該提醒一句：若想真正認識澄社，還是要看澄社將來的所言所行。

對待臺獨問題應有的態度與作法
1989 年 11 月 13 日　自立晚報

只要我們想到臺灣的未來前途或出路，就不可避免地會想到臺獨的問題。當我們將臺獨問題拿到陽光之下來檢視的時候，我們就能更清楚地看出其中的道理與問題。通過公開的分析、辯論及檢驗，如果臺獨是沒有道理的，那就會「見怪不怪，其怪自敗」，臺獨自然失去其吸引力，變成少數人的偏執。

為了讓社員能有常跟社會大眾面對面溝通的機會，並提倡民眾從容論道的講理精神，澄社特在臺北市與高雄市分別舉行定期的論政演講會。臺北市的定期公開演講會是中時晚報與耕莘文教院主辦，固定名稱是「澄社時間」（每月兩次），已於月前開始。高雄市的定期公開演講會則由民眾日報主辦，固定名稱是「澄社講座」（每月兩次），方於前日首度舉行。前日舉行的高市澄社講座，是由我來做了一次拋磚引玉的演講，講題是「臺灣往何處去？兼談我們為什麼要成立澄社」。我的演講是鳥瞰式的，涵蓋的範圍很廣，觸及的問題頗多，但卻大都語焉不詳。講詞中會說到有關「新國家」、「新憲法」及「新國會」的問題，提出了自己的一些看法，但因受到時間的限制，未能暢所欲言，特乘此機會再作些進一步的說明。

臺獨問題無法長久迴避

年來熱中臺灣獨立運動的人士，曾先後數度提出強調臺灣獨立的「新憲法」或「基本法」。法的名稱與條文內容雖然各有不同，但目的皆在建立一個「新而獨立的國家」。以民進黨「新潮流派」為主的若干政治人士，甚至糾合認同此運動的候選人，組成「新國家聯線」，試圖運用選舉期間的法律假期，為臺獨運動宣傳與造勢。受到這一情勢的刺激，政府有關首長與執政黨高級幹

部開始公開批評，執政黨部分候選人所組成的「新國民黨聯線」也聲言對抗，黨政軍部分死硬派人士甚至因而主張再度戒嚴，而代表國家主要公權力的司法人員則已開始有關的蒐證工作。這種緊張情勢的急速演變，已使原屬體制內改革的選舉歷程，成為體制外改革的辯論或對抗「戰場」。有識之士早已預測會有今天這種的情形。與其說當前所出現的有關臺獨的辯論是一種變調，倒不如說是臺灣今後發展所必須面臨的正常課題。我們當中有的人可能贊成臺獨，有的人則可能不贊成臺獨，但卻都無法永遠迴避這個問題，基於這樣的認識，我個人願在此對有關問題表示兩點意見。

在陽光下討論臺獨問題

首先，對認真思考臺灣應該往何處去的有心之人來說，臺灣應否獨立的問題以下簡稱臺獨問題）是一個實質性的重要問題，不能將其視為一種情緒性的瑣屑問題，更不宜將其視為「二二八事件」所遺留下來的一種歷史傷痕。臺獨問題是一個具有相當前瞻性的問題，只要我們想到臺灣的未來前途或出路，就不可避免地會想到這個問題。臺獨問題既然是一個我們無法長久迴避的問題，倒不如勇敢地去面對它，去分析它，去討論它。臺獨問題既然是一個實質的重要問題，它就不會因為我們加以否認而不存在，也不會因為我們努力迴避而消失。要來的總歸要來，該去的終是要去。時至今日，「恐共症」已大為減退，但「恐獨症」卻有增無減。正如「恐共症」一樣，「恐獨症」只能產生自己嚇唬自己的作用，使自己更情緒化，更僵固化。當我們決心面對臺獨問題的時候，就會發現這個問題並不那麼可怕，並不是那樣全然不值得思考。當我們將臺獨問題拿到陽光之下來檢視的時候，我們就能更清楚地看出其中的道理與問題。通過公開的分析、辯論及檢驗，如果臺獨是沒有道理的，那就會「見怪不怪，其怪自敗」，臺獨自然失去其吸引力，變成少數人士的偏執；如果臺獨是有道理的，那也就無話可說。

從這樣的觀點出發，我個人贊成公開以語文討論臺獨問題劃歸言論自由的範圍，不僅不宜壓抑，還應加以保護。尤有進者，以理性態度討論臺獨問題的自由不能只限於選舉期間，平常時期也應可以從事這種討論。總之，臺獨的利

弊得失必須受到輿論與大眾的廣泛辯論與檢驗，才能達到認識成熟的階段，只有到了那個階段以後，方可進而考慮有無制定「新憲法」及組織「新國會」的必要。

反制臺獨的最有效作法

其次應該指出，主張臺獨的人士所提出的理由，往往同時涉及島內、兩岸及國際三類因素，而以第一類因素的考慮為重。臺獨論者最常強調的島內因素，是在現有體制之下無法有效或充分實行對內民主，因為現在的體制過於老舊不靈，成為進一步民主改革的沉重包袱，而且國民黨甚易運用此一體制因循拖延，不肯實行真正的民主。換言之，不少臺獨論者所真正關心的是臺灣內部的民主化問題，所謂「新憲法」與「新國會」只不過是達成真正民主的手段或工具而已。由於這個原因，島內的民主化步調愈慢，臺獨的主張就會愈強，認同的人也將愈多。反之，民主化的速度愈快，臺獨的運動就會變緩，認同的人也將減少。

明白了這個道理，就可以知道：臺獨運動的強弱急緩，有很大的一部分因素是操在政府與執政黨的手裡。政府與執政黨如果真不喜歡臺獨，最有效的「反制秘方」就是加速政治民主化的步伐，在現有的體制之內，妨害民主的弊病不少，但最為社會大眾所深惡痛絕者有二，一是資深中央民代一直未能全部退職，一是戡亂時期臨時條款未能及早廢除（反而還要「充實」）。這兩大反民主、反憲政的巨害若不能在近期解決，臺獨運動勢必愈來愈強，愈來愈急，認同與同情的人也會日益增多，其他的人則只好無話可說。政府與執政黨若不能儘早解決這兩大嚴重問題，則社會大眾對現有體制必將愈來愈不耐煩，而且他們還會覺得政府及執政黨根本缺乏實行真正民主的誠意。如果政府與執政黨只能給大家這樣三個不像樣的「國會」，又怎能不讓人嚮往「新國會」？如果政府與執政黨這樣不尊重（凍結而不實行）自己的中華民國憲法，又怎能要求別人加以尊重，又怎能不讓別人追求「新憲法」？為今之計，政府與執政黨應當下定決心，一方面要快速使全體資深中央民代退職，一方面要及早徹底廢除「臨時條款」，回歸並認真實行既有的憲法。這兩大改革可以說是政府及執政

黨握在手裡的兩項反制臺獨的「秘密武器」。捨此而不為，將來必定後悔莫及。最後再提醒一次：只有真正的民主，才能減除臺獨的必要。

我們需要什麼樣的「第三黨」？

1990 年 4 月 23 日　　中國時報

半年以來，關心國事的知識分子時常在公開或私下場合表露對國民黨與民進黨的不滿，偶爾也會聽到希望出現「第三黨」的言論。數日之前，立法委員朱高正先生因受民進黨停止黨權一年的處分，乃有另組新黨之說，並因而涉及康寧祥等數位政治人物的動態。同時，根據新聞記者的報導，以趙少康先生為首的立法院次級團體「新國民黨連線」（成員皆為國民黨籍立委）過去亦曾討論成立「第三黨」的可能性。這些事件與言論引起了輿論界的興趣；針對當前應否成立「第三黨」，論者提出了不同的意見與看法。

不滿朝野兩黨民眾日漸增多

此時此地應否成立第三個有實力的政黨的問題，雖由朱高正先生受處分的事件所引起，但此一問題早已潛在存在多日。從民眾的社會心理來看，臺灣政黨政治的發展可以粗分為三個階段：(1) 對國民黨不滿、對黨外同情或支持的民眾居於少數而漸增；(2) 對國民黨不滿，對民進黨同情或支持的民眾居於少數而漸增；(3) 對國民黨不滿、對民進黨也不滿的民眾居於少數而漸增。臺灣目前已進入第三個時期（雙向不滿的階段），因而有關「第三關」的問題，不但是一個實質的問題（不是花邊新聞），而且是一個日益重要的問題。基於這樣的認識，個人願就此一有意義的課題，表示一些不一定成熟的看法。

臺灣現在已有三十幾個登記有案的政黨，其中只有兩黨擁有實際當選的國會議員及省市議員。也就是說，只有國民黨與民進黨是「實力政黨」，其他都是「泡沫政黨」。如果朱高正先生、趙少康先生或號稱「無黨籍」的實力人物（如陳定南、張博雅、黃石城、吳豐山、蔡勝邦等先生）出來合組一黨或各組

一黨，當然都有黨選國會議員或省市議員的實力，因而都會成實力政黨。但問題是這樣形成的「第三黨」或「第四黨」，自政黨政治的發展及人民福祉的增進來看，究竟有無前途或必要。顯而易見，如果新成立的實力政黨是屬於以下的三種情形之一，那就難有前途可言：

籌設新黨不應標榜個人形象

（一）某大黨中的個別政治實力人物，因某種原因脫離原黨，另組以自己為核心的新黨。這種「因人設黨」的政黨，性質上屬於一種後援會，只能算是「政治角頭黨」。

（二）某大黨中幾位有實力的政治人物，因怕被自己的黨所拖累，乃共同脫離原黨而另組新黨。這種政黨旨在保護自己的形象與票源，可以說是一種「自求多福黨」。

（三）不屬兩大黨的政治實力人物，雖有政治潔癖，不願加入現有政黨，但因在兩大之間難以個別發揮重大作用，為了超越此一共同困境，乃合組一實力新黨。這種政黨難有共同政治理念，主要是一種造勢聯盟或競選聯盟。成員既然因現實考慮而結合，也易因現實考慮而分離。

以上這三種類型的「第三黨」都缺乏積極開闊的政治理念，都是以特定政治人物及其政治利益為主要考慮。這樣的政黨常是人在黨在，人亡黨亡，自然不是我們所希望出現的那種有發展前途的「第三黨」。時至今日，臺灣的民主政治發展，已經到了最後的劇變階段，再過兩三年，等到重大的憲政改革完成以後，臺灣就會進入一個變極思治、動極思靜的時期。在這一嶄新的昇平階段中，如果將我們的社會確實需要第三個實力政黨，到時所應建立的應該是一個中間偏「左」的新黨。這一新的政黨既不像國民黨那麼保守，也不像民進黨那麼激進。只有這樣的「第三黨」，才能囊括中間地帶的大多數選票，而使國民黨與民進黨成為分處兩端的少數黨（如果兩大黨拒絕配合民意主流而有效蛻變的話）。在這一大方向之下，未來所需要的「第三黨」至少應具備左列特點或條件：

新黨著重改善民生注意基層

（一）著重民生改變：在未來的幾年內，民主改革的重大瓶頸即將依次突破，「第三黨」應以昇平政黨的姿態出現，不必扮演政治抗爭者的悲情角色，而應扮演執政競爭者的務實角色。新的實力政黨應以民生問題的解決者自居，特別著重公共政策的研擬及推動。

（二）關注基層民眾：國民黨與各行的既得利益者結合已深，民進黨則忙於激烈的政治抗爭及特殊的意識型態，既無暇也無力照顧基層民眾。未來的「第三黨」應以工農商（包括中小企業）的廣大基層民眾為主要關注對象，真正做到「永遠跟民眾在一起。」要以民眾的福祉為目標，而不是以民眾的選票為目標。

新黨必須超越統獨爭取信任

（三）超越統獨爭論：國民黨主統，民進黨主獨，爭論與抗議不斷，在社會上引起很多不必要的情緒與衝突。實則，從民生的福祉及臺灣的發展來看，統獨問題皆非當務之急。將來的「第三黨」應超越徒亂人意的統獨之爭，專注於民主的發展與民生的改善。統獨問題的解決應順其自然，不宜勉強。假以時日，內外的有利條件一旦形成，自會水到渠成，迎刃而解。

（四）持有人本理想：有發展、有前途的政黨，在造福民眾方面應當務實，但卻不可過於現實，甚至不擇手段。我們社會最大的問題之一，是缺乏遠大的理想與方向。未來的「第三黨」懷持富有人本精神的政治理想與理念，以人道原則為起點，以人權追求為目的。有了高遠的政治理想，新黨所提出的各種公共政策才能皆有所本，所推動的各種政治作為才能以人為重、以民為重。

（五）獲有民眾信任：社會上對國民黨的信心日弱，對民進黨的疑慮則有增無減。在此情形下，未來的「第三黨」必須一開始就能獲得社會大眾的相當信任感。要能如此，組此新黨的主要人物不僅要有共同的政治理想與理念，還須自身已有良好的社會形象或足夠的政治公信力。

目前不是籌組第三黨的時機

到此為止，已經分別說明了將來我們所需要的「第三黨」應當具備什麼條件，不應具有那些特徵。最後想談一個問題是：目前是不是籌組「第三黨」的最好時機？對於這個問題，我個人的答案是否定的。可以提出的理由很多，其中之一是兩黨制衡與競爭的模式已為社會大眾所接受（可能是長期受到美國兩黨政治體制的影響），除非民眾對現有兩大黨已嚴重失望，否則很難有生存及發展的空間（數月前大選中工黨全軍皆墨即是有力實證）。但目前民眾對兩大黨還未到嚴重失望的程度，大部分因各種理由不願將選票投給國民黨候選人的選民，都會不約而同地投給民進黨候選人，以積極培養一個有力的制衡黨。

另外還有一個重要理由。「第三黨」要能一開始就獲得民眾的信賴與信心，其主要成員必須自身已有良好的形象或相當的政治公信力。這些核心成員中相當大的一部分勢需來自兩大黨的成員。但在目前的情況下，大部分政治資源都掌握在兩個大黨的手中，兩黨中形象良好的政治人物即使對自己的黨有所不滿，也不敢輕有脫黨另組新黨之舉。要等到自己的黨大失民心到無可挽救之時，這些有實力或公信力的政治人物才會正式脫黨而另起爐灶。

朝野兩黨必須力圖自我改進

看來目前還不是形成「第三黨」的最佳時機。未來究竟何時才會出現第三個（甚或第四個）有當選實力的新黨，主要還是要看國民黨與民進黨今後的作為如何。兩個大黨如果能力圖自我改進，努力設法解決現有的種種重大民生問題，以切實造福廣大百姓，則在可預見的未來將無成立「第三黨」的必要。否則，社會大眾對兩黨的失望情形就會繼續惡化，幾年之後，一旦達到嚴重的程度，「第三黨」的出現便是一件順理成章的事了。歷史有時是很殘酷的。不能與時俱進的政黨，終將成為階段性的政黨，而為新的政黨所取代與淘汰。

我們沒有灰心的本錢——
知識分子應繼續為促進民主發展而努力

1990年10月11日　中國時報

近來社會氣氛丕變，人們相聚之時，有兩件事過去做起來理直氣壯，現在卻是畏畏縮縮，欲做又止。一件是點火抽煙，一件是談論民主。從前，在朋友會面或開會議事的場合，癮君子總是大大方方地掏煙點火，旁若無人地吞雲吐霧。現則已不然，抽煙的人掏煙之前多少有點不好意思，抽煙之時也免不了幾許腼腆鬼祟，類似情形好像也見之於談論民主。過去，在各種公私場合，大家談起民主來總是慷慨激昂，氣壯山河。最近則顯然不同，談論民主好像已經變成一件迂迴曲折甚或不識時務之事，在別人面前或公眾場合，簡直有些不便啟齒。朝野人士一下子都不約而同地少談民主，甚至不談民主。偶而不小心談到了，也是聲低氣弱，一觸即止。一時之間，這個蕞爾小島上的居民，似乎都患了一種急性的「民主避諱症」。我選這個當口來寫這篇談論民主的文章，說不定有人會罵我迂腐而不識時務。

臺灣民主熱有消退現象

民主真是可憐。她從來沒有去過大陸，來到臺灣也還是最近幾年的事。我們這裡有些人喜歡說臺灣是「東亞孤兒」，甚至是「世界孤兒」。我看民主到了臺灣倒真是成了無人疼愛的孤兒。這個「孤兒島」上的民主孤兒，本來就是先天不足，現在再加上後天失調，幾乎已經到了氣若游絲、命在旦夕的地步。解除戒嚴、報禁、黨禁及強人逝世以後，社會大眾對民主憲政的改革充滿了希望與信心，民主政治乃成為臺灣的寵兒。但最近半年來，民主卻已逐漸變成了孤兒，眼看還有進而成為棄兒的可能。短短半年竟有這麼大的變化，相關的因素很多，其中最重要的有兩類，即環境因素與政治因素。

最近半年來，臺灣民眾所生存的大環境產生了快速的改變，有多種不利的重大因素同時並存，足以引發普遍的不安全感。在這些不利的環境因素中，影響最大的是經濟景氣衰退、社會秩序紊亂（包括治安不良）及大陸壓力增強（包含國際外交失利）三者，此等重大的環境因素同時出現，不僅會引起不安全感，而且會減低生活素質。這些主觀與客觀的狀況，勢必激發社會大眾相當強烈的安全需求。根據人本心理學大師馬斯洛（A. Maslow）的理論及研究，在人類動機的階層中，對安全（感）的需要，位階很低，可以說是一種低等而原始的需求。在位階上高於安全需求者，還有社會性的需求、尊嚴性的需求及自我實現的需求，就性質來分析，要求政治民主所涉及心理需求，主要是尊嚴需求與自我實現需求。這兩種需求是屬於高級需求，但卻不如安全需求那樣原始而有力，因而只有在安全需求長期獲得適當的滿足以後這種比較精緻的需求才會產生發揮作用。

環境惡化引起不安全感

　　生活環境惡化以後，一旦激發出安全需求，屬於尊嚴需求與自我實現需求之追求民主的動機，便會減弱其或消失。（所以，動輒抓人、關人及殺人的貧窮落後的文盲社會，其人民大都不會覺得需要民主政治。）當前臺灣大眾對民主的興趣的逆退現象，其中部分原因可能就是安全感的降低與安全需求的增強。

　　當然，景氣嚴重衰退、社會秩序紊亂及大陸壓力增強等不利環境因素，究其形成的過程，還是與廣義的政治因素有關，特別是政府決策的偏失與行政效率的衰退。不過，我在這裡所要談的是那些直接不利於民主發展或直接使民眾對民主失望的政治因素。過去不談，至少就最近一年內的情形來說，政府、國民黨及民進黨在追求與締造民主政治方面的表現，都令人搖頭嘆息，難讚一詞。

憲政改革工作因循延宕

　　政府與執政黨完全無力擺脫保守勢力及既得利益的包袱，在民主憲政的改革上因循遷延，推託苟且，甚至屢次失信於民，也在所不惜。終止戡亂時期、取消臨時條款、過期中央民代全面改選及省市（院轄市）長民選等攸關民主憲政的重大改革，早已成為全民的共識，政府及執政黨卻以種種技術性的理由一再拖延，國是會議之前，政府及執政黨信誓旦旦，強調此一會議如何重要，會後將全力實踐會議結論。言猶在耳，政府現在卻已無人再提國是會議之事，會議中有關憲政改革的結論，更是束諸高閣，形同廢紙。在一般人的心目中，黨政要員大都對權力的追求與鬥爭比較熱中，對民主憲政的發展則缺乏興趣。為了維護自己的權力與利益，他們不惜結幫成派，互相政訐，並各自和利害與共的財閥及資本家相結合。在執政黨中央委員及中央民意代表之中，不乏其本人即為財閥或資本家者，在政府、中央黨部及立監兩院做決策時，經由所謂黨政協調的程序，時常做出有利於特權分子而不利於一般平民的決策。國民黨向來以「永遠與民眾站在一起」自況，但衡諸近年來特權橫行的嚴重情形，這一口號恐怕已經不切實際了。

兩黨各唱各調互不相讓

　　民主憲政在臺灣的發展過程中，民進黨及其前身的黨外的確有過相當的貢獻。但近來民進黨追求民主的形象愈來愈模糊，追求獨立的形象卻愈來愈凸出，這與民眾希望民進黨能成為對立的國民黨的民主制衡黨的想法是背道而馳的。國是會議之中，民進黨並未在民主的基本理念與制度上多有所發揮及強調，反而特別堅持總統直接選舉的孤立做法，目的可能是為了較易當選及當權，至於因而會對整個民主憲政的發展造成什麼問題或弊端，則就不加深究了。國民黨目前正在大張旗鼓地成立徒增困擾的「國家統一委員會」（不知如何去統一？），與有關憲政改革之國是會議結論的乏人聞問相比，不免令人覺得政府及執政黨的心目中民主已不如統一重要了。在這一方面，民進黨倒是如影隨形，立即借題發揮，以壓倒性的聲勢將「我國主權不及於中華人民共和國

和蒙古人民共和國之領土」的決議文列為該黨第四屆第二次全國黨員代表大會的主要提案。並已在會中修正通過。這樣的做法給人的印象則是：在民進黨的心目中，民主已不如獨立重要了。民進黨可能會說：臺灣獨立問題的解決，是徹底改革憲政之所必需。問題是統獨之爭成為尖銳問題以後，島內族群衝突勢必惡化，外在壓力亦將大增，在這樣的惡劣環境下，大家的生命及生活安全都成問題。那還有心情要求民主？而且，真正的民主若不先建立，又能透過什麼程序來決定統或獨呢？

民眾失望信心漸漸動搖

兩黨都在忙著打統獨牌，好像已將民主拋諸腦後。數年以來，有個朋友在閒談時曾多次提出一種說法：朝野兩黨都不是真心想搞民主，他們只是拿民主當口號，做工具，以便各自達到其他的目的。過去每次聽了這個話，我都要和他辯論一番，但最近一次聽到他講同樣的話，我只好啞口無言，有口難辯了。總之，政府及兩黨在追求民主方面，令人失望的表現（特別是立法院議事的缺乏效率及時而發生的醜態與鬧劇），再加上種種不利的環境因素，已使社會大眾對民主政治（特別是政黨政治）喪失了不少信心。在對政府及兩黨失望之餘，不少原本關懷民主的知識分子，也已產生了強烈的無力之感及疏離之心，不想再為鼓吹民主而努力。

應速實行憲政推動民主

臺灣這塊彈丸之地，經濟發展的優勢已漸消失，除了好好實行民主，認真創造一個自由、平等及注重人權的高級社會，實在看不出我們還有什麼其他的前途。臺灣已經變成了一個不講理想的地方，長此下去，勢必也會變成一個喪失希望的地方。在全世界連共產國家都紛紛步向自由化與民主化的潮流下，我們豈可放棄締造民主憲政的理想及努力？為了及早超越眼前這些民主發展的低潮，我們殷切期望政府能以憲政改革為優先，以明快的作風及有效的辦法，從已有全民共識的終止戡亂時期、廢除臨時條款及中央民代全面改選等方面入

手，儘速展開民主憲政的全面改革。打「國統會」這樣的牌，只能激起主張台獨人士的反彈，不如快速徹底實行民主憲政，別人也就不必再強調經由臺灣獨立來追求真正的民主了。同時，我們也希望兩黨能永遠真正和民眾站在一起，切實扮演執政者與制衡者的角色，為臺灣的兩黨政治樹立良好的典範，以恢復並增強社會大眾對民主政治的信心。兩黨必須不斷以實際行動向社會大眾證明，他們的確有追求民主的誠意與決心。當然，我們也希望知識界及輿論界不要灰心（我們沒有灰心的本錢及餘地），要一本知識分子對民主的執著，繼續鼓吹民主的理念，不斷策勵憲政的實踐。

臺大哲學系事件　不是孤立事件
此事件代表臺灣知識、學術、思想界長久以來受情治單位壓力　影響十分深遠

1995年5月29日　中國時報

　　昨天下午「臺大哲學系事件」調查小組提出調查報告，並舉行說明會，在調查過程中，由於有些有關單位與個人採取不充分合作的態度，使得調查非常困難，目前的結果相當值得肯定。

　　這分報告書對整個事件的經過、性質及相關影響均提出說明，尤其是提出了相當具體、清楚而且適當的建議事項。在這分報告公布後，我感到鬆了一口氣，因為整個事件可以說作了一個不錯的交代。

　　「臺大哲學系事件」不是一個孤立事件，之前在其他大學中即有許多類似的事件，這些事件的規模也許不像臺大，成為一件牽連眾多教授同仁去留的事件，但在更早的卅、四十年前的年代中，有的人甚至在類似事件中失去性命卻無人過問、追查，外界的人想瞭解都很困難；在「臺大哲學系事件」之後，仍有學者因政治理由被解聘。回想那個年代，曾經對公眾或政治事務出頭講過話，嘗試扮演好一個知識分子的角色的大學同仁，大家都記憶猶新，感受到一雙看不見的手的碰觸與威脅，甚至是即將來臨的危險。

言論和思想因而沒有很大發展

　　「哲學系事件」是一個集體事件，不只受到外來政治、情治及黨的力量影響，也有來自校內人士的配合，才會產生如此大規模的不續聘事件，並使當時的有關單位認為臺大是一個思想上「亂源」，要「收復」臺大，先要「收復」哲學系，連源自殷海光先生的影響力也要加以消除。這個事件代表多少年來，

臺灣的知識、學術、思想界所受到來自情治單位的壓力，及實際個案所受到的迫害，就此觀點，它的影響是很大的，我想可以從以下幾個方面來談。

第一、「臺大哲學系事件」及許多類似的大小程度不同的事件，對臺灣言論自由的發展產生非常有效的抑制及危害作用。臺灣近幾十年來幾乎沒有言論自由，少數人士因理念、性格因素出來講話的後果都非常淒慘，這種做法所產生的殺雞儆猴的效果，使得學術界互相警惕，不敢自由發揮；這種現象不只見於學術界，在各種傳播媒體中亦有相同的情形。「哲學系事件」明顯而有效的使學術思想界瞭解到那隻看不見的手的強大，大家言論小心，不敢逾越「一元化」的言論尺度。因此也使臺灣社會長期以來處於思想被箝的局面，在言論和思想方面都沒有很大的發展。

第二、這個事件使我們看到一個根本的問題，即「學術道統」與「政治正統」之間的關係。中國從古至今學術道統均依附在政治正統之下，「學而優則仕」的觀念深植人心，到現在很多人仍如此。「哲學系事件」使大家清楚的看到學術界有些人無法站在自己的腳跟上走學術長遠的路，無法以學術研究產生自我肯定、自我欣賞，並且下定決心不做官，切斷學術與政治的關係，尤其不應與情治單位連繫、做其護法，甚至是跟班。而更不應該的是為政治、情治單位設想，反過頭來整肅學術界同仁，藉此達到個人名與利的目的。

學術道統的維護需要風骨嶙峋的學者，他們一生專注學問，追求學術的最高境界，在此境界，學者可以和政治人物平起平坐，甚至超越其上，顯示學統不附麗於政統、不逢迎政治當道。而「哲學系事件」的發生，對這種健康態度的發展有很大的不利影響。

第三、這個事件對國內及臺大哲學系以及整體學術發展的影響是，哲學為「科學之母」，它追求真理、愛好知識，與政治等其他現實功利無關。哲學的研究是長期真心真義的研究，以期瞭解至理、建構知識體系，哲學的研究是長期真心。但也正因如此，從政之人一方面害怕哲學家的思想學說不支持其政權；一方面又想利用哲學家為其政權服務。因此長期以來，不論左、右兩派的政治權威當局都很注意哲學界的情形。「哲學系事件」發生後，國內學哲學的人幾乎無法在思想上做一種開創性的努力，特別是對現實中發生的重大問題，無法提供思想上的啟發與指導。在其他具有學術自由的國家，哲學家往往可以對政

治、經濟、社會、文化等重大問題提供切合當前需要的分析，在國內則無此作用，甚至還要遭到情治單位的批判與控制。

再作妥善補救可撫平歷史傷痕

　　這情形使我感到臺灣社會長期以來像無頭蒼蠅，而且現實功利，只看重短期操作，缺乏思想上的導向。而有些年輕人與他們的家長也不認為學習哲學是一件大有可為的志業。如此一來，當然影響優秀年輕人進入哲學領域的意願。這個事件對臺灣的人文學和社會科學的發展也有不利的影響，學者在選擇研究題目、進行分析、下結論時，多會十分小心，前言及結論則引大人物的話為保護，這種心態多麼可憐。可見「臺大哲學系事件」及許多類似事件對臺灣人文學和社會科學的發展不利的一面。

　　這分報告不見得是全部的真象，但取其大端是可以令人接受的，報告對事件的「定性」是公正的，至於其間個人的細節是否準確，則因無法獲得完整的資料而難以探究。

　　我並且希望能有監察委員以臺大的調查報告為基礎進行正式調查，如果發現當時確實對臺大哲學系同仁有不應當的處分，當時的受害人即可據以要求國家賠償其廿年來所遭受的精神及物質損失。至於現在的年輕人及不瞭解當時情況的人，則不要以為「臺大哲學系事件」只是一個孤立的事件，它其實代表了相當廣泛的意義，可以由其中窺見學術界幾十年來的恐懼與鬱結。這分報告還給了受害人公道，如果再進而作妥善的處理與補救，就可以熨平學術界的歷史性的憂傷，使大家能以更健康的態度從事學術與思想的工作。

世紀願景——院士系列
臺灣社會的跨世紀願景——
從當前四大問題的省思談起

1999 年 1 月 1 日　聯合報

廿世紀末的臺灣,在政治、經濟、社會、文化等領域,經由長期的努力與進步,顯現出很大的動力,導致了很快的轉變。社會開放的程度與速度,特別是對外的開放,使一般民眾的思想、觀念及行為,呈現了前所未有的多元性。我們可以列舉許多社會發展所帶來的好處,但是檢討過去、策勵未來,仍不免發現最近十幾年來的臺灣,的確也產生了社會失序與價值扭曲的嚴重現象。

壹、世紀末的社會失序與價值扭曲

最近這幾年來的臺灣社會,明顯面臨著四個大的問題,而這些問題正是造成很多不良現象的根源。

首先要談的是快速變遷。臺灣的現代化社會變遷極其快速,使人對任何事物都缺乏恆長性的感覺。從傳統中國農業社會到現代化工商社會的轉變過程中,很多幾千年來中國人賴以安身立命的舊有規範與價值觀念,也隨之改變、減弱甚至消失;適應工商社會所需要的現代規範與價值觀念雖已逐漸萌芽,短期內卻無法完整建立,以致新舊觀念、思想及行為紛然雜陳,社會的統合性大為減低,虛無主義與相對主義的想法因之而起。西方社會也是由傳統社會轉變而來,但他們的變遷速度緩慢,經歷了幾百年的自然蛻化,才到達目前的境地。臺灣社會卻是在百年左右的時間追趕西方社會數百年的發展,在世紀末的十幾年來,變遷的節奏特別快速,成為社會失序與價值扭曲的一大因素。

其次要說的是物慾盛行。戰後臺灣經濟發展成功,社會由匱乏而富裕,衣、

食、住、行等過去未被滿足的基本需求，都強烈的反射出來，以求補償性的滿足。工商化以後的社會強調消費，形成了消費社會、消費文化及消費價值觀。價值觀物質化以後的臺灣，耶誕大餐可以一頓六千元，世界級美食空運來臺，再高的價格也供不應求。這種奢侈而浮誇的消費，到處可見。物質主義的享樂充斥社會，我們的精緻文化在哪裡？我們的精神生活在哪裡？我們的心靈又怎麼安頓？這個社會裡的很多人都變成腔腸動物，只顧從口腔到生殖腔的管狀地帶，食色到底。

第三要說的是叢林法則。在物質主義下物慾橫行，精神上與道德上的自我期許，自然遭到漠視。物質主義形成了極端利己主義的價值觀。社會變成叢林，人類變成野獸，相互間弱肉強食，巧取豪奪，競掠資源，為達目的不擇手段。在這個以成敗論英雄的社會裡，發財就是成功，有錢就是英雄。為人子者可以為了金錢需索而弒殺父母。人與人之間只問利害，不講誠信，政治界、企業界，甚至人際之間莫不如此。很多人不守信義原則，言不由衷，翻來覆去，顛倒黑白，而仍面不改色。大家只將別人當作競爭對手，當作可壓榨、可欺騙、可利用的對象，自然就不會去考慮別人、尊重別人、關懷別人。叩應節目中的信口雌黃，選舉中的口水戰爭，都是為了爭取表面的勝算，大逞口舌之快；為了輸人不輸陣，真是語不「傷」人死不休。甚至有些學位最高的菁英之士也竟目中無人，言辭尖酸刻薄，行事粗魯蠻橫，既少教養也缺修養。他們技術性或專業性教育受得很多，頭腦敏銳，但就是不懂得尊重他人。

接著應談的是族群猜疑。臺灣各族群之間可能存在的猜疑，經過這麼久的時間本來早可祛除了，但每逢選舉就有政治人物拿族群問題刻意炒作。不幸的是，我們幾乎年年有選舉，如同年年在傷口上撒鹽巴，使族群猜疑與族群關係的不確定感一直成為令人憂心的問題。

以上所說的四大因素（快速變遷、物慾盛行、叢林法則及族群猜疑），造成了社會失序與價值扭曲的諸多現象，使社會缺乏一種多元的統合。我們當然希望建立一個開放的多元社會，而現在的臺灣社會也的確相當開放化與多元化了，但是我們卻仍然未能將開放化、多元化後的社會作好應有的整合，以創造一個有機的統合體。影響所及，民眾還掌握不到臺灣社會長久發展的大方向、大理想、大目標，只能退而觀照一己之方向、一己之理想、一己之目標，最多兼顧到自己的家庭而已。

上述這四大因素所造成的諸多社會亂象，使社會大眾產生了集體性的挫折感。

貳、社會大眾的集體挫折

社會失序與價值扭曲到底在民眾身上產生了哪些集體挫折感呢？我們還是可以從四方面來回答這個問題。

社會快速變遷的結果，價值觀念新舊雜陳，是非準繩付之闕如，民眾很容易產生無規範感，既然這樣做也可以，那樣做也可以，乾脆什麼規範都不遵守，或者只選擇對自己有利的才遵守。同時也會產生無力感，想要改善社會現狀卻不知如何著力，意欲影響政治決策卻不知如何入手，希望追求更好生活品質卻又使不上力。此外，還會導致社會孤立感，人與人的關係趨於淡漠，難以相處，無法合群。民眾所感受的這些無規範感、無力感及社會孤立感，可以統稱為疏離感。疏離感是快速變遷社會中常見的一種挫折感受。

在物慾盛行方面，大家追求的是強烈而快速的物慾滿足，炫耀性的衣食住行，腔腸動物般的感官享樂，所形成的是一種逸樂取向。表現在新一代的年輕人身上就是不肯吃苦，無法耐勞，學習上只要困難度或複雜性稍微高一點，即望而卻步，遑論立定志向追求高遠的人生目標。現在許多大學生或研究生都不大用功，不願好好學習，生活也相當膚淺化，提早去享受不是年輕人該享受的物質生活。但物慾滿足來得急去得快，逸樂取向到最後一定會有空虛感，為了填補空虛感，只得進一步追求更強烈的感官享樂與刺激，最後只好沉淪於惡性循環。

在社會叢林法則下，很多人採取極端的利己主義，以他人為敵體，或競爭、或壓榨、或利用、或欺騙彼此都有不安全感、不信任感，各自處處設防。他們自己自私，卻只怪罪別人自私，他們自己不關心別人，卻只責備別人不關心他們。

臺灣社會內部的族群猜疑，加上外部的兩岸關係與國際情勢，難免使社會大眾有內憂外患的感受，缺乏了安全感。由於族群之間的這種疑慮，統獨問題便一時理不出明確的方向，這更形成了對未來的不確定感。於是民眾質疑，我

們要往那裡去？我們「為何而戰」？民眾看不見大方向、大目標，自己又無法有效理解與掌握，便不免產生很多挫折的感受。

總而言之，臺灣民眾的集體挫折包含了快速變遷所形成的疏離感，物慾盛行所形成的空虛感，叢林法則所產生的不安全感，及族群猜疑所導致的不確定感。這種負面的感受匯集起來，就形成強大的民怨，人們在日常生活中用不同方式來表達這股怨氣，或者用語言抱怨，或者用行動抗議，甚至用腳投票──全家移民。我們實在不能不正視民眾的集體挫折情緒所傳達的嚴重訊息。

參、新世紀的社會願景

現在，我們正站在世紀之交。回顧過去，經由共同的努力，臺灣民眾有著締造經濟奇蹟與政治發展的驕傲，但也有著社會失序與價值扭曲所造成的集體挫折。導致社會集體挫折的四大問題如果不能好好解決，臺灣社會也不是不可能逐漸退化或沒落的。前瞻未來，我們該為下個世紀的臺灣新社會構築怎樣的願景？臺灣社會在快速變遷過程中所產生的問題，需要時間解決，但我們也可努力加速引導變遷的過程，使其朝向好的方向發展。一方面，我們應該努力篩選傳統規範與價值觀念，將一些在現代工商社會中仍然有用、有效的規範與價值，好好整理與推廣；例如，傳統中國社會所講究的「設身處地」，亦即當代心理學中所說的「同理心」（empathy），是現代社會中很值得發揚的能力。另方面，每一現代工商社會也需要培養新的社會規範、新的思維方式、新的行為模式，甚至新的人格特質。我們應該將這兩方面的內涵加以整合，逐漸建立一套不僅具有所有現代社會的共通性，而且具有自己特色的現代華人社會規範與價值觀念。這是第一個願景。

社會上物慾盛行，像腔腸動物般只追求感官享樂，這是把人低級化、動物化。事實上，人絕不止如此，人有更高的境界。現在已有不少先進的現代社會超越了物質主義的感官享樂，進入了「後物質主義」（即物質主義後的）階段。在這些社會中，民眾的生活取向已經擺脫物質主義的價值觀，改而追求人的更高稟賦的開展，以實現自我的良好潛能，超越利己、物質、生理的層次，提升而為唯智、唯美、唯情、唯德的活動，進而將人的社會性、精神性、及複雜性

發揮到最高極致。希望臺灣社會也能儘快度過物質主義的享樂階段，進入後物質主義的高超境界。這是第二個願景。

叢林法則所競逐的金錢與資源，與物質主義有著密切關係。社會脫離了物質主義階段，叢林法則也會跟著消退。人不為物役，人生重點不再是物質享樂，關懷性社會自易形成。說到這裡，不禁令人想起李國鼎先生多年前提倡的「第六倫」關懷社會群體及大眾）。中國傳統的「五倫」是以家庭為主，兼及其他人際關係。中國社會原本就缺乏對家庭以外的群體及社會的道德觀及倫理觀，在叢林法則當道的社會中，關懷更不可能及於家庭以外的群體及民眾，那裡還談什麼「第六倫」。在當前臺灣這個叢林社會裡，很多不僅掠奪其他的個人，而且還掠奪整個社會的資源，從亂開發山坡地到亂棄置汞汙泥，都是錢自己賺，成本卻轉嫁給社會，完全看不到對大眾的關懷。我們希望二十一世紀的臺灣，是一個講究「新六倫」的關懷性社會，也是一個互信、互助、互依的社會。這是第三個願景。

我們必須認真面對族群問題，解決族群問題所帶來的不安全感與不確定感。相互猜疑的各個族群都應對今日臺灣的族群問題負責。目前居於弱勢的一方是所謂外省族群，很容易被激起強烈的不安全感，產生「防衛性」的疑懼。較佔優勢的一方是所謂本省族群，會時常提醒自己過去處於「外來政權」下的委屈，產生「擴張性」的疑懼。如此互相激盪，只會使猜疑更深。要擺脫族群猜疑，建立互信互諒，達到族群融合的境界，雙方都須努力。每逢選舉都有所謂「臺灣優先」的質疑。外省族群理應有這樣的體認：在臺灣安身立命，認同臺灣，關懷臺灣。事實上，外省第二代、第三代，已經不可能不以臺灣為優先，至於第一代外省人士經過了數十年，多已在臺灣安身立命，但關懷自己出生的大陸故鄉，則是人之常情。這樣的表現正足以教育下一代：出生在臺灣的人，未來不論到任何地方去發展，都會認同臺灣，關懷臺灣。外省族群也應理解，本省族群經歷了不愉快的歷史，如今從權威壓抑的階段過渡到開放多元的階段，在釋放被壓抑情緒的過程中表現出來的疑慮和不信任，也是正常的。不同的族群之間應發揮「同理心」，設身處地站在對方的立場著想。特別是優勢族群更要有大氣度、大胸襟，在各方面都有一套能真正與弱勢族群公平相處的運作機制，以化解疑懼，使少數族群有安全感，自然「結」就解開了。我們必須

瞭解，目前族群間的猜疑只是階段性的問題，大家都期望儘快縮短這一階段。在世紀末的歲月裡，臺灣民眾已經因為族群猜疑及統獨憂慮嚐到了很大的苦頭，我們希望下個世紀能儘快解決這個問題，讓不同族群之間達到互信互諒的族群融合。這是第四個願景。

肆、朝野攜手合作，共築進步的新臺灣社會

建構廿一世紀的新臺灣社會，我們有願景，更要有行動。

首先，家庭教育與學校教育非常重要，應該統合傳統與現代的價值觀，教導孩子們懂得關懷別人，注重精神生活，摒棄叢林法則，學習族群融合。

在社會教育方面，知識分子與意見領袖應負起責任，批判不適當的規範與價值觀。媒體傳播也要善盡職責，避免粗鄙激越，不顧社會後果的報導及言論。至於政治人物，尤其不要太自以為是，即使統獨是個人執著的理想，因涉及臺灣二千萬人的前途命運，一定要考慮轉化成政策後所可能帶來的集體後果。企業界用人也應不分省籍，促進族群融合不能只靠政府，或政治人物，大家都有責任。

政府站在導引社會的立場，對矯正社會叢林法則，應可扮演重要角色。尤其是「黑金」干政的嚴重問題，已使臺灣引以為傲民主素質受到質疑。我們的法治基礎仍然薄弱，政府光做道德性的呼籲是不夠的，既已沒有任何推卸責任的理由，何不確實扮好推動進步的角色。只有朝野一起努力，才能共築廿一世紀的嶄新臺灣社會。

文摘摘錄者名錄

朱瑞玲　中央研究院民族學研究所兼任研究員
余安邦　中央研究院民族學研究所副研究員
林文瑛　佛光大學心理學系教授
高旭繁　玄奘大學應用心理學系教授
陸　洛　國立臺灣大學工商管理學系教授
許功餘　國立中正大學心理學系教授
黃曬莉　國立臺灣大學心理學系教授
葉光輝　中央研究院民族學研究所研究員
葉明華　思達迪國際學習中心負責人
鄭伯壎　國立臺灣大學心理學系教授
謝心慧　楊國樞先生文集編輯助理
瞿海源　中央研究院社會學研究所兼任研究員

國家圖書館出版品預行編目（CIP）資料

楊國樞文集. 第一冊, 著作文摘/瞿海源主編. -- 初版. -- 新北市：華藝學術出版：華藝數位發行, 2017.12
　　面；　公分
ISBN 978-986-437-142-6（平裝）
1. 言論集
078　　　　　　　　　　　　　　　　106006507

楊國樞文集　第一冊
著作文摘

主　　編／瞿海源
協　　編／朱瑞玲、余安邦、葉光輝、鄭伯壎
責任編輯／林瑞慧、蔡旻真、張鈞凱
執行編輯／古曉凌
封面設計／張大業
版面編排／李雅玲

發 行 人／常效宇
總 編 輯／張慧銖
發行業務／林書宇
出　　版／華藝學術出版社（Airiti Press Inc.）
　　　　　地址：234 新北市永和區成功路一段 80 號 18 樓
　　　　　電話：(02) 2926-6006　傳真：(02) 2923-5151
　　　　　服務信箱：press@airiti.com
發　　行／華藝數位股份有限公司
　　　　　戶名（郵局／銀行）：華藝數位股份有限公司
　　　　　郵政劃撥帳號：50027465
　　　　　銀行匯款帳號：0174440019696（玉山商業銀行　埔墘分行）
法律顧問／立暘法律事務所　歐宇倫律師
ISBN ／ 978-986-437-142-6
DOI ／ 10.6140/AP.9789864371426
出版日期／ 2017 年 12 月初版
定　價／新台幣 550 元

版權所有・翻印必究　　Printed in Taiwan
（如有缺頁或破損，請寄回本社更換，謝謝）